宋庆龄大传

Songqingling

把自己的爱情、幸福和快乐
与中国命运紧密相连的伟大女性

陈冠任◎著

团结出版社

U0125315

图书在版编目（CIP）数据

宋庆龄大传 / 陈冠任著. —北京：团结出版社，2003.4（2014.2重印）
ISBN 978-7-80130-654-8

Ⅰ.宋… Ⅱ.陈… Ⅲ.宋庆龄（1893~1981）–传记 Ⅳ.K827=7

中国版本图书馆 CIP 数据核字（2002）第 084308 号

出　　版：团结出版社
　　　　　（北京市东城区东皇城根南街 84 号　　　邮编：100006）
电　　话：（010）65228880　65244790（出版社）
　　　　　（010）65238766　85113874　65133603（发行部）
　　　　　（010）65133603（邮购）
网　　址：http://www.tjpress.com
E-mail：65244790@163.com（出版社）
　　　　　fx65133603@163.com（发行部邮购）
经　　销：全国新华书店
印　　刷：三河市冠宏印刷装订厂

开　　本：185×260 毫米　　1/16
印　　张：20
印　　数：3000
字　　数：393 千字
版　　次：2003 年 1 月　第 1 版
印　　次：2014 年 2 月　第 2 次印刷

书　　号：978-7-80130-654-8-01/K·337
定　　价：45.00 元

■20年代的宋庆龄

This is the first airplane br[...]
Flown July 1923.

The Koa[...]

in China. Designed May 1923.

...dal (named in honor of...

...rs Sun Yat-sen)

宋庆龄大传
Song Qing Ling
Dazhuan

■把自己的爱情、幸福和快乐
与中国命运紧密相连的伟大女性

■学生时代的宋庆龄

目　录 Contents

宋庆龄的行动引起了国民党右派的嫉恨，那些反动军事将领更是恨之入骨，他们与南京的蒋介石之流遥相呼应，对宋庆龄发动攻击。宋庆龄并不理会这些，她坚持自己的信念，为正义而信守真理，在风险的环境中坚持与蒋汪之流不屈地抗争。

在《国际歌》的雄壮乐曲声中，宋庆龄走出车厢。政治上的风云变幻，旅途的奔波劳顿，使宋庆龄显得很疲劳。但是，来到了向往已久的世界革命中心，她终于实现了孙中山访问莫斯科的遗嘱，宋庆龄满脸春风。

宋庆龄眼眶泪珠晶莹，久久凝视着这庄严的墓室，对从此长眠这里的亲密伴侣、一代伟人，崇敬情深，哀思无限。追忆往事，瞻念前途，更使她百绪萦回，千思结想，心潮起伏……

"孙中山先生之宋夫人，德才如玉；刚强正直，爱国义勇，不畏强暴，极力宣传抗敌救国，卓有成效，举目全球，无与伦比，啊！她是一位敢死之救国女杰。"

在白色恐怖中，宋庆龄与共产党合作，思想发生了巨大的飞跃，与国民党当局斗智斗勇使她充满了传奇的色彩。

读着毛泽东的亲笔信，宋庆龄深深感到了中共中央对自己的信任，她心中的爱国情结使她不顾病后虚弱，又开始了为国共两党合作谈判奔走号呼。

在这民族生死存亡的关头，国民党全会的召开，全国人民都焦灼地注视它。这时，宋庆龄自1927年后中断参加国民党中央的工作近十年了。为了促进国共合作，挽救民族危亡，她决定以中央委员的资格参加大会。

随着抗战规模的扩大，有一些外国医疗队和华侨组织的各种抗日团体和志愿人员纷纷来华，各种捐款和物资也一批批陆续到来。但是，由于国民党政府的腐败，这些外援既不能分配到抗战最急需的地方，又未能按照捐赠人的意愿合理发送。宋庆龄发现这个问题，立即着手准备筹建一个机构，争取和进行外援工作。

宋庆龄看到了这份报告，立即与保盟的其他同志商议，大家不约而同地决定发挥工合国际委员会在海外的声望，发起募集2万条毛毯的运动，支援新四军。一封封求援的电报从保盟中央发往了世界各地……

共产党领导的抗部队在前方浴血奋战，却得不到这批急需的珍贵药品，这使远在香港的宋庆龄痛心不已。但是，她容忍了这类事件，没有公开发表评论，克制自己不直接批评国民党。她好像置身于中国政治激流之外了，但是，她并没有静悄悄退却下去。她另辟途径向陕北边区提供援助，她已顾不上再去指责呵斥。宋庆龄整日埋头于筹集和运送救济物资。

宋庆龄代表人民又喊出正义的要民主的强音。在重庆，没有其他人敢于批评和揭露蒋介石的高压政策，即使含蓄地讲，也会遭到残忍的屠杀。宋庆龄是唯一能和蒋介石的逆行挑战的人。

毛泽东到重庆后，宋庆龄与他虽然多次见过面，但是都没有机会深淡。这一次，他们推心置腹，共同剖析战后形势，展望中国前景。在交谈中，宋庆龄对毛泽东敏锐的思想、深远的见识非常钦佩，她感到毛泽东不仅是一党的领袖，而且是全国人民的领袖。她坚信毛泽东领导的事业一定会成功。

中国人民经过100多年的流血牺牲，实现孙中山的理想，获得了胜利。宋庆龄站在天安门城楼上，看看鲜艳的五星红旗缓缓升起，心潮起伏，眼里闪着晶莹的泪花。从这一天起，中国人民跨过了一个世纪的门槛走向了未来。

宋庆龄在参与国务活动中，毛泽东、周恩来、刘少奇等领导人也经常就国内、国际上重大问题和她交换意见，或书信来往，政治上推心置腹，亲密无间。

宋庆龄

第一章 花　季

在远离闹市区的虹口朱家木桥一带，有一栋平房，四周林木葱茏，房后菜园一片绿油油，房前碧水淙淙。这就是刚辞去传教士职务，美华书馆的入股经营人之一——宋嘉树的家。

一团不祥和灾难的阴云越来越聚积，笼罩在闭关锁国的大清王朝，古老中国从中世纪步入近代，天朝已经锈蚀的铁门被西方列强的坚船利炮轻而易举地摧毁了。没有电闪雷鸣的风云变幻，没有大起大落的波涛翻滚，中国几千年文明的帷幕就被一包包小小的白色粉末诡秘地开启了。鸦片战争的硝烟已经散去四五十年了，然而，割地、赔款、开放通商口岸的毒瘤在这个泱泱大国越长越大，越长越多，挣脱不掉的灾难像镣铐一样把这个开启世界文明曙光的民族紧紧锁住，她的步履越来越沉重。白皮肤蓝眼睛的洋人在这个国度里飞跋横戾，比主人还神气，还骄横，狠猘地把一袋袋黄金、白银，奇瑰珍宝扛在肩上就走，而抖缩的主人却不住地拱手：

西太后慈禧掌握着朝廷实权

"您走好，您走好！下次再来。"

这是一个苦难的时代！

这是一个屈辱的时代！

这是一个灾难止不住地蔓延，痼疾烂得发臭而继续溃烂的时代！

同时，这也是一个不断地屡败屡战的救亡图存的时代！在天朝的统治者内部一个变法维新的改良运动正在悄悄地酝酿。在天朝之外的异域，一批革命的先行者正在如饥似渴地学习外国的先进思想和进步思潮，艰苦探索祖国挣脱桎梏，走上世界民族之林道路。尽管这时，泱泱天朝正面临一个隔海相望，精明而又开化的寡民小国贪婪的目光，但是，它仍沉浸在已经过去，盛极一时的历史孤芳自赏之中，尽管亡国灭种的灾难越来越严重，灭顶之灾的危险越来越大，但是它仍不能觉醒。在统治层内部，一个苍老而又妖野的女人像魍魉一样君临天下，老脸皮却装出羞怯的样子垂下帘子，扶着一个并无实权的皇帝虚撑门面，天朝摇摇欲坠，全民族正处于黎明前的黑暗。一切都在孕育，一切都在悄然变化。……

也就是50年前那场白粉之战，上海——近代中国历史上无论从工业、商业和文化都占一席之地的都市，被《南京条约》辟为西方列强的五个通商口岸之一。由于它处于长江纳吐之口，踞东南水陆运输要冲，又是东西洋交通枢纽，成为海内外侨商萃集之地。它到19世纪90年代已发展成为一座商业、工业日臻兴盛的繁华都市。

在远离闹市区的虹口朱家木桥一带，有一栋平房，四周林木葱茏，房后菜园一片绿油油，房前碧水淙淙。这就是刚辞去传教士职务，美华书馆的入股经营人之一宋嘉树的家。

宋嘉树，号耀如，生于海南文昌县的商人之家。父亲韩鸿翼生有三子，早年宋嘉树过继给堂舅，改姓宋。12岁悄悄跟随堂舅横渡太平洋到了美国波士顿，打工经商，年少的宋嘉树雄心勃勃，偷偷地出走，被"加勒廷"号缉私船船长埃里·加布里埃尔森收留。

在北卡罗纳州宋嘉树又被罗杰·穆尔上校看中，被介绍给托马斯·佩奇·里考德牧师，他高兴地皈依了基督教。不久，被送进杜克大学圣学院学习，一年后转到万德毕尔特大学神学院学习。1885年5月，宋嘉树以优异的成绩毕业了，他打算在美继续深造改学医学。但是教会只是把他当做一位低级的传教士，把他遣回了中国。

在上海，宋嘉树并没有被重用，相反却遭到了卫理公会布道团团长林乐知的歧视。宋嘉树回国头几年生活贫苦，精神也十分压抑。正在这时，经波士顿留学归国的牛尚周介绍，他与余姚牧师倪蕴山二女儿倪桂珍成婚。

倪桂珍与宋嘉树结婚除了带来一份丰厚的嫁妆外，倪家优越的社会地位，在工商、金融和军界的各种社会关系也带进了宋家。1890年，宋嘉树在上海开了一家美华书馆，两年后辞去卫理会布道团职务专门从事工商业。这时他已有一女儿了，叫宋霭龄。

宋庆龄的父亲宋嘉树

宋嘉树的生意越做越好，家里渐渐迈上小康。尽管这时整个国家的危机越来越重，宋嘉树的家相对来说，格外给人一种宁静的感觉。

1893年1月27日，一个女婴在这所普普通通的房子里呱呱落地。江南春早，花蕾初绽，这个小生命就和春天一起来到了人间。

她，就是宋庆龄。她的出生，没有什么特别。在宋家她是老二，姐姐宋霭龄，这时已经2岁了。然而正是这一位平凡的女孩在以后的人生岁月中，自觉地把自己的命运紧紧地和这个国家和民族的命运联结在一起。此时的谁也不能料想到：在以后的近90年时间中，她一直处于中国历史舞台的中心。

宋庆龄在中国灾难沉重的时代出生了，在木桥这个世外桃源中成长。

时间飞逝而去。转眼1894年来临了，隔海相望的东瀛小国终于沉默不了贪婪的念头，按捺不住在中国的东海上挑起了甲午战争。中国军民奋起反击，邓世昌、刘步升等一批将领在西方的坚船利炮中坠落于大海的涛烟之中，腐朽的清廷不但没有打赢甲午战争，反而丢失了许多国家主权，这场战争带来的灾难把苦难深重的中华民族更加拖入了痛苦的深渊。

多灾多难的民族又陷入了更深的危机，国有难，家焉安？甲午战后的局势激起了一大批仁人志士救国救亡的热情。

3月，宋嘉树家来了一位年轻的客人。他就是孙中山。

宋庆龄的母亲倪桂珍

年轻时的孙中山

此时，孙中山和宋嘉树已是老朋友了。他们于1892年在美国就相识了。那是八年前。在广州，传教士宋嘉树到广州创办广州基督教青年会，他和陆皓东是好朋友，陆皓东又是孙中山的挚友，因为都是老乡，经陆一介绍，两人就一见倾心，相见恨晚，成为莫逆之交。

孙中山和宋嘉树一样出生于中国南部广东一个贫苦的家庭。父亲是农民。他身上继承了当地人长期以来反抗清朝统治的传统，他家没有土地。在童年时，一个曾经参加过1851年到1864年太平天国农民起义的亲戚经常给他讲述当年暴动的情景，幼年的他，心中就充满了对英雄的敬仰之情，骨子中长着一股反抗压迫的斗争精神。长大后，他和许多穷人家的孩子一样，缺土地，又缺职业，他只得出洋去谋生。他先到夏威夷，再到香港，然后去了西方。在国外他接受了西方的教育，同时更加加深了对祖国的深切感情。实现强民富国，摆脱民族压迫的思想在他心中一而再，再而三地由精神变为行动。

年轻的孙中山接触了许多西方现代的东西，如何把这些先进的东西带到中国，为我所用，他冥思苦想，最后选择了学医，希望用高明的医术治愈"东亚病夫"的屈辱，然而民族的危机越蔓越广，痼疾越长越烂，这使忧国忧民的他痛心疾首。甲午战争的灾难使他沉默不住，他与陆皓东几个人决定，上书当朝最大的实力派李鸿章，提出救国之策。这次他们绕道上海，来到宋家，亦与宋嘉树交换意见。

孙、陆的远道而来，这使宋嘉树欣喜若狂："有朋自远方来，不亦乐乎！"宋嘉树握住孙中山和陆皓东两人的手吟着《论语》，引得众人哈哈大笑。

这正是一伙风华正茂，意气风发的年轻人，又有抱负，又都受过西方的教育。相聚一起，甚是投机。坐定之后，宋夫人倪桂珍送来了茶饭，几个人上桌，高谈阔论开了，一会儿广东方言，一会儿进出几句英语，一会儿谈论国外趣事，一会儿议论基督教义。尽兴之极谈笑风生，渐渐话题转及国事，这帮激情的年轻人无不为目前时局忧心忡忡，对民族兴亡的关切和为国赤热的激情，使隐潜已久的悲愤一齐涌上心头。席间，孙中山告诉宋嘉树此次北上，他们就是准备到天津面见当朝一品大臣直隶总督兼外交大臣李鸿章，陈述自己富国强民的思想，希望能被清廷采纳。

做着实业的宋嘉树对国家的危情也忧远思深，听到孙中山的想法，心中甚是称好，忙问："逸仙兄，快说说你的想法。"

孙中山从怀中取出《上李鸿章书》给宋嘉树："耀如兄，这是我的一孔之见，你看看。"

宋急忙阅读，孙中山在一旁说："李鸿章，掌握军政外交大权，他对朝政的影响举足轻重，早几年，他就提出过中学为体，西学为用，是洋务运动的促成派。"

"对，李鸿章是俊杰，识时务。逸仙兄的意见他若能接受，办起来，也未尝不可以挽救中国。"陆皓东也充满热望地说。

孙中山在这里起草了《上李鸿章书》

"所以，我们决定北上天津，找李大人。"

"人能尽其才，地能尽其剩，物能尽其用，货能畅其流，好啊，逸仙！我看我这四点，可以算为上书中的四大主张。"宋嘉树禁不住喜形于色。

这时，孙中山受康有为、梁启超等人思想的影响也崇尚盛极一时的改良主义，对清朝政府抱着很大的希望。几个人又围坐炉边，拿着《上李鸿章书》细细地一句一词研讨，力求完美。也就是在这一个晚上，孙中山第一次在宋家见到宋庆龄。这时宋庆龄仅仅是一个一岁多点儿的襁褓中的婴儿。

宋嘉树、孙中山和陆皓东，又像初次相识那样"终夕谈"。

在宋庆龄出生时，宋家还是为生计发愁，家境清贫。但是，不久由于维新和改良思潮渐渐高涨，宋嘉树由于自己的留洋经历，敏锐地大量翻印中外历史、教科书及科技书刊，赚不少钱。倪桂珍殷勤地尽地主之谊热情款待丈夫的好友。

秋天来临，孙中山和陆皓东满怀希望地北上了。此时，中日甲午战争已经爆发了，战争的硝烟弥漫我国东海。他们一路风尘地来到天津。在朋友的帮助下，找到了李鸿章的住处。但是见不着八抬大轿的李大人，他们只好恳求他的仆人转达，然后在天津等待。

终于有了消息。李鸿章回话同意看看他们的上书；但是，李大人没有接见他们的意思。李鸿章始终见不了，无奈之中孙中山只好托人把自己花费诸多心血的《上李鸿章书》递上衙门，又静待回音。八天之后，在万分焦急中孙中山和陆皓东接到了回话："李大人说打完仗以后再见吧。"

陆皓东忙问来人："李大人说什么时候见?"

"不知道。"

"李大人还说了什么? 他对逸仙兄的上书说了什么?"

"没有，没说什么了。李大人除这一句话外，别无他言了，回去吧。"

陆皓东像

孙、陆满怀的希望顷刻化为烟云，这一个月的等待终于有了回音，这结果却使两人始料未及，他们顿时几乎瘫倒在地。

赤子之情和拳拳之心被昏庸的狗官弃之路边，孙中山和陆皓东一夜未眠。陆皓东悲愤得禁不住放声大哭。

"上书，改良，上书，改良……"孙中山也不禁地在房内踱来踱去，经过几天的思考，他终于意识到，所谓上书，在腐败透顶的清朝只是无济于事的书生气，这根本不可能有结果的，所谓的希望也就是绝望。

好像从一场梦中醒来，他和陆皓东再也不等"打完仗再见"了，立即启程回去。

孙中山回到了上海，他来到了宋嘉树家，在宋家，俩人晤谈上书经过。

"这次上书表明清政府积弊重重，无法挽救，非彻底改造，决不足于救亡。"孙中山上书失败后认真地反思了风靡全国的改良思想，他已经认识到了清廷腐败，上书请愿和平改良方法就像隔靴搔痒，无济于事。

这是孙中山的理想思想的一次重大转折。他的话对宋嘉树影响很大，也使宋坚定地走上革命的道路。

"多次和平改革已无成功的希望，只有组织革命团体进行武力推翻清王朝。"宋嘉树赞同孙中山的想法。"搞武装起义，一要有革命团体，二要有巨额经费。我想奔赴檀香山，向华侨募款，建立革命党，以救祖国贫弱之苦。""海外华侨实力雄厚，又有革命性和爱国心，这是好办法。"

宋嘉树把孙中山看成是正义之火的象征，孙中山的革命思想通过相互之间的交谈滴滴渗入他的心田，无形之中他对孙中山的思想忠心地接受和附和。

不久，孙中山就离沪出国了。

这时，《万国公报》正鼓吹外国传教士对中国实行"维新"的主张，以企图使中国发生外国列强掠夺中国的"变革"。《万国公报》是由宋嘉树经营的美华印书馆包印的，主编就是林乐知。在宋的努力下，孙中山的《上李鸿章书》作为一篇鼓吹改革的文章刊登出来了。

这一年11月孙中山在檀香山成立了中国资产阶级第一个革命团体兴中会。宋嘉树在上海大力发展自己的实业，他利用美国朋友帮助购来了面粉机，开了一家阜丰面粉厂，碾制的面粉质优价廉，很快在上海滩打开了市场，财源滚滚而来。

于是，他在上海小有名气了。他又做起了进口面粉机和棉花机的代理商，与上海孙氏大面粉厂联合经营，很快发迹了，开始以领袖身份周旋在上海工业家当中了。

宋家逐渐富裕发展起来，宋嘉树在虹口区的乡村购置了一片土地，建造了一幢中西合璧的别墅。

这里远离了闹市，美国北卡罗来纳州的田园风光隐隐浮现，草木葱茏，流水潺潺，宋嘉树感到无比的惬意。他空闲时在这里种植栽草，在菜园中劳动，悠然自得。他的女儿们随着父母迁居在这里。

宋庆龄在这个优美而安静的美景中快乐地度过幸福的童年。

她完全生活在一个欧化的环境中。洋房里摆满了外国的陈没，房子舒适而宽敞。尽管当时大多数的中国人还不知牙刷为何物，但是，这里已是各种现代化设备一应俱全。房内有很多卧室，澡堂和厕所，就连洗澡间里都装饰着漂亮的苏州澡盆，外面金龙环绕，里面绿釉闪光。一个充满东方情调的环境中，却全是西方文化的背景，这种欧式的别墅完全是当年宋嘉树美国生活的理想缩影。

这时候，宋庆龄的妹妹宋美龄和弟弟宋子文都出生了。白天，他们在院子里玩耍，采集花草，在田野里奔跑，捕捉虫鸟，快乐无比；

弱国外交中的李鸿章

晚上，凝视着妈妈——一个典型的基督教信女弹奏钢琴，静听爸爸高亢地伴随琴声唱起美国南方民歌。这样和谐温馨的家庭使年幼的宋庆龄渐渐显示出一种文静的性格。

一天，几个小姐妹在一块儿做游戏。平时总是捉迷藏，掉手圈儿，这一次，小庆龄眼睛眨了眨，大声地在姐妹前挥着小手说："今天，今天我们换新的游戏玩，好不好？"

美龄一听玩一个新的游戏，立即被吸引过来了，霭龄也忙问："玩什么哟？庆龄，你快说嘛。"

"拉黄包车。"小庆龄认真地说。

"哪来的黄包车呀？我们又不会做一个。"美龄问。

"那——"庆龄小手一指，远处正停着一辆车。原来细心的她早就发现了不知谁停在门口的一辆黄包车，于是想出了拖黄包车的玩法儿。

立即，三姐妹行动起来了。年纪大点的小霭龄拖着前面的拖把，庆龄和美龄在后面推，三人好不容易把车子推到了路中央。

"谁做车夫呀？我要坐车。"美龄把车一放，就试着往车里爬，由于个子太小，爬了好久都没爬上。

"下来，美龄。我们轮着坐。"霭龄大姐说。

"姐姐，先让美龄做乘客，我们俩做拉车夫吧。"庆龄建议。

霭龄同意。于是在霭龄的帮助下，美龄坐进车棚里，霭龄在前面拖，庆龄在后面推，美龄在里面乐悠悠地坐着。沉重的黄包车好不容易地拖着走了一圈儿。下一个就轮到庆龄做乘客了。

学生时代的宋庆龄

宋庆龄坐进了黄包车里。霭龄照样做车夫，小美龄接替庆龄在后面推。车子推动了，下面的路有些倾斜，小小的霭龄和美龄没有觉察，俩人全力地使劲，车轮动起来了，一上路就倾斜，车子转动越来越快，美龄跟不上，干脆松手，车子推着前面的霭龄快走，她赶紧地使劲地想拖住车把手，结果用力过猛，整个车子借着惯性往前急冲，霭龄顿时也吓呆了不知所措，车子飞起来，碰在一个石块上，车子倾翻了，坐在车中"乘客"并不知道这些，突然被这惯性抛在了车外，摔在地上，倾时鲜血直流。吓坏了的霭龄赶紧去抱妹妹，机灵的美龄赶紧回家报讯。宋母一听，奔跑过来，看到满是鲜血的庆龄，吓得手脚发软，放声大哭，跟着赶来的仆人急忙把已昏过去的庆龄送往医院。

庆龄没有生命危险，几天后就出院回来了，但是，这次游戏在她身上留下了一块小伤疤。

宋嘉树出身清寒，童年时代出国去爪哇，12岁去美国。年少时的经历和美国的教会教育使他对孩子教育倍加重视，思想开通。在当时极其保守落后的封建社会，他对子女完全摒弃了三从四德的封建传统，为了使自己的女儿受到完全的西式正规教育，他对子女采取完全民主的教育方式。

七岁时，宋庆龄秀外慧中，已经楚楚动人，椭圆的脸儿，红彤彤，一脸雅气，她依依不舍地离家，来到在汉口路的中西女塾上学。

中西女塾是外国教会在中国开办的第一所收费女子学校。这个学校的课程设置语文、英文、历史、地理、宗教、刺绣及烹饪等。除语文外，一律用英语教学，在中国的历史、地理教科书也是美国人编写，在美国出版的。并且，这里全由美国教师教课。

在这里，宋庆龄留着短发，她生来性格文静，但是勤于思考。学校每星期都从外面邀请一些有名望的人来学校主持宗教讨论会，宋庆龄常常踊跃提问。人们常常疑惑，这么腼腆的小姑娘，怎么提问题这么大胆子？

由于她的母亲弹的一手好钢琴，宋嘉树也爱好音乐，这使耳濡目染的庆龄对文艺也情有独钟，她常常参加学校的文艺演出。有一次，她参加了学校低年级学生文艺演出。她在剧中扮演公主，后来，公主又被加封皇后，她演得惟妙惟肖，全场掌声阵阵。

演出一结束，宋嘉树的一位朋友禁不住登上台，高兴地说："啊哈，宋先生您就是皇后的父亲、国王的岳父呀。"

也就在庆龄进中西女塾这一年春夏，义和团在北方蓬勃发展，轰烈的声势激起列强的慌恐。世纪伊始，八国联军劫掠和焚烧了首都北京最壮丽的宫殿圆明园，清政府岌岌可危。8 月 28 日,孙中山从日本横滨秘密地乘船来到了上海。

在他离沪出国后,宋嘉树经常把国内的情况通知给他。在 1895 年中日战争失败后,清廷的腐败透顶已经暴露无遗,全国人心激愤。宋嘉树认为这是革命的好时机,曾飞函孙中山,促其归国。孙中山接到宋嘉树来信大为振奋,马上中止原计划的美洲之行,与邓荫南等革命党人急速回国。

孙中山回国,即和宋嘉树联系上了,他们一起商讨了反清暴动,不久,孙中山发动第一次武装起义。但是,这次起义未及发难,即告失败了,陆皓东壮烈牺牲,孙中山被清政府通缉,悬赏 1000 两银子捉拿,被迫亡命国外,逃往了夏威夷。此后,他冒着生命危险,在异域过着漂泊四方的流亡生活。1896 年 10 月,他在伦敦险些遇难,被绑架拘留在波特兰广场中国使馆 12 天。在使馆他信念不改,不向恶势力低头,同时巧妙地说服使馆雇员,偷偷送信给他从前的朋友和老师詹姆斯·康德黎医生,在康德黎的帮助和周旋下,化险为夷。

这一次秘密回国是因为改良派唐才常在上海成立了自立会,组织了自立军,准备讨贼。孙中山拟联络容闳等反清力量,推翻清廷,成立共和国。

在上海,孙中山通常住在宋嘉树家,他把宋嘉树当做可信赖的亲密战友,和他一起商讨反清革命问题。在宋家,这个特殊的客人引起了年龄小小的庆龄的注意。她与霭龄、美龄等女孩子不一样,不太注意吃穿打扮,但是非常聪颖,对周围的事情很敏感。她开始懂事了。

孙中山来去匆匆,父亲对他的来访总是莫名的兴奋。从这些反应中庆龄猜到了他是个不寻常的人物,她像个小精灵似的偷偷地聆听父亲和孙中山的谈话,为他们的话语所吸引。

由于停留时间短促,孙、宋一见面就一起商讨革命。一次,孙中山说:"中国非革命不可,我们要推翻现在这个君主政体,建立一个共和的政府,我国人民有权利自己选择管辖他们的人,选择帮他们制定法律的人。"

"对!我们应该有这个权利。这是天赋予我们的。"宋嘉树应声说。作为一个基督教徒,他所说的天就是他心中的上帝,但是,这并不影响他与孙中山的思想。

孙中山接着说:"我要为这个目的而生,死要为这个目的而死。"

"我也要和你一样。"突然,一个声音轻轻地说,带着童稚。

孙中山和宋嘉树大吃一惊,转头一看,原来宋庆龄不知不觉地站在了一旁。

"不错,庆龄,当然你可以帮助我,每个人都得帮助我。"孙中山立即对她说。

宋庆龄认真地点了点头。

然而,庆龄毕竟太年轻了,革命,对她来说,只是一个新鲜的事儿,她不知怎样去革命,更不能去投身革命。1908 年,她 15 岁了,中西女塾的 8 年学习生活结束了。

不久,在父亲的安排下,她偕妹妹美龄乘满洲号轮船远渡重洋,到美国去上学了。

她们来到了异国,就学于新泽西州的萨密特镇私立学校。这所学校是克拉克·彼特温小姐所创办的。学校风景优雅。庆龄在这里补习法语和拉丁语,准备报考大学。

她和美龄两人到校后,庆龄取了一个美妙的英文名字 Rosa—monde——罗莎蒙黛。庆龄和美龄像两颗待发芽的种子落到肥沃的土地上,如饥似渴地读起书来。姐妹们在萨密特镇度过一年紧张而又愉快的学习生活后,第二年,庆龄正式考入了乔治亚州的梅肯市威斯里安女子学院文学系。美龄在该州避暑山城德莫雷斯特的波德蒙特学校。

　　威斯里安女子学院是一所历史悠久，蜚声全球的女子学院。它坐落在梅肯市郊外的小山上。这里绿树葱郁，碧草如茵，一幢幢红墙白窗的精巧校舍点缀在绿树碧草之间，像一簇簇盛开的鲜花镶嵌在巨幅绿色绒毯之上，整个校园庄严典雅，优美宁静，又散发着亚热带的秀气灵光，四季春意盎然，欣欣向荣。它附属于联合卫理公会教堂，开设有学士学位的大学文科、教育、美术等课程。一来到这里，宋庆龄很快就融入其中，在人们心中，她是一个非常讨人喜欢的学生：温柔，好思，敏感，她乐于助人，待人友善。不久，她担任了学校校刊《威斯里安》的文学编辑和哈里斯文学社的通讯干事。

1912 年，宋庆龄与威斯里安女子学院同学合影

　　庆龄和美龄俩小姐妹远在大洋彼岸，父亲的关爱也时常越洋渡海地传来。离开祖国一年多了，宋嘉树与她们保持经常的联系，他常常把关于国内局势和革命形势的发展的剪报，寄给大西洋彼岸的女儿。国家民族的兴衰、革命的艰难困苦开始在宋庆龄幼小的心灵中渐渐加强。孙中山领导的武装起义不断遭到失败，祖国多舛，灾难接踵而至的岁月，使远在大洋彼岸的宋庆龄心里常常为此忧虑。这使她的性格变得内向和深沉，她像一个美丽而又忧郁的公主。

　　她总是不自觉地把自己的命运和人生与隔海相望的祖国联系在一起，当同学们无忧无虑地玩耍时，她却说，自己不能忘记祖国。

　　历史课，又是例行的讨论会。这一次主题是《历史进程与演变的问题》。一位蓝眼睛的棕发美国小伙站起来说："历史的发展是难以预计的，那些所谓文明古国，特别是亚洲的中国，被历史的大潮淘汰了，人类希望在欧洲，在美洲，在我们这里……"

　　宋庆龄一听，这颗忧国的心立即好像被刺了一蛰，她立刻激动地站起来，用流利的英语大声地反驳："历史确实是不断变化，但是永远属于亿万大众。中国具有五千年的文明，是人类的奇迹，她没有被淘汰，她只是一头沉睡的狮子，但是，她决不会永远沉睡下去……有一天，东亚睡狮的吼声必震惊全世界。现在，在中国有一批人正在为了她的崛起而在呐喊奋斗，他们为了这个事业在流血，在牺牲，但是这一切不会白费的。"

教授一听，为这个女孩大义凛然的气概感动了。一个平时温文尔雅的女中国学生，谈起自己的祖国时眼睛中燃烧着足够照亮整个大地的火焰，他深深地感动了！他既为这个女学生不简单的思想而高兴，但是又为她的叛逆精神而不安，下课后，他把庆龄找过来谈了一次话。

他说："庆龄，课堂你的发言是动人的、很好的答卷，但是我有些不安，因为这不是你在历史课中应该学到的东西。"

庆龄当即坦率地回答说："是的，我明白，但我这张答卷是我个人的表示，一个学生的见解。"

"我看得出，中国现在经历的革命运动影响了你的感情，然而我相信我没有猜错，两三年前你就有同样的感受。"

"是的，我们有一个朋友，他现在领导着革命。当我年幼时，他常常来和我父亲谈话。我听到他所说的话，这些都给我留下了深刻的印象。"

"你是受了你家庭的影响。"教授找到了自己的答案。

"我这没有错，我只想追求真理，我坚定地认为我的祖国要有一个根本的变革。"

此时的神州大地在昏庸的清王朝统治下被西方列强鲸吞蚕食，瓜分豆剖。人民倒悬，遍地呻吟，多少爱国志士在悲情地呐喊："世间无物抵春愁，合向苍冥一哭休。四万万人齐下泪，天涯何处是神州？"

教授也不无视这个历史变革的先兆，他对这个与历史之流合行的女学生开始另眼相待，在他的引导下，庆龄开始认真地思考中国的命运，把自己的思想倾注到中国的政治上去了。

1911年她在校刊《威斯里安》上发表了一篇论文，题目为《留学生对中国的影响》。字里行间充溢着她对振奋祖国——这个与埃及、巴比伦、亚述同龄的古国的强烈愿望，她怀着年轻人的满腔热望期待着学成归国为祖国做出贡献，她热情地提出了自己自由平等的理想，这种理想不是靠罢工、暴动、政治动乱来实现，而是靠普及教育和启蒙运动来实现。

她在文中提及了包办婚姻，主张用西方的"解放"的方式改革包办婚姻，认为废除包办婚姻将同时解放女人和男人。这篇论文热情奔放，浮想联翩，似乎正是美国的相对自由和中国瞬息万变的爆炸性局势的结合，催化了庆龄为国为民的感情，一步一步把她推向她以后要走的道路。

尽管此时的宋庆龄才18岁，但是中国的历史却来到了一个重大的转折关头，孙中山在国内组织了整整十次大的起义终以失败告终。但是当第十一次革命爆发时，这一至关重要的革命却初战告捷。

这一事件发生在武昌。湖北新军准备起义的一批军火被清廷发现，清廷鹰犬立即大肆捕杀，形势危急，尚未准备就绪的起义立即宣告提前举行。

起义军打响了第一枪，武汉的形势立即风雷滚滚，革命一呼百应。起义军在各地军队的帮助下，在24小时内拿下了武昌城。事情发展迅速得突然，使革命处于群龙无首的状态，孙中山此时正在国外，于是起义者决定邀请清军协统黎元洪出来主持局势。一个代表团被派去他家。

黎元洪以为起义军要杀他，大汗淋漓到处躲身。最后藏在妻子的床下，一只脚匆忙

宋庆龄大传

湖北军政府都督黎元洪

之中露在外面，代表们进来抓住他，拖出来，黎吓得大汗如流，全身战栗，伏地请求饶恕。

代表团团长却客气地说："黎将军，如果你和你的军队愿意参加起义，一切都好说了。"黎元洪为了暂时活命，硬着头皮，颤抖着表示同意就任都督，随即，发表了一个振奋人心的宣言，宣告清王朝已被推翻，成立革命军政府。革命原是大势所趋，这一星星之火顿成燎原之势，两个月之内全国 17 个省相继宣布独立。清政府土崩瓦解。

革命成功了！消息传到孙中山时，他却还正在美国为革命筹集经费而辛劳地奔走。由于他在整个革命中的崇高的威望和巨大贡献，虽然这时不在国内，但他却仍然是新共和祖国总统无可争辩的候选人。圣诞节这一天，他从美国回国抵达上海，受到人民群众广泛热烈的欢迎。

1912 年 1 月 1 日，孙中山在南京宣誓就任第一位临时大总统。

宋嘉树一家也随孙中山前往了南京，在宣誓就职仪式上，宋嘉树夫妇、霭龄、子文和子安坐在前排的位置上，一直秘密从事反清斗争的宋嘉树与孙中山的亲密关系公之于众了。

孙中山就任临时大总统后，宋霭龄正式担任了他的英文秘书。在此之前，她也在美国留学，毕业后回国，一直帮助父亲处理革命党组织工作和募集资金。实际上，宋嘉树的工作是孙中山秘书工作的重要部分，革命成功了，轻车熟路的宋霭龄担任孙中山的秘书理顺章成了。宋嘉树的工作也更忙了。倪桂珍写信给远方的女儿说："提起你们的父亲，有很多话要说，但也不想多说，我只告诉你们一点，他正在老朋友之间做他乐意做的事情。"

不久，父亲的信也来了。他把一幅第一批制作的共和国五色旗，寄给了宋庆龄，宋庆龄接到信和旗后激动万分，她立即扯下学校中的清朝龙旗，把它踩在脚下，挂上新国旗，满怀激情地兴奋喊道："打倒龙，举起共和国的旗帜！"

尽管她已把祖国的旗帜挂上了学校，但是她激动的心情仍然难得平静，她心中奔涌着一股股激情。

孙中山成功了！父亲成功了！久久革命屡败屡战的压抑感顿时一扫而光，她感到无限的喜悦。

"中国革命的成功，标志着一个皇朝的覆灭，这个皇朝的强夺豪取和自私自利使这个曾经繁荣昌盛的国家变得一贫如洗，清朝政府被推翻，意味着恶贯满盈，道德沦丧的这个皇朝的毁灭和废除……"她兴奋地想，满怀激情思忖着这次革命成功将带给中国这个古老的国家的巨变。

"自滑铁卢战役以后，中国革命是 20 世纪中最伟大的事件之一，是世界最辉煌的成就。此后四万万人将从极端的君主制奴役下解放出来。"对历史学的研究使她深刻地把握了父亲他们的事业成功的巨大意义，庆龄越想越深邃越隽远。

革命并非一蹴而就，它的成功使庆龄的脸洋溢着红光，她对未来充满了激情，突然她想起了拿破仑的一句话："中国一旦动起来，它将震动整个世界！"

"实现这个预言的日子为期不远了。"她禁不住轻轻地脱口而出。

当夜，仍然激动不已的宋庆龄久久不能成眠，她兴奋地挥毫写下了一篇《二十世纪最伟大的事件》文章，不久发表在《威斯里安》院刊上。

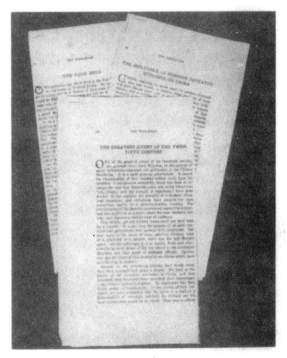

宋庆龄在威斯里安女子学院校刊上
撰写的文章——《二十世纪最伟大的事件》

这篇文章在当时中国留学生和爱国华侨中轰动一时，那句拿破仑的名言被广为传播开来了。

但是，没有等到宋庆龄大学毕业，辛亥革命就失败了。2月12日清帝退位，2月13日，孙中山在各方面的压力下被迫辞去大总统职，4月1日孙中山向临时参议院辞去临时大总统，传位于袁世凯。袁世凯是清朝重臣，拥兵自重，成为清廷和革命派争夺的筹码。袁以民国总统之职为条件倒戈灭清，清帝退位后帝国主义和国内保守势力就对革命第一人孙中山施压，要求他辞职让位。这样，革命的胜利成果被篡夺了。

袁世凯篡夺了临时大总统职位后，假惺惺地电邀孙中山进京"共商国是"。

8月24日，孙中山抵达北平，袁世凯以迎接元首的隆重礼仪规格，派出豪华的军警仪仗队和军乐队在前门火车站迎接，用自己乘坐的金漆朱轮双马车，布以黄缎，将孙中山接到宾馆。

第二天，孙中山前去拜会袁世凯，袁世凯亲自移驾到大门口迎接，其情殷殷，孙中山和随从们都感到袁世凯的谦卑。

当天，袁世凯举行盛宴，欢迎孙中山的到来。他在致词中恭谦地说："孙君创立民国，功绩赫赫，垂名后世，予不肖承受其后，窃虑难堪其任。"

满座都为孙中山以大局为重，不计个人得失的精神动容，为袁世凯待孙中山的真诚和谦让所感动。

之后，孙中山居留在北京，一个月内，袁世凯与之晤谈十三次，袁世凯为了骗取孙中山信任，曲意奉承，满脸虔诚地恭听孙中山的议论，偶有分歧也虚伪地表示："贵论宏大，可以参考。"

宽厚为怀的孙中山没有识破老奸巨猾的袁世凯的真面目，向外人表示：与袁感情颇为融洽，将赞助袁氏，使为正式总统。

但是，窃国大盗袁世凯并不以篡夺临时大总统为满足，他在竭力骗取孙中山信任同时，心中却做着逐走对手，屠杀革命党人，然后复辟帝国，称孤道寡的美梦。他在磨刀霍霍……

1913年2月孙中山率马君武、何天炯、宋嘉树一行6人赴日考察铁路，争取日本援助。

孙中山一走，袁世凯立即露出凶相，派人刺杀革命党人宋教仁，向英、德、法、日善后大借款。孙中山闻讯，毅然举起反袁世凯旗帜，主张立即挥师讨袁。袁世凯先发制人，马上下令撤销孙中山筹办全国铁路全权，并通缉孙中山、黄兴、李烈钧、廖仲恺、朱执信等人。第二次革命刚刚兴起，就被袁世凯镇压下去了。民主派对袁世凯的让步，招来的是灾难性的打击，孙中山满腔悲情地率领残存的部分革命力量仓促逃往台湾。

袁世凯能在改朝换代的历史关头呼风唤雨，全凭从小站练兵时培植起来的北洋新军。这是他任满清直隶总督、北洋大臣时与清将领校阅新军后的合影。前排左起言敦源、曹锟、铁良、袁世凯、冯国璋、王士珍。袁右后为段祺瑞。

8月初他东走日本，亡命东瀛。孙中山在富冈海岸登陆，被日本好友梅屋庄吉开车接到东京。

孙中山在东京，住在赤坂区西灵南板26号头山满的住宅。后为了防止袁世凯的刺客，对外称住在头山满家，实际上住在隔壁的海猪勇彦家。

在此期间，宋嘉树正与孙中山密切合作，担任着孙中山的财政部长。袁世凯空言共和，屠杀革命，孙中山与袁世凯决裂，宋嘉树也决定迁往扶桑。

宋嘉树到日本后住在神保町中国基督教青年会馆，宋霭龄继续在孙中山身边当秘书，宋嘉树直接协助孙中山进行革命活动。宋家父女几乎每天都到孙中山寓所去。

到日本后，一些革命党人垂头丧气，互相诉诟。但孙中山对革命仍充满信心，并不气馁，他终日奔波，积极筹划讨袁的第三次革命……

宋庆龄

第二章 婚 恋

　　源于这一欢乐和喜悦而产生一种异性间两情相悦的感觉，把庆龄对英雄的仰慕之心催化成了少女浪漫的爱情。庆龄在献身于一个历史性的伟大目标的工作的朝夕相处中，默默地爱上了自己的导师孙中山。

这一年春季，宋庆龄以优秀成绩毕业于威斯里安女子学院，获文学士学位。这时，宋庆龄已由一个天真的少女成长为一个成熟的青年，她的爱国思想也随之日趋炽热，并进入了献身革命的境地。国内形势的巨变，使她对未来的梦幻破灭，尽管此时国内军阀横行，政客流行穿梭，黄河浊溷激而益溷。但是，她并不消沉，她决定放弃毕业再学习的想法，打算立即回国，投身到革命的急风暴雨中去。

襟庆龄的大学毕业照

1913 年 8 月 29 日，满怀革命激情的宋庆龄抵达日本横滨，父亲宋嘉树在码头迎接……

她是 6 月离开梅肯城北上，经波士顿，横穿美国大陆，到达加利福尼亚的旧金山，然后取道檀香山赴日本。她用了很长的时间周折辗转取道日本国。原来，她本打算回上海探亲。到加利福尼亚的伯克利时，收到了父亲的来电，要她推迟行期。因为宋嘉树要追随孙中山流亡日本，宋庆龄就在伯克利停留下来，住在姨夫温秉忠的一个大学时的朋友家里，这个朋友是当时中国驻旧金山的代理公使。在主人的热情安排下，宋庆龄大大享受了高等华人优裕的生活水准。她在这里作为主宾出席了中国留学生招待会，到处观光，参加舞会，度过了一段愉快的时光。

两个星期之后，她到达了檀香山。这座热带小岛美不胜收：土著人很丰腴，穿着胸衣似的衣服，到处盛开着鲜花，一些树木她从没见过，水果佳肴琳琅满目。她驱车到山区观光，尽情领略了热带海岛上美丽的风土人情。

但是，宋庆龄并非乐不思蜀，她更惦记着祖国，惦记国内一日弗如一日的紧张局势，她更加向往投身祖国的解放事业。父亲一来消息，她就匆匆启程去日本了。

到达横滨，与亲人匆匆地相聚了。第二天晚上，夜深人静，虽至月底，天空中仍飘着白云，晴朗的白云带给夜晚的光芒也很明洁，宋庆龄由父亲和姐姐陪同，来到了孙中山的寓所拜访。

在海外的日子，孙中山领导的革命曲折成败时时牵动她这颗少女的心，她关心着大洋彼岸孙中山领导和父亲所追随的革命事业。忧国忧民的情怀常常使她跟随着国内局势的风云变幻喜怒哀乐。孙中山是父亲的朋友，在宋庆龄心中，他又是一位领袖，一个英雄。当见到了孙中山时，她怀着仰慕和崇敬的心情，激动地向孙中山致意。

这时孙中山领导的革命正处于困境，跟随孙中山流亡日本的革命党人，大都两手空空，生活困难。有人谈及将来的事业意志消沉，意见纷纭，有的缄口不谈革命，一蹶不振。敏锐的宋庆龄感觉到孙的困境，同时她更看到了他愈挫愈奋，斗志弥坚的意志力，她也为之受到鼓舞。这是宋庆龄成年后第一次和孙中山见面。孙中山刚毅的面容久久地印在她的心怀。

宋庆龄把美国华人送给孙中山的一箱加利福尼亚的水果转给孙中山，还同时转交了孙中山一个朋友写给孙中山的私人信件。

这次见面，也纯粹是礼节性的拜访。坐了一会儿，宋氏父女就匆匆离开了孙中山寓居的海猪勇彦家。

与自己崇拜的英雄一相见，回来后，宋庆龄的心情仍然十分激动，童年时的种种回忆一齐涌上心头，在随后的一段时间里，宋庆龄禁不住地经常去拜访孙中山。

这时候，宋嘉树身患肾病，痛苦不堪。由于跟随孙中山的革命党同志不多，宋嘉树不能像日本人那样长时间盘脚席地而坐，但仍坚持为孙中山处理英文信件。宋庆龄一到来，他就让女儿协助自己处理信件。宋庆龄马上学会了协助孙中山的工作。

9月19日，孙中山第一次偕宋庆龄姐妹造访日本友人梅屋庄吉宅，梅屋庄吉是1895年孙中山一见如故的好朋友，十几年来庄吉倾家荡产资助孙中山进行革命，两人结下了深厚的友谊。见到梅屋庄吉夫妇，宋庆龄娴静温雅，天资聪颖给了他们深刻的印象，作为少女的宋庆龄也更为庄吉夫妇的诚挚和正义感所感动。

宋庆龄在父亲和姐姐的陪同下频繁出入孙中山寓所，到25日的十天中，共8次之多，并且宋庆龄还与国民党要人张继、马素等人接触，宋庆龄正在熟悉担任孙中山秘书的工作。

因为这个时候，做孙中山英文秘书的姐姐宋霭龄与山西富豪门第孔祥熙相恋，并且即将成家结婚了。

时间飞逝，转眼间冬走春来，时令很快来到了1914年。

3月27日，孙中山腹痛，庆龄和霭龄到孙寓所进行护理。

5月24日，宋庆龄单独前往，两姐妹同去的次数渐渐减少。不久，霭龄准备与孔祥熙结婚，宋庆龄只好一个人天天去孙中山寓所，开始为孙中山承担更多的秘书工作。

宋霭龄和孔祥熙在横滨一所教堂按照基督教礼仪举行了婚礼。9月宋霭龄回上海，离开了工作岗位。经孙中山同意，庆龄正式接替姐姐，担任他的英文秘书。从此开始了她漫长的革命生涯。这一年，她才21岁，正是花季。

共和国在摇篮中就被扼杀，辛亥革命如昙花一现，这时革命的大潮已渐渐消退了，孙中山尽管在江苏、浙江、广东、山

担任孙中山秘书时的宋霭龄

东、江西等地发动了一些武装起义和暗杀行动，都接二连三地失败了。孙中山在革命的征途中再度陷入逆境。在危难的时候，宋庆龄默契地帮助孙中山起草文件，处理函电，

提供资料，管理经费，尽力帮助孙中山工作，成为孙中山得力助手之一。

和孙中山一起工作，宋庆龄幼年时对革命的憧憬，青年时代想追随孙中山的革命愿望得到了满足，她心情愉快，工作的热情很高。在与孙中山的频频接触中，她也感受到了孙中山崇高的精神境界、革命不成功的压抑和流亡海外生活的孤寂。对祖国命运的共同关注，在伟大理想的互相吸引下，战斗的考验、思想的交流，使宋庆龄与孙中山在一起工作时常常感到心中燃烧着一种火热的激情。她禁不住写信告诉远在美国的美龄："美龄！我从没有像在日本那几个月快乐！"

她还说："我从没有这样快活过。我想，这种事是我从小姑娘时候就想做的。我真的接近了革命运动的中心。"

这时候宋庆龄正是青春焕发的美妙阶段，情窦初开。她热情如火地工作的同时，心中对美好爱情的向往和憧憬也焕发出来，常常她感受一天工作的兴奋之后许多浪漫的情怀涌上心头。这种真实的美妙感受常常也是因为与孙中山的接触而生发。夜深人静，她细细追寻如潮而涌的情怀，一个个浪漫的念头总最后落在了孙中山的身上，她知道自己的这种情绪缘于对英雄的仰慕，而这种仰慕又与自己一直来的喜怒哀乐殷殷相关。源于这一欢乐和喜悦而产生一种异性间两情相悦的感觉，把庆龄对英雄的仰慕之心催化成了少女浪漫的爱情。庆龄在献身于一个历史性的伟大目标的工作的朝夕相处中，默默地爱上了自己的导师孙中山。

这时，宋嘉树已回国了。宋庆龄在东京工作一段时间后，也回上海，探望因病已回国的双亲。此后，她几次来往于东京和上海之间。几次聚合分离，更加加深了她对孙中山的感情，终于在1915年宋庆龄又准备回国时，她向孙中山坦率地表达了自己的爱意："孙先生，我已经细细想了很久，我没有别的比为你和为革命服务能使我快乐。"

孙中山已经结过婚，并且有了3个孩子。那是一次包办婚姻，当时孙中山还只有19岁。在拜天地之前，这对新人从未见过面，更没有机会谈情说爱。婚后3个月，孙中山回到香港继续他的学业，此后他同妻子只是偶尔相会，异地分居。他过着动荡不安流亡生活，把妻子托付给侨居在夏威夷的胞兄。对丈夫的革命事业，孙的夫人是个外行，从未分担过他的工作，但是她是一个尽职的儿媳和一个不懈的贤妻良母。49岁的孙中山投身革命至今，从没有体验过真挚的爱情生活。突然，年轻、活泼、美貌的宋庆龄出现了，她把整个身心都奉献给他，对他的事业寄予无限热情，更重要的是她理解他的宏图大略、愿望和理想，并情愿与他同甘共苦。这对他是莫大的精神支柱，又是人生莫大的幸福，但是一想到自己的年龄、自己已是一个有家室的人了，他怕委屈庆龄，他听到庆龄的话十分迟疑和矛盾，而没有作声。

"我不求什么，但愿委身革命，别的什么都不能满足我，只要我于你有用，便在这里……"庆龄热切地轻轻地说。

孙中山心中涌起一股股热浪，他是爱庆龄的，几个月朝夕相处的生活使他深深地了解了她，爱上了她。

宋庆龄凝视着孙中山，勇敢地说："我愿做你的妻子，永远帮你做革命工作，而革命是不管年龄的，革命需要我们俩在一起！"

尽管孙中山也非常热爱庆龄，但是面对这样的大事，他不得不慎重，他控制自己的感情，坚定地说："你必须得到你父母的同意才行，我不能对不起你，也不能对不起你父母。"

　　宋庆龄反问道："我们目前，不是生活在一个民主政体下？难道这种爱情我们还不能自己做主吗？"

　　孙中山知道庆龄是对的。但是，为庆龄，也为自己的未竟事业，他是慎重的，他知道这是一种对英雄的敬仰而萌生的爱意，孙中山是爱庆龄，然而他的这种爱与她不同，是一种深沉的、成熟的爱情。为了对庆龄负责，他坚持庆龄必须取得父母的同意才能结婚。为了遵从孙中山意见，并取得父母的同意，庆龄马上回了上海。

　　一回到上海，芳心已许的宋庆龄急切地向父母说明了自己的想法。宋嘉树一听眼前发黑，他全然没有料到这样的事情发生，他要变成自己同事、战友的岳父，他怎么也不能同意。女儿的幸福一直胜于他自己，两人年龄相差 29 岁！宋庆龄话音未落，宋家骤起轩然大波，宋嘉树和全家的人都反对这桩婚事。

　　母亲最疼爱庆龄，也对她寄予希望最大。这个最疼爱的女儿在终身大事上竟萌生一个这样的想法，一下子把她气坏了，倪桂珍非常生气，坚决地说："庆龄，你疯了？他已经快 50 岁了，并且又结了婚，你疯了？我们怎么能同意你去做人家的小妾呢？又怎能去拆散人家的家庭？"

　　庆龄诚恳地说："我的快乐，我唯一的快乐是要和孙先生在一起，我对他有很大帮助——使全世界甚至全中国人都了解革命。"

　　女儿给自己出了一个这样的大难题，倪桂珍不知所措："革命，革命，你革昏了头！我决不同意这门婚事。"

　　"妈，如果我没有为这个伟大事业而生活，那么人生是无意义，无中心的。"庆龄一再向母亲说明她心已倾向革命，她与孙中山结合是为了父亲一直孜孜以求，舍生取义的革命事业，她恳求父母同意这门婚事。

　　宋夫人脸色阴沉，语气坚定地说："那是不可能的！"

　　母女第一次谈崩了。宋嘉树为了缓和一下，说："庆龄，此事等待一下，让我们多考虑考虑。"

　　宋庆龄无可奈何，只好听从了父亲的话，等待。

　　一等，就是三个月，父母的态度还是不明朗，少女的心中燃烧着一团炽热的爱情火焰。庆龄不耐烦了，她给孙中山写信：

　　"你看你叫我先告诉父母，后加以决定的办法，是得到了一个怎样的结果？"庆龄的心中很烦闷，停顿了一下，又继续写道，"我现在只是为着父亲，才留在这里。你是认识他的，同时你也知道他既然叫我等待，那我是不得不等的，但是等又是苦事，是非常的苦事，如果讲到我母亲的见解，那么等待完全是白费功夫。"

　　庆龄相思正浓，无限惆怅。这时，宋家匆匆地为庆龄另择了门婿，希望一个英俊的男子可能填充代替他们不懂事的女儿对爱情的渴望。

　　这时在日本，宋庆龄的离去也使孙中山情绪波动。没有庆龄在身旁，孙中山完全变了样，经常陷入沉思之中，心猿意马。

　　这一切被细心的梅屋夫人发现了，她关切地询问孙中山是否身体不舒服。面对朋友真切的关爱，孙中山沉默了一下，坦诚地将自己的苦闷和对宋庆龄的真挚爱情告诉了梅屋夫人。

孙中山与宋庆龄在日本东京结婚后的留影

"我忘不了庆龄，遇到她以后，我感到人生以来第一次遇到爱，知道了恋爱的苦乐。"他最后说。

梅屋夫人理解孙中山这时的心情。宋庆龄回国时，是梅屋庄吉夫妇驱车送她到横滨码头上船的。梅屋夫人悄悄地找陈其美等人，要他们速回上海接庆龄来东京。

　　这时，孙中山的原配夫人卢慕贞也从澳门来到了东京，在孙寓所居住了两个星期，孙中山陪她游览了东京的名胜。孙中山与宋庆龄的爱情也得到了她与卢慕贞的儿子孙科的支持，在这期间孙、卢两人经协议分居。名曰分居，实为离婚。

　　1915 年 8 月底，孙中山搬到了本多郡千驮谷町字原宿 108 号"中山寓"，即中华革命党本部。这所住寓是由梅屋庄吉提供的。

　　这一天，孙中山和梅屋夫人在一起，梅屋夫人提醒孙中山说按日本的说法去和年龄相差如同父女的宋庆龄结婚，会折寿的，孙中山回答："不，如果能与她结婚，即使第二天死去也不后悔。"

　　孙中山胸中燃烧着对宋庆龄的炽热爱情，梅屋夫人为他的真诚的热爱所感动，于是，她决定帮助他操办婚事。不久，孙中山在梅屋夫人的陪同下，购买了几件西式家具和一些日用品，将新居布置得简朴、典雅，然后，静待宋庆龄的到来。

　　10 月 24 日下午 1 时 50 分，孙中山怀着兴奋和激动的心情，亲自驱车到东京车站迎接宋庆龄的到来。

　　宋庆龄出现在车门口了。她脸上洋溢着幸福的微笑，孙中山见到心爱的人心不住的狂跳，两个相爱的人儿终于走到一起了。宋庆龄是偷偷走出家门，离开上海，东渡扶桑的。在 10 月初孙中山购置家具时，他特请了香山县同乡朱卓文和他的女儿慕菲雅去上海迎接宋庆龄。慕菲雅是宋庆龄童年时的好友。他们见到宋庆龄后传递了孙中山请庆龄速回东京的急信，朱卓文对宋庆龄口述了孙中山和卢慕贞协议分离的经过并出示了两人签具的离婚协议书，宋庆龄深受感动，她对孙中山的爱情更加坚定了。她决定不顾家人的反对和好友的劝阻，不考虑与家庭决裂的后果，自己接受孙中山的函邀，和朱卓文父女潜赴日本。那天晚上，她从窗户里爬了出来，在女佣的帮助下从家跑了出来。

　　宋庆龄回到了孙中山的身边了。10 月 25 日，孙中山和宋庆龄委托日本著名律师和田瑞办理了结婚登记。婚姻《誓约书》，原文是日文：

誓　约　书

　　此次孙文与宋庆琳①之间缔结婚约，并订立以下诸誓约：

　　一、尽速办理符合中国法律的正式婚姻手续。

　　二、将来永远保持夫妇关系，共同努力增进相互间之幸福。

　　三、万一发生违反誓约之行为，即使受到法律上、社会上的任何制裁，亦不得有任何异议；而且为了保持各自之名声，即使任何一方之亲属采取何等措施，亦不得有任何怨言。

　　上述诸条誓约，均系在见证人和田瑞面前各自的誓言，誓约之履行亦系和田瑞从中协助督促。

　　本誓约书制成三份：誓约者各持一份，另一份存于见证人手中。

誓约人　　孙　文（章）
同　上　　宋庆琳
见证人　　和田瑞（章）
千九百十五年十月二十六日

---

　　①　日本文字中没有"龄"，当时宋庆龄用的是"宋庆琳"。

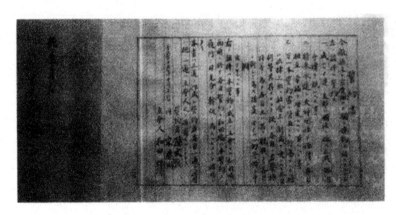

孙中山、宋庆龄结婚誓约书

下午，他们来到了梅屋庄吉宅，在二楼举行简单的婚礼。

宋庆龄戴着大花边帽，穿着一件红色和淡绿花图案的裙子，衬裙透出白色。她手里拿着一束花，俏丽动人。孙中山和她手拉手来到中庭，众聚的摄影师纷纷摄下他们幸福的倩影。

客人们走过来，向新人们祝贺。梅屋夫妇充当媒人，新郎和新娘喝了梅屋夫人斟的交杯酒后，犬养毅唱了《祝酒歌》。之后，孙中山和梅屋庄吉由头山满作中介人结为义兄弟，发誓为中国实现真正共和，为亚洲复兴，同生死，共患难。晚宴过后，孙中山和宋庆龄相偕去他们的新居。

两天后，孙中山偕宋庆龄访梅屋宅，衷心感谢梅屋夫妇的热情帮助。30 日梅屋夫人来到原宿 108 号孙中山寓所，看望了这对新婚燕尔的夫妻。

11 月 5 日，头山满在上野精养轩主持有十多人参加的招待会，宣布了孙中山和宋庆龄结婚的消息。

孙中山和宋庆龄沉浸在馨香如蜜的新婚燕尔之中。但是，宋庆龄的行为却气坏了父亲宋嘉树。当他发现女儿逃跑后，立即和妻子倪桂珍怒冲冲地乘坐大西洋邮船公司的客轮追赶庆龄。

当宋嘉树不顾重病缠身赶到日本时，已经晚了，孙中山和宋庆龄的婚礼已经举行完毕了。

宋氏夫妇像泄气了的皮球整天垂头丧气，唉声叹气不已，宋嘉树还是不甘心，又赶到梅屋庆吉家。他站在大门口，气势汹汹地红着眼睛叫喊："我要见抢走我女儿的总理！"

梅屋夫妇见状很是担心，他们刚要走出去劝解宋嘉树，孙中山挡住他们说："不，这是我的事情。"说着，走出门口，梅屋庄吉不放心，跟在孙中山后面，孙中山镇定地走到大门口的台阶上站着，稳稳地说："请问，找我有什么事？"

突然，暴怒的宋嘉树"唰"地跪在地上，说："我的不懂规矩的女儿，就拜托你了，请千万多关照！

然后在门口三合土上磕了几个头，头都快蹭到地上。就这样，他回去了。

宋庆龄私奔到日本和孙中山结婚，起初对父母的刺激和打击是很严重的。宋嘉树宣布和共事多年的朋友断交，和宋庆龄断绝父女关系。几个月后，宋嘉树当与他的老朋友

宋庆龄作为孙中山妻子、秘书、助手和战友以巨大的热情协助孙中山处理往来函电

传教士惠廉谈到此事时，极其痛苦地说："比尔，我一生从来没有这么伤心过，是我的女儿和我最好的朋友给害的。"

宋嘉树曾要求日本政府阻止孙中山和庆龄结婚，但是没有成功，为此，宋嘉树病情加重，回国后便病倒在青岛。

然而，痛苦归痛苦，宋嘉树夫妇毕竟是受过西方民主精神的熏陶，是识事明理的人，看到孙、宋已经结婚而无法挽回，也就只好伤心地承认事实，为女儿结婚补送了一套古朴的家具和百子图缎绣被作为嫁妆。这样一来，原来满城风雨的议论，很快消失了。

婚后，宋庆龄继续担任孙中山的英文秘书，成了孙中山工作的亲密伙伴，揭开了她生活的崭新篇章。

孙中山也对婚后的生活极为满意，他高兴地说："我开始了一种新的生活，这是我过去从未享受过的真正的家庭生活，我能与自己的知心朋友和助手生活在一起，我是多么幸福！"

　　和孙中山结婚，把庆龄投进了中国政治漩涡的中心，推她走上了暴风雨般的生活道路。

第三章 急风骤雨的岁月

宋庆龄以女性特有的坚韧和刚强，强忍父亲病故的忧伤和悲痛，在这种艰难的条件下和孙中山相依相偎。政治上的险恶，生活的艰苦，反而使俩人变得更加冷静。

中国近百年的历史沸腾地、曲折地，而又迅猛地向前奔驰、发展，风云再起。袁世凯血腥镇压"二次革命"后，公然废除《临时约法》，接受日本旨在灭亡中国的《二十一条》，紧接着，袁世凯粉墨登场，加紧复辟帝制的倒行逆施。早在1914年2月，孙中山在日本就组织了中华革命党，策划武装反袁斗争。1915年夏秋之交，孙中山指令陈其美、居正、胡汉民、于右任分别筹组中华革命军东南、东北、西南、西北四军，同时，还派朱执信等分赴各省、主持讨袁军事，马上全国烽烟骤起，起义遍及两广、两湖、江浙、四川、福建、山东以至奉化，讨袁烽火遍燃了长城内外，大江南北，此起彼伏，连绵不断。

身为大总统，袁世凯不顺心的事也不少

革命的风雷滚滚而来，然而12月12日，袁世凯公然逆历史大潮宣布称帝。13日在居正堂接受文武百官朝贺，他身着耀眼的大元帅服，百官对他高呼"万岁"，出演了一幕复辟丑剧。

孙中山立即在日本发表的《讨袁檄文》中，狠斥袁世凯背弃前盟，暴行帝制的罪行，宣布要誓死戳此民贼，以拯吾民，呼吁一切爱国豪杰共图存亡。这时，云南广大官兵在大中华革命党人吕志伊的策动下，起兵反袁的情绪日日高涨。革命党人李烈钧潜回云南。11月底蔡锷回云南后，积极联合各派反袁势力，很快组织了护国军，12月云南宣布独立，拉开了轰轰烈烈的护国战争的序幕。

护国军以唐继尧为都督，蔡锷、李烈钧、唐继尧分别担任一、二、三军总司令，兵分三路向四川、贵州、广西进军，义旗所向披靡，护国军很快击败北洋军，贵州、广西、浙江、湖北、四川、陕西等省纷纷响应，护国讨袁的烈火在中国大地熊熊燃烧，声势十分浩大，袁世凯的心腹将领也随之发生分裂，有的冷眼旁观，有的自寻出路，袁世凯顿时四面楚歌，陷入众叛亲离的境地。复辟丑剧上演83天便夭折了。

袁世凯复辟帝制失败，三军雀跃，万众沸腾，整个国内一片欢乐景象，国外的中国人也喜气洋洋。4月9日，东瀛岛国春光明媚，樱花怒放，到处洋溢一片喜庆的氛围，庆祝袁世凯复辟失败集会正在东京举行，廖仲恺、何香凝和一些日本友人也纷纷参加集会，口诛笔伐独夫民贼。声讨袁世凯的气氛达到高潮的时候，孙中山和宋庆龄出现了，整个全场掌声雷动。革命党人看到孙中山更加受到莫大鼓舞，共戳国贼指日可待的喜悦充溢每个人的心头。他们的出现，春回大地，会场气氛热烈，使革命党人更加意气风发。

日本是支持袁世凯复辟的列强之一，这次集会在日本后院点起了一把火。在这形势下，日本也决定打倒袁世凯，另找新代理人。二次革命失败，武装反袁不断遭到挫折使孙中山心头一直蒙着灰暗的阴影。这次日本也开始支持包括孙中山在内的南方的各种反袁势力，默许日本民间援助孙中山。3月至4月，日本参谋本部福田雅太郎少将和次长田中义分别与孙中山会晤，随后孙中山从日本军部购买了一批武器。

袁世凯称帝丑剧的失败散场，革命形势一下子豁然明亮，孙中山决定离开日本，直接投入到国内火热的斗争中去，再度在中国大地掀起了一股民主共和的浪涛。

两年多的时间里，孙中山和宋庆龄与日本友人在患难中建立了深厚的友情，孙中山即将离开东京回国，这一别不知何时相逢，宋庆龄心中也不免产生几分惆怅。

4月22日，梅屋夫人来到中山寓，帮助宋庆龄收拾行装，随后又陪孙中山夫妇去国技馆和上野公园参观浏览。

作为回报，24日下午，孙中山夫妇邀请梅屋夫人到有乐町大武照相馆合影留念，分手时，三人相视对望，惜别之情溢于言表。

4月27日，孙中山离开东京，启程回国。

宋庆龄暂留东京，5月中旬告别东瀛，19日抵达上海。

但是，国内仍是一片白色恐怖，袁世凯虽然被迫取消了帝制，势已穷蹙，但是困兽犹斗。就在宋庆龄回到上海前一天，革命党人陈其美被袁世凯的刺客暗杀，上海笼罩在血腥之中，袁世凯的刺客、暗探如勾魂的鬼魅散布各个角落。

孙、宋秘密回国后只好住在环龙路的一家法文报馆的楼上，隐名埋姓。这时，朱执信、廖仲恺、何香凝也住在这里了。他们常常是白天匿居，晚上化了妆出去活动。

6月6日，独夫民贼袁世凯在忧惧中一命呜呼，举国大快，全国人又欢庆沸腾了。

然而，清政府被推翻后，中国一直被长期混战的各系军阀割据，他们各自控制一块地盘称王称霸，袁世凯命去黄泉，北洋军阀的徐世昌、冯国璋、段祺瑞都想继袁为总统。

一番争斗又起，结果南方的军阀黎元洪做了总统，段祺瑞出任国务总理。尽管新人粉墨登场，但是，山河依旧，穷苦仍然如蛆附体，满目疮痍，袁世凯的独裁卖国的衣钵只是从一个死人手中又传给了另一个一丘之貉。这时，第一次世界大战在欧洲爆发，已是狼烟滚滚，北洋政府的"府院之争"由此而起。

以总统黎元洪为首反对参加世界大战，国务院总理段祺瑞主张参战。正当双方相持不下之际，张勋以调停黎、段之间的争执为名，从徐州拥兵入京，逼黎元洪解散国会，然后又将他驱走。

7月1日凌晨，在迷恋清王朝的康有为等复辟势力支持下，张勋身穿朝服率文武官员三百余人，拥入清宫，把废帝溥仪捧上皇座。张勋的复辟立即

段祺瑞

遭到全国人民反对，纷起声讨，几天之后，段祺瑞天津举兵讨伐，12月分三路攻入北京，张勋的辫子军如鸟兽散，溥仪退位，复辟丑剧上演了12天鸣锣收场。被黎元洪赶走的段祺瑞以重生民国的功臣名义，重新登上国务总理宝座，段祺瑞上台后立即宣布对德宣战，接着毁弃《临时约法》，拒绝召开国会，妄图以武力讨平南方势力，一时气焰

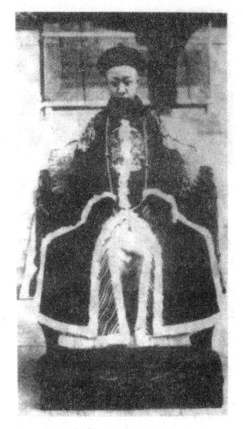

复辟时，溥仪朝服像

嚣张。

孙中山又毅然挺身而出，举起了"护法"的旗帜，为革命志士浴血奋战而换来的《临时约法》和民主共和而战。7月6日，宋庆龄陪同孙中山乘"海琛号"军舰由上海启程，南下广州。中国革命的形势又隐约曙光在前。

10日孙中山一行到达汕头，各界举行了隆重的欢迎会。

17日到达广州，海军总长程璧光、第一舰队司令林葆怿也于7月21日率舰队南下护法。接着，被解散的参议院副议长王正廷、众议院议长吴景濂及国会议员百多人，相继南下护法。

这时，南部中国荡漾一个响亮的口号："既以铁血构造共和，即以铁血保护之"。护法声势一日比一日浓盛。

8月25日，广州全城新旗飘扬，锣鼓喧天，鞭炮齐响，国会非常会议开幕，孙中山被选为中华民国军政府大元帅，唐继尧、陆荣廷等人为元帅。孙中山就职后，立即积极组织政府，准备北上，率师讨伐毁法元恶。

孙中山胸怀救国护法大略。但是，桂、滇军阀只是因个人恩怨起而反段，并不是真心护法。偌大的州城，孙中山却连一个元帅府都找不到合适的地方，财政大权也全为桂系军阀把持。军政府经费拮据，只好靠借款和华侨捐款接济度日。

孙中山身为大元帅和宋庆龄过着清苦的生活。宋庆龄为了孙中山的革命事业，对这种艰难得捉襟见肘的生活却甘之如饴。

1918年4月，宋嘉树病危，消息传来了，宋庆龄心急如焚，匆匆赶回上海，随侍病榻榻旁。

宋嘉树一生忧国忧民，尽管一气之下与孙中山断绝关系，但是他并没有因为女儿的行动动摇自己的信仰，他仍然一如既往地支持孙中山，为祖国的未来尽心尽力，但是此时他胃癌已到晚期，无法可医了，5月3日溘然长逝。

宋庆龄在父爱的沉溺中长大，父母在她心目中占据极重的分量，尽管在婚姻大事上她违背了父母的意愿，但是，亲情仍然是她生活和奋斗的动力之一。父亲的去世给宋庆龄莫大的打击。办完丧事后，她带着沉重的心情回到了广州，回到了孙中山的身边。

而在广州，各路军阀沆瀣一气，刺杀了程璧光，又企图推翻孙中山和军政府。薰莸难共，孙中山愤而辞去了大元帅职务，5月21日与宋庆龄，在朱执信、叶夏声的陪下同离粤回沪。

6月28日，宋庆龄与孙中山回到了上海，又住在法租界环龙路旧居。辛亥革命之后过了长长的七个年头。许多战友牺牲，许多同志分道而去，又有许多的革命者消沉堕落，革命付出太多太多而仍然不能如愿成功，孙中山感到很茫然和忧闷。怅惘之余，宋庆龄在他身边成了他唯一的安慰。宋庆龄以女性特有的坚韧和刚强，强忍父亲病故的忧伤和悲痛，在这种艰难的条件下和孙中山相依相偎。政治上的险恶，生活的艰苦，反而使俩人变得更加冷静。

在匿居的清静中，他们决心重新振作起来，追求真理之光，继续革命。几十年如一日的革命曲折起伏地向前一步一步地发展，何其艰难，又何其缓慢，孙中山觉得有必要认真地回顾总结自己奔走国事，探求革命成功的经验和教训，于是他拿起了笔，开始写作。

孙中山没有什么积蓄，几十年他奔走号呼筹集无数的巨额资金，全都倾囊而出用于了革命事业。这时的生活很穷困，宋庆龄担负了家庭主妇的责任，每天菜金不到 2 元钱。

一次，唐绍仪来访，不知不觉与孙中山畅谈到中午。

为了招待客人，宋庆龄吩咐卫士马湘去"趣乐居"买菜，马湘买来了一只卤水肥鸡待客。

吃中饭了，唐绍仪很快就把鸡吃完了，然后慢慢地等着上菜。孙中山见状，笑着说："怠慢得很，没什么菜招待。"

又问马湘，还有什么菜，马湘回答说厨房里只有咸鱼，孙中山便叫拿上来，唐绍仪接着只好用咸鱼下饭了。

尽管在这种清贫之中生活，孙中山和宋庆龄仍相亲相爱。清晨起床后，俩人经常在花园里打网球，锻炼身体；早饭后开始工作，或先和朱执信、廖仲恺、陈少白等一起研讨革命；

唐绍仪

或一起做着启发国民，唤醒社会的理论工作。俩人深居简出。

一天，四位华侨慕名来拜访孙中山。他们惊奇地发现这位首创民国的伟人，竟没有自己的房子，住在每月交租 65 元的简陋的房屋。

这时，他们正在上海投资开办工厂，出于对孙中山的敬仰，四人商议，决定购买一套住宅送给孙中山夫妇。不久，他们购买了一栋两层楼的小洋房。这就是莫里哀路 29 号。

这是一座西式的花园别墅，楼前是正方形的一片绿茵茵的草坪，沿院墙栽种了各种花木，秀色满园，环境清幽，布局紧凑，楼房小巧精致，别具一格。楼下是一间会客室和一间餐室，长廊式阳台几乎横贯楼房东西，使这幢古朴的建筑和美丽的小花园浑然一体，楼上有图书室和办公室、卧室。这是一座理想的简朴的住宅，孙、宋非常满意，几经推辞，他们接受了人家的好意，住进了这里。

宋庆龄和孙中山在这里开始了平静的生活。这是他们结婚以来第一个较稳定的属于他们自己的家，家中陈设半为中式，半为西式，房内色调柔和，布置典雅。客厅中央放

朱执信

置了一座钢琴，紧张工作、读书之余置身于这样的环境中小憩，琴声骤起顿使人心旷神怡。在这难得的清静之中，孙中山和宋庆龄可以尽享爱情的甜蜜，但是对革命的执着追求，孙中山像夸父追日一样孜孜追寻真理之光。他一边指派朱执信、廖仲恺和戴季陶依属《民国日报》创办《建设》杂志和《星期评论》两种刊物，宣传民主革命理论，一边夜以继日地发愤著作。宋庆龄为孙中山购买中外文书籍，无微不至地照料孙中山的生活，这样，孙中山因长期颠沛流离而患的胃病也得以痊愈，身体日益健康。

1917 年，远东"阿芙乐尔"军舰一声炮响，给中国人民送来了曙光。孙中山领导下的《民国日报》在十月革命第三天报道了这一震动世界的历史巨变，1918 年元旦《民国日报》社论热情地歌颂十月革命，说："吾人对于此近邻之大改革，不胜其希望也。"

夏天来临，宋庆龄和朱执信起草，孙中山致电到列宁和苏维埃政府："中国革命党对贵国革命党所进行的艰苦斗争表示十分钦佩，并愿中俄两党团结共同斗争。"

不久，列宁委托苏俄外交人民委员契切林复函孙中山，向中国革命的领袖致敬：我们的胜利就是你们的胜利。

1919 年，孙中山终于完成了《建国方略》之一的《心理建设》和之二《实业计划》两部光辉巨鸿，它和《民权初步》一起构筑了孙中山民主革命理论的全部理论。

5 月 4 日，北京 5000 多名学生走上街头，反对出卖中国权益的巴黎和约，要求北洋政府罢免卖国贼曹汝霖、章宗祥和陆宗舆的职务，火烧赵家楼。"五四"运动爆发，立即以急风暴雨之势迅速席卷全国。

北京政府逮捕学生。孙中山非常愤慨，宋庆龄代孙中山起草了"学生无罪"的救援电报。在运动期间他们接见学生代表，支持学生的正义行动。

不久，南北军阀北呼南应，疯狂镇压学生的爱国运动，宋庆龄又起草了要求广东军政府立即释放被捕工学界代表的电报。各地反抗北洋军阀运动风起云涌，北洋政府被迫妥协，屈从了人民的意志。

孙中山多年来没有做成的事情，群众一起来就做到了。通过这场运动，孙中山开始意识到群众的威力，他兴奋地在上海寰球中国学生会发表演说："试观今次学生运动，不过因被激而兴，而于此甚短期间，收绝伦之巨果，可知结合者即强也。"

孙中山演讲都是即席讲话。由于当时复杂的政治形势，听众也常常不定，宋庆龄总是陪同他坐在主席台上。有时她紧张得如同热锅上的蚂蚁，因为她不知道孙中山下面要说什么。共同的志向，共同的生活，已把两人息息紧连在一起。

1920 年 10 月，在孙中山的督促下，陈炯明率领粤军攻克广州，驱逐了盘踞广东长达四年之久的桂系军阀岑春煊、陆荣廷。整个广州喜气洋洋，新旗飘舞。

一个革命的春天即将到来。局势的发展使孙中山和宋庆龄度过两年平静的生活之后，准备再度南下广州。

11 月 25 日，东方刚刚破晓，上海招商局的中栈码头上，码头工人紧张装卸货物，旅客匆匆地上下船，突然几辆黑色小轿车驶抵码头，车上走下孙中山和宋庆龄，孙中山夫妇在人们的簇拥下登上"中国号"轮船，汽笛长鸣，巨轮慢慢离开码头，驶向香港。

28 日，在晨雾中，中国号抵达南中国的明珠——香港。在各界迎送下，孙中山夫妇稍事休息。下午，乘广九铁路专车赴广州。5 时，专车驶进广车站，陈炯明率师旅长官和各界代表在站台上迎候。

人们深受军阀的残酷压榨，都把新生的希望寄托在孙中山和重组的军政府之上。孙中山的到来，使广州人民欢欣鼓舞。

孙中山回到广州第二天，立即召开了重组军政府的政务会议，12 月 1 日，制定一系列新的政纲，厉行地方自治，发展实业，统筹衣食，刷新吏治，整理财政，废督裁兵。但是，重组护法军政府还得承认北京政府是中央政府，这不能从根本上解决中国革命的根本问题，1921 年元旦，孙中山在南京临时政府成立纪念大会上向海内外宣布："广东此时实有建立正式政府的必要。"

这是一个久藏于人民心中的长久愿望，孙中山的号召一出，各地国会议员纷纷兼程回粤，国内外要求重新召开国会选举总统的电报似雪飞来，各地人民纷纷召开会议，发布宣言，举国一片响应之声。

4 月 6 日，在国民党元老、参议院议长林森主持下召开了参、众两院联席会，200 多议员来自 20 多个省，参加大会，之后国会通告全国：

外交迫切，内乱迭起，北京政府，已自承认非法，取消其伪政政府资格，中华民国对内对外皆不可不成立正式政府，特于本日在广州召开国会非常会议，议决中华民国政府组织大纲并依大纲第二条文大总统由国会非常会议选举之，以得过投票总数之半者为当选，于本日举出孙文为中华民国大总统。特此奉闻。

孙中山当选为中华民国大总统的消息马上传遍了大江南北，全国一片欢腾。但是，陈炯明对此却难以忍受，对正式政府冷若冰霜，军阀赵恒惕、唐继尧、卢永祥等附和，开始频唱反调。但是孙中山就任大总统，乃民心所向，众望所归，他们也奈之不何了。

5 月 5 日，非常大总统就职典礼在广州隆重举行。

上午 8 点多，林森赴观音山南麓，在总统府，授予孙中山非常大总统当选证书。

9 点整，广州省议会举行大总统授印典礼。

200 余名国会议员身着礼服，面色庄重地步入会场。20 分钟后，孙中山在伍廷芳、徐谦等陪同下坐车到达国会。9 点 30 分，典礼开始，钟声齐鸣，全场起立向国旗行礼。接着孙中山发表就职演说。之后，林森代表国会向孙中山授予大总统印绶。

授印典礼完毕，孙中山驱车赴广州北校场参加阅兵典礼，由于陈炯明的暗中阻挠，受阅的只有忠于孙中山的邓铿师长率领的第一师官兵。

下午，举行民众大游行。

中午 12 时 30 分，宋庆龄陪同孙中山检阅群众游行队伍，"醒狮"锣鼓敲得震天响，群众载歌载舞，表达衷心拥戴孙中山和新政府的心情。

整个广州城一派详和的气氛。

突然，下起瓢泼大雨，游行队伍在大雨中昂首前进，精神抖擞，高呼着口号，孙中山、宋庆龄非常感动，频频向在暴雨中奋进的群众挥手致意。

晚上，布满彩灯的电船一队队在珠江水面上游弋巡行；海幢寺、广汕铁路东站燃放礼炮烟花，夜空五彩缤纷，霞光映天，把庆典的欢乐气氛推向了高潮。

陈炯明

孙中山就职非常大总统后，立刻发布了《就大总统职宣言》和《对外宣言》，同时致电北京政府傀儡总统徐世昌，促其即日引退，以谢国人。内阁也同时成立了，伍廷芳为外交部长兼财政部长，廖仲恺为财政次长、代财政部长，徐谦为司法部长，陈炯明为陆军部长兼内务部长，汤廷光为海军部长，马君武为秘书长，正式政府宣告组成了。

6月25日粤军一举攻克梧州，讨伐仍盘踞在广西的桂系军阀残余势力。

27日，孙中山以大总统名义正式下令粤、赣、滇、桂、黔各军出兵讨伐陆荣廷，任命陈炯明为援桂军总司令，挥师广西，荡平群盗。

捣毁桂系老巢是削平变乱，统一全国的第一步棋。孙中山整日出席各种军事会议，筹集军饷，忙得不亦乐乎。最后他亲自到前方督师促战，讨桂战争捷报频传，革命形势发展一日千里。

宋庆龄不能带兵上前线，急在心里，于是悄悄找到何香凝，俩人一商量，成立女界"出征军人慰劳会"，宋庆龄为会长，何香凝为总干事。

孙夫人发起的"慰劳会"一成立，像一阵风在那平时足不出户的妇女中掀起轩然大波，大官大员的夫人们趋之若鹜，一些学校的女学生们也以满腔的热情踊跃报名。慰劳会组织她们分头进行募捐筹款，一起赶制军衣，到处进行宣传鼓动工作。

宋庆龄、何香凝辛劳奔走，募集了十几万款项。然后到广州的伤兵医院慰劳伤兵。由于经费紧缺，带去慰劳品的只是杯水车薪，有时，她们只是每人发一枚两毫的银币。

财政经费紧张一直是孙中山革命的最大困难之一。这时，远在日本的梅屋庄吉获悉军政府出师广西告捷，十分高兴，他请来营野长知，请他带一笔赠款赴广东交给孙中山。

8月4日，粤军攻占广西首府南宁，没几日，攻克桂林。9月30日，桂系军阀的老巢龙州被革命的力量打了个稀巴烂，陆荣廷如丧家之犬，狼狈逃往越南，流亡异域。

广西终于平定了，然而北洋军阀盘踞大半个中国，神州大地依然瘴气重重，民不聊生，要实现民主政治，统一全国，必须打倒北洋政府。北伐成为大势所趋。孙中山决定巡视广西，视察军务，了解民情，与陈炯明共商北伐大计。

10月27日，宋庆龄陪同孙中山乘军舰到达梧州，梧州地缩百越，背靠五岭，形势险要，自古为兵家必争之地。孙中山一到梧州，接连召开了几个军事会议。之后电召在南宁的陈炯明来梧商讨北伐大计。陈炯明一直对孙中山颇有微词，对北伐暗中作梗，接到孙中山的电令后，他托辞不来。陈炯明控制整个广东的军权、财权，他对即将进行的北伐的至关重要，陈的拒召，使孙中山的广西之行一开始就蒙上了一层阴影，孙中山心中感到不快。

宋庆龄也顾不上鸳鸯江秀丽的景色，尽力地分担孙中山的工作，整天忙于为孙中山处理函电，为他分担忧劳。不时，她还抽空到部队进行劳军。

陈炯明身在南宁迟迟不来，孙中山为了北伐大局。不惜委屈求全，决定亲自赴南宁和陈炯明见面会商。1月24日乘船抵达南宁。陈炯明不敢公开抗命，被迫同意留守后方，每月接济北伐军军饷50万元。陈炯明答应这些都十分勉强，孙中山也只好作罢了，29日返回梧州，决

孙中山、宋庆龄在桂林

定先在桂林设北伐大本营，然后取道湖南大举北伐。11月15日，率3万大军溯江而上前往桂林。北伐声势巨浪频掀，风云又起。

宋庆龄没有随行，在孙中山离梧北上当天乘轮船赴天水，然后转乘广三铁路火车返回广州。

在广州，宋庆龄募集北伐款项，在慰劳会的基础上组成了"红十字会"。

12月6日，当她获悉孙中山北伐大本营建立后，立即率领红十字会会员离开广州，随后勤部队经梧州赴桂林。

她们长途跋涉，到达昭进，突然遭到土匪袭击，这是军阀陆荣廷的残部。宋庆龄沉着地与士兵们投入战斗，土匪被击退了。

一路上有惊无险，宋庆龄和红十字会员餐风露宿，同甘共苦，历时半个月，20日到达阳朔，和孙中山相聚，次日顺江而上，到达桂林，然后安住在风景秀丽，环境清幽

的独秀山下。

也正是在这个时期，中国和世界风雷急骤，发生了许多惊天动地的事情，急剧地改变历史的进程。几个月前，在南湖的一条红船，13个人紧握着拳头，决定把自己赤诚的心献给中国人民的解放事业，成立了中国共产党。与会者中有毛泽东。被选为总书记的陈独秀并未出席。此时他正在广州担任孙中山内阁的教育部长，他是当时中国屈指可数的马克思主义知识分子。孙中山借此项任命，及其他手段和国民党中的保守势力相抗衡。

宋庆龄到桂林休息了一天，共产国际的代表马林就来了桂林，他是专程来和孙中山会面的。

自从孙中山1918年春给列宁拍去电报祝贺十月革命的胜利后，从此，孙中山在上海，在广州，与列宁多次函电往返。1920年秋，共产国际远东局负责人维金斯基奉派前来与中国革命组织建立联系，帮助成立中国共产党。在北京，他和李大钊见面后，又到上海和陈独秀就建立共产党进行一系列商谈。在陈独秀的建议下，他到莫里哀路29号拜会了孙中山和宋庆龄夫妇。

1921年8月，孙中山在广州时终于收到了来自苏俄的第一封信，他立即复信给苏俄外交委员契切林，他在信中恳切地说："我希望与你，及莫斯科的其他友人获得私人接触，我非常注重你们的事业，特别是你们苏维埃的组织，你们的军队和教育的组织。"这封信得到了列宁和共产国际的重视。

马林是由张太雷陪同来桂林的，下榻于广西艮行。

马林是苏俄民族与殖民地委员会的秘书，他在大本营与孙中山长谈了三次。会谈由张太雷担任翻译，宋庆龄也参加了会谈，她不时用英语与马林交谈。

交谈中，马林向孙中山建议改组国民党，创办军官学校，和中国共产党合作。孙中山虽然对马林的建议表示欢迎，但对英美国家仍抱有幻想，只愿意与苏俄建立非正式联系。苏俄与他联盟的会谈没有成功。

送走了马林，孙中山倾全力于北伐准备，整饬云集桂林的5万大军，准备春天一到，大举入湘北伐。

北伐的巨浪一日比一日高涨，在南宁的陈炯明坐立不安，他承诺的军饷没有10万，子弹不见一颗。但是北伐的形势并不因为他的阻挡而不滚滚向前。惊慌的他只好又去暗中勾结湘军赵恒惕。但是正在此时，忠于北伐的邓铿蒙着他拨给了孙中山80万发子弹。这让他对邓铿也恨之入骨了。1922年2月21日，他按捺不住终于向邓铿下毒手，在广州车站暗杀了邓铿。

邓铿被暗杀，风云突变，波澜迭起，孙中山只得改变计划，下令在桂各军改道潜回广东，5月6日在韶关设大本营，宋庆龄也如影随形，陪同孙中山驻节在车站附近的一幢小小的二层楼房里。

一个星期之后，李烈钧、黄大伟、许崇智率领三路大军进攻江西，所向披靡，一举攻占赣南重镇赣州，接着又以破竹之势进至吉安，直指省会南昌。

捷报频传，孙中山夜以继日地工作，宋庆龄一天到晚带领红十字会会员深入各军，救护伤员，慰劳战士。北伐军勇往直前，前锋部已逼近湖南境内了。

这可把藏在后方的陈炯明吓坏了。邓铿被害后，他电辞内阁的任职，孙中山准他辞去广东省长、粤军总司令、内务部长职务，令其返回海丰家中休养。他不去海丰，却转赴惠州，将他的亲信部队退出广州，布防于石龙、虎门一带。北伐迅速发展，陈炯明匿藏在惠州，暗中像鬼怪一样兴风作浪。加紧在后方制造事端。他指示亲信部队到财政部要求发饷，煽动群众掀起挤兑风潮，造成广州物价成倍上涨，人心一下子变得混乱起来了。

孙中山接到财政部长廖仲恺打来的急电后，丢开大本营的一切军务，立即赶回广州坐镇。宋庆龄也急匆匆地陪同孙中山回到了广州。

这时，陈炯明的主力部队已经违抗孙中山的命令，开回广东，分布在广州周围，气氛一日比一日紧张，杂乱了。街道上，黄色军装的陈炯明部队到处可见，三人一团，五人一伙，空气中弥漫着令人窒息的火药味。

孙中山和宋庆龄回到了总统官邸粤秀楼。连日来，粤秀楼电话铃声响个不停，来人不断，清幽的粤秀楼一派紧张，各方面的消息都证明陈炯明马上就要发动叛乱。14日，陈炯明囚禁了廖仲恺，形势越来越紧张，反叛的迹象也越来越明朗了。

但是，孙中山不相信陈炯明要谋反。因为陈炯明之所以有现在的地位和势力，完全是孙中山一手栽培的结果。陈1911年参加辛亥革命，被孙中山推举为广东都督，两年之后下台。他率领的粤军是1917年孙中山主持军政府时广东省长朱庆澜的20营警卫军，后改为孙中山直辖的粤军，陈由孙中山亲自任命为总司令，后粤军被桂系排挤到福建，处境十分困难，孙中山在上海时曾经三次将莫里哀路的住宅抵押在银行，把所得款项接济困迫的陈炯明粤军。1920年在孙中山的全力支持下，陈炯明率领援闽粤军回师广州，驱逐桂系军阀陆荣廷。陈炯明又被孙中山任命为广东省长兼粤军总司令，权势才扶摇直上。对于自己这样亲手扶植的部属又怎么会忘恩负义，反叛自己呢？所以，孙中山、宋庆龄并不怀疑陈炯明有异志。

但是，陈炯明并不因为孙中山的恩德而感恩戴德，忠心革命，他要像其他军阀一样割据称雄，他丧心病狂地把刺刀砍向了恩人孙中山夫妇。

16日凌晨2时左右，远处叛军的集合号音清晰传来，正在酣梦中的孙中山被电话铃声惊醒，电话中急促地报告说："陈炯明叛变了，叛军已前来攻打总统府。"

形势万分危急。孙中山赶紧喊醒宋庆龄，告诉她形势危急，必须逃离。催促她火速整装出逃，宋庆龄惊醒了睡眠，立刻清醒地意识到事情一触即发，立即叫孙中山马上撤离。孙中山沉着地说自己留下来，和总统府共存亡。

叛军马上就要来到，刻不容缓，宋庆龄力促孙中山撤离，说："你脱险了，才能行使总统职权，平叛乱。"

但是在这千钧一发之际，孙中山仍坚持留守总统府，不惜以身殉国，宋庆龄急得大汗淋漓，大声地说："先生，作为总统，你有殉国的勇气，但是更应有率领三军讨平叛军的壮志。"

周围的同志也纷纷相劝，孙中山这才勉强同意撤走，但是却要求宋庆龄同行，宋庆龄知道如果和孙中山一块走，必然会拖累他，影响脱险。她早已置生死于度外，坚定地说："中国可以没有我，但是，不可以没有你。"她婉求孙中山先走。

孙中山认为宋庆龄言之有理，不再坚持自己的意见，把50名卫队全留下来，自己带上墨镜，穿上长衫，化装成医生，在叛军向越秀山前进时，急速地离去了。

孙中山离开粤秀楼后，宋庆龄把厨房里的白米、鳅鱼、咸鱼都拿出来，做了丰盛的饭，让大家饱饱地吃一顿。然后大家佩好武装，准备迎敌。不到半个小时，枪声四起，炮声隆隆，叛军已经来到了。急匆匆地向总统府发起了总攻。

宋庆龄处惊不变，让卫兵打开粤秀楼所有的电灯，迷惑敌人，叛军从两面居高临下向粤秀楼射击，大喊"打死孙文，打死孙文。"

夜里很黑，伸手不见五指，看不清敌兵，卫队也只好按兵不动，蹲伏在黑暗之中。

黎明时，卫队开始用来福枪及机关枪与敌人对射。敌方却用野炮向宅中射来，一发炮弹击中澡房，卫兵伤亡已有三分之一，活着的人仍在浴血奋战，顽强抵抗。

天在枪声中渐渐亮了，上午8点，卫队的子弹几乎打光了，只剩下几盒了，准备留给最后的战斗，再留停在粤秀楼也已没什么意义了，卫队长劝宋庆龄下山。

宋庆龄用包袱带上一些换洗的衣服和一些银毫。孙中山的副官姚观顺派两名卫兵护卫她。在枪林弹雨中，他们匍匐前进，子弹几次擦过宋庆龄的鬓发呼啸而过。突然姚观顺被击中，大叫一声倒在地上血流如注，两个卫士立刻把他抬起，跑过天桥。这时总统府后院一声炮响，火光冲天，砂石木屑纷飞蔽空，天桥也被轰断了。宋庆龄发现姚观顺受伤了，于是命令马湘继续指挥部队，然后和卫兵停留在总统府后院。

卫士把张副官抬进了屋里，大家把他伤口绑起来了。他强忍着痛苦和大家在一起，但是，几个人无异于置身于炮火连天的地狱之中，流弹不断射到墙壁上，火星四溅。周围的房屋被轰中，整个地崩溃，尘土飞扬，黑烟滚滚……

下午4点，保持中立的魏邦平师长派一军官来谈判。卫兵们提出，第一个条件是保证孙夫人平安脱险。来人说袭击的不是他们的军队，他们约束不了其他部队，难以担保宋庆龄安全。还在说话间，前两层大门被冲开了，敌兵一哄而进，立即动手抢东西，宋庆龄手中的包裹也被他们发现了，她顺手拉开包袱让里面的银毫撒了一地，敌人拼命乱抢东西，宋庆龄和卫士乘机奔入两队对冲的人群之中。由于宋庆龄戴着草帽，身上又披了孙中山的雨衣，一时没有人认出来，他们就这样在混乱中跑出了总统府，匆匆离去。

出大门后，又是一阵炮火，左边又来了一队队乱兵，宋庆龄在卫兵的带领下急匆匆往巷里逃。这时，从巷里又一队兵奔出，向他们开枪射击，宋庆龄他们立即伏倒在尸体堆中装死，那些一心想着发财的乱兵无心顾及他们，急急跑过去。于是他们又一次死里逃生，爬起来，一路奔跑逃出这个危险境地。

渐渐，枪声稀少了，他们终于跑到了一个小村落，发现一栋房屋，推门进去，只见一老妇人，三人请求老人在屋里暂时躲一会儿，主人怕受连累，要赶他们出去，这时，宋庆龄由于力气已尽，突然昏倒在地上，卫士赶紧把她安在老人的床上，用冷水浇在她脸上，用扇扇。当她一醒来，他们又赶紧准备往前赶路去。

一名卫兵开门，想探听一下外面的虚实，头一伸出去，突然一声枪响，另一名卫士赶紧把门关闭，告诉宋庆龄，外面的卫兵被流弹击中，死了。

枪声又开始沉寂了，宋庆龄化装成一个村姑，拾起地上的一个菜篮和几根菜叶，卫兵扮做小贩，俩人匆匆地离开了屋子，往外奔走。

当晚，他们赶到了长州要塞司令马伯麟家，这时已怀孕的宋庆龄再也跑不动了，于是在马伯麟家暂歇下来了。

这天夜里，炮舰轰击的隆隆声不断地传来，宋庆龄知道孙中山已安全脱险了，这是他指挥向战舰的叛军发动了反击。

原来16日凌晨孙中山离开总统府后，就直接前往海上战舰，以准备反击叛军。他在林直勉、林树巍等护卫下，巧妙地应付了叛军的盘问，一路奔波，先来到了长堤海珠江海防司令部，然后，坐小电船登上了停泊在附近的宝璧八号军舰，宝璧舰再把他护送到二沙头对面水泥厂附近水面的永丰舰，这是忠于孙中山的部队。孙中山立即指挥永丰舰和海军向叛军发动炮击。听到这隆隆的炮声，宋庆龄心中有说不出的欣慰。

永丰舰

由于在广州市里仍很不安全。第二天，宋庆龄仍然化装成村妇，逃到沙面，之后又辗转到孙中山的挚友岭南大学校长钟荣光的家里。

此时，她心身瞧悴，再也支持不下来了。由于过度的紧张和劳累，宋庆龄一生惟一一次娠孕小产了。

宋庆龄只好滞留在钟荣光家里。但是，她心中更急于与孙中山见面，这次生死的经历她有多少话要与他诉说啊。她在钟家度日如年，没等身体完全恢复，她就要求到孙中山的舰上去。

但是，从岭南大学到永丰舰停泊的地方还要经过一段叛军控制的水面，很不安全。钟荣光左思右想，找到美国人纳雯，他曾是孙中山的顾问，纳雯欣然同意帮忙，因为他自己就有一条小电船。于是，他亲自驾驶小电船送宋庆龄，由于船上标了美国旗，一路上叛军不敢搜查，宋庆龄他们终于安全地到达了永丰舰。

宋庆龄经历生离死别后又与孙中山重逢了，她忧郁的脸庞绽开了笑容。此时孙中山又累又疲，好像老了很多，两人相见分外激动。

但是，由于形势仍然紧张，战争在激烈进行，宋庆龄只好离开战舰赶赴上海。死别重逢，为了革命事业，这对相爱的人儿情意缠绵，又匆匆离别了。

宋庆龄经香港乘船于6月25日回到了上海。孙中山继续在永丰舰率领各舰从黄埔到省河，在浩瀚的水面上与陈炯明叛军展开英勇的战斗。

这时，进攻江西的北伐大军回师广州。但是，陈炯明的部队占据着韶关，北伐军久攻不下，回师受阻，一时双方相持不下。

陈炯明欲置孙中山于死地，不断派人策划海军内变，没有成功，暗中又派人用水雷炸沉永丰舰，也计划夭折，又用钢板装备火轮去突袭永丰舰，又被孙中山挫败。但是，孙中山和永丰舰孤悬于海上，守株待兔，反击陈炯明，一时难分胜负。战争在海陆两岸都迟迟地一滞再滞。

蒋介石奉命前来助战

战斗持续了50多天后，经过反复商讨，孙中山决定离兵回沪。8月9日，孙中山乘英国的摩轩号炮舰，离开广州，在香港转乘俄国皇后号邮轮赴上海。14日，到达风狂雨骤的吴淞口。

他又回到了莫里哀路29号，与宋庆龄九死一生后又聚在一起了。但是，这次陈炯明的叛变和平定叛军的难遂愿使孙中山心情忧郁，笑容难展，他开始对自己一生的革命重新进行一次深刻的反思。

而在此时，孙中山与美国秘密贷款谈判失败，英国支持陈炯明叛变，美国人又乐意看到广州政府被颠覆，他们一次次地欺骗孙中山。孙中山对西方列强完全失望了，他渐渐把希望转向了苏俄。

8月23日，共产党人李大钊以中共代表的身份和已加入共产党的老同盟会会员林伯渠一起来拜见孙中山，与他真诚地探讨振兴国民党、振兴中国的问题，孙中山对这种真诚的帮助感到非常高兴。

远在莫斯科的列宁这时也没有因为孙中山遭到空前严重挫折而抛弃他。8月25日，马林又作为苏俄使者越飞的代表与孙中山会见。在桂林孙中山与越飞会谈后，共产国际远东局书记成员马林作为共产国际全权代表来华。在孙中山移师韶关北伐及与陈炯明的背叛行为斗争的时间里，他也多次秘密地拜访孙中山。孙中山曾经无数次向西方列强呼吁过援助，结果一切落空，满怀希望反遭无情的打击，从他就任临时大总统到两次护法政府都得不到西方国家的承认，这些痛苦的回忆使他对重走老路产生了怀疑，而苏俄真诚的帮助使他勇敢地决定走以俄为师的道路。

孙中山在宋庆龄陪同下，与越飞代表会晤，接着，派廖仲恺代表他到日本再与越飞面谈。1927年1月，孙中山和宋庆龄在上海寓所又热情地接待了越飞，双方举行多次会谈。孙中山与马林会见后不久，李大钊由孙中山亲自介绍首先加入国民党，并明确对李大钊说："你尽管一面做好贵党党员，一面加入本党帮助我。"

这时，李大钊简直成了法租界莫里哀路孙中山寓所的常客，他每次到来，都受到孙中山、宋庆龄的热烈欢迎。宋庆龄常常参加孙中山与李大钊的会谈，从言谈中，她看到孙中山对李大钊非常尊敬和钦佩，李大钊那种倾诚相见的态度，深入浅出的革命哲理，也使宋庆龄深为折服，从中获得教益。他们一谈就是几个小时，宋庆龄有时也备下几道孙中山、李大钊爱吃的佳肴，留李大钊在家吃饭，但孙中山常常"畅谈不厌，几乎忘食"。都是在宋庆龄再三催促下，才上桌就餐，边吃边谈。

李大钊

在共产国际和中国共产党人的帮助下，孙中山不但积极采取联合苏联的新步骤，而且也加快了同中国共产党合作的步伐。

9 月 4 日，孙中山召集了包括共产党人陈独秀等在内的商讨改组国民党的会议，孙中山在会上解释了联俄联共的政策，与会者一致赞成国民党的改组计划。

16 日，孙中山指定覃振、陈独秀、陈树人等 9 人为国民党改进案起草委员会委员，他们草拟了《中国国民党党纲》、《中国国民党总章》，呈请孙中山审核。

11 月 15 日和 12 月 16 日，孙中山连续两次召集有国民党各省代表和共产党人参加的会议，审议草拟的党纲、党章和由胡汉民、汪精卫起草的《国民党宣言》。

1923 年元旦，孙中山在上海发表了《中国国民党宣言》，着重提出了三民主义的现行计划和政策。强调指出：

今日革命则立于民众之地位而为之向导，所关切者民众之利害，所抒发者民众之感情。故革命事业，由民众发动之，由民众成之。

这表现了孙中山从依靠地方军阀改变为依靠广大民众的巨大飞跃。

翌日，孙中山又召集了中国国民党改进大会，公布了草拟的《中国国民党党纲》和《中国国民党总章》。他还在会上发表了《党的进行当以宣传为主》的演说，指出国民党今后的工作主要是着重三个进行："一、政治进行；二、军事进行；三、党务进行"，强调党的进行，当以宣传为主，"宣传的效力，大抵比军队还大"。

说明孙中山接受了共产国际代表的建议不要单纯用军事行动去收复广州，要注意群众宣传运动的思想。

1 月 26 日，孙中山和越飞在多次会议的基础上达成了协议，发表了《孙中山与越飞联合宣言》，它奠定了孙中山联俄政策的基础，从此，孙中山与苏联的关系便日深一日了。

孙中山在历史性的革命转变道路上，义无反顾，勇往直前，又开始了新的征程。

新年一到，孙中山组织东西两路讨贼军，1 月 4 日，发出通电讨伐陈炯明。讨贼军分两路，进击粤军，粤军第一、三师起义响应，陈家军立即土崩瓦解，16 日，滇、桂、粤联军一举攻克广州，陈炯明狼狈逃往惠州。

2 月 15 日，孙中山偕廖仲恺、蒋介石、张继、陈策等离沪返粤，21 日从香港抵广州，在大东门外农村试验场设立大元帅府。孙中山就任大元帅，廖仲恺、伍朝枢、谭延闿分别担任财政、外交、内务部部长。

4 月 7 日，在大元帅府迁往广州河南士敏土厂。5 月 2 日，宋庆龄从上海回到了阔别一年多的广州。

但是，这时候广州虽然克复了，但是陈炯明仍在惠州昼夜磨刀，妄图卷土重来，在前线作战的滇、桂、粤军也时时阳奉阴违，革命的形势好转了，但是局势仍严峻。宋庆龄回到广州，休息一天，第二天就开始了工作，她要用自己的力量去和孙中山分担、承受这一切黎明前破晓的黑暗和艰辛。

5月6日，一清早，她陪同孙中山到西江一带视察防地，慰问前方将士。

第二天，连江口、英德前线讨贼军与陈军激战，将士英勇杀敌，死伤惨重，宋庆龄听到后不顾连日来的疲劳，又陪同孙中山到英德前线巡视慰问。

革命与反革命的较量，以孙中山的正义之师占据优势地一日一日往前进。

这时，中国辛亥革命后的第一架飞机终于装配成功。世界航空事业正处于起始阶段。中国人自己制造了飞机，这对孙中山和宋庆龄来说是一件振奋人心的大事。

"航空救国"一直是孙中山多年的梦想。早在1915年第一次世界大战，飞机作为一种新型战争武器显示出巨大的空中打击力量。孙中山正在日本，这一重大事件引起了他高度注意。第二年2月6日，梅屋庄吉将日本著名民间飞行家坂本寿一介绍给了孙中山。俩人一相见，喜出望外，立即用英语交谈，非常投机。不久，孙中山萌发了创建航空学校的想法，坂本常来中山寓，与他商谈建校的事。当梅屋得知孙中山决定创建航校时，立即表示他来承担开办航校的一切费用。有了梅屋支助，时机成熟了。孙中山指派戴天仇协助坂本建立航校。他们几经筹划，选定坂本的朋友荻田常三郎生前建造航校的滋贺县近江八日八市町作为校址。1916年5月4日，中华革命党近江飞行学校正式开学。航校有两架飞机，一架是坂本自制的，一架是荻田常三郎的，飞行员有夏金民等47人。教官坂本的第一节课就是自行车训练，学生大都不会骑自行车，上车摇摇晃晃，不时跌倒。几天之后才慢慢学会。接着，学生进行滑行训练，同时坂本还开设了《飞机构造的发动机》、《电器》、《飞行原理》等课程。不久，孙中山因革命需要回国了，航校在板本的组织下有条不紊地渐渐进入训练的高潮。

但是不久，由于袁世凯刺杀陈其美，中华革命党起义大都失败，东北军久攻济南不下，为了增加东北军的威慑力量，孙中山命令航校迁至中国山东。7月2日坂本一行抵达青岛。不日，飞机就投入了战斗。

当时飞机没有专用炸弹，坂本等人用空桶装上炸药和雷管，点燃导火索往下投掷，北洋军第一次见到飞机，惊惶失措，吓得丢枪弃械，抱头鼠窜。

有一次遇上北洋军骑兵，坂本驾机向马队俯冲，马受惊，四处狂奔，骑兵顿时前仰后翻，混不成军，航校一时军威大振。

但是不久袁世凯惊恐去世，东北军解散了，航校迁往杭州后，也被迫解散，随后，坂本也返往了日本……

尽管如此，孙中山"航空救国"的梦并没有破灭。

1917年他派美国檀香富商杨然的儿子杨仙逸去美国，购买飞机。杨仙逸和孙中山同为广东香山人，从小在美受过良好的教育，早年加入同盟会，杨然曾捐无数财产支持孙中山的革命事业。杨仙逸买来了飞机，1920年11月，孙中山在广州成立航空局，杨仙逸任命为局长。杨仙逸常以只能驾机，不能造机为耻辱，又专程前往美国学习飞机制造技术。学成回到国时，他带回了飞行员和一批飞机部件，然后他根据孙中山的命令着手创建革命空军。

第一架飞机研制成功了！杨仙逸仙欣喜若狂！为了纪念孙中山和宋庆龄的领导和赞助，杨仙逸把这架飞机以宋庆龄的英文名字 Rosamohde 的译音"洛士文"命名为"洛士文号"。1923 年 7 月上旬，广州大沙头简陋机场上"洛士文号"飞机命名和试飞典礼即将举行。

宋庆龄与孙中山在我国自己装配的第一架飞机前留影

孙中山、宋庆龄在宋子文、陈友仁等陪同下早早就来到了这里，廖仲恺、伍朝枢、孙科等人也来了。

杨仙逸从美国带回的华侨飞行员黄光锐，被指定为第一架飞机的试飞员。

飞机要起飞了，飞机上有两个座位，除飞行员外还可坐一人．孙中山环顾左右问："谁愿意参加试飞，当第一名乘客？"

大家面面相觑，没一个人回答，谁都不敢去坐这一没有绝对安全保障的飞机，突然，宋庆龄挺身而出："我去！"大家都感到意外，这有多大的危险啊！

宋庆龄泰然自若地微笑着从人群中走出来，大家看着这位文静、纤弱、秀丽俊娟的夫人登上没有舱盖的飞机，互相交换着惊奇的目光。

记者举起照相机，抢下了孙夫人独自坐在中国装制的第一架飞机上的珍贵镜头。

黄光锐登上了飞机，帮孙夫人系好安全带，然后驾机冲上蓝天。飞机升上了晴空，在空中旋转自如做特技表演，然后，又在广州上空转了几圈，才慢慢降落。宋庆龄从容地走出机舱了。

众人长长吁了一口气，对孙夫人的勇气和胆略深深折服。他们却不知为了支持孙中山的事业，宋庆龄从来是不惜一切的，甚至于自己的生命。表演结束后，孙中山面谕杨仙逸督率各机前往惠州前线督战。

由于这一段时间孙中山亲自督帅，东江战事迭获胜利，陈炯明主力早被逐出了虎门、石龙一带。宋庆龄陪同孙中山又出巡了虎门，与此同时，国民党的改组工作也开始大张旗鼓地拉开了序幕。

宋庆龄在飞机上

19 日，孙中山正式委任廖仲恺、汪精卫、张继、戴季陶、李大钊五人为国民党改组委员。一个星期之后，国民党改组特别会议在广州举行，讨论改组计划，聘请苏联人鲍罗廷为国民党临时中央执行委员会顾问。国民党改组风雷骤急了。三天之后，廖仲恺、胡汉民、谭平山、汪精卫、李大钊等 14 人，组成国民党临时中央执行委员会，举行第一次会议，筹备国民党第一次全国代表大会。

在国民党改组大步跨进的时候，1924 年元旦悄悄来临了。新年第一天，宋庆龄陪同孙中山出席了在广州大元帅府举行的庆祝元旦和民国政府成立纪念仪式。

元旦过后，召开国民党一大的时间也越来越临近了。但是，国民党内部就改组问题意见纷纭，争论变成了争执，赞同与反对的开始大动干戈，双方都变得怒气冲冲。右派张继、谢持坚决反对改组国民党、反对与共产党和苏联联盟，尤其是在共产党员加入国民党的问题上，这些老右派更是唇燥舌焦，执拗反对。

在《中国国民党改组宣言》公布当天，林直勉、邓泽如等 11 人联名上书孙中山，反对改组，并攻击苏联顾问。

在讨论共产党员加入国民党时，彭素民大呼："社会党之精神，未必可以完全服从于我。"

谢持坚持党中不可有党。一次会议上，张继自恃是国民党元老在会上大放厥词，无理取闹。孙中山耐心地劝说，他仍然滔滔不绝，唾沫横飞，强词夺理，不肯住嘴，孙中山气愤地斥责他："你们怕共产党，不赞成改组，可以退出国民党！"然后，他命令卫士长马湘把他带出会场，软禁了一个晚上，张继仍是内心不服，但是，他再也不敢再与孙中山唱反调了。连他都缩了头，其他右派分子也表示不敢公开反对。

为了搞清这个问题，宋庆龄也悄悄地问孙中山，孙中山回答说："国民党正在坠落中死亡，因此，要救活它，需要新血液。"

孙中山的话语重心长，心心相印的宋庆龄懂得了孙中山不顾一片反对之声，坚持改组国民党的良苦用心。她更看到了孙中山作为政治家的远见卓识，坚定地支持孙中山的国共合作的政策。

张继等老右派在孙中山面前，碰了硬钉子，无计可施，他们以为宋庆龄缺乏政治经验，年轻幼稚，想利用她来做孙中山的工作，纷纷跑到大元帅府找她，苦口婆心地游说宋庆龄。宋庆龄断然地站在孙中山的立场上，拒绝了他们。张继等人灰溜溜地走了。

历史的潮流阻止不住地向前……

1月20日，中国国民党第一次全国代表大会终于在广州开幕了。

国共两党首次合作，大会洋溢着团结欢乐的气氛，中国国民党的历史也从此拉开了轰轰烈烈的大幕。孙中山首先以国民党总理身份致词，然后，大会一致通过了孙中山先生提名的胡汉民、汪精卫、林森、谢持、李大钊五人为大会主席团代表。

下午，孙中山又作了题为《中国之现状及国民党改组问题》的演说。大会通过了著名的《中国国民党第一次全国代表大会宣言》，重新解释了三民主义，确定了联俄，联共，扶助农工的三大政策。许多共产党员如李大钊、谭平山、毛泽东、林伯渠等都进入了国民党中央委员会。中国革命即将开始新的转折。

团结的大会进行时，突然传来了列宁逝世的消息。孙中山提议休会三天，对列宁的逝世表示深切哀悼。26日，中国国民党在广州第一公园隆重召开追悼列宁逝世的大会，宋庆龄陪孙中山出席了大会。

30日，国民党一大胜利闭幕，改组国民党的任务胜利完成了。

宋庆龄、孙中山参加列宁的追悼会

5月的广州，夏天已悄悄来临，革命的广州也成了中国"红色的莫斯科"，而这时，孙中山由于过度劳累感到身体有些不适，夜里睡不着。消息传出，社会上一时谣言蜂起，说孙中山患了重病，以讹传讹，一时间革命者人心惶惶。

宋庆龄心里非常着急，马上请医会诊。医生诊视后，没有发现其他什么病症，认为是疲劳所致。嘱咐调养几天就可以。几天后，孙中山没有发生什么不适，健康有了起色，宋庆龄一颗悬着的心放下来了，心爽怀开。

5月17日，他们坐车去秀色可人的白云山散心。

白云山因"白云山上白云飞，白云山下白云围"而得名。下车后，孙中山在宋庆龄的搀扶下，漫步登上山顶。一路上俩人又说又笑，心情快活。

5月23日，宋庆龄又陪孙中山乘船到石门游玩。

广州主要报刊披露了孙中山的近况，各种谣言不攻自破，无影无踪了。

转眼间，6月16日来到了。两年前的这一天陈炯明炮轰总统府，孙中山出逃粤秀楼。现在，中国革命的局势蒸蒸日上，与两年前相比已是天壤之别了。这一天，孙中山创办的陆军军官学校就要开学了。清晨6时，宋庆龄陪同孙中山出发了，前往黄埔。他们乘江固号军舰从大本营出发，江汉号军舰随后翼卫。

陆军军官学校建于广州市东南20多里的黄埔长洲岛，原是清军水师学堂的旧址，依山傍水，又称黄埔军校，孙中山一行到达军校前，全校师生已列队校门两旁迎接。

孙中山和宋庆龄一上岸，军号齐鸣，"孙总理万岁！"的口号声此起彼伏，热血沸腾的军校师生热烈地拥戴孙中山的到来。

黄埔军校隶属国民党中央执行委员会。是孙中山重返广州后与改组国民党并行的两大重任。1923年秋冬，他就指示廖仲恺筹备创建军校。国民党一大会议期间，他又以大元帅名义正式聘请鲍罗廷为顾问，指派蒋介石为陆军军官学校筹备委员会委员长。

宋庆龄、孙中山、蒋介石、廖仲恺在黄埔军校的开学典礼上

身为筹备委员会委员长的蒋介石对这件事并不放在身上，不到一个月就不辞而别去了上海，军校筹建重任实际上落在了廖仲恺身上，由他领导筹建。

招生马上开始了。4月底，蒋介石在廖仲恺一再催促下，返回广州。5月5日，军校正式开学。孙中山和宋庆龄到达军校后，参观了学校各处，然后在礼堂发表了激动的演讲，接着开学典礼开始了。

国民党军政要员胡汉民、汪精卫、张继、程潜、伍朝枢等站在主席台下，胡汉民宣读孙中山训词：

三民主义，吾党所宗，以建民国，以进大同，咨尔多士，为民前锋，夙夜匪懈。主义是从，矢勤矢勇，必信必忠，一心一德，贯彻始终。

下午，举行了盛大的阅兵式。看到孙中山创建军校的夙愿实现了，宋庆龄十分激动。中国历史铭记史册的军校就这样建立起来了。

在这不到一年的时间，孙中山经过痛苦的思考，选择了以俄为师的道路后，改组了国民党，确立了联俄、联共、扶助农工的三大政策，创办了黄埔军校，实现了他人生最伟大的转折，他进入了革命历程中最辉煌的年代，对宋庆龄来说也经受了无数的考验，开始崭露头角。

一个黑夜，一辆专列从广州开出，风驰电掣般地向北奔驶而去了。专列前有两辆装甲车开路，车上满载手提机关枪的武装卫队，专列后车厢也是坐满了满是驳壳枪的卫士队。孙中山再度北上韶关，挥师北伐。

两个月前北方军阀的直奉战争爆发了，孙中山的北伐义旗一举，南北中国风雷又骤起了。

到达韶关后，孙中山和宋庆龄驻节于粤汉铁路养路处。然后立即召集国民党军政各方人士谈话，向军队发出十万火急的通电，要求所属部队立即集中，挥师北上。

一时间，韶关又恢复了几年前热闹繁忙的景象，北伐革命的形势又如潮水般高涨，一浪高于一浪……

正当直奉战争打到榆关时，直系冯玉祥、胡景翼和孙岳趁北京空虚，秘密回师北京，发动政变，囚禁贿选总统曹锟，推倒了名声狼藉的直系政府，把清朝废帝溥仪逐出故宫。25日，冯玉祥等邀请孙中山北上主持国事。

曹锟倒台，废帝被驱，北方形势急剧地向有利革命的方向变化。为了应付北方局势，孙中山决定先赶回广东，决定对策。30日宋庆龄同孙中山匆匆返回了广州。11月10日，孙中山发表《北上宣言》。

13日，他和宋庆龄一起在广州堤天字码头登上永丰舰，开始了漫长的北上长途旅行。

他们这一次北上的道路计划由广州先到香港，再转到上海，然后取道日本，经天津，最后到北京。永丰舰14日上午进入香港，在这里孙中山夫妇受到香港各界人士的热烈欢迎。然后他们转搭日本邮轮春阳丸号于17日凌晨到达上海吴淞口。

宋庆龄、孙中山到达上海，受到各界的热烈欢迎

回到久别的上海，宋庆龄感慨万千。但是，她还没来及深深体会这种故土亲情，中午就与孙中山一起在莫里哀寓所接见各界人士，宣传孙中山召开国民会议的主张。第二天，孙中山召集报界记者招待会，发布对时局的政见。

21日，孙中山夫妇启程赴日本，24日抵达神户。

孙中山到达日本的消息迅速见诸日本各大报刊。自从 1918 年 6 月在日本匆匆惜别后，梅屋庄吉与孙中山多年未见面了。听说孙中山一行人抵达神户，梅屋非常激动，但是，这时候他正卧病在床，无法去与孙中山、宋庆龄相见面。无奈之中，深情的梅屋庄吉委托营野长知带着亲笔信和礼物，面交孙中山、宋庆龄。孙中山夫妇得知梅屋夫妇近况，回顾往事，思绪如潮，但是由于行程匆匆，北上得急，他们委托营野向梅屋夫妇转达他俩的问候和祝福。

宋庆龄在神户高等女子师范学校演说

28 日下午，孙中山偕宋庆龄来到神户高等女子师范学校。在这里，宋庆龄容光焕发，发表了热情洋溢的演讲。她用流利的英语演说，近千名女学生把礼堂挤得满满的，她们深深被宋庆龄的优雅风度所吸引，为她的口才和深刻见解折服。她们随着她的情绪激动而心情动荡，宋庆龄的讲话不时为掌声打断。在此之前，孙中山发表演说时，她总是在他身旁静静地听着。但这一次成功的演讲是宋庆龄以她独有的魅力第一次公开发表的政治演说，在日本妇女界产生了一时的震荡。

11 月 30 日，宋庆龄和孙中山乘坐北岭丸轮船，离开了神户，离开了日本，12 月 4 日，抵达了天津大沽口。

孙中山乘坐巨轮横渡大洋，风高浪急，备受颠沛之苦。一路上风尘仆仆，到达天津时，他已疲倦不堪。但是，面对热情如火的欢迎人群，他仍然坚持热情地向人群挥帽致意。这时天津已是冰雪凛凛的寒冬，朔风嗖嗖，他又受了风寒，到达下榻的张园时体力不支了。

但是，他仍决定下午去拜访住在天津河北曹家花园的张作霖。

张作霖为了炫耀武力，曹家花园早已五步一岗、十步一哨，戒备森严。孙中山一行在客厅等候良久，张作霖才一步三摇，缓步走出，显得唯我独尊，盛气凌人。孙中山看到这个架势，十分气恼，但为了顾全大局，仍然不以为意，先开口说："今日到津，承派军警前往迎接，盛意可感，特来晤访申谢。"

张作霖听了一时高兴，孙中山晤谈了两个小时。张作霖送走孙中山后，感叹地对张学良讲："中山伟人也，名不虚传，彼有容人之雅量，吾服矣！"

本来，孙中山访晤张作霖不过是礼节性的拜访，没想到一谈两个多钟头，回到张园立刻发冷发热，肝部疼痛，病势凶猛，孙中山病倒了。

宋庆龄非常着急，立刻请天津最好的医生诊治。宋庆龄精心照顾，侍汤侍药，并亲自下厨料理膳食，孙中山的感冒痊愈了。

冯玉祥发动北京政变时，形势的确起了有利于革命的变化，但是冯玉祥的倒戈和倾向革命，沉重地打击了北洋军阀的统治，深为北洋各实力派所忌，纷纷把斗争的矛头指向冯派；而且奉军入关后，冯、张矛盾随之而起。

为了掣肘张作霖，并争取亲段的山东军队阻止直系援军北上，冯玉祥只好请段祺瑞出山，使段登上了北京临时执政的宝座。冯玉祥失掉了掌握北京政府的实权。他邀请孙中山北上共商国是，更新政局的初衷成为泡影。但是，表面上段祺瑞上台后不敢怠慢孙中山，他一边邀请孙中山北上，一边继续对外投靠列强，准备对内剿杀革命势力。

18 日，段祺瑞派代表叶恭绰、许世英来敦促孙中山从速进京。孙中山当即质问他们：段祺瑞为什么要提出"外崇国信"的主张。

看见孙中山怒气冲冲，段祺瑞的代表不敢吱一声，只好悻悻而走，但孙中山动了肝火，肝病骤然加剧。

孙中山和宋庆龄在北上之初，就曾充分估计过北方时局，

孙中山、宋庆龄由神户抵天津时在船上合影

知道北上此行艰险重重。局势的发展的确比预料的严重和复杂得多，但有一点他们没有估计错，就是军阀的本质是一丘之貉，他们比过去清醒得多了。

宋庆龄知道动怒最伤肝，看到孙中山为国事这样大动肝火，必然伤身，一再劝慰他。

听了夫人话，孙中山气消多了，经过几天调养，病情也有所稳定，因此，决定 12 月 31 日进京。

1925 年元旦，北京天空阴沉，寒气袭人，前门火车站前狭窄的广场上挤满了十万群众，他们显得有点激动，但脸上也露出几分哀愁。他们手上举着"欢迎首倡三民主义、开创民国元勋孙中山先生进京"，"北京各团体联合欢迎孙中山先生"的巨大横幅，拿着红红绿绿写满标语的小旗，恭候北上途中身患重病、扶病进京的革命先驱中山先生。

当时，任京畿警卫总司令的鹿钟麟根据冯玉祥一定要尽力保护好孙中山先生的命令，怕前门车站人多不好维持秩序，赶到永定门车站，想劝说孙中山在永定门站下车，孙中山立刻说："我的抱负是什么，我的目的是什么，我是为学生，是为民众而来的，我不能只为了个人安全打算，而辜负学生和民众对我的这番热情，请不必担心，我要在前门车站下车，学生们和民众们即使是挤着我也是不要紧的。"

1925 年初，孙中山与宋庆龄在北京的合影

车抵前门车站，孙中山在宋庆龄等陪同下，走出车站，群众秩序井然，并不需要什么人去整顿秩序，人们就自动让出了一个通道，没有一个人乱挤乱动。孙中山缓步穿过人群乘汽车径赴北京饭店。

孙中山住进北京饭店后，病势日重一日，虽然他身卧病榻，却心悬国事。他一方面坚决反对段祺瑞召开御用的善后会议，另一方面仍积极筹划召开国民会议的问题，但是由于重病缠身，孙中山已经不能亲自参加和处理更多的国家大事了。

1 月 21 日以后，他的体温骤升至 41 摄氏度，而且已不能进食，经过德、美、日各国名医的会诊，认为只有进医院动手术割治，才有挽救孙中山生命的一线希望。经医生和孙夫人、宋子文、孔祥熙以及国民党中央有关领导人的反复商量，一致赞同住院治疗。征得孙中山同意后，26 日下午，孙中山移入协和医院治疗，晚 9 时动手术。

宋庆龄、宋子文、孔祥熙及国民党中央的有关重要领导人都在手术室外焦急地等候着手术的结果，宋庆龄心焦如焚，但脸上仍镇定自若，这给大家增添了几分信心。

手术结果，打开腹腔一看，孙中山的肝脏坚硬如石，已到肝癌晚期，无法割治了。

宋庆龄知道孙中山病情严重，但终究对手术割治抱着一线希望，现在，希望破灭了，她伤心欲绝。

过去，宋庆龄是孙中山的得力助手，孙中山很多重大的决策，她都参与谋议，并根据孙中山的意图帮助起草函电……

现在孙中山病势危殆，已经不能亲自理政，要求她不得不独立地部分处理一些她能够处理的事情，和亲自接待各方政要人物。

在孙中山病重的日子里，国民党内左派与右派的斗争仍在激烈地进行。前不久，国民党右派组织的所谓海内外卫党同盟会还公开上书孙中山，坚决反对他的"联俄、联共、扶助农工"的三大革命政策，提出驱逐在国民党中央执委会和各执行部中任职的共产党员等七条无理要求，国民党右派冯自由、张继等更频繁活动，他们竟在孙中山逝世前四天，公然在北京发起组织"中华民国国民党同志俱乐部"，反对孙中山的三大革命政策。陈炯明更贼心不死，勾结方本仁，阴谋分三路进犯广州……

孙中山病重，谣言迭起，为了稳定局势，宋庆龄于 28 日亲自用英文致电上海环龙路国民党本部，说："自总理施术后，经过良好，现病势渐退，已无碍，请释念。"

孙中山为了安慰宋庆龄，并坚定宋庆龄的意志，在手术后也对宋庆龄说："余所恃以支持此身者，夙昔即不完全恃医，而恃余自身之勇气，余今信余之勇气必战胜此病，决无危险。"

1月31日，宋庆龄亲自接待来协和医院探视孙中山病情的段祺瑞。2月7日，她又亲自接待了黎元洪的代表黎澍。

孙中山的肝癌既不能用手术割治，用最大剂量的镭锭放射治疗也无效果，最后，宋庆龄与各方面商量决定采用中医治疗。

2月18日，宋庆龄和其他家属护送孙中山乘车来到位于北京铁狮子胡同的顾维钧私邸，转用中医诊治。

一间宽敞的卧室，中间放着一张铁床，床边放着两张沙发，整个卧室显得朴素典雅，在这里，宋庆龄陪伴着孙中山度过了他最后的日子。

宋庆龄陪伴在孙中山病榻前，日夜侍病，寸步不离。几乎没有正常睡过觉，看到孙中山安详地睡着了，她才在沙发上合合眼，孙中山一醒来立刻就给他侍奉汤水，白天还经常和大家商议医治的办法，并亲自嘱咐厨房准备一些可口的饭菜，让中山先生能多吃一点。焦急、辛劳，使她那娟秀的脸上，显出了几分憔悴。她对孙中山先生的忠心、真诚，大家无不感动。

虽然想尽了一切办法，但孙中山的病情总是一天天加重，为了革命的前途，请示孙中山立遗嘱的事，不得不提上日程。2月22日，当时在行辕侍病的孙科、宋子文、孔祥熙、何香凝、于树德、汪精卫、张继、李烈钧等请示了孙中山，他点头答应了，除了立下国事遗嘱、家事遗嘱外，为了坚持"联俄、联共、扶助农工"的三大政策，还专门写了致苏联政府的信。

2月24日，孙中山病势更加恶化，医生嘱咐，要立遗嘱就得抓紧这一两天进行。大家征得宋庆龄的同意，然后孙科、宋子文、孔祥熙、汪精卫轻步走进病房，把预先写好的三个遗嘱，一字一句地念给孙中山听，孙中山正准备签字，听到孙夫人从隔壁房间传出来的凄厉哭声，为了免使孙夫人过于伤心，他说："你们暂且收起来吧，我总还有几天生命的。"

立遗嘱的事只好暂时作罢。

3月11日一早，何香凝进病房探视中山先生，突然发现他的瞳孔正在散光，感到已到非签立遗嘱不可的时刻了，于是马上和大家商议，大家怕宋庆龄再度悲泣，使孙中山不忍心签字，于是就由何香凝、宋子文把情况如实地对宋庆龄作了说明。

宋庆龄表现得非常理智，她深知立嘱是关系国家民族利益的大事，于是坚定地说："已经到了这个时候了，我怎么能还阻挠你们呢！"

于是，大家轻步走到孙中山病榻前，请孙中山在遗嘱上签字，看到孙中山的手颤得不能自持的样子，宋庆龄强忍悲痛，亲自用手把着孙中山的手腕，在三张遗嘱书上最后写下了"孙文"这个名垂千古的名字。

当天下午，孙中山实际上已处于弥留之际，还勉力支持把儿子孙科、女婿戴恩赛叫到病榻前，特别嘱咐他们，要"善待孙夫人"。

接着，又把何香凝叫到病榻前，但又半天说不出话来，何香凝掩泪说："我虽然没有什么能力，但先生改组国民党的苦心，我是知道的，此后我势必拥护孙先生改组国民党的精神，孙先生的一切主张，我也定必遵守的，至于孙夫人，我也当然尽我的力量来爱护。"

孙中山听到何香凝这些话，紧紧握着她的手腕说："廖仲恺夫人，我感谢你……"

久久才把手放开。

　　3月12日上午9时10分，一颗巨星陨落了！中国民主主义革命的伟大先驱孙中山先生溘然长逝。云凄海咽，四海同悲，孙中山逝世的噩耗震动全国，震动了全球。

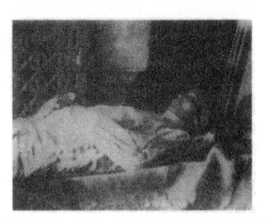

1925 年 3 月 12 日上午 9 时 30 分，孙中山在北京铁狮子胡同行辕辞世

宋庆龄和孙治平（孙科之子）在守灵

第四章 大革命的洪流

宋庆龄的行动引起了国民党右派的嫉恨，那些反动军事将领更是恨之入骨，他们与南京的蒋介石之流遥相呼应，对宋庆龄发动攻击。宋庆龄并不理会这些，她坚持自己的信念，为正义而信守真理，在风险的环境中坚持与蒋汪之流不屈地抗争。

在长夜漫长的中国，宋庆龄和他的导师、战友、同志、伴侣——孙中山宛如黑暗天幕中的一对双子星座，给灾难深重的民族带来希望、信心和力量，使他们感受到温暖和慰藉。当其中的一颗巨星陨落后，无论风云如何变幻，抑或是血与火的动荡中，另一颗星辰依然高悬天际，执着地追求着太阳，追求希望和光明，同时又用自己的光和热散发给世界。

孙中山逝世后革命的浪潮仍然不住兴起，大革命的风暴在 1925 年春以一摊中国工人的惨血酝酿渐渐拉开了序幕。

由于上海日本纱厂资本家枪杀中国工人顾正红，5 月 30 日，上海各校学生 2000 多人进入租界，进行反帝演说。租界巡捕吓慌了，惊恐万状地扛起大棒，倾巢而出，四处抓人，100 多名学生被拘留，南京路老闸捕房里关满了爱国学生。

群众闻讯，愤怒地涌上老闸捕房要求放人，人越聚越多，声势越来越大，群情激昂，怒气冲天。英国巡捕，面对激愤的人群如鼠见猫，惶恐之中，他们丧心病狂地向群众开枪射击。一瞬间，南京路被血染红了，13 人被当场打死在大街上，几十人断手残臂，血流如注，"五卅"惨案，震惊了中外，震撼了寰宇。

屠杀的血腥激起了上海人民高涨的反帝情绪。这时候，经过几年发展的中国共产党已经逐步发展壮大，当夜，中共中央召开了紧急会议，成立了行动委员会。第二天，上海市举行罢工、罢课、罢市。6 月 11 日，20 万人召开市民大会，提出了和租界交涉的 17 项条件，大会后，群众又举行声势浩大的游行示威。反帝斗争奔腾向前，怒火席卷全国。

这场斗争揭开了汹涌澎湃的大革命洪流的序幕，把近百年来中国人民反帝斗争推向了一个新高潮。

"五卅"惨案引发的反帝怒火，在全中国燃烧，还沉浸在孙中山逝世悲痛中的宋庆龄也深深被感染，她心中的那股潜在的爱国热情渐渐压过了悲伤，她对英国的暴行无比愤慨，6 月间，她接见了《民国日报》的记者，发表谈话。

她对记者开门见山地说："此次惨剧，简而言之，实为英日强权对于中国革命精神之压迫，中国人民能一致起而反抗英捕房之暴行，在上海实为第一次。"

许多人认为，孙中山逝世后宋庆龄将悄然退居幕后，但是，亲密爱人孙中山理想的火炬使她难以平静地匿息下去。当"五卅"惨案激起全国人民普遍的仇恨时，她也被激怒了，她对记者说："最近学生、工人与市民之爱国运动中，处处可见孙先生之精神，故孙先生之精神实未尝死。"

"吾人应共起奋斗，为民族争独立，为人民争保障。"她顿了顿，继续说："中国国民党员，尤当努力以竟其领导未竟之志。"

宋庆龄的谈话第二天就见诸了报端。孙中山逝世后，宋庆龄开始步入了独立战斗的革命生涯。

6 月 5 日，上海各界妇女联合会在劝业女子师范学校召开成立大会，这是一次妇女支持"五卅"运动的活动，宋庆龄亲自参加了。

6 月 10 日，她又不顾失去亲人的痛苦，继续投入战斗，应上海大同学校学生会的邀请，赴该校作"五卅"问题演讲。

同时，她又与于右任、周佩箴等发起了"五卅"事件失业工人救济会。

1925 年宋庆龄摄于上海

"五卅"运动的烈焰在中华大地越燃越烈，北平各界群众 6 月 25 日在中央公园举行"追悼被英、日帝国主义惨杀同胞烈士大会"。25 日的行动使北平的爱国反帝运动如火如荼了。

30 日，北平 20 万群众聚集在天安门，召开对英日帝国主义雪耻大会。为了支持群众运动，宋庆龄抱病北上参加大会。

当她从上海乘火车抵达北京时，大会已开始了。她顾不上喘一口气，立即从车站赶往天安门。人们看到她娟秀的脸庞带着病容，显露出憔悴和疲倦的神色，不禁深受感动，在雷鸣般的掌声中她登上了主席台。

这次，德国、印度、日本、朝鲜、土耳其等国的工人代表也参加了大会，中国人民的正义行动得到了世界人民的支持和声援。

"五卅"运动的巨浪不住向前。香港工人在中国共产党领导下发动了省港大罢工，13 万工人离开香港陆续回到广州；一时香港交通中断，供给断绝，垃圾成山，臭气熏天，香港变成了"臭港"。

英国《邮报》悲哀地报道："1925 年，英国尊严之堕落，实为中英通商 200 年所

1925 年 6 月 9 日上海《开国日报》登载的宋庆龄为"五卅"惨案而对该报记者发表的谈话

未有!"

　　省港工人的怒潮牵动了宋庆龄的心，她于 7 月 2 日，发表了《为力争两广关余向帝国主义斗争的孙先生》一文，宣传孙中山的革命精神，以鼓励两广人们反帝的斗志。在罢工斗争中，许多工人生计断绝，饥寒交迫，宋庆龄闻讯马上奔走号呼，向海外华侨募集资金。她先后将十余万元的巨款送到了香港罢工工人手中。

　　省港罢工委员会委员长苏兆征和 7 名工人代表收到巨款后，专程前来上海，到宋庆龄寓所，感谢宋庆龄对香港工人运动的支持。

　　宋庆龄亲自接见苏兆征，鲍罗廷夫人也参加了会见。宋庆龄询问了罢工的情况，并提出了自己对香港罢工斗争的意见。宋庆龄的爱国之心像一团火炬，照亮着在顽强坚持战斗的省港罢工工人。

　　在孙中山去世后，宋庆龄回到了上海那悲痛、孤寂的日子里，她沉着坚毅地投入复杂艰苦的革命斗争，把孙中山的理想不灭的火炬和把自身锻炼成为一位坚定的革命者的使命成功地融合起来了，她像一道独特的道义力量勇敢地向前进。

　　正在宋庆龄发表《为力争两广关余向英帝国主义斗争的孙先生》一文前一天，国民政府在广州正式成立，汪精卫任主席，胡汉民任外交部长，廖仲恺任财政部长，革命形势继续发展。

　　这时，北伐军第一次东征消灭了陈炯明的主力洪兆麟的部队，攻克了海丰、潮安、汕头等地，取得了东征胜利。接着，6 月回师广州，又平定了杨希闵、刘震寰的叛乱，广州革命政权几经周折终于巩固起来了。6 月 14 日，国民党中央政治委员会决定将大元帅府改组为委员制的国民政府，建国军、粤军改称国民革命军。

　　中国革命即将迎来艳阳天。但是，国共两党合作从开始酝酿之日起，就遭到国民党右派的反对和抗拒，全过程充满了左右派的斗争。以前，由于孙中山的崇高威望，暂时没有发生轩然大波。现在，广东革命根据地的巩固和革命形势的发展引起了右派的恐惧和仇恨，他们和反动军阀秘密勾结起来了，革命局势急剧地腐化，变幻……

　　廖仲恺是国民党政府的实权人物，又是国民党左派核心力量。右派分子对其恨之入骨，欲除而后快，先后秘密集会 10 多次，策划暗杀廖仲恺的阴谋。8 月 20 日，国民党右派迫不及待地在国民党中央党部大门前刺杀了他。

宋庆龄惊闻孙中山多年的战友廖仲恺遇刺逝世，万分悲痛，立即唁电给何香凝表示慰问。

但是右派分子并没有就此罢休。8 月 23 日，邹鲁、谢持、林森、张继等一批国民党老右派在北京西山碧云寺孙中山灵堂前非法召开"国民党一届四中全会"，通过了《取消共产党派党籍》、《开除中央执行委员之共产党员李大钊》等议案，公开分裂国民党，反对孙中山的三大政策。

会后，他们又在上海环龙路成立了非法的国民党中央党部，策划次年 3 月召开国民党第二次全国代表大会与广州国民党中央相对抗，右派分子妄图以手遮天，气焰嚣张一时。

孙中山的得力助手廖仲恺

西山会议派的活动立即激起了孙中山逝世后中国政坛上的又一次斗争风云，四天之后，广州国民党中央委员会做出反应，宣布西山会议为非法；12 月 9 日，中共中央发出通告，痛斥西山会议派的反共决议；各地国民党党部纷纷致电国民党中央要求从严查究，西山会议分子邹鲁、谢持、林森等老右派一时陷入群起而攻之的窘迫孤立之中。

汪精卫面对国民党右派的突发之势，在开始时束手无策，于是依靠共产党，支持吴玉章任秘书长，12 月召开了国民党一届四中全会，大会严斥了西山会议派。全会决定于 1926 年 1 月召开国民党第二次全国代表大会。

1 月 3 日，宋庆龄在弟弟宋子文的陪同下，离开了上海，经香港回到了阔别一年多的广州。

"千古怀斯人，江流无尽了"，一年前，她在这里陪同孙中山抱病北上，如今景物依旧，人事全非了，宋庆龄无限感伤。一想到孙中山尸骨未寒，廖仲恺遇刺，西山碧云寺的满楼风雨，老右派背叛孙中山的卑鄙行径，宋庆龄倍觉心寒。

但是，革命的广州形势仍然如火如荼，宋庆龄感受到火一样的革命热情又无限欣慰，同时，她更加坚定了捍护孙中山遗志的愿望。

翌日，她作为正式代表第一次登上了国民党全国代表大会的庄严讲台，斩钉截铁地抨击了西山会议派的背叛分裂行为。

在大会上，她被推选为 6 人组成的主席团成员，当选为国民党中央执行委员。

在大会中西山会议派受到了人们同仇敌忾的呵斥，谢持、邹鲁被永远开除国民党党籍，林森、张继等 12 人受到警告处分。《弹劾西山会议决议案》获得了一致通过。西山会议夭折了。

随后，国民党第二届中央执行委员和监察委员会第一次全体会议上，宋庆龄又被推举为国民党中央妇女部部长。

国民革命军两次东征胜利后，年初又挥师南进，收复了雷州兰岛和海南岛，广东革命根据地统一了。2 月 19 日，广州国民政府召开"统一两广特别委员会"会议，两广

宋庆龄 1926 年摄广洲

的统一实现后，北伐又作为一件大事提上了革命的日程，宋庆龄也满腔热情地投入北伐战争的准备工作，她到处出席会议，宣传孙中山的遗嘱……

3月4日，在南京紫金山举行了孙中山陵墓奠基典礼。

广东国民革命力量的迅速发展，引起了北方军阀的恐惧，吴佩孚出兵湘南，孙传芳和滇、贵、川等西南各省军阀开始围攻广东革命根据地。国民政府为了打破北洋军阀的合围，计划把革命推向全国，5月派叶挺独立团从肇庆经韶关，挺进湖南，援湘作战，揭开了轰轰烈烈的北伐战争的序幕。

6月4日，国民党中央执行委员会做出了北伐的决议，第二天，国民政府任命蒋介石为国民革命军总司令，7月9日国民革命军10万人在广州誓师北伐。北伐革命风雷滚滚了。

北伐战争势如破竹，义师所指，敌人望风披靡，北伐军先后攻下长沙、汉口和汉

宋庆龄被推为妇女部部长

阳。10月辛亥革命胜利纪念日双十日，北伐军一举攻克武昌，11月又占领了九江、南昌，很快消灭了长江以南的军阀势力，掀起了全国革命的高潮。不多时，北伐军歼灭了数倍于自己的吴佩孚、孙传芳的主力，取得了立马长江，北捣黄河，东卷沪宁的辉煌胜利。

随着革命势力由中国南部扩展到中部，革命中心也向北渐移。为适应形势的发展，国民党中央作了国民政府迁都武汉的决定，同时，特派宋庆龄、徐谦、孙科、宋子文、陈友仁及鲍罗廷等作为第一批先遣人员去武汉筹备迁都事宜。

11月16日，他们离开了广州。由于西方列强的干涉，国民政府官员不能从海上进长江去武汉，只能从陆地上走，这是一段漫长的路途，全长2000多里。一路上，他们先坐火车，然后乘木船，又坐很长路程的轿子，翻越大庾岭，再乘木船和舢板，最后又乘火车，12月10日，一行人才风尘仆仆抵达武昌。

武昌是辛亥革命的发源地，宋庆龄和国民党对它怀有深厚的感情。11日下午，国民政府先遣人员到汉口大广场参加了15万群众的欢迎大会。会后，宋庆龄又出席了12日市国民党党部举行的宴会，晚上，又参加了汉口军政各机关的欢迎宴会。

宋庆龄到达武昌后，立刻投入筹备迁都的繁重工作。这时国民党中央党部和国民政府已于12月5日宣布广州停止办公。13日国民党中央执行委员会和国民政府在武汉召开了紧急会议，组成了中国国民党中央执行委员会及国民政府委员临时联席会议，这是迁都前临时党政最高权力机关。宋庆龄是其中的主要决策人之一。

这一期间，国民革命军北伐捷报频传，工农群众运动风起云涌，各种矛盾错综复杂地交织在一起，国民党新老右派与革命派的斗争和阶级斗争也随之激烈。在这种复杂的情势下，1927年的元旦来临了。

1月1日，国民党政府正式宣布迁都武汉，开始在武昌旧部督署办公。

上午，宋庆龄出席了国民政府中央委员及机关人员在国民政府大厅的团拜会。

中午 12 时，南湖举行人民阅兵典礼，宋庆龄高兴地参加了这一盛典。

虽然武汉政府建立在累卵之上，但它誉满全球。世界各国代表团纷纷来访。然而，一场更大的危机又在这时悄悄爆发了。

1927 年元旦，宋庆龄在湖北汉口的阅兵台上

1 月 3 日，蒋介石在南昌因为迁都武汉不利其控制武汉，截留从广州经南昌去武汉的国民党中央执委和国民政府委员。他的死党国民党中央执委会代理主席张静江和国民政府代主席谭延闿到达了南昌。蒋介石借这个机会，擅自召开"国民党中央政治会议临时会议"，向武汉发号施令，要宋庆龄、宋子文、李宗仁等 13 人组织政治会议武汉分会，5 日，蒋、张、谭三人联名逼电武汉，对外宣布中央党部和国民政府暂移南昌。

迁都之争实际上是革命领导权的严重斗争，事关捍卫孙中山三大政策。7 日，宋庆龄与陈友仁、蒋作宾联名致电南昌，向蒋介石明确表示，要按既定协定迁都武汉，敦促张静江、谭延闿等人速到武汉办公。

12 日，蒋介石匆匆赶到武汉，窥探虚实，同时四外活动，妄图阻止迁都武汉，达到迁都南昌的目的。蒋见到宋庆龄时，宋庆龄严肃地告诫他说："不要对抗中央，独断专行。迅速让滞留在南昌的中央委员来汉。"

蒋介石来了武汉时，武汉正召集群众大会，大会上蒋介石也受到了群众的责问，苏联顾问鲍罗廷也不指名地对他进行了批评。

面对武汉各界代表，蒋介石被迫表示："定可使各界希望能够满足。"

但是，恼羞成怒的蒋介石悻悻回到南昌，他对鲍罗廷的批评怀恨在心，他致电武汉联席会议，诬蔑鲍罗廷，要求撤销他的顾问职务，一时气势汹汹。

宋庆龄、吴玉章、邓演达等人并不理睬蒋的无理要求。武汉各界纷纷举行集会，通电南昌要求迅速迁都武汉。

同时，宋庆龄也以个人名义致电南昌的中央委员和国民政府委员，催促他们迅速来汉。

1 月 24 日，蒋介石在巨大的压力下，只得投降，被迫通电答应迁都武汉，谭延闿等人于 3 月 7 日抵达武汉。

国民党二届三中全会本来定于 3 月 7 日召开，蒋介石妄自尊大，却要求把会期改为

12日，因为这一天他才能到会。但是，这一天清点人数已经齐了，大家不能为等一个人而误了大事，3月10日，国民党中央在汉口南洋大厦召开二届三中全会。宋庆龄、谭延闿、徐谦、孙科、顾孟余等5人被推选为主席团。

1927年3月10日，宋庆龄与国民党二届三中全会代表合影 前排右5为宋庆龄，中排右3为毛泽东

为防止个人军事独裁，国民党由中央执行委员会行使最高权力，采取主席团制，规定凡军官的任免和出征动员令等均须经军事委员会议决，提交中央执行委员会通过，这些措施限制了蒋介石的权力，提高了党权。

在大会上，宋庆龄由于崇高的威望被选举为国民党中央政治委员会委员和国民政府委员。全会讨论了国民政府的增设职能部，宋庆龄提议增设卫生部。

这一建议得到了孙科的附和，他说："刚才孙夫人临时提议增设一卫生部，卫生关系地方人民健康至为重要，各国于此皆极注重。为民众生计，目前确有此种需要，中央设一卫生部规划，一切确为应有之事。"

于是，国民政府设立了前所未有过的卫生部，宋庆龄被任命为卫生部部长。

3月20日，宋庆龄参加了国民政府举行的国民政府委员宣誓就职仪式。

春天的武汉沉浸在大革命的鲜花簇丛中，宋庆龄满怀豪情地投入国民政府的工作。

迁都之争以蒋介石的失败而宣告结束了，国民党二届三中全会给蒋介石个人军事独裁一个当头棒喝。他控制武汉国民政府的梦幻成了肥皂泡。正当武汉国民政府的工作深得群众欢迎时，蒋介石却阴险地开始准备动手，一场腥风血雨就要来临了。

在国民党二届三中全会开会前夕，他就露出了杀机，把赣州工会委员长、共产党员陈赞贤秘密杀害了，现在他胆子更大了，把屠刀举向了南昌国民党市党部，接着，又制造了安庆惨案，他从江西杀起，像个恶魔，走一路杀一路，一直杀到上海，指挥着青洪帮流氓挑起事端，制造了震惊中外的"四一二"反革命政变，然后，18日，他在南京自立中央，成立南京国民政府，与武汉革命中心相对抗，革命形势急转直下，大革命的滚滚洪流就要面临决堤的危险了。

其实蒋介石叛变革命由来已久。当国民党右派在国民党第二次全国代表大会上失败后，他们难以为继，却又不甘心失败。于是，悄悄选中了后起之秀蒋介石作为反共总头领，他们开始相互勾结，狼狈为奸。1926年3月20日，他们策划了打击共产党和苏联顾问团的中山舰事件，接着，在5月召开的国民党二届三中全会提出了旨在压制共产党、篡夺国民党党权的整理党务案，在国民党中央任部长的共产党人全部解职，蒋介石当上组织部长和军人部长，掌握党、政、军大权。但是，在那时由于革命的巨涛一日千里，他们慑于正义的力量而不敢轻举妄动。

1927年初，正当武汉人民欢庆迁都和北伐胜利的时候，英国水兵用刺刀驱逐在英租界附近的群众，当场刺死海员一人，刺伤群众数十人，愤怒的群众拆除了英租界的电网、沙包，冲进租界，捣毁了英国义勇军司令部，占领英国巡捕房。接着，武汉工、农、商学界举行联席会议，要求国民政府立即向英国领事提出严重抗议，要求收回租界，收回帝国主义盘踞的中国海关。武汉政府向英领事提出强硬交涉，接着，派军队进驻租界。1月6日，九江工人也占领了英租界，国民政府派员接收。

事件发生后，武汉国民政府讨论收回英租界，鲍罗廷认为北伐尚未取得全面胜利，等打垮北洋军阀后再收回租界。外交部长陈友仁主张立即收回英租界，他说："武汉江面上停泊了外国炮舰53艘，如果北伐军继续北上，武汉无重兵把守，万一他们联合起来，向武汉发动突然袭击，就会影响北伐军的胜利进军，不如立即收回英租界，而对其他外国侨民加以保护，帝国主义就会找不到干涉中国内政的理由。"

宋庆龄赞同陈友仁的意见，她接上陈的话说："北伐军的革命胜利在世界已产生强

宋庆龄 1927 年摄于武汉

烈反响，这时，帝国主义列强不会贸然与北伐军为敌，并且，目前，他们对国民政府的态度也没有达到一致。在这种情况下，只要我们采取区别对待的策略，先妥善收回英租界，对其他国家在汉口的租界仍让它保持现状，这样收回英租界就不会遇到困难，而成功的可能性也较大些，并且，也不会影响北伐军继续北上。"

陈友仁和宋庆龄的意见被会议大多数人接受，2 月 19 日和 20 日，陈友仁与英国政府特命全权代表阿马利签订了收回汉口、九江英租界协定，从 3 月起，这两地的英租界成为汉口和九江的特别行政区。

革命形势的发展吓坏了西方列强，他们急急地从革命队伍中寻找代理人，他们也终于选中了蒋介石，两方一拍即合。同时，江浙的青帮和买办虞洽卿、黄金荣、杜月笙、张啸林也纷纷秉帝国主义的旨意与蒋介石密谈，鼓动他迅速决然地叛变革命。于是，蒋介石一边与武汉国民政府争权夺利，一边与李济深、李宗仁、白崇禧、张静江等密谋反共清党。

4 月 1 日，流亡欧洲的汪精卫回到了上海。

一听到汪精卫回国了，蒋介石带着宋子文、吴雅晖立刻赶到汪精卫寓所，与汪进行密谈赶走鲍罗廷，分共清党。

汪精卫老奸巨猾，他久居国外，刚刚回来，对蒋介石和国民政府的实力还不清楚。尽管双方整整谈了五天，但是，他出于策略的考虑，主张召开国民党二届四中全会来决定，并且，他还同意蒋介石把国民党中央党部和国民政府迁往南京的意见。革命形势危机四伏。

在风雨欲来的时候，汪精卫找陈独秀协商国共两党关系。作为中国共产党主要领导人的陈独秀对蒋介石和汪精卫的面目没有清醒的认识，对反革命进攻一让再让，4 月 5 日，他和汪精卫联合发表《汪陈宣言》，在全国大中报纸上发表。

《宣言》说：

国民党最高党部……决无有驱逐友党，摧残工会之事，上海军事当局，表示服从中央，即或有意见或误会，亦未必终不可解析。

这立即解除了广大共产党员和工人的思想武装。但是，与之同时，蒋介石把他的嫡系和亲信部队调进了南京、上海及周围地区。尽管一切波谲云诡，蒋介石叛变革命已经路人皆知了，但是陈独秀却置之罔闻，甚至还一厢情愿准备与蒋介石进行更进一步的"精诚合作"。

为了迷惑世人，蒋介石放出一幕幕烟幕，向工人纠察队赠送了"共同奋斗"的锦旗，但是，当一切准备停当了，他立即下达"清党"的密令。

12 日凌晨，全副武装的青洪帮打手按照预定的计划向上海工人纠察队发动突然袭击，工人纠察队受到流氓突袭，立即奋起还击。

蒋介石的目的已经达到，立即命令亲信部队以"调解工人内讧"为名，开进上海总工会，收缴纠察队的枪械，与流氓打手一起屠杀手无寸铁的工人，逮捕上海工人运动领袖。

13 日，工人群众列队向蒋介石嫡系 29 军请愿，要求释放被捕的工人，交还纠察队的枪械，29 军凶相毕露，他们拔出刺刀，寒光闪闪地刺入工人的胸膛，向手无寸铁的工人开枪，顿时宝山路血流成河，一片凄风惨雨，无数工人和革命群众倒在血泊之中。

接着，粤、苏、浙、闽、赣、桂、川等省相继进行"清党"，反革命势力肆无忌惮地扑向革命烈火，杀气腾腾，四伏的危机终于爆发了。

蒋介石反革命政变的消息像一颗惊雷传出，全国震惊。面对反革命的血腥屠杀，正气的人们发出了怒吼。

4 月 17 日，武汉国民党中央执行委员会和国民政府发布命令，宣布开除蒋介石党籍，免除他的一切职务，下令全国将士和革命群众将他捕获归案，按反革命罪惩治。全国各地纷纷发表通电宣言，严斥蒋介石反革命罪行，支持武汉政府的决议。

4 月 22 日，宋庆龄、毛泽东、吴玉章、林伯渠、何香凝、邓演达、汪精卫、顾孟余、孙科等 40 人以国民党中央执行委员、候补执行委员、国民政府委员、军事委员会委员的名义发表历数蒋介石反抗中央，自立中央，以反共产口号博帝国主义欢心，更不惜屠杀民众的种种罪行的《讨蒋通电》。

4 月 23 日，武汉革命群众在武昌召开 30 万人大会，掀起声势浩大的群众性反蒋高潮。

但是，革命形势进一步恶化。帝国主义各国派出大批军队和军舰，云集武汉，使武汉政府陷入四面受敌的危险境地。在这种危情下，汪精卫利用陈独秀的右倾投降主义，极力压制工农群众运动，打击共产党的力量，削弱革命势力，武汉国民政府在政治上日益向右转，内部矛盾不断激化。

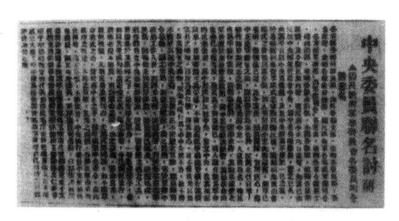

1927 年 4 月 22 日，宋庆龄等在汉口《国民日报》发表宣言，
声讨蒋介石发动"四·一二"反革命政变

5 月 17 日，驻防南昌的独立第 14 师师长夏斗寅公开叛变，向武汉发起进攻，兵临武昌城下。

五天之后，国民革命军 35 师许克祥在长沙发动"马日事变"，蒋、汪开始公开合流。

夏斗寅、许克祥相继叛变，又促进江西的朱培德公开反共。革命与反革命在激烈搏斗，到处一片腥风血雨，革命已处于危险的关头，形势一天天恶化。

宋庆龄坚定地反对叛变行为，她成为国民党右派的眼中钉，欲拔之而后快。于是，一时对她的流言蜚语四处飞扬，谣言中伤四起。武昌卫戍司令、35 军军长何键更是急不可耐了，派士兵闯进她的住宅，进行搜查。宋庆龄非常愤怒，立即致函汪精卫，严词斥责，表示抗议。

由于武汉国民政府在政治上不断向右转，对夏斗寅、许克祥的叛变没有进行有效的回击。宋庆龄坚决主张讨伐夏、许，态度激烈。她与日趋动摇的国民政府领导人汪精卫、谭延闿等人的斗争空前地尖锐起来。

革命的局势不住地往下滑行，汪精卫强行压制工农运动。但是，武汉政府的命运与他个人的地位和权势息息相关，开始，他把希望寄于冯玉祥，请求他来帮助解决武汉危机，为此他准备亲自去郑州与冯会谈。

汪精卫的打算遭到了宋庆龄的坚决反对，她对汪精卫说："武汉是中央所在地，冯玉祥是一个集团军司令，应该到武汉来开会，哪有中央领导到郑州移樽就教之理？"

汪精卫早就被反革命的嚣张气焰吓破了胆，此时，他顾不上了什么尊严和威信，不接受宋庆龄的意见，6 月 10 日，他匆匆带着几个人，以国民党中央主席团的名义去了郑州，与冯召开会议。

不久，汪精卫从郑州回到武汉。他没有找到什么解决武汉危机的妙计，相反他把北伐军从前线撤下来了。武汉一时乌云滚滚，部队中一些将领也闻风丧胆，倒向恶势力，联名致电要求反共，驱逐鲍罗廷。宋庆龄知道了，非常愤怒，她说："鲍顾问是总理所聘来的，你们这些军事将领没有资格来驱逐他。"

她要求国民政府宣布这些将领反对孙中山三大政策，明令讨伐。

宋庆龄的行动引起了国民党右派的嫉恨，那些反动军事将领更是恨之入骨，他们与南京的蒋介石之流遥相呼应，对宋庆龄发动攻击。宋庆龄并不理会这些，她坚持自己的信念，为正义而信守真理，在风险的环境中坚持与蒋汪之流不屈地抗争。

在武汉伤兵医院，运回了一批在河南负伤的官兵，南京方面暗中派人在伤兵中进行挑唆，煽动伤兵们闹事，使武汉国民政府背腹受敌，顾头丧尾。

伤兵受到挑拨，立即起来闹事。有人拿起手榴弹，蛮不讲理，追赶医院负责人，大闹起来。情况非常危急。医院打电话到国民革命军总政治部。总政治部值日官陈羲云接到报告后，立即向总政治部主任邓演达报告。

邓演达马上又约请了负责救护工作的宋庆龄一同去处理。宋庆龄接到邓的电话，毫不迟疑地立即驱车出发。

当他们风风火火地赶到医院时，闹事的伤兵手中还持着手榴弹，气势汹汹地威胁众人。在紧张的气氛中，邓演达与宋庆龄把伤兵们集合起来。邓首先讲话，对伤员晓以大义，并表示积极想办法解决他们的困难。接着，宋庆龄说：

"你们在前线负伤，回到后方来，没有很好关怀照顾你们，我们感到遗憾，也十分难过。"

然后，她大义凛然地阐明北伐的意义，对闹事者动之以情又晓之以理，负伤的官兵看到宋庆龄亲临医院本来就深受感动，听了这话后更是猛然醒悟。他们热泪盈眶，纷纷表示说："国母一片慈心，我们北伐军人，应遵守纪律。"

闹事者也不好意思地放下了手中的手榴弹。一场由反革命分子挑唆的事端，终于平息在千钧一发的时刻。

尽管一批革命左派和一些坚定的共产党人力挽狂澜，但是，反革命逆流仍然滚滚而来，大有黑云压城城欲摧之势。各种事件像旋风中的木屑，在眼前一闪而过，发生得突然，使人应接不暇。

6月19日，原来倾向于革命的国民军领袖冯玉祥被反革命逆流所动摇，匆匆赶到徐州与蒋介石会见，三天三夜进行秘密会议。会后，冯玉祥致电武汉国民党领袖，催促他们与蒋介石早日合作，宁汉合流。

6月29日，在武昌，第38军军长何键发出反共训令，要求武汉政府明令与共产党分离。训令的语言令人毛骨悚然，不寒而栗。许多人都畏缩了，在惊恐中把自己的信念丢弃，走上操戈反共的恶势力一边。

6月30日，中国共产党领导人陈独秀对眼前的反共屠杀人民的刺刀寒光视而不见，仍然沉迷在一厢情愿的蒋、汪合作的美梦之中，拒不采纳共产党国际发出的实行土地革命、发展工农运动、编练5万军队，肃清反革命分子的紧急指示，反而提出国共合作11条政纲。这样在革命的关键时刻，共产党放弃了革命领导权，革命武装也被解除了，共产党挽救革命的时机一错再错。

革命危情急迫，许多倾向革命的国民党军政要员，日益倒向反革命旋涡，汪精卫顾不上长期伪装的"左派"假面孔，也露出了本来的面目，大肆叫嚣着"已到了争船的时候了！已到了争舵的时候了！"这时，宋庆龄的弟弟宋子文带着蒋介石的亲笔信，匆匆来到了武汉。

宋子文与宋庆龄的感情深厚。他早年就读于私塾。1915年毕业于哈佛大学，获得经济硕士学位。1921年经宋庆龄推荐担任广东军政府英文秘书，后继廖仲恺担任国民政府财政部长兼中央银行总裁。在这个革命危急的关头，孙中山的主义被践踏，政策被抛弃于地，宋庆龄多么希望得到自己亲人的支持，宋子文的到来，宋庆龄满怀欣喜。

但是，这时的宋子文已不是以前的那一个宋子文了，他也矛盾地上了蒋介石的船。

"四一二"政变前，宋子文作为财政部长来到上海，为武汉国民政府筹款，他住在莫里哀路的宋庆龄寓所。蒋介石在南京成立新国民政府后，他竭力拉拢宋子文与武汉国民政府断绝关系，担任南京政府的财政部长。宋子文虽然对武汉地区的阶级斗争非常不满，对武汉政府的前途失望，但是，他仍具有一定正义感，拒绝与蒋介石同流合污。蒋介石引诱不成，立即拉下脸皮，指使合伙人、上海青帮头子杜月笙把他监视起来，限制他的人身自由。

这时，宋庆龄的友人安娜·路易斯·斯特朗在上海，她见到宋子文，宋子文眼里流露出痛苦的神情，愁容满面地托她转告二姐宋庆龄，说他一旦能躲开蒋介石，就去找她们。

但是，由于受到监视，如果他离开上海人身安全就会受到威胁，宋子文处境困难，只好到大

财政部长宋子文

姐宋霭龄家去放松自己。这时，孔祥熙和宋霭龄已投靠了南京政府。宋子文一来，他们对他进行劝说，轮番围攻引诱，宋子文更加愁肠百结，他处于极度痛苦之中，渐渐，在两条道路上徘徊了。

同时，蒋介石对宋子文采取了强硬措施，封闭宋子文在上海的办事处，接着，任命古应芬担任南京政府的财政部长，命令驻广州的部队没收宋子文的南方政府的所有财产。宋子文突然觉得除了与蒋合作，再也没有其他办法了。他的徘徊也停止了，准备列队到蒋介石的队伍中去。

这时，宋庆龄派她的朋友希恩来到了上海，接宋子文回武汉。他要宋子文化装成他的翻译，然后乘一艘英国轮船去武汉。当希恩见到子文，说明来意后，宋子文又动摇了，他同意去武汉。

当晚，他又去了宋霭龄家，在孔祥熙和姐姐的劝说下，他又反复了，第二天，他改变了主意，留在了上海。宋庆龄希望弟弟回到武汉国民政府的愿望成了泡影。

从此，在革命的十字路口，宋庆龄和宋子文这情同手足的姐弟在大浪淘沙中走上不同的道路。

尽管如此，宋子文对二姐还是一往情深。这一次他回到武汉，并不是宋庆龄所希望的那样回归武汉国民政府，而带来了蒋介石的一封亲笔信。

蒋在信中说："中正等望夫人来沪如望云霓，务请与子文、庸之兄即日回沪。所有党务纠纷，必须以夫人之来有解决办法也。"

宋子文也带来了局势发展的最新消息：武汉政府也即将反共，宁汉马上就要合流。他要二姐立即离开武汉，去投奔南京政府。

宋庆龄告诉弟弟说，容共是孙中山的一种政策，现在要变更孙中山的政策，她不能赞同。

宋子文劝说姐姐，这是一条无比艰险的道路。宋庆龄坚毅地说："如果武汉政府垮台了，我就回到上海继续同蒋介石作斗争。"

宋子文听了宋庆龄的话十分害怕，他坚持要她离开住所，到外面一起走走。

原来，宋庆龄的住所也已被人监视了。在远离了住所后，宋子文拉着姐姐的手，求她千万不要再回上海，说这个念头，想都不要去想。

宋庆龄问："为什么？"

怯懦的宋子文低下头，在宋庆龄耳边悄悄地告诉她：

蒋介石和大姐宋霭龄策划了一个行刺计划，她一到上海，就有生命危险。

当年血气方刚的汪精卫晚年却成了汉奸

时代的浪潮严酷地考验着宋氏家族的每个成员。对受恩于孙中山的蒋介石，宋庆龄已看透了。但是，宋庆龄没有想到大姐也变得如此歹毒，然而宋庆龄没有动摇，她回绝了宋子文的劝说，决定坚定地走自己的路。

7月14日，汪精卫控制的武汉国民党中央秘密召开中央常委扩大会议，公开背叛孙中山的三大政策。

这时，在武汉政府分共已是大势所趋，一个人难以挽救呼啦啦倾倒的局面，宋庆龄拒绝出席会议。

但是，她派陈友仁为代表在大会上表明自己的严正立场。

陈友仁在会议上宣布，说："孙夫人反对分共，因为联俄、联共和扶助农工三大政策是总理手定的，有了三大政策，革命才能发展成今天的局面，抛弃三大政策就必然要向帝国主义和蒋介石屈服……"

孙科一听，跳将起来，与陈友仁大吵大闹，为宁汉合流辩护。此时，陈友仁位居武汉国民政府外交部长，他毫不示弱，据理力争批驳反共谬论，会议的气氛变得十分紧张。

这又把汪精卫吓坏了。他除了继续贩卖那套分共的理论外，假惺惺地劝说陈友仁："分共以后，我们还可以跟共产党实行党外合作，我们仍继续反帝反蒋。"

但是，反对分共的只是少数几个人，他们没有阻止住汪精卫之流的归附南京政府之心。

正在汪精卫召开"分共"会议时，在汉口的宋庆龄也情绪激动，她回想陈炯明叛变革命后，她与孙中山回到上海，一起总结教训，探索中国革命的成功道路，孙中山几经艰难痛苦，几经失败和曲折，才找到以俄为师的道路，提出"联俄、联共、扶助农工"的三大政策，改组国民党，中国革命才出现豁然开朗的新局面，这是孙中山一生最伟大的转折，也是他一生最快乐的时刻。抛弃三大政策就意味着对孙中山的背叛。而处处自诩为孙中山学生的蒋介石把屠刀举向共产党，把革命送到了危急的边缘；现在汪精卫又公开弃孙中山的正义而去。这不能不让她伤心、痛苦、气愤。面对反革命的嚣张气焰，宋庆龄愤而提笔，写作《为抗议违反孙中山的革命原则和政策的声明》。

《声明》旗帜鲜明地说：

孙中山的政策明明白白的，如果党内领袖不能贯彻他的政策，他们便不再是孙中山的真实信徒，而党也就不是革命的党，只不过是这个或那个军阀的工具而已。

接着，宋庆龄更直接戳穿了叛徒的嘴脸，她说：

本党若干执行委员对孙中山的原则和政策做出的解释，在我看来，是违背孙中山的意见和理想的，因此，对于本党新政策的执行。我将不会参加。……现在，我认为背弃了孙中山领导群众和加强群众的政策，因此，我必须暂时引退，以期待更贤明的政策出现。

7月18日，正当汪精卫大肆分共时，宋庆龄的《声明》在美国友人雷娜·普罗梅等人的协助下，在汉口《人民论坛报》和上海《密勒氏评论》上用英文发表了。

同时，它又被印成传单，张贴在武汉三镇的大街小巷。

7月24日，《晨报》又全文刊发了宋庆龄的《声明》。

在武汉，汪精卫投向了蒋介石，共产党已退出国民政府，转入地下。国民党左派邓演达等化装逃离了汉口，苏联顾问鲍罗廷被"礼送"出境。曾经轰轰烈烈的革命中心武汉已是乌云滚滚，但是宋庆龄的《声明》撕破了一些人的假面目和伪装，像一把利刃无情刺中了反革命的痛处，它就像一支号角在腥风血雨中吹响，让希望和光明仍然停留在人们心中。

龟山、蛇山一片萧凄，江水呜咽奔走，革命的大浪在武汉已渐渐退去，留在这里没有什么意义了。7月27日，宋庆龄、陈友仁等乘船离开了武汉，返回了上海。她要去找寻新的希望和光明了。

他们一行人平安地到达了上海。宋庆龄已决定去苏联。一则她要实现孙中山要她代表他访问莫斯科的遗愿，一则去那里，她要进一步揭露蒋、汪之流的叛变行径，寻找十月革命的胜利之道。

她在6月底曾与鲍罗廷、邓演达、陈友仁商议过去苏联。现在她要把计划付诸实施了，她委托普罗梅去办手续。

普罗梅立即到上海苏联驻沪领事馆接洽赴苏手续。但是，近期却没有离开上海去苏联的轮船，领事馆请普罗梅转告宋庆龄在沪稍候。

于是，宋庆龄便在上海停留下来了，静待苏联领事馆的消息。

这时，蒋介石也得知了宋庆龄来上海的消息。他在南京以孙中山的合法继承人自居，却偏偏遇到了宋庆龄的坚决反对，他好不尴尬。现在，他以为宋庆龄是投靠南京政府来了，立即发出通电，派代表到上海，请孙夫人到南京。同时，他在铁路局准备了专车接待宋庆龄。南京政府控制的电台、报纸也开始大力渲染宋庆龄即将来宁的消息。

这一消息一时在全国传得沸沸扬扬了。对于蒋介石的这种流氓伎俩，宋庆龄已经早就领教过了。她嘱托秘书写信给上海各个报馆，重申宋庆龄《"七一四"声明》的内容，否认近日各方宣传谓中山夫人因与武汉"赤党"不睦，愤而辞职之说。

7月30日，宋庆龄向中央新闻社记者正式宣布："近日谣传余将在宁政府活动，全属无稽之谈。"

8月1日，朱德、贺龙、叶剑英等人在南昌举行了武装起义，打响了反击国民党反动派的第一枪。起义胜利的当天，南昌的《民国日报》发表了宋庆龄领衔的22位国民党《中央委员宣言》，痛斥蒋汪叛变罪行。

这一天，在南昌，部分国民党中央委员，一些省区和海外支部的代表举行联席会议，组成了"中国国民党革命委员会"①。宋庆龄、邓演达、谭平山、张发奎、贺龙、郭沫若、恽代英7人组成主席团。

在大革命的洗礼中，宋庆龄越来越成熟了。也是在这一天，汪精卫致信宋庆龄，说："闻夫人遽行，心至惶急，及读宣言，更为悚惭。夫人防止党员右倾，用心良苦。不肖如铭能不服膺！"

接着，他申辩他之所以反共是因为共产党员必欲消灭国民党。他以南昌起义为证据，望宋庆龄体谅其苦心。

然后，他要求宋庆龄与他共同谴责共产党。宋庆龄断然地冷冷拒绝了这个骑墙的叛徒。就在这个时候，一个和宋庆龄相伴了半个世纪的女人——李燕娥来到宋庆龄的身边。

李燕娥是广东香山县人，是孙中山的同乡。她是由孙中山家中早年的女佣姓谭的广东老太太的介绍来到莫里哀路29号的。

年仅16岁的李燕娥貌不出众，没有一点少女的妩媚与清秀，粗眉大眼，手壮脚大，一眼看去，就是一个出身农家的姑娘，长得比宋庆龄还高。李燕娥局促不安地站在宋庆龄面前，圆圆的脸上带着敬仰与腼腆，眉宇之间夹着几分淡淡的哀怨与惆怅。宋庆龄抚摸着李燕娥粗糙的手背，饶有兴趣地打量着对方："燕娥，为我服务是很辛苦的，你愿意吗？"

这位广东姑娘听了后，当即交叉双手向宋庆龄深深鞠了一躬："我愿服务您一辈子，夫人。"

宋庆龄微微一笑，随即转过脸，朝着一边的谭老太太点点头，言下之意：我收下她了。谭老太是孙中山家中早年的女佣，见宋庆龄同意了，满心高兴，她对宋庆龄说道："夫人，燕娥她有过婚史。一年前，她的丈夫因病去世……婆家说是她克死的，她是被赶出家门的。"

宋庆龄望着一边的李燕娥，惊讶地低声问道："可是，她今年才只有16岁呀。"

"是的夫人，她是童养媳，9岁就上那个人家的。丈夫比她还小几岁。"谭老太解

---

① 此"中国国民党革命委员会"与1948年在香港成立的同名组织不同，它是南昌起义后一些共产党人和忠于革命的国民党人成立的反击蒋汪反革命叛变行为的一个临时机构。

释说。

　　宋庆龄忍不住说："怪可怜的人。"

　　宋庆龄对李燕娥的婚史没有什么顾忌，随后李燕娥就在她身边留下来了。

　　李燕娥从 16 岁来到宋庆龄的身边，陪伴宋庆龄整整 53 年。在长达半个世纪的岁月里，她们一起生活，同甘苦，共患难，结下了血浓于水、情深如海的姐妹亲情。

　　8 月中旬，宋庆龄终于等到了苏联领事馆的通知：即将有一艘苏联轮船从上海开往海参崴。8 月 22 日，宋庆龄发表了赴莫斯科前的《声明》。

宋庆龄 1927 年赴莫斯科前摄于上海

　　第二天凌晨，宋庆龄在雷娜·普罗梅的陪同下，悄悄地离开莫里哀路的寓所，穿过静谧的马路，在离寓所不远的德国的公园附近，乘上了事先停在那里的一辆苏联驻上海领事馆的汽车，匆匆驶向码头，几个小时后到达了吴淞。

清晨，宋庆龄登上了停泊在吴淞的一艘苏联货船。接着，陈友仁和他的两个女儿也匆匆赶到，乘上了这艘轮船。在早晨的浪潮中，轮船迎着初升的太阳，劈开碧波，驶进浩瀚无边的东海，向海参崴急速驶去。

宋庆龄的新生活，新斗争又开始了。

宋庆龄

第五章 侨居国外

在《国际歌》的雄壮乐曲声中，宋庆龄走出车厢。政治上的风云变幻，旅途的奔波劳顿，使宋庆龄显得很疲劳。但是，来到了向往已久的世界革命中心，她终于实现了孙中山访问莫斯科的遗嘱，宋庆龄满脸春风。

9月6日，宋庆龄一行人乘列车抵达了莫斯科。

列车徐徐进站时，苏联外交部长阿维诺夫、教育部长哥伦泰夫人等一行人已在瑟瑟寒风中迎候多时了。月台上，挤满了欢迎的人群。

在《国际歌》的雄壮乐曲声中，宋庆龄走出车厢。政治上的风云变幻，旅途的奔波劳顿，使宋庆龄显得很疲劳。但是，来到了向往已久的世界革命中心，她终于实现了孙中山访问莫斯科的遗嘱，宋庆龄满脸春风。

1927年8月，宋庆龄抵莫斯科时受到群众热烈欢迎

出站后，宋庆龄在阿维诺夫等陪同下，乘车赴莫斯科红场对面的豪华大都会饭店下榻。

在大都会饭店下榻几天后，宋庆龄和雷娜·普罗梅一起搬到了红场附近豪华的苏维埃旅馆居住。

这是沙俄时期用糖业赚来的钱建造的。1917年被苏维埃政府接管，一部分作为高级官员的住房，一部分作为外国客人居住的地方。大都会的房子，就作为了宋庆龄办公和会客的地方。陈友仁一家也住在了这里。

苏联政府特派了招待组，哥伦泰夫人任招待组组长，负责照料宋庆龄的生活，并协助她在各方面的联系，宋庆龄的意见和要求也由她转告苏联当局。不久，宋庆龄就与哥伦泰夫人成了好朋友。

苏联外交部也派了专人负责宋庆龄的生活，得知宋庆龄喜欢吃水果，每隔一天就派人送来高加索产的葡萄、苹果等。

到达莫斯科后，新生的社会主义苏联使宋庆龄受到了莫大的鼓舞，她会见了苏联最高苏维埃主席团主席加里宁和他的夫人，斯大林也亲自接见了她。之后，她开始紧张工作，继续进行反击蒋汪之流背叛孙中山的事业的斗争，向全世界人民介绍中国国内的情况，抨击南京政府的倒行逆施。

而此时，9月16日，在上海，宋霭龄以大姐和红娘的身份在家中举行中外记者招待会，宣布："蒋总司令即将与我的三妹结婚。"

宋庆龄与宋美龄童年时就一起同赴美国，姐妹俩感情最深。当年宋庆龄背叛家庭毅然与孙中山结合时，她曾写信给宋美龄，悄悄告诉她说："自己仅有的欢乐，只有和孙

宋庆龄在莫斯科与加里宁夫人合影

博士在一起工作才能获得，我情愿为他做一切需要我去做的事情，付出一切代价和牺牲。"姐妹情深使宋庆龄对妹妹婚姻选择大为伤心。

宋美龄与蒋介石初次见面是 1922 年在孙中山夫妇的家中。当时，蒋介石已有三房妻室，但是他一见到年轻漂亮的宋美龄，就倾心了，于是，他把自己的心事对孙中山说了，请他做媒。宋庆龄听说蒋介石曾在上海做投机生意，花天酒地，坚决反对这门亲事。听到国内蒋宋联姻的消息，宋庆龄立即叫陈友仁发了封电报给宋美龄，告诉她不要和这个"蓝胡子"结婚。

9 月 17 日，宋庆龄在莫斯科发表《中国目前的形势》，随后，她又连续发表了七篇文章，介绍中国国内形势，向全世界揭露中国新的掌权者背叛革命的真面目。

接着，她又急匆匆地来到莫斯科中山大学，探望中国学生。

莫斯科中山大学是苏联为了纪念孙中山先生，培养中国革命干部而创办的。1925 年 10 月 7 日，苏联顾问鲍罗廷在国民党中央政治会议上代表苏联政府宣布创办。中山大学学生由国民党中央在广州、上海、北平、天津等地选拔，第一批共 340 人，分批分期送往苏联，他们都是国民党、共产党党员或共青团员，其中多数是国民党高级领导干部的子女，蒋经国也是中山大学的学生之一。

中山大学由苏共中央和国民党中央共同管理，拉狄克任第一任校长，国民党常驻共产国际代表邵力子兼任国民党驻中山大学理事会成员，代表国民党监察中山大学。1927年大革命发生逆转时，中山大学首当其冲，国民党右派大肆攻击苏联。7月26日，国民党中央执行委员会正式声明取消中山大学，并与之断绝关系。国民党右派叛变革命，受到了中山大学师生的强烈谴责。宋庆龄到达莫斯科后，就由陈友仁陪同，前往了中山大学。

来到中山大学后，宋庆龄发表了演说。

她用上海话对学生说："我们为孙中山的信徒。我们曾在他的名字命名的大学里受过训练……"

她顿了顿，接着说："千万不要忘记，孙中山的最宝贵的遗训就是三民主义和三大政策，即联俄、联共和扶助农工。"

"只有在孙博士实行三大政策后，实现三民主义的动力，才能得以增加，国民党才得以新生。"

宋庆龄演说赢得了阵阵掌声。但是，也有一些激进分子跳将出来，批评孙中山的革命主张不彻底，宋庆龄对此毫不谦让当场予以驳斥。激进分子本来对孙中山的主义的理解就是半瓶子醋，宋庆龄一反驳，他们就惊惶失措地悄然退下去了。

之后，陈友仁也发表了演说。作为一位革命外交家，他的演讲也受到了学生们的热烈欢迎。

宋庆龄与陈友仁在中山大学演说后合影

不久，宋庆龄又与邓演达在莫斯科兴奋地相会了。汪精卫在武汉秘密分共时，邓演达气愤地写下了《告别中国国民党的同志》的留别信。接着，又发表《我们现在又应该注意什么呢？》的文章，旗帜鲜明地表明自己坚定不移的革命政治态度。邓演达的政治信念公之于众，在当时轰动一时。汪精卫大肆屠杀革命者，邓演达化装成查电线工人，怀着满腔悲愤，秘密离开武汉，然后沿铁路步行到郑州，然后出潼关，转西安，经过千里迢迢的长途跋涉赶上了苏联顾问鲍罗廷的汽车队，邓演达加入了鲍罗廷的队伍，前往世界革命的中心。

他们经过榆林、包头，穿越浩瀚的沙漠，再越过西伯利亚，风餐露宿，历经了艰辛，终于到达了莫斯科。

邓演达比宋庆龄早一个月到达苏联。在异国他乡曾经并肩战斗的战友相聚一起了。

宋庆龄、陈友仁和邓演达十分高兴，兴奋地坐在一起，开怀畅谈。但是，中国革命与孙中山的主义背道而驰，革命受挫的阴影仍然笼罩在三个忧国忧民的人心上。相见不久，他们的心情就变得忧郁。忧愁像挥之不去的阴霾一再扩展，他们很痛苦。

"革命虽然遭到失败了，但孙先生的革命事业必须继续下去。"宋庆龄坚定地说。

"对，必须高举孙先生首创的'国民党'这面旗帜，继续革命，不能让它被反动派玷污了。"邓演达接上宋庆龄的话头。"为了使革命不断，我们有必要成立一个革命领导机关，筹备国民党第三次全国代表大会，解决一切革命问题。"

"无论是南京、武汉，都窃取中国国民党的旗号，曲解及假托革命的三民主义的内容，其实，他们已经是旧势力的化身，军阀之工具，民众之仇敌，游兵散勇不足以与蒋介石、汪精卫斗争。我们必须重新组织起来。"陈友仁的心头也点亮了一盏灯。

宋庆龄访苏期间

"为了高举孙先生的旗帜，我们与汪、蒋彻底决裂，组织中国国民党临时行动委员会。然后宣告南京、武汉政府的国民党中央的罪恶，终止其政权，筹备召集各省市代表大会。选出临时中央执行委员会，行使中央执行委员会职权。"宋庆龄提出了具体的想法，马上得到了邓演达和陈友仁的赞同。

几经磋商，邓演达起草了《对中国及世界革命宣言》。

1927 年 11 月 1 日，《宣言》以宋庆龄、邓演达和陈友仁的名义在莫斯科发表。在蓬勃发展的大革命夭折后，短短几个月内，宋庆龄、邓演达和陈友仁在革命的赤都又举出了中国革命的另一面旗帜。与此同时，在国内，中国共产党举行了湘赣两省秋收暴动，武装反抗蒋介石的斗争也一炮接着一炮打响。

中国共产党武装斗争的旗帜与宋庆龄的革命旗帜在大革命失败的阴云中犹如两道闪电，撕裂蒋介石腥风血雨恐怖的天幕，使正义的人们隐约可见希望即将来到。

12 月 12 日，共产党人张太雷、恽代英、叶剑英等又发动了广州起义。蒋介石惊惶失措，举兵镇压……

蒋介石密谋反苏已久，他趁机借共产党的广州暴动起事反苏。他造谣广州起义是苏联领事馆煽动的，立即派兵围攻广州苏联领事馆，然后，又像野兽一般在领事馆大开杀戒，苏联副领事以下十多人倒在血泊之中。

14 日，南京国民政府下达绝俄令：对各省之苏维埃社会主义联邦共和国领事，一律撤销承认，所有各省之苏俄营商业机关，一律勒令停止营业。

15 日，上海也发出限令：苏联领事在一周内离开南京政府辖区。

蒋介石悍然地把中苏关系推入了绝境。为了避免蒋介石当局对苏联领事及侨民的迫害，苏联政府撤退了广州、上海、武汉等地的所有领事，苏联在中国的商业机构也相继撤离。中苏曾经一度亲密的合作关系像吵架的兄弟突然中断了。

蒋介石以孙中山的合法继承人自居，宋庆龄对于刚刚成立的羽翼未丰的南京政府具有至关重要的价值。尽管宋庆龄一再发表谴责蒋介石的声明，他仍然表面上不敢翻脸，依然把宋庆龄当做中国国民党中央委员，不断地给她发些函电，通报南京政府的一些决定。宋庆龄在他的眼皮底下秘密出访莫斯科，使蒋介石大为恼火和沮丧，但是，对待德高望重的孙夫人，他又能怎样呢？于是，他极力地怂恿宋母倪桂珍频频写信催促宋庆龄回国。

蒋介石把与苏断交之事电告正在苏联的宋庆龄，要求她迅速回国。宋庆龄听到蒋介石与苏绝交的消息，非常气愤，当即回电对他的行为进行严斥："我正准备回国，却获悉你打算与苏俄断交，并要求撤销苏俄领事馆，采取这一步骤，将是自杀行为。"

接着，她严正地表明自己的态度："你要是有一点领导者的远见卓识，倘若你还记得与苏俄进行合作是领袖临终的遗愿，那就该悬崖勒马，使国家免于深渊，如果直到最后一刻还不采取废除这种断交的措施，我将留在这里，以抗议你的这个决定。"

蒋介石不会改变他蓄谋已久的反苏决定，但是，却急切地希望宋庆龄早日回国。于是，接到宋庆龄的电文后再次电告宋庆龄，说她停留在莫斯科是受了胁迫的结果，要求她回国亲自陈述自己的意见。

宋庆龄接到蒋介石的电报后怒不可遏，立即在 23 日复一长电，对蒋介石的谣言进行驳斥。

初到莫斯科，宋庆龄紧张地工作着，同时又在苏联进行参观访问，开展外交活动。她瞻仰了列宁墓，应邀参加了十月革命10周年的庆典。

在莫斯科，宋庆龄还拜访了列宁夫人克鲁普斯卡娅和鲍罗廷等老朋友。

正在这时，蒋介石和宋美龄在上海举行了隆重的婚礼。

原来，蒋介石与宋美龄的婚姻不仅宋庆龄反对，而且宋母倪桂珍也不同意。但是，大姐宋霭龄极力促进蒋宋联姻，她把母亲送到日本旅游，母亲一走，大姐立即安排美龄与蒋介石到镇江游玩，俩人一路上双憩双飞，原本十分高傲的宋美龄却被蒋介石弄得神魂颠倒，她回到了上海，芳心已许。

9月28日，蒋介石东渡日本，正式向宋老夫人提出与美龄成婚的要求。这时，蒋介石已经快刀斩乱麻地结束了与毛福梅、姚冶诚、陈洁如的婚姻关系。他在宋母面前，信誓旦旦地表示皈依基督教，宋母在既成的事实前面，只好应允了这桩婚事。

这样，蒋介石和宋美龄的婚姻就确定下来了。两人的爱情一日千里的发展，之后，宋庆龄和宋子文的反对也无济于事了。

宋庆龄从小与美龄关系最密切，曾经共同就读于中西女塾，后来又一起赴美留学。宋美龄受庆龄无微不至的关怀和照顾，宋庆龄对美龄深爱之切，但对她与蒋介石结婚惋惜不已，现在听到妹妹结婚的消息，宋庆龄内心一度忧伤不已。

为排遣心中的烦忧，宋庆龄接受了邓演达、鲍罗廷的建议，前往高加索农村调查访问。

高加索群山逶迤，雄伟壮观，景象迷人。他们深入乡村农户，了解俄国革命后的农村生活。俄罗斯的风土人情给了他们深刻的印象，革命前后农民们生活的变化犹如雨后春笋布满了希望。宋庆龄亲身感受到了社会主义建设在俄罗斯大地上的巨大魅力。

宋庆龄原来离开中国赴苏的主要目的是计划同苏联领导人共商国共继续合作之事，把中国的民主革命进行到底。但是，这时，苏联政治形势风云变幻，越来越复杂和微妙。苏联从1923年开始的联共党内关于列宁主义、国内建设和国际共运中的一系列问题的争论越来越激烈。托洛茨基与斯大林形成两大派别。这时，斗争正处于高潮。对中国大革命的失败，托派认为是斯大林错误路线的后果。于是，宋庆龄来到苏联，苏联政治斗争的浪花也溅到了她的身上。

宋庆龄在中国革命中有着显赫的声望。托派和斯大林派都想争取她，为自己说话。宋庆龄无形之中被推入了左右为难的尴尬窘境。

中山大学是托派的大本营，校长拉狄克是托派重要头目，一时间，中山大学托派气焰日器尘上。中国的托派学生会见宋庆龄，希望她对斯大林和托洛茨基的斗争表态，宋庆龄尽管对中山大学寄予很大的希望，但是，她不愿卷入苏联翻江倒海的政治旋涡，她对托派学生的请求，委婉地拒绝了。

苏联政治的狂涛恶浪愈涨愈高，宋庆龄日益感到一种政治风雨的压抑和忧郁。

这时，她的挚友邓演达由于与共产国际意见相左，准备悄然离开苏联，前往德国的柏林。

邓演达来到苏联，受到莫斯科当局的热情欢迎。但是，他反对共产国际对中国革命的干预，认为武汉国民政府如此迅速地崩溃，与当时武汉地区出现的群众运动中的"左"的倾向有关。所以来到苏联，应邀在中山大学演讲时，他严厉谴责蒋介石和武汉

宋美龄与蒋介石的结婚照

领导集团的同时，也指责共产党。邓演达的这种思想反映了大革命失败后，相当一部分人的看法。但是有些听众，尤其是一些共产党学生被触怒了，马上做出反应，脚踏地板发动响声，有人拉断了电话。邓的观点在莫斯科并不受欢迎，这使他心中不胜怅惘。

这时，中国共产党旅莫支部也来人了，他们与他一起商讨中国革命的出路，邀请他参加共产党，与他们同行。但是邓演达只是一个民主主义者，他拒绝了他们的要求，他只愿为自己的理想去走自己的道路。

邓演达由于与共产国际政见相左，在莫斯科受到冷落，一些冲击也随之接踵而来。邓演达失望地离开了莫斯科，移居柏林。这些都是宋庆龄当初投奔苏联时始料未及的。挚友出走柏林，在异国他乡，宋庆龄心中无限惆怅。

正在这时，宋庆龄得知，《英国每日邮报》刊登了一则消息说她与孙中山内阁外交部长陈友仁在莫斯科结婚。孙中山去世后，她将孙中山视为自己终生所爱，一直忠诚于自己的爱情。这则桃色新闻给她精神上很大刺激。一向倔强的她气得病倒了，几天躺在床上，起不来。

其实，这则谣言在宋庆龄在高加索时已散布出来了，并被到处大肆渲染。她的挚友雷娜·普罗梅早已看到。但是，当她听到关于宋庆龄的谣言时，她不愿心情忧郁的她伤心，在宋庆龄回莫斯科时并没有告诉她。

普罗梅在大革命的烽火燃起时，就和她生活在一起。经过革命失败后的艰险历程，到在莫斯科的流亡岁月中，俩人患难与共。雷娜·普罗梅是宋庆龄身边唯一的女友。现在，这么重要的事情不告诉她，宋庆龄对此非常恼火，俩人也闹翻了。

宋庆龄打电话给上海西摩路的宋宅，要求家人追究《英国每日邮报》谣言的来由。

1927 年宋庆龄与邓演达等在美联的合影

这时，在东京的宋子文也看到了谣言，他对这种通过桃色新闻贬低姐姐在世界人民中的威望的卑劣的行径大为气愤，他得知情况后，立即召集《大阪每日新闻》记者，进行辟谣。真实的声音一出，假的谣言立即失去了魅力，不再为人们拾起。

谣言风波渐渐消散，雷娜·普罗梅身体状况却急剧恶化。宋庆龄立即前往探视，真挚的友情使俩人的误会消除了，她们又重归于好。相知相爱的情意使俩人的友谊更加深厚。

但是，不幸的是，11 月 21 日，宋庆龄朝夕相处的普罗梅突然离开了她，溘然前往了另一个世界。挚友的病逝，宋庆龄悲伤欲绝，曾经患难与共的友情突然失去了一方，宋庆龄不胜脆弱，她脸色苍白，久久心情都浸在泪水里。

葬礼不日就举行了。这天，天气阴沉，冰冻的大街极冷极冷。这时候，宋庆龄国内的收入来源也断绝了，经济非常拮据，她只穿着一件单薄的黑色外衣，在风中颤抖着，走在送葬的队伍中。

苏联外交部借给她一辆小轿车，希恩劝宋庆龄上汽车，在车内要暖和些。但是，宋庆龄不肯，她要陪伴这位亲密的朋友走完这最后的一段路。

刚病愈不久，宋庆龄体质娇弱。她低着头，慢慢地跟在她那无知无觉的朋友的灵柩后面。在寒风中，在黄昏的薄暮中，她坚持走完全程，直到葬礼结束。

普罗梅去世了，宋庆龄在莫斯科更加孤独了。

蒋介石屠杀政策使许多共产党员倒在血泊之中。在中国共产党内仇恨国民党血腥屠杀政策的"左"倾情绪日益滋长，中共中央做出了取消组织国民党左派的计划。这样的决定，使中国共产党与宋庆龄等中国国民党临时行动委员会的关系也紧张起来，而这时以宋庆龄、邓演达等为首的左派势力已如风中的蜡烛，十分微弱了。宋庆龄看来，中国革命的道路还很漫长。中国国内的革命局势对宋庆龄产生了极大的影响。

这时候，托洛茨基与斯大林斗争的结果以托派的失败而告终了，托洛茨基被开除了党籍，流放到阿拉木图。宋庆龄的熟人、曾与孙中山发表过历史性的《孙文越飞宣言》的越飞，也自杀身亡了。鲍罗廷回国后也因为中国大革命的失败遇到了批判。纷至沓来的刺激使宋庆龄心情忧郁，愁眉难展。

由于在莫斯科中山大学是托派的大本营，拉狄克被撤销了校长职务，共产国际远东局负责人米夫上任了。

他极力支持王明的中共旅莫支部。王明认为国民党的各派都是反动透顶的。结果，中山大学撤销了，师生全部合并到劳动大学，专门为共产党培养干部。不久，王明又公开发表了批判孙中山三民主义的言论。

这样，宋庆龄、陈友仁等与共产党的微妙关系，更趋紧张了。留在莫斯科已没有什么意义了，宋庆龄与陈友仁也决定离开苏联赴德国柏林。

离开苏联前，斯大林会见了她和陈友仁。这是一个短暂的礼节性的会见。但是，会见中斯大林表示希望宋庆龄早日回国继续领导中国革命，对具体的办法却没有谈及。宋庆龄失望地回到了寓所。

正当她准备启行时，她被迫推迟了行程。国际反帝同盟大会在布鲁塞尔召开。这是她和爱因斯坦、高尔基、鲍罗廷等人共同发起的。她前往了布鲁塞尔参加了大会，被推选为大会名誉主席。

大会结束后，宋庆龄又回到了莫斯科。由于健康原因，柏林之行又一推再推了……

在孤寂的流亡生活中，宋庆龄更加怀念去世的好友普罗梅，为了纪念她对中国新闻事业的贡献，宋庆龄设立了普罗梅教育基金，她亲自在莫斯科进行募捐。

不知不觉，孙中山逝世三周年的日子又悄悄地到来了。伊人已远逝，然而，宋庆龄对孙中山依然一往情深。每逢这样的日子她对孙中山的眷恋之情更加溢于言表。

3月12日，苏联向导原计划安排宋庆龄参观博物馆。早晨，向导来邀请宋庆龄。

宋庆龄说："今天是孙中山逝世的日子，哪儿也不去。"

接着，她声泪俱下，在房间里来回不安地走动。

孙中山对她来说犹如一座蕴藏丰富的宝库，她对他有着大海一样的深情。宋庆龄没去参加孙中山逝世的纪念活动，她怕那样的情景和场面，会让她想起孙中山心里难过。这一天，她身穿黑色衣衫，独自坐在椅上，不下楼，不会客。她在怀念，在沉思……

岁月悄悄地流逝，春去夏来，1928年5月4日，宋庆龄正式移居了柏林。

她住在利茨恩堡士街7号。

在这里，宋庆龄只是作为一个普通的中国人暂住的，对外她化名林泰成林太太。不久，她又搬到了风景如画的近郊。普罗梅去世后，宋庆龄身边照顾的人没有了。邓演达和陈友仁商量后，把在莫斯科的辛克调过来，住在宋庆龄公寓附近，照料宋庆龄。

宋庆龄在柏林过着清贫孤寡的流亡生活。但是她仍然心系中国革命和前途。

邓演达经常来看她，他们常常一起探讨复兴中国革命的问题。

邓演达认为中国革命之目的，在以三民主义为基础，而期完成农工政策，而土地问题，实行耕地农有，是当前革命的主要任务。宋庆龄也赞同邓演达的思想，于是她也开始了研究土地问题。

1927 年 5 月宋庆龄在欧洲

不久，希恩也从美国来到了柏林，他见到宋庆龄后，对她说：美国人民很想见她，听她讲讲中国当前的真实情况。为此，他已受美国哥伦比亚广播公司的委托邀请宋庆龄到美国作客，并且作 30 次演讲，酬金 50 万美元。

说罢，他拿出了随身带来的该公司拟就的合同，若宋庆龄同意，马上就可以在合同上签字。

宋庆龄认为哥伦比亚广播公司邀请不完全是商业性的，而带有浓厚的政治目的，她拒绝了。

宋庆龄的拒绝大大出乎希恩的意料之外。他原以为宋庆龄出于当时的困难处境，美国又是她十几年前生活过的地方，故人朋友很多，会欣然接受哥伦比亚广播公司的邀请的。但是，他更为宋庆龄那种宁愿以革命信仰为重自甘淡泊的气节所感动。

1928 年夏，宋庆龄的弟弟宋子安从美国哈佛大学毕业了。在归国时，他特地绕道柏林来看望二姐。姐弟阔别四年，看见疼爱的小弟，久居国外的庆龄激动非常。

她陪同子安在柏林尽情地游玩，到柏林大学参观，到美丽如画的布尔公园游览。人们看到孤寂的宋庆龄喜滋滋的。

五天后，她又陪同弟弟到了汉堡，然后又去巴黎旅行。之后，才依依不舍地与弟弟分手道别。

宋子安走后，宋庆龄在巴黎又耽搁了一个多月，9 月 3 日才返抵柏林。

宋庆龄回到柏林后不久，同济大学数学教授郑太朴随太虚法师到德国讲学。他们慕名来拜访了宋庆龄，向宋庆龄和邓演达详细地介绍了国内情况。

在交谈中，宋庆龄得知，在大革命腥风血雨后，蒋介石加紧对工农群众的镇压和迫害，各地先后爆发了武装暴动，这些起义虽然都失败了，但是对国民党反动统治仍然威胁很大，使蒋介石坐立不安。中国革命的声音给孤寂中的宋庆龄带来了莫大安慰，宋庆龄感到国内革命的火种并没有熄灭，心中又燃起了革命的激情。

郑太朴希望宋庆龄早日归国，把国内的力量重新组织起来，把孙中山主义贯彻到底。

宋庆龄这时候漂泊国外，也非常思念祖国。虽然归期现在对她来说还遥遥无期，但是，她还是欣然答应满足郑太朴的愿望。

不日，孙中山内阁财政部长和战友廖仲恺的儿子廖承志，也来到了德国。

他在德国国际海员工会工作。在大革命的白色恐怖中，他继承父志，毅然加入了中国共产党。一到德国，他立即去拜访宋庆龄。

他按中国的习俗亲昵地称呼宋庆龄为叔婆。宋庆龄在异国又见到了昔日战友的后代，尤其是看到廖承志风华正茂，浑身焕发着革命的朝气，她似乎见到中国革命的希望。

宋庆龄看到廖承志格外亲热，她详细地询问了他的母亲昔日的战友何香凝的近况，当她得知廖承志的妹妹廖梦醒正在法国学习时，又专程去巴黎看望她。

在德国的日子里，宋庆龄把廖承志当做亲侄子，无微不至地关心他。年轻的廖承志从宋庆龄处也得到不少的教诲。

岁月流转，宋庆龄侨居在柏林，过着平静的隐居式的生活。

第六章 哀思

　　宋庆龄眼眶泪珠晶莹，久久凝视着这庄严的墓室，对从此长眠这里的亲密伴侣、一代伟人，崇敬情深，哀思无限。追忆往事，瞻念前途，更使她百绪萦回，千思结想，心潮起伏……

1929 年春天，耗资百万，费时三载的中山陵在南京紫金山落成了。

南京政府决定举行奉安大典，为孙中山举行国葬仪式。

几经反复周折，这时候国内形势也发生了巨大变化。宁汉合流后，1928 年 2 月 2 日国民党二届四中全会上，蒋介石成为了国民党中央执行委员会常务委员会委员，担任中央组织部部长，成为国民党内实权人物。

不久，他又爬上了国民党中央政治会议主席和国民革命军总司令的权位，在党内开始权倾一时，一手遮天。8 月，他又被任命为国民政府主席并海陆空军总司令。国民党内部的派系经过一番争斗，蒋介石登上赢者的顶座。

12 月 29 日，张学良与张作相、万福麟也改旗易帜，联名通电全国，宣告于即日起遵守三民主义，服从国民政府。至此，中国南北形式上实现了"统一"。

南北统一只是形式的，各派地方军阀争权夺利，尔虞我诈，依旧矛盾重重，纷争繁起；共产党的势力又如星火燎原，武装割据四方。对蒋介石领导地位的挑战像火山一样在潜伏。

因此，蒋介石使自己成为公认的国党民的正统继承人，对他的巩固领导地位来说，有着至关重要的意义。于是，蒋介石只好去打好孙中山这张牌了。他决定亲自去主持奉安大典，把孙中山的灵榇从北平移到南京来安葬。

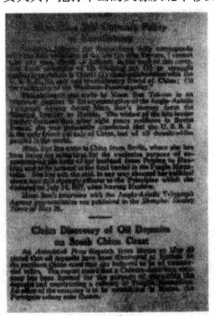

宋庆龄发表的
《关于不参与国民党任何工作的声明》

中山陵墓地位于紫金山正中。是 1925 年 9 月宋庆龄、孙科等人遵照孙中山生前愿望在南京勘定选中，由年轻有为的吕彦直主持设计的。1926 年 6 月开工。竣工后，南京国民政府成立了总理奉安委员会，筹备奉安大典。一时间，其他党政要事被蒋介石扔在一边，奉安大典变成国内沸沸扬扬的大事情。南京奉安大典的消息也传到了远在柏林的宋庆龄耳中，这使宋庆龄平静的心湖又激起了阵阵涟漪。对孙中山的无限深情使她几天几夜心潮澎湃，往事一幕幕地泛上心头……

南京政府大张旗鼓地对孙中山进行国葬，没有宋庆龄的参加肯定是不成体统的，何况蒋介石正是借此以向世人昭示自己是名正言顺的正统呢？邀请国母回国参加奉安大典的电报马上飞越千山万水，到了柏林。

两年的流亡生活，宋庆龄丝毫没有动摇自己的革命信念，她知道蒋介石的用意，回不回国呢？一方面是蒋介石的圈套，一方面是她深爱着的导师、战友、丈夫，几经艰辛斗争的经验使宋庆龄成熟起来了，她毅然选择了回国。

临离开柏林之前，她发表了《关于不参与国民党任何工作的声明》。《声明》宣称：

为了避免任何可能产生的误解，我不得不声明，我坚持 1927 年 7 月 14 日在汉口发表的声明，在那个声明中我宣布不再参加国民党的工作，因为中央执行委员会的政策和活动是反革命的……我参加葬礼绝不是，也绝不能被解释为缓和或改变我的决定，在国民党政策完全符合已故孙逸仙博士的基本原则之前，我不能直接或间接地参与该党的任何工作。

宋庆龄匆匆启程了。她经莫斯科，换乘西伯利亚东行的列车，归心似箭。5月14日，列车汽笛长鸣，通过国门，开进了满洲里东站。宋庆龄终于回到了阔别两载的祖国，终于归家了。

5月16日晚，宋庆龄登上从哈尔滨开往沈阳的专列。17日到达东北重镇沈阳，东北张作霖之子少帅张学良派夫人于凤至到车站迎接。

1929年5月，宋庆龄回国参加孙中山国葬时
与张学良的夫人于凤至摄于北平

宋庆龄的弟弟宋子良、宋子安也赶到了这里。蒋介石曾委派宋子安专程去德国，但是子安因故没成行。三姐弟别后又相见，情深意切。但是，由于子良、子安又得先到天津打前站，他们未来得及长谈，即匆匆道别了。宋庆龄被于凤至接到了张学良官邸。

在张家官邸，宋庆龄会见了充满传奇色彩的张学良少帅。共进晚餐后，又匆匆上车，向南飞驰而去。

蒋介石为了使宋庆龄回心转意归属到他的旗帜之下，这次作了充分的准备，隆重迎接宋庆龄归国。他曾与宋美龄、宋霭龄共同商量欢迎宋庆龄的种种安排。宋美龄准备亲自到北平迎接二姐。宋霭龄把孔祥熙在北平的半壁街的寓所修葺一新，供宋庆龄下榻。蒋介石也准备到时亲赴北平迎接总理灵榇。一路上宋庆龄受到了隆重而热烈的欢迎。她回国的消息占据了全国报刊的头条，声势甚至一时胜过了奉安大典的气氛。

当宋庆龄到达天津时，"欢迎中央委员宋庆龄"的巨大横幅迎风飘扬，仪仗队鼓乐齐鸣。孙科及夫人陈淑英、国民政府特派员吴铁城、郑洪章、天津警备司令傅作义等文武百官在站台上恭候迎接。

车一停定，欢迎的口号此起彼伏。宋庆龄出现在车门，孙科夫人陈淑英首先上车，向宋庆龄献花，接着孙科等人鱼贯登车，一一向孙夫人致敬，天津各界代表也纷纷向宋庆龄致意。

宋庆龄没有在天津下车，15分钟后即离开天津，傍晚，到达北平。各界欢迎的声势和氛围使整个车站笼罩在一片节日的欢庆中。宋庆龄谢绝各方谒见，下车时默无一言，立即和陈淑英从月台乘车直达西山碧云寺，孙科、宋子良、宋子安等乘车随后。一行人向西而去。

　　十几分钟后，车子抵达西山碧云寺。宋庆龄身着白边蓝色西服，下车了。

　　暮霭苍茫中，她容仪黯淡，露出几分哀戚。在陈淑英的搀扶下，她一步一步登上碧云寺最高处的金刚宝座塔，护灵处副官马湘在前面引导。

　　到达停放孙中山的灵榇的石塔时，她悲痛得几乎不能移步。在孙中山的灵前，她献上花圈，行了三鞠躬礼。激动和悲痛使她喉咙哽住了，她用手指着灵柩，半天说不出话来。

　　卫士明白她是要看孙中山的遗容，只好把覆盖在棺椁上的国旗揭开，然后，扶她登上石台。一见到这熟悉的脸庞，宋庆龄抑制不了自己的感情，这四年啊，中国革命经历了多少曲折劫难，她被迫远离亲人流亡异国他乡，饱经了多少坎坷磨难！宋庆龄抚棺悲喊："总理！今天我来到您身边，您却往哪里去了？"

　　两行眼泪顺着她清瘦的双颊滚滚涌出，滴在玻璃棺上，此时此刻她有多少话要和自己的领袖和亲密伴侣倾诉！她悲泣良久，凄楚的哭声在塔内震荡。

　　众人劝慰，她仍然泣泪不止。陈淑英扶着她，劝她节哀，然后搀着她下了石台。宋庆龄又行了三鞠躬礼，才慢慢出了石塔。

　　这时，一个卫士向宋庆龄报告说："请夫人下山到半壁街孔部长家休息。"

　　"我哪里也不去，今晚我就住在西山。"宋庆龄忧郁地说，她还沉浸在悲戚之中。

　　众人一怔，纷纷上前劝说。宋子文轻声地对宋庆龄说："二姊，大姐夫的寓所早就收拾好了，山上设备太简单，您会着凉的。"

　　庆龄固执地说："不，今天我哪也不去，就住在西山。"

　　宋子安也忙上去，挽着她的手："二姊，我理解您的心情，但现在太晚了，住西山准备也来不及了。还是下山吧。"

　　宋庆龄想了一想，说："我们下山，到鲍贵卿家去吧。"

　　大家知道执拗不过她，只好临时改变到半壁街孔府的决定，改行到鲍贵卿家。

　　当晚，宋庆龄就在鲍家下榻了。

　　26日凌晨，宋庆龄和孙科、陈淑英、宋子良、宋子安以及国民政府特派迎榇专员林森、吴铁城、郑洪年早早来到了碧云寺。灵堂举行了隆重的移灵仪式，然后32名扛夫抬起已经改殓铜棺的孙中山遗体缓缓下山。

　　宋庆龄全身穿着黑色丧服，乘坐马车，紧随灵车之后。

　　送灵执绋的队伍浩浩荡荡，缓缓而行，从香山经西直门，再到达前门车站。沿途群众纷纷向孙中山灵榇默哀告别。

　　灵柩到达车站后，即奉移到装饰一新的灵车上。下午5时正，在铁甲车的护送下缓缓驶离了北平车站。

　　灵车沿天津、济南、徐州线南下。宋庆龄上灵车后，一路上饮泣不已。

　　28日凌晨3点，抵达了安徽蚌埠。蒋介石、宋美龄已赶到了这里迎接。

　　蒋介石不知是因为宋庆龄回国前发表了《声明》生了气，还是其他什么原因，没

1929 年 5 月 26 日，孙中山灵柩从北京移送南京安葬
图为北京街头万人空巷的送灵情景

有如开始说的亲到北平迎接孙中山灵榇，宋美龄也没有去北平。当灵车停定后，蒋介石夫妇，还有唐生智立即登上了灵车。

蒋介石向孙中山灵榇行礼致敬，宋庆龄和宋美龄阔别多年后相见了。

虽然俩姐妹政治上歧见颇大，但是手足情深，姐妹相见仍然非常激动。宋美龄看到姐姐面容哀戚，紧紧地握着庆龄的手："阿姊，看你脸色不好，还得多多保重，节哀。"

姐妹多年不见，本来有很多话要说，但是，在这种场合和情景下，俩人欲言又止。待蒋介石等礼拜之后，她们就各自回卧车歇息了。

专列上午抵达浦口。灵车停定后，在江边又举行了祭奠，然后，32 名扛夫抬着灵榇奉移停在江边的威胜号军舰。12 时，中山码头，礼炮齐鸣，威胜号军舰徐徐抵达。宋庆龄和其他亲属亲手扶榇，一路宋庆龄泣不成声。灵柩最后停放在国民党中央党部。

灵榇一放下，宋庆龄顾不上一路辛劳，立即前往中山陵。

于是，她、宋美龄、宋霭龄坐上了铁道部专为宋庆龄回国乘坐之用准备的新式福特轿车，驶进中山陵，然后，乘轿登上陵园祭堂。

中山陵傍山而筑，由南往北，逐级升高，拾级而上，依次建有牌坊、陵门、碑亭。

祭堂和墓室结构新颖，气势磅礴。祭堂中间是中山石雕全身坐像，四周有孙中山革命事迹浮雕，四壁刻有孙中山的遗著《建国大纲》。祭堂后面是球状结构的墓室。整个建筑和布置庄严肃穆。

陵园苍松翠柏，漫山碧绿，居高临下，虎踞龙蟠，气势雄伟。

宋庆龄在美龄、霭龄的陪同下边走边看，宋美龄充当解说员，一一指点介绍。宋庆龄渐渐脸上露出欣慰的笑容，她紧紧地拉住大姐小妹的手，心里有说不出的快慰。

当晚，宋庆龄歇宿中山陵内的小别墅。

5 月 29 日至 31 日，国民党中央党部大礼堂一连举行了三天公祭活动。

31 日下午 2 点 30 分，宋庆龄主持了家祭仪式。

孙科夫妇、宋子文夫妇、孔祥熙夫妇、蒋介石夫妇、戴恩赛夫妇和孙中山的其他亲

宋庆龄在南京浦口迎接孙中山灵柩

属都参加了。

祭完后，又举行了封棺仪式。

6月1日凌晨5时正举行移灵礼。行礼如仪，奉安典礼总干事孔祥熙指挥扛夫启灵。宋庆龄和孙中山其他家属及中央迎榇专员在旁恭扶灵榇移出祭堂。

灵榇移登灵车时，宋庆龄、何香凝等在灵车左侧肃立；蒋介石、宋美龄、宋霭龄等在右侧肃立。霎时，司号兵吹起了启行号，肃立道上的队伍立刻开拔，向中山陵进发。宋庆龄上了紧跟灵车的第一辆马车，依次是各家属的马车。送殡队伍一字排开，长达五六里。一路上，除军乐声、马蹄声外，寂然无声。50万群众在路旁静默志哀。庄严肃穆，盛况空前。

10时，队伍抵达陵门，灵榇以军乐队为先导，抬上祭堂。执绅人员分左右护灵，一步步登上石级，恭扶灵榇进入祭堂。宋庆龄和孙中山的其他家属、亲故、国民党中央执监委代表、国民政府委员代表、迎榇专员代表、葬事委员代表、各国专使参加了在祭堂举行的奉安典礼。肃立默哀、奏哀乐、读哀词、行三鞠躬礼、献花圈，然后又奉移灵榇进墓门。12时正，灵榇徐徐放入墓穴，一时炮声隆隆，狮子山炮台鸣炮101响，向一代伟人敬告别，同时全国各地车辆暂停，行人肃立，工作中断，全体国民均就地起立默哀三分钟致敬。

孙中山灵榇安置墓穴正中后，由孙夫人率领儿、媳、女、婿，孙科、陈淑英、孙婉、戴恩赛亲将墓门"敬谨严扃"，隆重的"奉安大典"宣告结束。

这时，宋庆龄眼眶泪珠晶莹，久久凝视着这庄严的墓室，对从此长眠这里的亲密伴侣、一代伟人，崇敬情深，哀思无限。追忆往事，瞻念前途，更使她百绪萦回，千思结想，心潮起伏……

奉安大典一结束，宋庆龄乘上孙科为她专派的列车，在宋母倪太夫人、宋子良、宋子安的陪同下，义无反顾地离开了南京。经过一夜旅程，第二天早晨到达上海。

宋庆龄的匆匆离去，蒋介石捶胸顿足却又无可奈何。

但是，蒋介石仍然不放弃每一个挽留宋庆龄的机会。奉安大典结束后，他又准备举行国民党三届二中全会。几个月前，在国民党第三次全国代表大会上，宋庆龄被选为中央委员。宋庆龄侨居在德国，既没有出席这次大会，也没有宣布就任此职。现在，她已回国了。如果不参加这次会议，蒋介石的一番苦心又会在世人前面丢尽面子。于是，他在南京为宋庆龄安排了各种豪华舒适的设施，应有尽有的高级住宅。然后，派宋美龄在6月9日专程从南京到上海，敦促二姐来沪参加大会。

姐妹相见后，宋庆龄表示，她忠诚于孙中山的思想和革命原则，不能以亲情和个人的荣华富贵做交易。

宋美龄了解二姊的性格，知道再费口舌也无济于事，怏怏地返回了南京。

宋庆龄没有参加国民党三届二中全会，蒋介石的如意算盘落空了。

但是，尽管每次想到这位倔强的二姊，他都不由地倒抽冷气，蒋介石仍然不放弃自己的努力，他知道宋庆龄酷爱小孩，于是，他又派宋美龄赴沪，劝说宋庆龄担任设在南京的国民革命军遗族学校校长。

遗族学校是 1928 年创建的，专收北伐中阵亡将士的子女和辛亥革命以来追随孙中山革命而牺牲的先烈的后代。国民党中央常务委员会推举宋庆龄为校长，由于她侨居国外，此职实际上由宋美龄担任。如果宋庆龄同意出任校长，这也多少给了蒋介石一点儿面子。因为她总算是在南京政府担任了点职务。

宋美龄赶到了上海，眉飞色舞地对宋庆龄进行游说。宋庆龄深知这是一个圈套，她婉谢了妹妹的心愿。

接踵而来的劝说，形形色色的谒客使宋庆龄身心交瘁。于是她与倪太夫人匆匆离开上海，来到了苏堤绿荫的西子湖畔。

她们下榻在蒋庄。

美丽的西湖，山光水色，风景如画。宋庆龄并不是避开政治的纷扰，寄情山水，归隐林泉。国内苏区红军被"围剿"，战乱频仍，烽火遍地，她心中并不像西湖水那样平静，仍然忧烦地关注着时势的进展。

七月流火，蒋介石按捺不住，与张学良暗中指使中东路中方以武力接收中东路，逮捕苏方工作人员，进行驱逐。张学良在东北调集军队在苏联国境布防，准备挑起对苏战争。一时中苏两国剑拔弩张，紧张的战备像阴云迅速一扩再扩地不断升级。

全国各地的群众奋起反对反苏挑衅和战争阴谋。

8 月 1 日是国际反战日，怒不可遏的宋庆龄愤而向世界反对帝国主义大同盟发出电报，谴责帝国主义战争贩子，怒斥国民党政府的反苏政策。

一个铿锵的女声在全世界人民耳畔响起："反动的南京政府，正在勾结帝国主义势力，残酷镇压中国人民大众。反革命的国民党领导人背信弃义的本质，从来没有像今天这样无耻地暴露于世人面前。在背叛革命后，他们已不可避免地堕落为帝国主义的工具，企图掀起对俄国的战争。但是，中国人民大众，不因受镇压而气馁，不为谎言宣传所蒙骗，他们将站在革命一边进行斗争！"

这个声音像一颗流星撕破寂静的夜空，在全世界引起震动，在国内激起了反战巨浪。

宋庆龄的电报给蒋介石兜头浇了一盆冷水。几个月来，他绞尽脑汁，委曲求全，恩威并重地争取她，竭尽了讨好之能事。现在宋庆龄的一份电报把他的美梦扔到了垃圾坑里。

宋庆龄在蒋家王朝的心脏大张挞伐，使权势赫赫的南京政府要员们怒不可遏。为挽回南京政府的一些脸面，消消蒋介石的怒气，孙中山的前秘书戴季陶自告奋勇出发，去做蒋的说客了。

8 月 10 日，他带着他的老婆，前往上海宋庆龄寓所。

宋庆龄刚从杭州回上海。见面后，双方一阵寒暄。立即，戴季陶转入了正题，像老朋友一样推心置腹，说："本来，我想出国到欧洲去，中正和许多朋友都劝我留下来，共做国家建设工作。结果，出国的愿望没有实现，而留在国内工作，只不过分担了一些党国艰难事业的一份责任。"

戴季陶

戴的老婆接上说："孙夫人，蒋先生希望您能如季陶一样到南京共襄国家的建设，为您准备的住宅里一切设备都布置好了，您为什么还没有去南京啊？"

宋庆龄明白戴季陶拜访的真实来意，回答说："我对于政客的生活不适合，况且我在上海没有言论自由，难道到南京可以得到吗？"

这时，国民党特务对她进行包围盯梢，她的来往函电被扣留了。她这一说正打中了蒋介石一伙的要害。戴季陶一听，也急躁起来，立刻坐不住，在口袋里摸来摸去，陶出了宋庆龄拍发给反对帝国主义同盟的电报说："我真不大相信，像您这种地位，取这种态度，实在是有点不可思议，这诚然是一桩很严重的事啊。"

宋庆龄义正辞严地驳斥他："我是代表被压迫的中国民众说话，我的电报正是中国人的光荣的表示。"

戴季陶凶相毕露，摆出一副党国要人的架势，指责宋庆龄："你这是攻击政府，丢政府和民族的脸。纵使政府有了错误，你也没权利公然地说话，你应该遵守党的纪律。"

"其实，我并不属于贵党。"宋庆龄理直气壮，正义凛然地说，"谢谢你们把我的名字列入国民党中央执行委员会，是当做招牌去欺骗公众。没有哪一个以为南京政府是代表中国人民的。你们投降日本和外国帝国主义，侮辱革命的俄国，才证明你们是走狗，而有玷于国家与人民。"

戴季陶理屈词穷，只好退一步说："孙夫人，我不希望你再发表宣言。"

宋庆龄毫不让步："戴君，要我不说话的唯一办法，只有枪毙我，或者把我送进监狱。如果你们敢这么做，就说明你们所受的指责并不冤枉。但是，无论你们做什么事情，都要和我一样光明磊落，不要使用侦探来包围我。"

戴季陶无言以对，只好准备告辞，悻悻地说："我从南京返回来以后，再来看你吧。"

"再来谈话也是没用的了，我们的分歧太大了。"

戴走时对庆龄说："你要不是孙中山夫人，我们非要你人头落地不可。"

宋庆龄笑着回答："如果你就是那种伪装的革命家，你什么时候来砍我的头，都可以。"

戴季陶巧舌如簧，号称国民党的理论家，在一身正气的宋庆龄前面理屈词穷，带着老婆狼狈地走了。

之后，宋庆龄把这次谈话用英文记录下来。后来，把全文公之于1929年12月12日的《大公报》上。

蒋介石、戴季陶之流的威吓引诱世人皆知了，举世哗然。然而，蒋介石国民政府的政策没有符合孙中山的基本原则之前，宋庆龄不会与蒋介石之流妥协。宋庆龄决定再度出国，去他乡流亡。9 月 30 日，宋庆龄从上海乘船赴法国。宋庆龄再次出国，一时猜测纷纷。孔祥熙代表官方对新闻记者发表谈话，解释孙夫人出国的原因：

"孙总理奉安后，曾寄一照片至法国，交公司制铜像，定价 10 万元，已付定洋两万，近驻法代表来电，该公司所制之像，与原照略有走样，故孙夫人躬往料理。孙夫人或将长住法国。"

宋庆龄到达法国后，又辗转到了德国柏林。

重返柏林后，宋庆龄居住在柏林以铁血宰相俾斯麦名字命名的著名的俾斯麦大街的一座别墅式小洋楼内。

1929 年 12 月 12 日，天津《大公报》登载的宋庆龄与戴季陶的谈话记要

在这里，宋庆龄没有停息下来，她开始潜心研读马列和孙中山的著作，探索中国革命的真理。

当时，德国正是魏玛共和国时期，政治气氛比较自由，宋庆龄阅读了德国共产党的《红旗报》，经常浏览各种工会出的刊物。

在这儿，她的邻居中有一个叫海因斯的美国人，是一个思想进步人士。他常常和宋庆龄一起聊天，纵谈世界大事，回忆在美国的岁月，谈论美国的历史和现状，其乐融融。

邓演达是宋庆龄家中常客，他经常给深居简出的宋庆龄带来各种消息。平时相聚，

1929 年 12 月 12 日，天津《大公报》登载的宋庆龄与戴季陶的谈话记要

他们就中国的社会性质、革命性质、革命对象、革命任务等进行探讨，对许多的问题形成一致的共识。

和许多流亡者一样，宋庆龄和邓演达向往的是祖国。国内许多同志来函催促邓演达回国主持谭平山等在上海组织的中华革命党的工作。邓演达决定回国。

这时的季节正是春天。柏林的春天是妩媚的，到处绿树葱茏，繁花似锦。柏林的街道很宽阔，中央都有绿茵茵的草坪。春回大地了，草坪两旁一丛丛一簇簇的鲜花，争芳吐艳，花间蜂飞蝶舞，生机盎然。树影婆娑的后面是一排排具有典型欧洲风格、造型别致、色调柔和的楼群，形成了一幅令人心旷神怡、五彩缤纷的迷人图画。在草坪旁的靠椅上过路行人小憩，显出片刻的悠闲。

1930 年 4 月 1 日，宋庆龄却并不那么悠闲自得，倒显得有几分兴奋。这是她预定搬家的日子，新居在卡尔斯鲁厄街 2 号，地处柏林最繁华的商业大街柯夫斯坦姆大街西边尽头，它靠近商业中心，交通发达，购物方便。卡尔斯鲁厄街 2 号是一栋不太起眼的普通公寓楼，附近都是居民楼宇，环境清幽，身居闹市却无车马之喧。

下午，宋庆龄提着一个蓝色的手提箱从旧居里成湖畔 9 号坐车去卡尔斯鲁厄街的新居。她进了新居的客厅，放下手提箱，就到租用的其他几个房间转了一圈，准备自己安排居室的布置。但是，当她从几个房间转了一圈重回到客厅时，突然发现刚才放在客厅里的手提箱不见了。

这是装着重要文件、贵重首饰和现金的手提箱。

一向镇定自若、处变不惊的宋庆龄急了。在场的房东诺安格保尔太太和一些仆人帮工，赶紧里里外外、楼上楼下寻找，但是，大家到处找遍，都不见手提箱的踪影。德国警察素以办事效率高而久负盛名，居民遇到什么困难，他们亦乐于帮助。在德国发生了失窃、抢劫、失火、车祸、行车违章、斗殴，以及民间发生的难以解决的事，老百姓常常找警察局。宋庆龄于是打电话给德国警察局报警。

宋庆龄向德国警方报案后，又向中国驻德国公使馆打了招呼。

来到德国后，宋庆龄极少与中华民国驻德国公使馆打交道。虽然公使馆多次想与这位赫赫有名的孙夫人联系，但是，宋庆龄把公使馆看成是背离了孙中山遗志的蒋介石政权的外交派出机构，不愿理睬。丢失了贵重物品向本国公使馆通报，求助于本国的外交代表，是一般侨民的做法。宋庆龄是作为平民身份流亡德国的，她的基本身份是中国公民。她打电话给中国驻德意志公使馆。所以这并没违背她与蒋介石政权不交往的原则。

中国公使馆负责官员梁龙与宋庆龄打过一点交道，知道孙夫人倔强性格，接到电话以后，知道此事非同小可。于是，立即向中国驻德公使蒋作宾作了请示汇报，然后，又立刻向德国外交部通报了孙夫人宋庆龄手提箱被盗一案，要求德国外交部转德国警察当局尽快采取行动予以侦破。

1930 年 4 月 3 日，中华民国驻德意志公使馆在致德国外交部的口头照会中说：孙宋庆龄夫人的"手提箱内装有重要的国家文件和贵重首饰"，"但考虑到宋庆龄夫人来德的保密身份，请在侦破（此案）时不要涉及孙夫人的姓名"。

德国外交部接到中国驻德公使馆有关要求侦破宋庆龄装有贵重物品的手提箱失窃一案的口头照会以后，立刻知照了德国内政部，内政部马上报告了德国主管国家安全的国家公安监察委员会主席。随后，德国警察总署得到上级的有关破案指令，立刻把此案列为涉外的重要案件，派得力人员进行侦破。

宋庆龄发现丢失手提箱以后，虽然立刻向柏林警察局报了警，又向中华民国驻德意志公使馆作了通报，但曾长期留学美国的宋庆龄知道在西方国家寻求法律保护的重要，接着，她又聘请了律师代为处理这一案件。

这只失窃的手提箱中装着宋庆龄最心爱的无法以金钱计数的珍宝，其中包括最疼爱她的母亲送给她的陪嫁首饰。

4 月 11 日，宋庆龄丢失手提箱后的 10 天，颇有办案经验又有一定名气的德国律师康尔特·菲尔德律师作为法律顾问受理了此案。当天下午，宋庆龄在菲尔德律师的陪同下拜访了柏林警察局。

由于中华民国驻德意志公使馆已就孙夫人手提箱失窃案照会了德国外交部。关于失窃经过并要求侦破此案的文书已由德国外交部及时发给了内政部、国家公安监察委员会，并且要求尽快侦破此案的命令也早已下达到柏林警察局。所以听到当事人、中国资产阶级共和国第一任总统夫人亲自来警察局访问，副局长艾尔斯当即负责接待她。

虽然由于丢失了装着母亲送的珍贵首饰的手提箱，宋庆龄内心焦急不安，但是，宋庆龄态度仍然是那么从容、镇定。她穿着一身浅色的呢西服外衣、呢裙子，头上戴着上面有一个美丽的蝴蝶结的帽子。这是欧洲非常时兴的圆形呢帽子，这一身欧式打扮，宋庆龄更显得风度翩翩。

主客坐定后，宋庆龄将丢失手提箱的前前后后，详尽地叙述了一遍，并表示希望尽快侦破此案。

　　看到宋庆龄她那优雅的谈吐，大国夫人的翩翩风度，艾尔斯心里对这位美丽、端庄的中国夫人不禁涌现出几分敬意。最后，他彬彬有礼地说："请夫人放心，我们一定会竭尽全力尽快侦破此案的。"

　　送走了孙夫人，艾尔斯副局长立刻叫来了刑侦处长，交代了尽快侦破此案的重要性，要求他立刻调派干练警员进行广泛周密的调查，尽快侦破，进展情况随时向局长报告。

三十年代的宋庆龄

　　首先被侦讯的是房东诺安格保尔房东太太。由于宋庆龄乘坐出租车到卡尔斯鲁厄街2号，房东太太已站在门口迎接，接着又陪同宋庆龄到她所租用的各个房间去"巡视"，到案发前一直没有离开过她。房东太太的丈夫是一个出版公司的经理，一早就出门上班去了，其中没有任何人见过他回过自己的家。所以房东夫妇二人没有作案时间和可能，加上这一对夫妇平时作风正派，与邻里关系相处和睦，名声很好，因此警方认定他们是此案的"无辜人"，把他们从"此案可疑人"中排除掉了。接着警方又调查了两名负责搬家的搬运工。根据房东诺安格保尔太太女儿的陈述，她始终和他们两人在一起。宋庆龄把手提箱放在客厅的写字台后在房东太太陪伴下巡视所租用的各个房间，仅仅经过很短几分钟时间，就回到了客厅，即出事现场。因此这两个搬运工不可能把手提箱盗走并藏匿起来，亦即没有作案的时间，所以也被排除在作案嫌疑人之外。

主要当事人排除后，警方接着又对此次搬家有关的一切当事人展开深入地调查。

在调查过程中，一个名叫艾尔文·荷普的裁缝引起警方的注意。他与宋庆龄的关系很密切，他的母亲在宋家当女佣，宋庆龄要办的很多事务都是托他代办的，这次搬家时她曾把四、五件行李寄存到他的家里。

出于政治的原因，宋庆龄不愿让更多的人知道她所住的地址，到柏林后曾多次搬家。可能由于怕搬家搬运行李很麻烦，宋庆龄不愿把所有行李都搬到新宅去，于是叫荷普帮助把四、五件行李寄存到他的家中。在4月1日上午宋庆龄从里成湖畔9号的住宅搬家时，住在宋庆龄住宅旁边的名叫许勒尔的妇女就曾看见宋家的佣人提着几个箱子出来。她曾好奇地问这个佣人要把箱子搬到哪里，佣人却神秘地回避回答。

警方在调查中还了解到宋庆龄原来住在里成湖畔9号那所房子的管家的女儿海尔塔·许勒尔提供的情况。海尔塔·许勒尔15岁，与父母一起住在里成湖畔9A号，紧挨着宋庆龄的宅旁。4月1日"上午将近10点时，她从她父母住宅的窗户往外看，看见宋小姐经过其家向威茨莱本广场方向走去。左手提着一个手提箱，外面罩着一个蓝色皮箱套。"警方认为海尔塔·许勒尔小姐与此案无涉，她提供的目击事实是可信的。但是，宋庆龄却说她"当天上午根本没有离开过原来的住宅，而是在下午两点开始搬家时她才离开里成湖畔的旧宅"。以上这些情况在德国普鲁士州第三地方法院最高检察官给德国内政部长报告中有详细的记载。由于宋庆龄的证词与邻居海尔塔·许勒尔小姐提供的目击事实刚好相反，警方感到有些困惑。

由于警方认为海尔塔·许勒尔小姐的证词有一定的可靠性。在没有发现新的线索以前，他们根据许勒尔小姐的证词先进行试探性的调查。这样，他们推测：如果宋庆龄的确提着那个蓝色的手提箱出过家门，是不是会在街上丢失呢？或者有没有可能宋庆龄去了荷普家里，而丢在他那里呢?! 与宋庆龄关系密切的荷普有没有可能做了手脚鱼目混珠地把装有贵重物品的手提箱盗走呢？在事情没有水落石出前，荷普是一个很值得怀疑的人物，因此警方把他列为重点的侦察对象。

柏林警察局刑侦处立刻展开对荷普广泛深入的调查，他们翻阅了警察局和法院等有关的户籍和刑事的档案。

艾尔文·荷普1899年4月出生于柏林，是一个与共产党人十分接近的人士。1920年他曾是德国共产党青年运动的领袖人物，1919年血气方刚的荷普曾参与打死某个当时风传曾替警察担当政治告密者的官员，后被判6年监禁，服刑3年后被释放出狱，后来进入苏驻德商务代办处工作。1925年他成了国际红色援助会的秘书，并是红色前线战士联盟的成员。有关档案记载：过了一段时间，荷普自称是纳夫塔辛迪加经营部的主任，1927年他担任德国红星俱乐部理事，1928年以后自称是德罗帕公司的负责人，后来并担任德国经营俄国石油制品销售公司的经理。

查清了荷普地下共产党人的身份，使警方很高兴。因为这些材料对本来就布置要特别注意监视宋庆龄与共产党人关系的德国外交部和内政部，是一个意外的重要收获。但是，这对侦破宋庆龄手提箱失窃一案却并没有太多的直接帮助。

　　在魏玛共和国，根据法律，没有确实拿到荷普可能作案的证据，是不能进入其家庭搜查和对他采取其他行动的。所以，当时普鲁士州内政部写给德国内政部及国家公安监察委员会的呈文中对与宋庆龄关系密切的荷普其人的情况作了详细的描述，同时又提出柏林警察局对手提箱失窃案作了"细致周到地调查"，"但宋庆龄所遗失的手提箱至今仍无结果"。

　　为了侦破此案，警方认为必须首先搞清楚宋庆龄的手提箱是在哪里丢失的，到底是卡尔斯鲁厄街2号新居内丢失的，还是在进入新居前丢失的，这对于破案是关键。为此，警方进一步扩大调查的范围，捕捉一切有利于侦破此案的线索和讯息。

　　波特歇尔是诺安格宝尔房东太太雇佣的一个工作人员。听房东太太说有一位漂亮的中国夫人要搬来居住，4月1日下午，她曾到门口迎接。那天下午她和她的一个外甥女施瓦茨小姐都陪诺安格宝尔太太站在门口迎接新客人。但没隔几天，一次诺安格宝尔太太满脸愁容地对波特歇尔说：新搬来的中国夫人把下车时提着的一只蓝色手提箱放在客厅，没一会就丢失了。接着诺安格宝尔太太深深地叹息了一声，带着迷惑不解的神情问波特歇尔："你说怪不怪，你那天和我站在门口，你有没有看见过中国夫人提着的那个蓝色手提箱?！"

　　波特歇尔立刻说："我根本没看见过什么蓝色的手提箱。"

　　她向房东太太回忆并讲述了当时的情景：

　　那天下午3时左右，一辆出租车"嘎"地停在卡尔斯鲁厄街2号门口，美丽而庄重的宋庆龄推开车门走出来。由于卡尔斯鲁厄街是柯夫斯坦姆大街西边尽头的一条小横街，道路不宽，人行道也很窄，宋庆龄下了车不几步就走到了门口。波特歇尔非常确切地记得宋庆龄走进新住宅时两手是空空的，诺安格宝尔房东太太迎上前去同她握了手。宋庆龄胳膊下夹着一个小皮包，她的身旁没有手提箱。

　　为了证明她看见中国夫人腋下夹着的是一个小手提包，即妇女通常用来放点零用钱和小型化妆用品的小手提包而不是手提箱，波特歇尔边说边比划把手抬起来，作以手夹东西的样子。她说，就是一个高大硕壮的德国妇女也不可能把一个手提箱夹在腋下走路，何况是这么一个纤弱娇嫩的中国夫人呢?！

　　波特歇尔女士这一番绘形绘声的陈述颇有一点说服力，波特歇尔的外甥女施瓦茨小姐也作证说：这位中国夫人下车时两手空空的。这一点她也有深刻的印象，在她的记忆中，这位中国夫人下车时绝对没有提着一只蓝色的手提箱。

　　警方收集了和分析所有上述证词，并根据对现场时间、空间等各种条件作进一步的缜密地分析，认为：再高明的窃贼也不可能在当时的条件下从那个客厅的桌子上把手提箱窃走。宋庆龄的手提箱只可能是在进入卡尔斯鲁厄街2号之前丢失的，很可能是丢失在出租车里面。德国外交部在接到警方及有关机构的报告以后，将上述情况以口头照会形式通知了中华民国驻德意志公使馆。

　　该口头照会的主要解释如下：

"就以往在此事（暗指侦破宋庆龄夫人丢失手提箱一事）上所作的通告，今特向中国公使馆通告如下：

"据有关当局通知，警察局对孙宋庆龄夫人的事件所继续进行的努力毫无成效，在进行深入的分析后，认为孙宋庆龄夫人的手提箱已经遗落在她所使用过的出租车中了。以上这一看法已经日益可能……调查还要坚持不断地进行下去。"

柏林警察局根据分析判断，把寻找曾搭载孙夫人宋庆龄从里成湖畔9号到卡尔斯鲁厄街2号的出租车及司机作为侦破此案的重点。

德国的出租车通常是漆成一种颜色并使用同一种车型，由于不可能提供出租车的突出特征，而且也只有一个模糊的司机脸型，在车水马龙的柏林，要想找出搭载过宋庆龄的出租车，绝非一件容易办到的事。尽管警方使用了当时能使用的各种手段，包括把有关讯息刊登在出租车司机通常喜欢阅读的刊物上，但都徒劳无益而毫无结果。

以后，中国驻德国公使馆又多次向德国外交部发照会。德国外交部、德国内政部、主管国家安全的公安监察委员会、普鲁士州内政部、警察总署、柏林警察局及其刑侦处文件函电往返频繁，也不断催促尽快侦破宋庆龄手提箱失窃一案。春雨、秋风、夏日、严冬，匆忙之间一年过去了。正当负责侦破此案的官员为如何取得突破性进展，冥思苦想，忧心忡忡之际。突然，案犯终于露出了狐狸尾巴。

1931年3月16日，两个德国青年人来到柏林克莱斯特大街19号一家当铺。当铺老板热情地接待他们，问小伙子要当什么？两人支支吾吾的不知说什么，过了片刻，才从怀里掏出一条珍珠项链。

老板问，"你们要当多少钱"。

一个青年说250帝国马克。

这个老板把珍珠项链拿在手里一掂量就估计出，这条珍珠项链起码可值一万帝国马克。通常来当东西的人多半是要价比当铺给价高，但这两个青年对如此珍贵的珍珠项链要价之低，并与其本身价值相差如此悬殊，而且表情很不自然，显得神色慌张，老板直觉地感到其中必有蹊跷，于是，他不动声色收当了这条项链，并从旁打听到他们的地址。

因为老板心里明白，如果以如此低的价钱收当了如此昂贵而且明显来路不明的珍珠项链而不报警，一旦出事，自己肯定也要连带吃罪。于是老板三步并作两步一溜小跑赶到警察局，一五一十做了报告。

为了便于警察局侦破手提箱被盗一案，宋庆龄曾于1931年2月15日以遗失财产的所有者身份向警方作了登记，特别对她遗失的珠宝、首饰等做了详细描述。由于放在蓝色小提箱中的金银首饰、珍珠、项链是宋庆龄最喜欢的的"珍藏"，里面有最疼爱她的母亲给的首饰、珠宝，对这些珍宝，宋庆龄是"如数家珍"，极为熟悉，所以在向警方登记中，她对这些珍宝详细描述，到了至为详尽的地步。这对侦破此案终于收到了显著的效果。

警方把老板提供的珍珠项链与宋庆龄登记的材料一查对，很快判断出这正是蓝色手提箱中的一件珍宝。

随即，警方查证，来当珍珠项链的一个青年名叫弗朗茨·彼茨科夫斯基。1907年6月23日出生，家住柏林的蔡西瓦尔大街7号，职业：司机。这个"踏破铁靴无觅处"

的案犯，终于"自投罗网"。

原来这个弗朗茨·彼茨科夫斯基正是1930年4月1日搭载宋庆龄从里成湖畔9号到卡尔斯鲁厄街2号的出租车司机。宋庆龄付了车费以后，彼茨科夫斯基一踩油门汽车急驶而去。

在进入繁华闹市后，他无意间发现后座上放着一只蓝色手提箱，毫无疑问，这是刚才乘车的漂亮的中国夫人遗留下来的。把箱子送回失主，对轻车熟路的司机说来，这是再容易不过的事。但是，弗朗茨·彼茨科夫斯基却没有这样做，他立刻转动方向盘，抄小路七曲八拐来到了一处僻静的地方。他把箱子一打开，不禁"哇"地一声喊出了口，展现他眼前的是美元和很多晶莹剔透、彩色斑斓、珠光四射的珍珠宝石和明晃晃的金银首饰。这个家境贫寒，刚刚23岁的青年，祖祖辈辈压根儿没见过那么多珍珠宝贝，心里明白知道干这种事是不对的，但是他被眼前的意外之物惊呆了，然后选择了据为己有。回家后，弗朗茨·彼茨科夫斯基与妻子一商量，把这只蓝色的手提箱偷偷地藏匿起来。

虽然获得了一笔意外之财，但小两口还是做贼心虚，他们既不敢向外人声张，更不敢把这只蓝色的手提箱拿出来倒卖出去。时间过了一年多后，1931年正值世界经济不景气的时期，彼茨科夫斯基生意清淡，为了把死宝变活宝以贴补家用，在万般无奈的情况下，他决定铤而走险。

这两口子从来没有戴过什么手镯项链，对眼前的宝物并不识货，七挑八拣，选出了这条认为能当到250帝国马克珍珠项链，结果，却在当铺里露出马脚。

事后，小两口双双银铛入狱，案犯出租车司机弗朗茨·彼茨科夫斯基由于并非有意主动偷窃，认罪较好，只被判刑3个月，其妻子由于知情不报，帮助窝藏赃物被判徒刑1个月。

1931年3月16日，宋庆龄的蓝色手提箱"完璧归赵"，失而复得。为了表达衷心地谢意，宋庆龄从手提箱中选了一只精致的银器送给警察局官员，这样，这个一度惊动德国朝野的孙夫人宋庆龄手提箱失窃案终于有惊无险地圆满结案。

这是1930年4月初宋庆龄丢失案的后话。

1930年5月，邓演达回到了祖国。他把沿途的见闻写信详尽地告诉宋庆龄，远在柏林的庆龄阅读着邓的来信，就像看小说一样其乐无穷。

夏天一到，何香凝也风尘仆仆地来到了柏林。她此行是为创办仲恺农工学校筹款而来的。

廖承志这时候还在汉堡读书。他陪同母亲一起来到了宋庆龄住宅。

宋庆龄和何香凝曾经并肩战斗，在大革命血与火的洗礼中成为了最亲密的战友。俩人在异国相会，分外高兴，像俩姐妹一样问长问短，亲亲热热。

她们一起兴致勃勃地参观德国博物馆，一起游览柏林的名胜古迹，在风景如画的他乡共叙乡音，谈笑风生。然后，俩人一起到日本料理馆吃日本饭，共同回忆在日本与孙中山、廖仲恺一起从事革命活动的艰难岁月。伊人远逝，共同的经历，共同的信仰使宋庆龄和何香凝更加相知相亲了。

何香凝是一位画家，这次她主要是以卖画来筹款。宋庆龄经常到何香凝的寓所去看望她。在这里，她认识与何香凝住在同一公寓的胡兰畦。胡兰畦是何香凝的好友，1926

年加入国民党，参加过黄埔军校女生队，后参加了谭平山主持创办的中华革命党。宋庆龄、何香凝、胡兰畦三人一起经常亲自下厨烹调，做中国菜……

何香凝的到来，给身在异国的宋庆龄带来了不少欢乐。有一天，宋庆龄和何香凝又坐在了一起，热情地谈起了中国革命的前途。说到兴头上，俩人如同回到了过去大革命的火热年代，对未来充满了信心。何香凝情不自禁地起身，挥毫作画。

一会儿，一幅《菊花图》即席而成。

何香凝此时仍然激动万分，挥笔在画旁题诗：

惟菊与石，品质高洁；

惟石与菊，天生硬骨。

悠悠清泉，娟娟皓月；

惟菊与石，品质高洁。

画、诗挥就，宋庆龄不禁称好。这幅诗画，既是作者自勉，又是对宋庆龄高洁品质的赞颂。宋庆龄紧紧地握住何香凝的手，有点颤抖，她们相约在革命的征途上生死不渝，勇往直前。

这种快乐的时光没有持续多久。何香凝告别柏林，又要远行了。宋庆龄依依地与昔日的战友惜别。

何香凝离开德国后，宋庆龄与胡兰畦的交往加深。这时候，胡兰畦已经参加了德国共产党。她正在德国留学，生活比较困难。宋庆龄每周买一些鱼、肉和其他菜到胡兰畦的住处，和她一起做中国饭吃。

宋庆龄带来的菜非常多，做一顿饭吃了后，还可以供胡兰畦一个星期的需要。这时，宋庆龄只是每月从亲属中得到一些生活津贴。这些津贴不带任何条件，也不多，她的生活并不宽裕。宋庆龄这样悄悄帮助胡兰畦。而后，胡兰畦对人说："这是有意帮助我，给我解决生活困难的一种巧妙办法，我非常感谢她！"

她们的友谊在相互交往中，日渐加深。

岁月如流水般不知不觉地到了1931年。在平静的生活中，宋庆龄在这里进修德文，努力地学习。柏林是马克思的故乡，她在这里也学习了不少马克思的著作，人生观、世界观得到了不断的升华。

7月23日，宋母倪太夫人在青岛病逝。这个突如其来的噩耗再次打断了宋庆龄侨居柏林的平静生活。

听到母亲病逝的噩耗，宋庆龄不禁失声痛哭，她强忍悲痛决定立即启程回国。她邀请胡兰畦同行，并答应她解决学成之后的工作问题。经过胡兰畦所在的组织中国共产党中国语言组同意后，胡兰畦作为宋庆龄的秘书，第二天就踏上归国的旅途。

一路上，宋庆龄和胡兰畦朝夕相处。火车经莫斯科、西伯利亚，8月9日到达国境，13日到达了上海。

宋庆龄匆匆回国，宋母治丧处定于8月18日举行葬礼。

宋母倪太夫人是虔诚的基督教徒。清晨6点，葬礼按照基督教的惯例举行了宗教仪式。

宋家的兄弟姐妹除宋子安身体不适没有来之外，全部参加了葬礼。蒋介石由于在江西发动"剿共大围剿"，原来准备不参加，在宋美龄的催促下，也暂时撤下"剿赤"军务，匆匆赶回上海参加葬礼。

出殡时，宋子文三兄弟走在最前面，霭龄、庆龄、美龄随后，军政要人徒步执绋送葬，行列长达数里。人们随着灵枢缓缓地前往万国公墓。

公墓礼堂里又举行了葬礼。宋庆龄泪珠莹莹，泣不成声。

行完祭礼后，宋子文悲痛地说："我们没有妈妈了。"悲切的语言惹得姊妹们又悲伤地哭泣起来。

祭礼在哀乐中进行完毕，宋母灵枢徐徐落下墓穴。哺育了现代中国显赫儿女的宋母永远安息在这绿树成林，芳草如茵的墓地之中了。

宋庆龄

第七章 中流砥柱

"孙中山先生之宋夫人，德才如玉；刚强正直，爱国义勇，不畏强暴，极力宣传抗敌救国，卓有成效，举目全球，无与伦比，啊！她是一位敢死之救国女杰。"

　　参加完母亲的葬礼，悲伤欲绝的宋庆龄面庞憔悴，疲倦极了，她比以前更加显得清瘦了。

　　身边的服务人员看在眼里心疼极了，准备让她好好休息几天。但是，事情偏偏不凑巧。这几天，门铃接二连三地被邮差撤响，送来了一封封电报，宋庆龄展开一看：

　　德国德莱塞·棱因等21位著名作家发来的电报是："下署诸作家迫恩女士关于泛太平洋产业同盟秘书及夫人之逮捕事件予以援助，免除不良待遇，及求得释放。"

　　宋庆龄在柏林时的好友德国著名妇女领袖克拉拉·蔡特金打来的电报是：

　　"因为你是伟大的孙逸仙理想的真实继承者，我希望你会热心努力设法援助泛太平洋产业同盟秘书处的工作人员。"德国罗弗莱赫罗等十几位著名艺术家也为同样的事项来电。……

　　接踵而来的电报都是请求同样的内容：援救泛太平洋产业同盟牛兰及其夫人。

　　牛兰是波兰人保罗·鲁埃格的化名，1930年3月由莫斯科来华，担任泛太平洋产业同盟即国际红色工会远东分会的秘书，同时他还兼任秘密的共产国际远东局的秘书。由于中共领导人顾顺章叛变，牛兰的真实身份被他出卖了。6月15日在上海公共租界被英国巡捕房逮捕后，引渡给国民党军事当局，被囚禁起来。

　　在监狱，国民党政府不允许他聘请外国律师辩护，并且对他进行非人待遇。牛兰夫妇进行绝食斗争。消息传开，轰动中外，国内外著名人士马上掀起一场声势浩大的营救运动。

　　短短几天，宋庆龄收到了100多封来自德、法、美等国的援助电报。许多人把营救牛兰的希望放在了宋庆龄身上，要求她出面援手。

　　在回国途经莫斯科时，共产国际也曾就此事求助过宋庆龄。宋庆龄一回国，以记者身份在中国活动的共产国际成员史沫特莱也立即上门，恳请她与苏联人哈尔德·左尔格主持的秘密营救行动相配合进行公开的营救。

　　面对众人期待的目光，对正义事业的责任使宋庆龄坐卧不安，她马上开始为救援牛兰夫妇奔走号呼。

　　这时，东边隔海相望的日本帝国已对我国虎视眈眈，而国民党政府正调集数10万军队一再"围剿"共产党领导的红色苏区。年初，颁布了《危害民国紧急治罪法》使全国笼罩在一片白色的恐怖之中。广大人民群众、进步作家、青年学生只要表示对政府不满或者爱国抗日，随时都有被捕、杀头的危险，宋庆龄面对国内形势的发展，决定不再去柏林了，留在国内去迎接新战斗。

　　宋庆龄开始营救牛兰，这时，又传来了挚友邓演达被捕和秘密监禁的消息。

　　原来，1930年邓演达回国后起草了纲领性的《政治主张》。8月9日，在上海黎锦晖家召开了10个省区代表参加的会议，把谭平山创立的中华革命党改组为中国国民党临时行动委员会，并同时成立了革命黄埔同学会。两个组织分别与蒋介石领导的国民党和黄埔同学会形成对抗。由于邓演达在大革命中的崇高声望，现在义旗一举，许多人响应，他领导的两个组织吸引了许多著名人物，军队中许多将领曾是他的黄埔学生，也纷纷站到他的旗帜下。这对蒋介石的统治构成严重威胁。

　　邓演达的中国国民党临时行动委员会声势日涨。蒋介石的心腹戴季陶胆战心惊地找到蒋介石，惶恐地报告了邓演达的行动，最后他说："今日可怕的敌人，不是汪（精卫)、陈(济棠);能动摇根基、分散黄埔革命力量的,除邓演达外无他人。"

蒋介石对多年追随孙中山、具有崇高威望的邓演达也畏之如虎。听戴季陶一怂恿,立即欲置之于死地。于是,他发布命令,悬赏 30 万大洋缉拿邓演达。

就在宋母安葬前一天,邓演达在上海愚园坊 20 号对江西起义干部训练班的结业学员讲课,由于叛徒陈敬斋的出卖,不幸被捕。邓演达逮捕后,立即十万火急转送到南京。

邓演达字择生,曾任过黄埔军校教育长。1926 年 7 月国民革命军誓师北伐,蒋介石任总司令,他任总政治部主任。当武昌城屡攻不下时,他亲兼攻城司令,身先士卒,冒着枪林弹雨,带领将士攻城,把胜利的旗帜插上武昌城头。北伐军占领武汉三镇后,他作为武汉国民政府的重要领导人,与蒋介石及国民党右派进行了坚决斗争,成为了捍卫孙中山三大革命政策的国民党左派旗帜。对于这样一位声名显赫、年轻有为的国民党著名人物,他希望邓演达能像北伐那样与他合作。蒋介石进行万般威胁利诱。

开始,蒋介石许以国民党中央党部秘书长,或总参谋长职务任其选择。邓演达不愿为虎作伥,大义凛然,严辞拒绝。面对横眉冷对的邓演达,蒋介石没有办法,只好提出只要邓演达悬崖勒马,不写反蒋文章即可获释。

邓演达铮铮铁骨:"我写反蒋文章,不是我邓演达要写,是中国人民要我写。"这样的一位硬骨铁汉不可能向他俯首听命,蒋介石无可奈何,只好又把他关进了狱中。

宋庆龄回国后得悉邓演达组成了中国国民党临时委员会,并且着手进行武装反蒋活动,曾忧虑地提醒他:"择生,你写文章宣传革命要当心呀!汪精卫像条狗汪汪叫;你可冒犯了蒋介石,他会找你麻烦,你不可以暂时避开吗?"

"夫人,你不要替我担心。我现在工作正繁重,离不开上海。为了安全,我从后门进出,不走前门吧。"邓演达对挚友的关切很是感激,但是对革命事业的执着使他早已把生死置之度外了。

邓演达被捕虽然不出宋庆龄所料,但是邓被捕的消息传来时,宋庆龄仍大吃一惊。她立即开始了全力营救。但是,由于蒋介石钦命捉拿邓演达,宋庆龄费了好大的力气,却连邓演达的下落都打听不到,更谈不上营救了。

为了救出挚友,宋庆龄不得不违背了自己一再宣称不求助于国民党反动当局的声明,忍辱负重,亲自去南京,找蒋介石当面交涉。

宋庆龄到达南京后,拒绝住在国民党为她准备的官邸,住在原来举行奉安大典筹备处中山陵中的陋室里。

宋庆龄由孙中山生前侍卫副官马湘、范良陪同,找到了蒋介石,宋庆龄要求蒋释放邓演达。

蒋介石大耍滑头,把事情推到国民党军政部长何应钦身上,谎称自己对此事一无所知。宋庆龄再三追问,蒋介石装聋作哑,一副流氓的样子顾左右而言他。

宋庆龄只好回来,又找到何应钦。何应钦不敢碰硬,说只知道邓演达关在南京,但是具体地点也不知道。宋庆龄只好徒劳无功地返了上海。

回来后,宋庆龄继续到处打听邓演达的下落。这时,中国东北又响起了一声震动世界的炸雷,把宋庆龄和中国人民推到了另一个急风暴雨的历史关头。

9 月 18 日夜,月朗星稀。东北沈阳附近一个叫柳条湖的地方,突然传来一声沉闷

何应钦

的爆炸声，一根不到一米长的铁轨被炸断，两根枕木被毁坏了。这就是日本关东军自编自演的柳条湖事件。

当夜，日军以中国军队破坏南满铁路为借口，立即按预定计划，分别向东北驻地北大营和沈阳城发动进攻。

这时，蒋介石正在江西"剿共"。张学良在北平，他接到报告后，连夜发电请示蒋介石，蒋介石复电：

"不准抵抗，把枪架起来，把金库锁起来，一律点交日军。"于是，张学良电令东北军政部下：

"严饬所属对此持镇定，以免另生事故，于事无益。"

同时电令东北人民：

"望国民冷静隐忍，勿生枝节。"

接到张学良的命令后，驻守东北的边防代司令参谋长荣臻命令北大营驻军：

"不准抵抗，挺着死，大家成仁，为国牺牲。"

日军一夜之间占领了整个沈阳城，随后继续向东北三省挺进，国家和民族垂危！

这就是"九一八"事变。民族的危亡深深地牵动了忧国忧国的宋庆龄的心，她忧郁地关切着事态的发展。同时，她也加快了营救邓演达的行动。

经过多次周折，终于宋庆龄打听到邓演达关在中央军人监狱。11月25日，她再一次专程从上海去宁。

下车后，她径直来到中央军人监狱。监狱长是胡逸民。胡与邓演达在北伐中共过事，私交很深。他曾私下向蒋介石为邓求过情。宋庆龄一到，他二话没说，立即陪同宋庆龄会见邓演达。

俩人相见，情绪非常激动，挥泪而谈。

邓演达豪情未泯，激昂陈词。看到昔日战友如此景况，宋庆龄心情极为悲痛，两人相见以后生死茫茫，宋庆龄忍不住垂泪哭泣。

宋庆龄在监狱中秘密会见邓演达，当夜就让蒋介石知道了。

蒋介石派侍卫长王世和急如星火地赶到中央军人监狱。他一到，盛气凌人地责问胡逸民："是你让宋庆龄接见的？"

胡逸民"嗯"了一声。

"你真糊涂，上头知道了，你如何吃罪得起？"

"这是孙总理夫人自己的要求，你敢不让她见？"连蒋介石对孙夫人都让三分，有宋庆龄这样的后台，胡逸民也不是好欺负的。

王世和没讨着什么便宜，悻悻地回去复命了。

宋庆龄插手此案，蒋介石有些紧张了。这时，历届黄埔军校毕业生联名向蒋介石请求释放他们的教育长。蒋介石已视邓演达为眼中钉，担心夜长梦多，最终放虎归山，于是，密令戴笠干掉邓演达。

蒋介石由于"九一八"事变后，日军在东北大地上大肆横行，国土一片一片沦丧。各地抗日民主运动一浪高过一浪，"停止内战，一致抗日"的呼声响遍全中国，中国人民的爱国救亡热情空前高涨，而蒋介石逆历史潮流，背民众愿望而行，顽固推行"攘外必先安内"政策，激起全国人民愤怒。两广军阀趁机逼蒋下台，蒋迫于形势被迫宣布下野，侍机卷土重来。于是，戴笠枪决邓演达的计划被迫后拖了。

蒋介石并不怕两广军阀，他担心的只是邓演达。他知道邓演达在黄埔军人和国民党左派中深孚众望，他才是他卷土重来的真正障碍。于是，他又密命陈立夫派李熙元去软化邓演达。结果，李仍失望而回。坚强不屈的邓演达让蒋介石害怕不已。他下决心在下野之前杀掉邓演达。

11月29日，蒋介石的侍卫长王世和率领8名卫士，偷偷地把邓演达押到南京麒麟门外的沙子岗，用铁丝把邓演达杀害了。一代英豪殒命在蒋介石的屠刀下，时年才36岁。

解下了心头大患，蒋介石下野了。孙科继续任行政院长。不知情的人们以为邓演达也可获释了。

这时，何香凝从欧洲回国了，她拜访宋庆龄。两人就当前的局势进行了长时间的交谈。

随后，何香凝召集记者招待会。阐述了宋庆龄和她的救国主张：

（一）日本侵略东北三省，国家大患临头，人人都有救国的责任；

（二）对付日本侵略，不能靠国联，只能是自救。

随后，何香凝用卖掉自己字画的钱，在上海办了一个培养战时救护人员的短期妇女培训班。

不久，宋庆龄从何应钦那里也听到了邓演达可以获释的消息，立刻再次前往南京。

她再次打破永远不找妹夫要求帮助的誓言，登堂入室，直接找到蒋介石为邓演达申辩。

她对蒋介石说："现在国难当头，你和邓演达的矛盾，我来给你们调解。你把邓叫来，我们三人当面谈。"

蒋介石默然不语，宋庆龄以为他还是不愿意，追问说："如果这里谈不方便，就派人陪我去见邓演达，我先同他谈谈，然后再三人一起谈。"

蒋介石仍然保持沉默，哭着丧脸不作声。宋庆龄见他一言不发，说她一定要见到邓演达。这时，蒋介石才哭丧着脸说："你已经见不到他了。"

宋庆龄一听，万分悲痛，勃然一手把茶几掀翻，蒋介石见势不妙，吓得急急逃走，匆匆上楼去了。

挚友邓演达被蒋介石无情地杀害，宋庆龄营救邓演达以失败告终。这对宋庆龄来说，无论是政治上，还是个人感情上，都遭到了一次剧烈的惨痛的打击。

12月25日，蒋介石被迫下野了，广东派汪精卫集团上台。

27日，南京、上海、北平、天津、江苏、安徽、武汉、广州、济南等学生3万多人，汇集南京，进行示威请愿，要求南京政府出兵东北，收复失地。汪精卫当局出动军警，对手无寸铁的爱国学生大打出手，当场 30 多人被刺死，100 多人倒在血泊之中，无数的学生被押入监狱。

爱国青年满腔热情地呼喊抗日救国，热血洒遍了珍珠桥，染红了秦淮河，而杀害爱国青年的不是日本侵略者却是汪精卫国民政府。全国怒吼了。

邓演达被害和珍珠桥惨案这两件连续发生的事情，给了宋庆龄极大的刺激，一连几天，她陷入了深深的沉思。

国民党中连像邓演达这样的最后一点希望之火都被蒋介石之流扑灭了。宋庆龄在思索中认识到国民党的革命性已经完全丧失了，也对国民党彻底地绝望了。她必须去另外找寻新的革命之路，而不是依靠蒋介石国民党。侨居苏联的所见所闻，孙中山领导的国共合作的新局面的生动事实，无不给痛苦思索中的宋庆龄以启迪。她翻开孙中山的著作学习，在德国柏林接受的马克思理论与孙中山的理想殊途同归。在痛苦中，在思索中，宋庆龄从社会主义中看到了中国革命的希望，她的思想升华了。

寻得了新的中国革命之路后，宋庆龄奋笔疾书，写出一篇具有伟大历史意义的文章《宋庆龄之宣言》，又叫《国民党已不再是一个政治力量》。她向全世界宣告：

当作为一个政治力量来说，国民党已不复存在了，这是一个无法掩盖的事实。促成国民党灭亡的，并不是党外的反对者，而是党内的领袖。

她像一名冲锋陷阵的战士，把檄文当作武器直刺入敌人的要害：

由于背弃了革命政策，各敌对的派系都向帝国主义者投降，并且不惜利用武力和最下流的手段。过去北洋军阀政客所不敢做的事，都在党治的名义下毫无顾忌地做出了……广州和南京这两派都以军阀为靠山，都在力争他们的帝国主义主子的欢心，而且都背叛并屠杀中国人民大众。

作为孙中山的忠实捍旗者，宋庆龄怒斥蒋介石之流：

在中央政府中，国民党党员力争高位肥缺，形成私人派系，以巩固他们的地位；在地方上，他们也同样剥削群众，以满足个人的贪欲，他们和一个又一个的军阀互相勾结，因而得以跃登党和政府的高位。但是，忠实的真实的革命者却被有意地百般拷打，以致于死。邓演达的惨遭杀害就是最近的例子。

宋庆龄的宣言震撼人心：

国民党今天已经名誉扫地，受到全国的厌弃和痛恨……因此，我不得不率直地宣布，既然组织国民党的目的是以它为革命的机器，既然它未能完成它所以被创造起来的任务，我们对它的灭亡就不必惋惜。

这一铿锵有力的檄文，像一颗重型炸弹投向了蒋介石的营垒。宋庆龄开始转向了跟随共产党。社会主义的信念在她头脑中萌生了。

邓演达被害，中国国民党临时行动委员会群龙无首。12 月 19 日，谢树英由杨杏佛陪同来到了莫里哀路 29 号，拜见宋庆龄。谢树英代表临时行动委员会请宋庆龄出来领导他们的组织。

谢树英说："我今天特来请示，今后的党务怎么办？如果您能出来领导，那就好了。"

杨杏佛也告诉她，邓演达一直把宋庆龄当作中国国民党临时行动委员会的发起人，恳求她主持临时行动委员会的工作。共产党和社会主义的曙光，开始照亮她的心头，宋

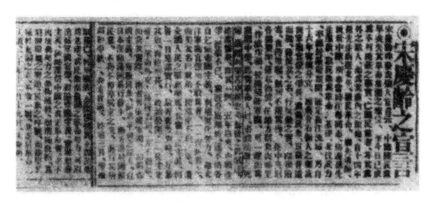

为抗议蒋介石杀害邓演达，1931年12月19日，宋庆龄于上海《申报》通电声讨

庆龄对挽救国民党已经失去了信心。把国民党的旗帜从反动派的手中夺回来，她觉得，这已是一条走不通的道路。她不愿意去参加中国国民党临时行动委员会。对谢、杨的请求，宋庆龄沉默了。

挚友邓演达走了，他的事业未竟。宋庆龄很想扛起好友肩上的旗帜继续前行，但是，她心中渐渐明朗的社会主义信念已经使她认识到第三条路是走不通的。半晌之后，她毅然地对谢树英和杨杏佛回答说："我暂时不能出来。"

接着，她又鼓励他们说："你们要继续干下去。"

谢树英提出："请黄琪翔出来领导如何？"

宋庆龄对黄琪翔也是很了解的，但是，她没有表示意见，因为她不愿干涉临时行动委员会内部事务，只说了："你们商量去吧。"

蒋介石下野后，仍掌握南京政府的实权，对汪精卫政权暗中进行捣乱和破坏。结果，汪精卫、孙科、陈铭枢等人组织的南京政府尽管百般努力，但是仍然政令不通，工作不成，像一堆堆已成废铁的机器瘫痪了。

孙夫人的威望在国民党中仍然是一面旗帜。于是，汪精卫、孙科企图求助于宋庆龄。上海、南京的报纸马上行动起来了，大肆宣扬说宋庆龄在上海与陈友仁、邹鲁等会谈，准备重组政府。声势一造，舆论界一时又沸沸扬扬。

宋庆龄不愿介入国民党各派争权夺利的斗争。闻讯后，立即致函上海的《大公报》，进行辟谣。

12月31日，《大公报》指出京沪各报所载有关宋庆龄出山之事完全不真实。汪精卫之流的企图被粉碎了。

1932年在一种不吉祥的氛围中悄悄来临。日本帝国主义在东北翻江倒海，搅得烽烟滚滚。日寇不满足于东北的权益又磨刀霍霍，张牙舞爪地向内地不住地挑衅，形势越来越紧张，新的一年把人们推人更加担心、紧张和忧虑之中。

1月28日，日本侵略军继"九一八"后向上海大举进攻，挑起了"一·二八事变"，对上海狂轰滥炸，扬言要在48小时内占领上海。

驻防上海的19路军蒋光鼎、蔡廷锴不屈从于国民党政府的不抵抗政策，奋起抗击来犯之敌。

国家危急，民族面临亡国灭种的危险。河山破碎，人民就要惨遭蹂躏。蒋介石已重

新上台，汪精卫出任行政院院长，他们看到日军的嚣张气焰惊慌失措，立即把首都迁往洛阳，匆匆派使前往日本谋求妥协。

但是，上海军民空前行动起来，同仇敌忾，众志成城，抗击日军。

松沪抗战爆发的第二天，在上海寓所的宋庆龄立即约见何香凝，商量援助19路军。她们马上做出了具体的筹划。

30日，天空中飘着鹅毛大雪，宋庆龄、何香凝在隆隆的枪炮声中，亲自带领满载慰劳品的卡车来到了真茹前线，慰问为正义而战的官兵。

真茹前线仍是战斗不断。清晨和中午两军发生激战。宋庆龄、何香凝首先看望了正在指挥战斗的军长蔡廷锴。一起合影留念。

离开真茹，她们又冒雪奔赴枪林弹雨的吴淞前线。

吴淞前线，抗日将士正在与日军浴血奋战。宋庆龄一行人的到来，使广大官兵深受鼓舞，旅长翁照恒正在指挥与日军交战。抗日将士浴血奋战的壮烈场面使宋庆龄一行人深受感动。

回来后，宋庆龄向记者发表了谈话。她告诉记者们，她对19路军的抵抗十分钦佩和坚决支持，然后指出："对于抗日战事，当然主张抵抗到底。"

宋庆龄与蔡廷锴合影

31日，沪西区日资纱厂工人举行反日罢工。宋庆龄立即派秘书把她募捐得到的2万元捐款转交他们，解决他们的生活困难。

几天之后，宋庆龄又前往前线，宋子文的夫人张乐怡也一同去了。

由于全国人民的支援，19路军英勇地抵抗着日军一次又一次的进攻，大上海在抗日军民的浴血奋战中岿然不动，但是，日军的炮火一天比一天猛烈，攻击一天比一天疯狂……

全国人民奋起支援。2月9日，山西阎锡山派人专程送给19路军数门迫击炮和600发炮弹。

2月12日，宋庆龄又按捺不住，冒着炮火来到吴淞前线。

她在翁旅长的陪同下，到前沿阵地巡视。在田野上行走时，敌机在他们头上低空肆虐地嘶吼着飞过，不住地对他们放枪。

头顶上敌机重复地飞过，宋庆龄镇定自若地对翁照恒说："旅长守吴淞之功极伟，而尤望继续奋斗，不使中国有寸土入于敌人之手。"

翁照恒立即代表全旅官兵庄严地向宋庆龄表示："全旅官兵以卫士之责，使敌人无越雷池一步的机会。"

　　宋庆龄点头称是。这时他们来到了一堵断垣残壁前，一个战士献给宋庆龄一颗缴获日军的炮弹。宋庆龄高兴地接受了。

　　为了表示她与19路军抗战到底的决心，她手捧着这颗炮弹在被炮火摧毁的断墙边请记者为她拍了一张照片。

　　同一天，孙科派人携带亲笔信把各地捐款10万元送到19路军办事处。

　　在宋庆龄的推动下，孙科夫人陈淑英、陈友仁的夫人梁寒操夫人等一大批妇女也深受军民抗日热情的感染，15日纷纷奔走真茹前线慰劳抗日将士。

　　宋庆龄除亲自上前线慰问抗日将士外，还与何香凝积极地开始筹饷活动。

　　当时，上海原有的伤员医院远远满足不了战时的急需，宋庆龄见状立即着手筹建专门医护抗日受伤战士的医院。

　　孙中山的好友、交通大学校长黎照寰立即响应，借出了一部分校舍作为伤兵医院的住房。

　　新加坡著名华侨胡文虎捐款1万元。上海的许多大公司也纷纷慷慨捐钱、献物，许多名医不要报酬，志愿来到医院义务工作……

　　国立中央研究院总干事杨杏佛具体承担了组建医院的任务，很快，"国民伤兵医院"建立了，拥有300张床位，许多伤员就近住入了医院。

　　宋庆龄把自己的住房也空出来了，作为医院的临时仓库。一时伤兵医院名医云集，医用品、慰劳品源源不断地从莫里哀路29号发往各医院。

　　这时，何香凝在上海化时学校、政法大学及苏州等地还开办四处可以收容千余伤病员的医院。

　　由于伤员很多，医护人员奇缺，宋、何培训的医护人员远远不够。于是，宋庆龄四处活动，招募志愿妇女，到医院担任护理工作。

　　旧中国一向轻视当兵的。一些封建的观念在人们心中分量很重，许多妇女不愿到医院来照顾伤员。宋庆龄只好找到一位长期做外交工作的资深官员的夫人，请她帮助物色一些妇女们志愿护理，制作绷带，干些杂务。谁知这位夫人听宋庆龄一说，就立刻大声说："这不可能！"

　　宋庆龄一怔，还没反应过来。这位夫人瓮声瓮气地说："我们的姑娘都出身高贵，她们不能在医院照顾那些粗人。外国女人干惯了那种事，但是，我们不能允许自己的女儿和姐妹们去做那种事，去和当兵的打交道！"

　　宋庆龄听罢，心中对这种没有良知和修养的夫人非常气愤，她鄙视地冷冷说："我懂了，你是要让他们为你们去死，而不愿意他们和你们一起去活。"

　　贵妇人脸红耳赤，喋喋不休地溜走了。

　　没有医护人员，宋庆龄和何香凝亲自到医院处理各种事务。她们身着白色护士服，来到病房，侍服伤员。

　　伤员们深受感动，伤没有愈好，都纷纷要求赶快出院，返回前线奋力杀敌。在中国，从国母到普通的人都为这场生死决战而尽献自己的力量，乃至鲜血和生命。

　　然而，国民党政府对这场轰轰烈烈的淞沪抗战不仅不切实领导，反而拒不援助19路军。战争的巨大消耗使组织群众募捐的任务十分繁重。宋庆龄为此几乎每天在外面奔走号呼。为了支援19路军作战的军需，筹建伤兵医院，援助罢工工人，何香凝、宋庆龄几乎把自己囊中所有的钱都花光了。

何香凝在寓所门口张贴告示，要求人们为抗战筹款和捐募物资。接着，她又在东亚酒家展厅主办"义卖画展"，为抗日集资。

宋庆龄也亲自出马，致电海外华侨请求支援。在杨杏佛的陪同下，她专程拜访了上海最大的报馆《申报》总经理史量才。史量才深受感动，当即为 19 路军捐献了一笔数目巨大的军饷。

宋庆龄、何香凝以女人柔弱的肩膀挑负起救国的责任，热情地为抗战奔走号呼，鼓舞和感动了国民党中有爱国热情的一些上层人士。驻守上海市郊的张治中也不顾蒋介石的禁令派出 87 师和 88 师，主动和 19 路军协同作战。

19 路军得到各界人民的支援，先后在闸北、吴淞、江湾、蕴藻滨、庙行、浏沙等地区与日军展开殊死战斗。日军三易主帅，在中国人民奋勇抗击下狼狈不堪。

但是，迁都洛阳的国民党南京政府却被日军狂烈攻势吓破了胆。虽然许多国民党军政要员纷纷致电呼吁国民党中央火速抽调劲旅、飞机赴沪援助 19 路军，有的请缨杀敌，要求效命疆场。但是，南京政府军政部却通令各部：

"第 19 路军有 3 师 16 团，无须援兵，尽可支持。各军战士非得军政部命令而自由行动者，虽意出于爱国亦须受抗命处分。"

在战斗激烈时，19 路军向海军借大炮、铁板，却遭到了拒绝。19 路军人员和武器损耗严重，却得不到补充，但是，他们仍然斗志昂扬，顽强反击入侵之寇。日军多次增兵，却也不能取胜，双方相持在吴淞沿海一线，进入对峙阶段。但是这时候，国民党政府却暗中与日本军国主义谋求妥协，答应同日本签订出卖中国权益的停战协定。19 路军于 3 月 1 日被迫撤离了阵地。

3 月 3 日，在英美的操纵下，国际联盟召开会议调停中日战事。经过谈判，南京政府签订了辱国丧权的《淞沪停战协定》，允许日军驻进上海，中国军队撤离上海，蒋介石承诺取缔全国抗日活动。轰轰烈烈的淞沪抗战在蒋介石的退让之下，告一段落。

尽管如此，宋庆龄在这次斗争中的事迹却被人们所赞颂。一名美国记者采访宋庆龄后，由衷地写道：

孙中山先生之宋夫人，德才如玉；刚强正直，爱国义勇，不畏强暴，极力宣传抗敌救国，卓有成效，举目全球，无与伦比，啊！她是一位敢死之救国女杰。

宋庆龄以其独特的人格在国际上享有崇高威望。在淞沪战争期间，她以世界反帝大同盟名誉主席的名义向全世界发出了反对日本帝国主义入侵中国的呼吁，得到了世界进步人士的热烈响应。世界反帝大同盟发表了一个极长的宣言谴责日本入侵中国。3 月 2 日，苏联著名作家高尔基在《消息报》上发表了响应孙中山夫人宋庆龄呼吁的文章。而淞沪抗战以中国接受日方屈辱性的条件而结束，这一条约是继清政府中日甲午战争《马关条约》、袁世凯的《二十一条》之后的又一卖国条约。宋庆龄在停战协定签订后，回到了寓所。她愤怒地抨击蒋介石的不抵抗政策而导致淞沪抗战的失败。

在这一次抗战中，人民的力量也给了宋庆龄无限的信心。在伤兵医院，记者采访宋庆龄，宋庆龄总结性地说："中国不特未因抗战而亡，反因抵抗而益国民牺牲奋斗之志。"

她向记者们介绍了人民群众奋勇抗战的事迹。最后，她说："我深信，虽然今日当权的势力在进行恐怖活动，中国千千万万真正的革命者必不放弃自己的责任；反之，由于国家当前形势的危急，他们将加紧工作，朝着革命所树立的目标胜利前进。"

淞沪战争之后，蒋介石政府变本加厉地镇压、围剿工农红军。同时，对国统区进行恐怖统治。全国监狱密布，特务横行。宋庆龄由于支持抗日，她的住处也受到了严密监视。面对白色恐怖，宋庆龄毫不畏惧，又开始了新战斗。

7月，她和杨杏佛、埃德加·斯诺以及其他中外知名人士发起组织了牛兰夫妇营救委员会。宋庆龄亲自担任了主席。12日在《申报》上发表英文宣言，要求释放牛兰夫妇。

接着，宋庆龄又同牛兰的两位辩护律师亲往南京探望牛兰夫妇，来到监狱劝说他进餐，把世界人民的关心之意转达给牛兰。然后又找到行政院院长汪精卫交涉，抗议国民政府逮捕牛兰，要求释放他。

法院看见宋庆龄亲自出面，慑于正义的力量，同意她和蔡元培具保，让牛兰夫妇在上海就医，并定于13日离开看守所。

但是，司法部长罗文干认为这种处理违反法治精神，以辞职相威胁，蔡元培担心引起政治纠纷，撤销了担保，宋庆龄怫然而去。

事情不成。17日，宋庆龄又往南京，她直接找到司法部长罗文干。罗文干在国母面前被迫低头同意由宋庆龄具保，让牛兰夫妇在南京鼓楼医院就医。

8月19日，江苏高等法院以捣乱治安，触犯了《危害民国紧急治罪法》的罪名，判处牛兰夫妇死刑。然后援引大赦条例，减判为无期徒刑。8月25日，宋庆龄、蔡元培、杨杏佛再次致电国民政府要求释放牛兰夫妇。但是，由于牛兰特殊的政治身份，在国民党疯狂"剿共"的背景下，当局强硬地不同意把牛兰减刑或释放。宋庆龄和蔡元培的营救电没有结果。

这样营救牛兰的斗争暂时告一段落。但是，宋庆龄并没有就此放弃这场斗争，牛兰夫妇的生死和自由一直牵动着她的关注。

这时世界形势急剧地发生了变化。宋庆龄曾经侨居过的德国成为了全世界注目的热点。以独裁专制和恐怖屠杀名闻于世的希特勒的纳粹党逐渐得势。1932年7月，在国会选举中获得230席席位，成为德国政坛第一大党。上台后，纳粹党不可一世地发出战争叫嚣，气焰日益嚣张；意大利墨索里尼也点燃起法西斯的战争阴火，欧洲和日本军国主义遥相呼应，新的世界大战日益逼近……

面对新战争威胁，法国著名作家罗曼·罗兰、和平人士巴比塞在5月4日发表了《向各国劳动者宣言》，邀请宋庆龄、萧伯纳、爱因斯坦、曼氏等世界著名人士参加世界反战大会，反对日益逼近的世界大战。

世界反战大会原定于7月在日内瓦举行。由于帝国主义的阻挠，大会被迫改于8月底在荷兰召开。宋庆龄由于营救牛兰的工作缠身，没有参加。

世界反战大会成立了"世界反对帝国主义战争委员会"。宋庆龄是国际上反对帝国主义、维护世界和平的著名领袖，虽然她没有出席，但是，大会热烈地推举了她为名誉主席。

世界人民反对法西斯的斗争极大地鼓舞了宋庆龄。营救邓演达的失败，宋庆龄深深地感到了个人力量的弱小，淞沪抗战中人民群众表现出来的巨大爱国热情和力量又使她感受了联合的力量的巨大。随着国民党法西斯式统治的加强，越来越多的爱国进步人士被捕入狱。如何营救狱中大量无名无靠的所谓政治犯，怎样向社会揭露蒋介石残暴、野蛮的中世纪式法西斯统治，宋庆龄在长期的斗争中体会到了合法斗争的必要性，她决定联合全国进步力量建立营救组织。

于是，她拾起了国民党硬塞给她的"中央委员"虚衔，用这个合法的身份，开展反对国民党独裁，保障民主权利的斗争。她开始与蔡元培、杨杏佛等人酝酿成立一个专门的保障人民民主权利，营救政治犯的组织。

蔡元培是前国民党教育部长，他是一个非常保守又具很高威望的人物，邓演达的被害激起了他的反抗情绪。

这时，又一波风起。共产党早期领导人陈独秀等人被捕入狱了。

这时的陈独秀已是中国托派的首领，已转化为共产党的反对派，"九一八"事变后，他也投身了反对日本侵略、反对国民党独裁的斗争。由于他曾经的特殊身份，他的被捕，立即在国内和国际上引起强烈反响，宋庆龄也加入了营救行动。

10月31日，宋庆龄亲赴汉口，与蒋介石交涉。见到蒋介石后，她以中央委员资格向国民党中央提议组织一个特别委员会专门处理政治犯事件。但是，她的这个建议没有被蒋介石采纳。

对于陈独秀，蒋介石迫于各种压力，答应将陈独秀案交法庭公开审理。

蒋介石不同意宋庆龄在国民党中央成立处理政治犯的建议。宋庆龄并没有就此罢休，她和蔡元培、杨杏佛决定以民间组织的形式成立中国民权保障同盟。11月3日，她致电北平的《民国日报》：

予现在拟参加组织一团体，专以保护及营救所有政治犯，及清共被牺牲者为职志。予盼中外知识阶级及朋友参加是项活动。

经过几个月的筹备，宋庆龄、蔡元培、杨杏佛、黎照寰、林语堂等人发起的"中国民权保障同盟筹备会"成立了。

正当宋庆龄加紧筹建民权保障同盟时，北京大学的许德珩和北京师范大学的马哲民、北平大学的侯外庐等又被非法逮捕。

许德珩、侯外庐和马哲民不满蒋介石"攘外必先安内"的政策，积极倡导抗日救国。由于他们敢说敢为，在北京知识界声望与日俱增，他们经常被各大学学生会邀请，前往各校讲演抗日救国的形势，抨击时政。北平的抗日热浪引起了蒋介石的恐惧，他担心主持北平时局的张学良镇压救亡运动心慈手软，于是，派臭名昭著的宪兵三团由其侄子蒋孝先率领进驻北平。蒋孝先来到北平，立即大肆拘捕，疯狂压制日益兴起的北平抗日运动，杀戮不断出现。12月是广州起义的纪念日，南京中央党部害怕北平师生举行纪念活动，命蒋孝先实行秘密大逮捕。许德珩、侯外庐、马哲民等被无理锒铛入狱，大批进步师生被逮捕。

消息不胫而走，全国哗然。宋庆龄得知许德珩等被捕的消息后，马上设法营救。她与蔡元培、杨杏佛、黎照寰、林语堂立即以民权同盟筹备会的名义致电国民党中央，要求释放被捕的许德衍等北平师生。

12月18日，电文在《申报》上公开发表。同时宋庆龄派杨杏佛去北平，与北平军分会代理委员长张学良当面交涉。

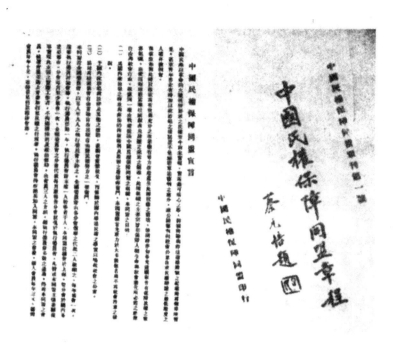

中国民权保障国盟成立宣言及章程

杨杏佛到达北平后，首先在许德珩夫人劳君展的陪同下，到狱中探望了许德珩等人，然后，径直找到了张学良。

张学良与宋庆龄一直私交很深。"九一八"事变后他集国耻与家仇于一身而不能报，对蒋介石不抵抗政策也渐渐反感。北平学生素有爱国传统，张学良害怕局面闹得不可收拾，立即趁宋庆龄等营救之际，顺水推舟，释放了许德珩。

民权保障同盟创建伊始，取得了第一个胜利。许德珩出狱后，立即接受了杨杏佛的邀请，参加民权保障同盟北平分会的筹备工作。

12月29日下午，蔡元培在上海华安大厦主持召开记者招待会，宣布民权保障同盟临时执行委员会主席为宋庆龄，副主席蔡元培，杨杏佛为总干事，林语堂为宣传委员。宋庆龄因病未能出席会议，蔡元培代她宣读了她对新闻界发表的书面谈话。

这样，中国民权保障同盟正式成立了。

它的宣布成立，迅速得到了社会各界的响应。中国新文化主将鲁迅也应蔡元培的邀请加入了，从此，宋庆龄带头树立的捍卫人民民主权利的战旗与专制和独裁的统治开始进行着公开的抗争。民权保障同盟成立后，宋庆龄带领同盟继续营救北平政治犯。

12月30日，宋庆龄和蔡元培以民权保障同盟正、副会长的身份，再次致电北平公安局局长鲍毓麟要求将全体师生即予释放。

鲍毓麟被迫回电。他告诉宋庆龄说传讯逮捕各校师生是南京政府的旨意，他只是奉中央命令办理的。宋庆龄根据鲍的答复，1月7日致电国民党中央常务委员会，指斥国民党中央，揭露北平师生被拘禁的罪行。与此同时，北平各校的"被捕师生后援会"也展开了斗争。社会各界也奋力声援，在强大的政治压力下，当局被迫退让，免得事态再扩大。这样，不久，大部分被捕师生陆续获释。

1月17日，民权保障同盟上海分会成立，选举宋庆龄、蔡元培、杨杏佛、林语堂、

宋庆龄与民权保障同盟委员胡愈之（左二）、鲁迅（左一）合影

伊罗生、邹韬奋、陈彬龢、胡愈之、鲁迅等9人为上海分会执行委员。这时同盟上海盟员发展到了31人。

随着国民党法西斯统治的加强，以反独裁保民权为宗旨的民权保障同盟的影响在人们心目中与日俱增。民权保障同盟成为了与蒋介石暴政相抗衡的一面旗帜。

塔斯社和《世界日报》记者刘尊棋是中共地下党员，因从事抗日救亡运动被捕，关押在反省院北平陆军监狱。一年多来，他受尽了折磨。一天，他从破报纸上得知了中国民权保障同盟成立的消息，他立即与同狱的中共重要领导人薄一波、刘澜涛商量，写出两封英文信揭露狱中政治犯的黑暗生活，要求释放抗日人士。信通过买通的看守员悄悄地寄往了上海。

不日，宋庆龄收到一封来自北平陆军监狱的来信。她一看，深深地被北平陆军监狱的法西斯暴行所震惊，立即叫英文秘书史沫特莱登记备案。然后，她把信提交同盟执委会讨论。

北平同盟分会即将举行成立大会。同盟执委会决定先派总干事杨杏佛到北平参加成立大会之际，调查北平监狱实况，然后再采取下一步行动。

参加北平分会成立大会后，杨杏佛和分会主席胡适、执行委员成舍我首先找到张学良。这是宋庆龄的主意，因为在当时的形势下，杨杏佛三人很难进入戒备森严的陆军监狱。

见到张学良后，他们转达了宋庆龄的要求。张学良欣然同意，立即派外事秘书王卓然陪同他们三人前往监狱视察。

在监狱中，杨杏佛见到了刘尊棋。他用英语对刘说，他是奉孙夫人之命而来的，他们知道刘是无辜的。备受酷刑折磨的刘尊棋深受感动。他向杨杏佛愤怒地控诉了监狱的黑暗情况。

随行的王卓然听了，也颇为不平，用英语向刘表示要尽力改善他们的生活状况。

分别时，杨杏佛要求王卓然向天津党政当局转达宋庆龄关于大赦政治犯，释放爱国青年的要求。王卓然同意照办。

杨杏佛从北平回来后，向宋庆龄汇报了监狱视察的所见所闻。2月1日，民权保障同盟举行记者招待会，宋庆龄签发了刘尊棋的两封英文信，同意向社会公布，同时同盟还发表了调查报告和《无条件释放一切政治犯》的声明。《大陆报》和《燕京报》立即刊载了民权保障同盟的全部文件。

1月21日，江苏镇江《江声日报》经理兼编辑刘煜生被国民党当局囚禁5个月后，未经任何法律程序即被枪决。消息传出，民权保障同盟立即发表宣言，谴责当局，阐明事实真相。宋庆龄亲自召开记者招待会，要求南京政府迅速将有关负责人员免职，并依法惩办。

上海报业公会在民权保障同盟的倡议下立即召开紧急会议，各报纷纷在报刊上表示态度，刊登声讨文章，反对蒋介石的法西斯暴行。

中国民权保障同盟上海会员名单

爱国人士被屠杀，进步青年被关押，民权保障同盟把蒋介石一件件法西斯式的罪行公之于众，激起了全国人民的愤怒。

民权保障同盟的有效行动使国民党当局如梦初醒，立即对民权保障同盟的活动进行压制。北平分会刚刚成立还没来得及开展工作，2月2日，北平报纸纷纷刊出了国民党市党部致市政府、市公安局的信函，宣称民权保障同盟北平分会为非法组织。

在压力下，北平分会主席胡适立即望风而逃，倒向了反动当局。《大陆报》和《燕京报》全文刊发刘尊棋的两封信后，曾到过北平监狱的胡适马上给蔡元培和林语堂写信，表示对宋庆龄签发了刘尊棋的揭露监狱黑暗的信感到失望。他颠倒黑白地指责宋庆龄说："不加考实，遽信为真，酿成大错。"

与此同时，他又使出文人政客的惯招，向几家报纸写信，颠倒是非地指责刘尊棋的信是捏造的。接着，他又召见记者，不仅颠倒黑白，而且面对众多记者露骨地表白自己："对政府逮捕政治犯，我并不是无条件的反对。"

蔡元培、杨杏佛收到胡适的信后，致函他，摆事实讲道理，对他进行规劝。但是，胡适不听劝告，反而更加猖狂了。他不顾事实，发表文章公开地反对同盟提出的"立即无条件释放一切政治犯"的口号。

正当宋庆龄准备反击胡适的战斗的时候，她的英国朋友、世界著名的大文豪萧伯纳作环球旅行，来到了上海。

宋庆龄和萧伯纳都是世界反帝大同盟的名誉主席。

2月17日晨，宋庆龄和杨杏佛等一行人早早来到了吴淞码头，迎候萧伯纳和夫人的到来。

6时整，英国"皇后号"远洋轮船在汽笛声中抵达了上海。宋庆龄高兴地见到白发皓皓的萧伯纳，她热情地与他在船上共进早餐，然后陪同他和夫人离船登岸。

萧伯纳先去外白渡，理查饭店的来沪旅游团成员正在那里等待他的到来。萧伯纳与他们见了面之后，前往了中央研究院，拜访了蔡元培。蔡元培是国际笔会中国分会理事长。之后，萧伯纳夫妇才前往宋庆龄寓所。在这里，宋庆龄竭尽东道主之谊，热情款待客人们。她叫厨师做了特备的中国素菜宴请这位精神矍铄的老人。蔡元培、杨杏佛、鲁迅、林语堂、伊罗生、史沫莱特等作陪。大家谈笑风生。

下午2时，萧伯纳参加了蔡元培主持的欢迎会。会后，这位世界名人在宋庆龄寓所的后花园草地上接见中外记者。

萧伯纳作为作家和戏剧家以讽刺和幽默见长，一直以来为世界和平进步奔走号呼。他刚从社会主义苏联来，在回答记者提问时，他风趣又幽默地介绍社会主义苏联所取得的进步。他告诉在座的人们："社会主义早晚要普遍实行于世界各国。虽然革命的手段和步骤，在各个国家里所采取的方式，也许相互不同，但是殊途同归，到最后的终止，始终还是要走上同一条道路，而达到同一个水平线。"

萧伯纳侃侃而谈，宋庆龄站在台阶前，很有滋味地听着，从他的幽默中体会着他思想的进步和真理的光芒。

宋庆龄在住宅内宴请萧伯纳后留影
右起：鲁迅、林语堂、伊罗生、蔡元培、宋庆龄、萧伯纳、史沫莱特

萧伯纳也谈到了中国问题，他说："被压迫民族应当自己解决自己的问题，中国也应当这样干，中国的民众应该自己组织起来，并且，他们所要挑选的自己的统治者，不是什么戏子，或者封建王公。"

他说着，蔡元培、鲁迅等静静地站在草地上，很认真地听着，和宋庆龄一样感受着他伟大的见解。

招待会一结束，萧伯纳又要前行了。他在中国的行程只有一天。宋庆龄等依依惜别短暂相聚的英国友人了。

萧伯纳在上海只停留了一天，而新闻和媒体对他的"幽默"、"讽刺"、"名言"和

"轶事"作了各种各样的报道和评论，对萧伯纳或捧或骂，或赞或讽，一时，满城传说的都是萧伯纳、萧伯纳。

鲁迅离开宋庆龄寓所后，回到家中，他敏锐地感觉到了这股悄然兴起的萧伯纳旋风，立即和在他家避难的瞿秋白商量，把那些有关萧伯纳的文章收集起来，进行剪辑。不久，上海野草书店印刷发行了一书，叫《萧伯纳在上海》。

胡适对这股萧伯纳旋风却并不感冒，他还沉醉在与民权保障同盟作对，讨好反动当局当中。2月19日，他又在《独立评论》第38号上发表《民权的保障》一文，他站在民权保障同盟的对立面，为国民党政府大肆辩说："一个政府要存在，自然不能不制裁一切推翻政府或反抗政府的活动。"

20日，他恬不知耻地又向记者发表谈话，说："民权保障同盟不应该提出不加区别地释放一切政治犯。……一个政府为了保卫它自己，应该允许它有权去对付那些威胁它本身生存的行动。"

21日，《字林西报》刊发了他的谈话。

胡适的行为激起了民权保障同盟大多数成员的愤怒。次日，同盟致电胡适，指出他完全违背同盟成立三大任务中的第一项："为国内政治犯之释放与一切酷刑及蹂躏民权之拘禁杀戮之废除而奋斗。"要求胡适澄清事实。

23日，杨杏佛代表同盟执委会又致函胡适，谴责他对外公开反对会章，批评会务，为反对者张目。但是，胡适仍然故我，对同盟的批评置若罔闻，继续醉心于为虎作伥。

胡适与蔡元培、杨杏佛等私交很深。五日之后，宋庆龄、蔡元培再次致电他，说："释放政治犯，会章不能改变。会员在报章攻击同盟，尤背组织常规，请公开更正。"

宋庆龄、蔡元培在继续规劝他迷途知返的同时，又对他提出了警告："否则，唯有自由出会，以全会章。"

但是，胡适并不幡然悔悟，仍旧混淆是非地大贩他的"政府权"谬论。3月3日，同盟中央执行委员会议召开会议，通过了鲁迅提议的开除胡适的决议。

18日，民权保障同盟又召开了全体委员大会，大家拍案而起，再一次声讨胡适违反会章的行为，将胡适开除出了中国民权保障同盟。由于胡适的背叛和国民党反动当局的破坏，北平分会陷于瓦解。

清除同盟内部的污垢的斗争刚刚结束，又一波起了。蒋介石对日本侵略步步退让，签订一个又一个卖国协定；在国内，蒋介石出动几十万军队对红色革命根据地实行反革命"围剿"，白色恐怖，形势更加艰险复杂了……江西是红色根据地的中心，反"围剿"战斗烽火最激。中国工农红军第四方面军参谋长陈赓1932年秋在反"围剿"的战斗中，不幸右腿膝盖处负了重伤。他不得不离开部队，化装来到了上海。

1927年陈赓参加南昌起义后进军广东时，在一场激战中，左腿的胫骨和腓骨折断。牛惠霖骨科医院的牛氏兄弟牛惠霖和牛惠生两位医生尽力把他的伤腿重新接好，使陈赓重返了前线。

这一次，陈赓又来到了牛氏骨科医院。牛惠霖和牛惠生兄弟是著名的骨科医生，又是宋庆龄的表兄弟。再次，牛氏兄弟热情地接待了陈赓，为他精心治疗腿伤。很快，陈赓的腿伤愈好了。风华正茂的陈赓按捺不住，急着准备返回苏区。

正当陈赓准备离开医院时，牛大夫悄悄告诉陈赓说孙夫人想见他。

听到宋庆龄要见他，陈赓激动万分，立即前往了宋庆龄寓所。原来陈赓曾在广州当过孙中山的卫士，又是黄埔军校的一期毕业生。他勇敢，机灵，深得孙中山和宋庆龄的喜爱。1922 年 6 月陈炯明炮轰总统府，宋庆龄逃离虎口后，正是陈赓护送她乘小舢板登上永丰舰，与孙中山生死离别后又相聚的。十几个春秋过去了，以前的小卫士已成长为一个统帅千军万马的红军骁将。宋庆龄欣喜万分。与陈赓相见，昔日患难相共的时光涌上心头，俩人推心置腹畅谈到夜深。

没几天，陈赓带着这次难忘的会见的喜悦准备上路了。正在这时，陈赓在北京路大街被叛徒认出，陈赓和妹妹陈藻英同时被捕。

3 月 25 日，上海《申报》以"共党红军军长陈赓在沪逮捕"的大标题报道陈赓被捕消息：

共产党红军第十四军军长兼特务部侦查第一科科长河南人陈赓（又名陈更）为共产党之主要人物，奉派来沪秘密工作，昨日行经北京路时被公安局督察某遇见，即鸣捕将其拘入老闸捕房。

宋庆龄惊闻陈赓被捕消息，还没反应过来，令人不安的事件又纷至沓来……

由于原中华全国总工会秘书长王其良被捕叛变，中华全国总工会执行局书记罗登贤、廖承志、余文化等人先后被捕。廖承志 1930 年夏离开德国，被国际海员工会派往莫斯科，参加职工国际第 5 次代表大会。会后，他留在莫斯科东方大学学习。1932 年回上海，任中国海员工会中共党团书记、中华全国总工会宣传部长。罗登贤、廖承志等也和陈赓一样是在法租界被捕的，于是他们与陈赓等人关在一起了。

廖承志是国民党元老廖仲恺的大儿子。被捕后，他要求开释，法租界巡捕气势汹汹，不予同意。廖承志灵机一动，佯称愿意供出另一个人的行踪，换取获释。巡捕信以为真，立即随着他前去追捕。

廖承志把他们带到了母亲何香凝的住宅，巧妙地把自己被捕的讯息告诉了母亲。

何香凝知道儿子被捕了，过度悲愤，她当夜就病倒了。但是，她挣扎着，立即致电全国军政长官进行营救。

宋庆龄也得知了这个消息。翌日，她赶到了何香凝的寓所，安慰何，并与她一起商量营救的办法。

3 月 30 日，宋庆龄就罗登贤、廖承志、陈赓、余文化及陈藻英等 5 人被上海国民党勾结公共租界工部局巡捕房逮捕一事，主持召开了中国民权保障同盟执行委员会会议。

会上，宋庆龄、蔡元培、杨杏佛等一起，积极商讨对策。多事之秋，他们几个人以自己的方式坚持不懈地为中国人民献出自己的力量。

会议结束后，宋庆龄、蔡元培出面了。他们请上海著名律师吴凯声出面，委托他为非法逮捕的罗登贤、廖承志、陈赓等人辩护。同时，民权保障同盟在《申报》发表宣言：

中国政府与帝国主义分子狼狈为奸，压迫中国人民的反帝抗日战士。……在此困难期间，欲言御侮，国人必有反对帝国主义之自由，不应对于努力此项工作者反愈加压迫，致伤元气，吾人应速自觉悟，奋起力争，而要罗余廖及其他一切政治犯之释放，尤为第一要图。

租界法庭迫于压力，为了逃避惹火上身，匆匆判决罗登贤等 5 人引渡给中国当局。

在引渡前，何香凝直接找到上海市市长吴铁城交涉，吴铁城惧于何香凝的威望，不敢硬顶，只好耍滑头。

何香凝对他说："你要么把承志放了，否则，就连我一起抓起来。"

她要吴铁城立即答复，不然就坐在他的办公室里不走。老奸巨猾的吴铁城无可奈何，只好立刻给蒋介石挂电话。蒋介石被迫答应释放廖承志。

由宋庆龄、柳亚子、经亨颐出面担保，廖承志首先获准释放。

但是罗登贤等四人立即被引渡给中国当局，押解到了南京。

廖承志获释后，从上海工部局拘留所回到了家中。

一天，宋庆龄一个人突然出现在何香凝家。廖家母子十分惊异：宋庆龄事先没有招呼，就一个人上门来了。

何香凝慌了，赶紧沏茶。宋庆龄平静地与他们寒暄、一面向廖承志眨眨眼。何香凝明白宋庆龄有要事对廖承志说，于是，上楼去拿糖果，回避了。

客厅里只剩下两个人了。宋庆龄说："今天我不能待久。"

然后，她告诉承志她是代表"最高方面"来的。

廖承志有些不明白，探问宋庆龄，她解释说是代表共产国际。接着，她向廖承志提出两个问题：第一，上海的秘密工作还能否坚持下去？第二，谁是叛徒。

廖承志做了回答后，宋庆龄叫他把叛徒的名单写出来。说罢，她从小皮包里摸出一根香烟点着，起身到何香凝屋子里去了。

一会儿，廖承志把叛徒的名单写出来了，他把一条狭长的纸条交给宋庆龄。宋庆龄接过，将纸条塞进香烟。然后，从容地起身告辞。

廖承志要送她回去，宋庆龄淡淡的一笑："我自己下去，不用送了。"

廖家母子不知如何是好，怔怔地看着宋庆龄慢步下了楼梯，走过厨房，出门没入了夜幕。

廖承志获得释放后，接着宋庆龄采取了一连串的措施营救罗登贤、陈赓等其他四位被捕的人。

4月1日，她发表了《告中国人民号召大家一致起来保护被捕的革命者》一文，要求正义的人们一起来营救革命者。

4月20日，宋庆龄、蔡元培致电汪精卫和罗文干。宋庆龄提出罗登贤等四人罪证既不成立，移提久禁，已经违法了；要求勿用军法刑讯，由正式法庭审判。同时，同盟上海分会举行了联席会议商讨营救工作。

汪精卫收到宋、蔡的函电后，复电给宋庆龄，允诺将对罗陈案件依法办理。

5日，宋庆龄、杨杏佛、沈钧儒、伊罗生四人专程从上海来到了南京，找国民党当局交涉。

宋庆龄一行人下榻在扬子饭店。行政院长汪精卫和司法部长罗文干不得不登门拜见，向国母移樽就教。

宋庆龄与汪、罗见面后，宋庆龄以中国民权保障同盟的名义提出了四项要求：

（一）立即释放一切政治犯。

（二）废止滥刑。

（三）给予政治犯阅报读书之自由，禁止用镣铐及改良狱中待遇。

（四）严惩狱吏敲诈犯人及受贿行为。

然后，宋庆龄向来访二人提出立即释放罗登贤、陈赓等四人，并要求马上探狱。

汪精卫和罗文干没想到宋庆龄这样一着，内心里叫苦不迭，又无法阻挡，只好同意了宋庆龄探狱的要求。

当晚，宋庆龄率领民权保障同盟代表团来到了苏州，她们踏着浓浓的夜色，来到了杀气腾腾的监牢。

这时，罗登贤的腿骨被打断了，遍体鳞伤。陈赓的情况略有些不一样。他被捕后，立即被报告给了蒋介石。

在二次东征时，陈赓于蒋介石有过救命之恩。在一次战斗中，蒋介石的总指挥部遭到敌军林虎部队的袭击。林虎的部队多是些江洋大盗，勇猛剽悍，打将上来，蒋介石的部队阵脚顿时大乱，官兵纷纷逃散。身为总司令的蒋介石也被自己的士兵们丢弃了，吓得屁滚尿流。蒋介石只身逃跑没跑几步，就倒在了地上，在这千钧一发的时刻，蒋介石的部下陈赓发现了他，不顾危险，立即背起他死里逃生……

蒋介石在"剿匪"前线连连失败，知道陈赓被捕的消息，立即萌生一计，想通过陈赓影响红军中的黄埔学生。于是，他亲派南京宪兵司令谷正伦去劝降陈赓。

当陈赓被押到南京时，刚下火车，谷正伦就迎上来了。

谷正伦来不及寒暄，皮笑肉不笑地向陈赓递上了蒋介石亲笔的手谕，用期待的目光看着眼前的囚犯。

陈赓一看：

查陈赓乃吾昔日之袍泽，勇冠三军，于北伐中卓著成绩，姑念年轻失足，误入迷途，宜加珍惜恕容，多于照拂，促其幡悟。若能起誓归顺，效忠党国，定当重用。

蒋介石

陈赓扫了一眼手谕，轻蔑地把它递回谷正伦，冷冷地说："没有什么好谈的。"

谷正伦原以为陈赓会对蒋介石感恩戴德，俯首屈膝听命，没想到当头泼了一盆冷水。他立刻收起笑容，一言不发，命人把衣衫褴褛的陈赓关入了南京卫戍司令部监狱，打了个皮开肉绽。

没几天，牢门又被打开了。几个仪表堂堂的国民党新贵走了进来。他们都是陈赓黄埔时的同学，投靠蒋介石麾下后盛极一时。

他们是来劝降的，几个人一唱一和，摇唇鼓舌，煽诱陈赓回心转意，与他们一道共享蒋介石赐予的荣华富贵。

陈赓对他们煞费苦心的一言一语毫不动心，置若罔闻，大义凛然地对他们晓以抗日救国的道理和民族危亡的责任。几个人自惭形秽，无言以对，灰溜溜地离开了监牢。

宋庆龄一行人来到关押陈赓的牢号。陈赓见宋庆龄深夜探狱，知道她是想方设法才进来的，很受感动。

陈赓向宋庆龄愤怒控诉他们在监狱中受的严刑拷打和非人待遇。

俩人在谈话时，宋庆龄把一纸条投在地上，陈赓悄悄地马上用脚踩住。这是共产党委托宋庆龄传递的。他们心有灵犀，几个军统特务跟着他们都没有发觉。

就这样，狱中陈赓、罗登贤与党接上了联系。由于宋庆龄等积极营救，南京当局没有骤然加害陈赓。宋庆龄离开南京卫戍司令部后，又偕杨杏佛、沈钧儒等一行人前往了江苏第一监狱，探望了牛兰夫妇，牛兰把无人照顾的儿子吉米由伊罗生委托宋庆龄抚养，宋欣然应允。

蒋介石对陈赓的才华是极为欣赏的。为了诱使陈赓上他的贼船，为他独裁专制奔走效劳，他命人把陈赓押解到了南昌，准备亲自诱降。

蒋介石在南昌坐镇指挥"围剿"江西红军。他命令把陈赓安排在南昌最豪华的江西大旅社，餐餐送以美食佳肴，用荣华富贵动摇陈赓的革命意志。

但是，陈赓并不为这些物质上的引诱所迷惑动摇。蒋介石又心生一计，派自己的心腹秘书，以巧舌闻名的邓文仪来劝降。

邓文仪曾留学苏联，一向以能言善辩出名。见到陈赓，他一张口，就被陈赓驳得哑口无言。任凭他巧舌，在大无畏的革命者前面，他理曲词穷。说服不了陈赓，他只好悻悻走了。

最后，陈赓被带到南昌百花洲科学仪器馆，这是蒋介石的行辕。

蒋介石不惜移尊屈驾，劝说陈赓。他进来了。

陈赓听见有人进来了，知道是蒋介石，把随手翻阅的报纸举起挡住自己的脸，装作看不见。

担任黄埔军校校长时的蒋介石

蒋介石一边走，一边口中喊："陈赓在哪里呀？"

半天，他得不到回答。陈赓不理他，他只好硬撑着脸皮进来了。然后，语重心长地对陈赓说："你是我的好学生，你犯了错误，我可以原谅你嘛。"陈赓默不作声，仍不理睬他。

蒋介石强忍着心中的怒气，心平气和地对陈赓说："校长从来对学生都是爱护的，宽大的，这你不要抱什么顾虑。"

陈赓冷冷地回答他："我没有什么错误，根本不要你们原谅。"

蒋介石又以师长为诱饵，促使陈赓悔过自新，为他卖命。

陈赓一听，说："不做你的狗官，共产党员不像你们这批狼心狗肺的东西。要打就打，要杀就杀，对我不要抱什么幻想。"

蒋介石无奈，只好把陈赓秘密押回南京，准备把他杀掉。

陈赓被押回南京的消息，宋庆龄知道了。她认为坚强不屈的陈赓这一次凶多吉少了。

她当机立断，面见蒋介石要求立即释放陈赓。她匆匆前往了蒋介石行辕。

见到蒋介石后，宋庆龄斥责他："陈赓是黄埔军校的学生，东江之役一直跟着你打仗，你打了败仗还是他救了你的命，不然你也活不到今天，现在你要杀他，简直是忘恩负义，你天天说的礼义廉耻到哪里去了？"蒋介石要杀自己的救命恩人，被宋庆龄一席话说得无言以对。

宋庆龄走后，蒋介石害怕把陈赓杀了，被人说是恩将仇报，让人唾骂，激起黄埔学生的不满，只得后来半推半就把陈赓释放了。陈赓经历艰险，终于逃脱了虎口。

中国大地，风雨如晦。

5月13日，国内外享有盛誉的著名作家丁玲和潘梓年突然不知去向，失踪了。案件一时扑朔迷离，成为人们关注的一个焦点。

没过三天，著名工运领袖邓中夏也在上海法租界被捕。

邓中夏曾领导1922年京汉铁路工人大罢工和1925年省港大罢工。此时，他是中共中央委员、互济总会党团书记。廖承志、陈赓刚刚被营救出狱，罗登贤等却还仍然羁押在大牢中，面临着被杀害的危险；现在又有无数的革命者落入暴戾恣睢的反动派的魔掌之中，性命朝不保夕，千钧悬于一发。宋庆龄闻讯，为他们十分担心。

邓中夏被捕后，共产党派人来向宋庆龄求救。在与共产党人的频频接触中，她的思想一日一日转向社会主义，转向了正在日益发展的共产党，她相信在中国革命中这是一支进步前进的力量。因此，她支持共产党。二话没说，宋庆龄就答应了，营救邓中夏。

她派人请来了著名的律师史良。史良一进宋的寓所，立即被宋庆龄热情地拉住握手。

坐下后，宋庆龄告诉她，请她去营救一位革命志士，他的名字叫施义。

此时，邓中夏化名为施义。为一位反对政府当局的革命者去辩护，许多律师是不会接受的。史良深深地被宋庆龄美丽而严峻的面色所感染，欣然同意为施义当律师辩护。宋庆龄镇静坚定，沉着地把事件的前后经过说了一遍，她简短话语给了史良无限的信心和勇气，她暗自决心为正义得到伸张去竭力辩护。

史良回去后，又找到了她的老师，共同商量了策略。

当第一审开始时，史良首先提出不许提移犯人。如果把邓中夏移交国民党当局，就不能利用租界较完善的资产阶级法律程序对他进行保护。

按照惯例，在法租界的案应在租界解决。结果，法庭同意了史良的请求。

第一审获得了胜利。这时候，党组织也在积极营救邓，派人与巡捕谈妥，把邓中夏保释出去。

不幸，这时与邓一起被捕的互济总会的救济部长杜玲英被引渡到了国民党淞沪警备司令部。杜玲英一受刑打，立即惊慌失措，叛变了。她马上供出了邓中夏。反动当局得知施义就是邓中夏，马上强行把邓引渡到南京。

不久，蒋介石亲自下令，邓中夏没经审判就被杀害，营救失败了。但是，从这开始，史良开始了与宋庆龄的交往。

这时，民权保障同盟收到了署名"蔡飞"的来信，信中揭露丁玲等于5月13日被国民党特务绑架。丁玲1927年开始发表小说，她的作品大胆揭露了旧中国的黑暗现实。在革命文学运动中她成了鲁迅旗帜下的一位影响巨大的左翼作家。她的前夫是胡也频，

1931 年在参加苏维埃第一次全国代表大会筹备会议时与其他 23 位共产党员一起被捕，受尽酷刑后，被上海淞沪警备司令部秘密杀害。当时宋庆龄正因为母亲丧事回国不久，从史沫特莱处了解这一事件真相，愤怒地对美国记者埃德加·斯诺发表谈话，说："信奉基督教的委员长把我们最优秀的青年活埋了……他一背叛革命，就开始杀人。因此，只要他是国民党政府的独裁者，我就决不在其中任职；因此，如果他也算是一个基督教徒，我就不做基督教徒。"

在丈夫被活埋后，丁玲在严酷的白色恐怖面前勇敢地出任了"左联"机关刊物的主编。1933 年加入共产党，下半年任"左联"党团书记。她广泛团结知名作家，反击国民党的文化"围剿"，引起了反动当局的怨恨。民权保障同盟收到"蔡飞"的信后，立即把该信发表，晓之于众，使真相大白于天下。

蔡元培领衔，联合文艺界各方面的人士共 38 人，联名致电汪精卫和司法部长罗文干，要求释放丁玲、潘梓年。

25 日，民权保障同盟继续开会，讨论营救丁、潘问题。鲁迅也出席了会议，成立了"丁、潘营救委员会"。

营救会立即举行记者招待会，约请外籍记者史沫特莱和伊罗生进行报道。国外报刊也引起巨大反响。许多世界知名人士和著名作家巴比塞、瓦扬、古久、罗曼·罗兰等纷纷声援。

国内外舆论界掀起了抗议的浪潮，迫于压力，国民党政府不敢对丁、潘下毒手，只好将他们秘密软禁在南京。

就在宋庆龄领导民权保障同盟经历一段段艰难，一场接一场进行战斗的时候，世界风雨变幻，狼烟四起。人类进步的步伐遭到了法西斯的挑战。宋庆龄曾经侨属的德国成为了法西斯翻江倒海之地。1 月 30 日，希特勒出任德国总理。上台后，他立即实行法西斯独裁，颁布紧急法令，停止言论、出版自由，疯狂屠杀犹太人。爱因斯坦、托马斯·曼、波卢诺·瓦尔特、里昂·佛希特·特·万格、凯绥·珂勒惠支、玛格纳斯、希尔什哈菲德等许多科学家、作家、艺术家和进步人士受到迫害和放逐。在德国的矿野、森林，天天都发现尸体，许多被挖掉了眼睛，敲掉了牙齿。德国人民被推入了中世纪无底的深渊，宋庆龄有着美好印象的柏林成了人间地狱。

5 月 10 日，柏林大学附近的一个广场上，法西斯分子燃起了熊熊大火，两万多册珍贵书籍在烈焰中化为灰烬。法西斯的嚣张气焰越来越猛烈了。

德国法西斯野蛮暴行激起了宋庆龄和中国民权保障同盟的极大关注和愤怒。5 月 13 日，宋庆龄与蔡元培、杨杏佛、鲁迅、林语堂、史沫特莱、伊罗生等一起前往上海外滩，来到了德国驻沪领事馆，向德国领事递交抗议书。

德国驻沪领事馆贝连副领事出来接见，宋庆龄等要求他把抗议书转交希特勒政府，贝连表示代为转递给德国驻华大使。

抗议书历数了希特勒政府的种种惨无人道的暴行，谴责法西斯蹂躏人权，暴殄天物的罪恶。德国大使陶德曼拒绝转给希特勒，把抗议书寄还给宋庆龄。

陶德曼的蛮横态度并没有阻止宋庆龄的正义之举。5 月 14 日，上海《申报》全文刊发了宋庆龄执笔写的《谴责对德国进步人士与犹太人民的迫害》一文，并对中国民权保障同盟的抗议行动作了报道。

5月29日，《中国论坛》也对这件事作了报道。上海犹太人协会致函民权保障同盟表示感谢。

宋庆龄和民权保障同盟的抗议行动像一阵风刮起了反对法西斯的斗争浪潮。

宋庆龄、鲁迅向德国驻上海领事馆递交抗议书（木刻）

自1932年以来，日本加速了侵略中国的步伐。1月1日，日军大举进攻热河，3日占领山海关，4日占领热河省城承德，铁蹄踏进了华北，中国亡国灭种的危险越来越逼近。

这使忧国忧民的宋庆龄愁云不展，同时，蒋介石的卖国不抵抗政策使她对国民党救国救民的希望化为泡影。于是，她把希望转向了中国的工人阶级，5月24日，她发表了《中国的工人们，团结起来!》。

在文章中，宋庆龄指出"帝国主义决不能征服和瓜分中国。"号召中国工人阶级团结起来，力挽狂澜，担负起挽救民族危机的重担。

德国法西斯和日本帝国主义沆瀣一气，与中国蒋介石独裁一脉相承，狼狈为奸。宋庆龄领导的民权保障同盟的行动，是蒋介石推行法西斯非法逮捕、绑架、刑讯、暗杀等恐怖手段的巨大障碍。民权保障同盟像一支利刀刺入敌人的心脏，他们欲除之后而快。于是，他们给宋庆龄、蔡元培、杨杏佛发出恐吓信，打恐怖电话，甚至在寄来写有"孙夫人启"的信封里放进了两颗子弹。宋庆龄等人对此横眉冷对，更加坚强地进行斗争。

蒋介石更加气坏了，他派遣大批特务监视宋庆龄，策划种种阴谋妄图杀害宋庆龄。但是，慑于宋庆龄在海内外的崇高威望，蒋介石又不敢遽然下手。于是，他下令暗杀民权保障同盟的主要成员杨杏佛，杀杨儆宋。

这时，杨杏佛和夫人陈志道已经离异，独居于上海法租界的中央研究院。杨杏佛爱好骑马，饲养了两匹马，在休息时常常在大西路中山道策马扬鞭，流连忘返，引以为乐事。

戴笠受命指挥暗杀扬杏佛的行动。本来，他准备在杨杏佛途经大西路附近时对他暗杀。但是蒋介石不同意。最后选择在亚培尔路，那里是租界，宋庆龄也住在附近。这样既可以把责任推给租界当局，又可以警告不屈的宋庆龄。

杨杏佛从朋友那里得到了特务要暗杀自己的警告。这一段时间，他先后接到了许多恐吓的信件。隐隐约约，他感觉到了自己的危险，但是，他早已准备了以自己的鲜血去换取人民的光明，仍然继续忘我地进行工作。

出事前两天，他前往宋庆龄寓所，把他几周内接到的恐吓信拿给她看，关切地告诉宋庆龄，在他接到的恐吓信中也把她列入了恐怖狙击的名单。

宋庆龄告诉他："我也接到了许多类似的恐吓信，并且都是用最下流的话写的。"

接着，她关心地对杨杏佛说："你自己也务须小心！"

6月18日是星期日，杨杏佛带着儿子杨小佛去法租界亚培尔路去骑马。

杨杏佛准备坐车去。他先上了道奇轿车，司机却不在。于是，他和14岁的儿子改换了纳喜牌篷车。

父子两个人刚一上车，车夫就发动马达了。车头刚刚驶出中央研究院大门，突然，马路旁冲出四名暴汉，围着车射击，弹如雨下。车夫立即胸部中弹，仆倒在地上。

在这生死关头，杨杏佛知道一切是冲着自己来的，立即全身俯伏在儿子杨小佛身上，袒护他。这时暴徒靠近车子，对杏佛连发数十枪，三枪击中了他的要害，杨小佛小腿中了一枪。杨杏佛随即倒在车厢中，当场殒命了。

杨杏佛字铨，跟随孙中山多年。孙中山逝世后又与宋庆龄投身轰轰烈烈的大革命，之后又与宋庆龄、邓演达等反抗蒋介石独裁专制，成为民权保障同盟实际主持人。他在血与火的革命历程中和宋庆龄建立了深厚的友谊。宋庆龄获悉杨杏佛去世噩耗后，悲痛万分。

杨杏佛被刺当天，蔡元培致电国民政府主席林森、行政院长汪精卫，要求缉拿凶手，结果石沉大海，杳无音讯。

宋庆龄没有被吓倒，第二天，她发表了《为杨铨被害而发表的声明》。《声明》严厉斥责了蒋介石之流及其特务的法西斯罪行：

这批人和他们所雇用的以为单靠暴力、绑架、酷刑和暗杀，就可以把争取自由的最微弱的斗争扼杀，这就是他们统治人民的武器，也正说明了他们整个政权的面目。中国民权保障同盟就代表这样一个争取自由的运动，杨铨也就是因为他在这个组织中的活动而被残酷的杀死了。

宋庆龄在声明中对国民党特务的恐怖行动表示蔑视，宣称迎接战斗：

但是，我们非但没有被压倒，杨铨为同情自由所付出的代价反而使我们更坚决地斗争下去，再接再厉，直到我们达到我们应达到的目的。杀害杨铨的刽子手们要明白，政治罪行必然会给他们带来应得的惩罚。

在白色恐怖中，宋庆龄发表这份《声明》是冒着极大危险的，她把斗争的矛头直接指向蒋介石，使蒋介石大为恼火。几年来，他亲自批示对她进行监视，从没间断过。

暗杀杨杏佛，意在孙夫人。20日下午，电闪雷鸣。宋庆龄冒着倾盆大雨，大无畏地来到了上海殡仪馆，吊唁惨死在敌人的屠刀下的杨杏佛。

她异常悲愤，讲话语气也很激昂。但是，她没有哭泣，这时哭声已无法表达她心底痛失战友的悲痛，她像一个无比倔强的英雄默默地在烈士的灵前奉托哀思。

林语堂完全被国民党特务的子弹吓倒了，贪生怕死的他在杨杏佛被暗杀后，立即惶恐地躲起来了，连殡仪馆都不敢去，更说不上为杨杏佛送殓了。

　　事后，他对人为自己辩解说："死无葬身之地的祸害，大可不必招的，与其砍掉脑袋，还不如做顺民。"

　　真正的勇士并不惧怕死亡。鲁迅却来了。他知道特务暗杀的名单上也有他，但是，他毫不犹豫地大义凛然地参加了杨杏佛的入殓仪式。

　　成殓仪式结束后，宋庆龄被大群记者包围了。她愤怒地向记者表示，杨杏佛的被害是一种有计划的政治性暗杀。

　　记者问："民权保障同盟的工作是否还可继续？"

　　"当然继续进行！"宋庆龄坚决果断地回答，"同盟副主席杨杏佛的死决不会影响运动的进展，相反地，此事将激励同盟加倍努力工作。"

　　最后，宋庆龄对记者坚定地说："我本人虽然受到某些方面的威胁，但是在任何情况下，也不会停止在民权保障同盟的工作。"

　　鲁迅由衷敬佩宋庆龄的胆识，面对敌人的刀丛，他也无畏地向世人宣称："只要我还活着，就要拿起笔，去回敬他们的手枪。"

　　他回家后，由衷地对弟弟周建人说："打死杨杏佛，原是对于孙夫人和蔡元培的警告，但他们两人是坚决的。"

　　革命的风风雨雨，大浪淘沙。除了鲁迅、沈钧儒等少数人，同宋庆龄、蔡元培坚决地站在一起外，同盟其他成员就不一样了。杨杏佛一被暗杀，有的马上离开了上海，有的流亡国外。宋庆龄虽想继续开展民权保障运动，但是变得不可能了。蔡元培在这种情况下也只好宣布辞职。轰轰烈烈的民权保障同盟在经历短短半年后在历史的舞台上悄然谢幕了。

　　杨杏佛惨遭杀害，民权保障同盟被迫停止活动后，美国人史沫特莱作为英文秘书，承担了保卫宋庆龄的工作。

　　史沫特莱是民权保障同盟成立后，继胡兰畦之后担任宋庆龄英文秘书的。她出生于密苏里州的一个贫苦农民家里，比宋庆龄大 1 岁。先后做过侍女、烟厂工人和书刊推销员，靠自学进入加利福尼亚大学。年轻的她深深地为中国古老的文明所吸引，1928 年她以德国《法兰克福日报》记者的身份，来到了中国。这时，她已是共产国际的秘密党员。她与宋庆龄相交相知始于营救牛兰夫妇。

　　那是 1931 年 7 月宋庆龄从欧洲回国安葬母亲后。一天，胡兰畦把当天收到的信件送到了宋庆龄那里。其中有一封英文信。宋庆龄看着，把信拿在手上扬了扬，对胡兰畦说："这封英文信写得好，这信的英文基础很高。话没几句，语言和用字都很美。"

　　原来，这封信就是《法兰克福日报》驻沪记者史沫特莱写的，内容是请求孙夫人在百忙之中给她 5 分钟时间谈话，目的是去救一个人。史沫特莱是受共产国际之托来找宋庆龄救牛兰的。

　　宋庆龄立即复信给史沫特莱。之后，俩人在宋寓所见了面。很快，像宋庆龄一样热爱人民，憎厌邪恶，主持正义的史沫特莱和宋庆龄成为莫逆之交。

　　胡兰畦再去德国时，史沫特莱就做了宋庆龄的英文秘书。

　　杨杏佛一被杀，史沫特莱随身带上了一支防卫手枪，暗中保护宋庆龄。

蒋介石暗杀杨杏佛却并没有吓倒宋庆龄。他得知宋庆龄毫不屈服时，气急败坏了，指示特务头子戴笠采取进一步行动

于是，戴笠策划了一个派人打入宋庆龄身边的计划，命令部下军统特务沈醉去实施。

沈醉受命后，马上行动。他决定从宋庆龄的女佣人李燕娥那里打开出口，派一名女特务假扮成宋宅附近另一家住户的女佣人，先去和李燕娥接近。

早春的一个早晨，21 岁的李燕娥像以往一样挎着菜篮子去附近的菜场买菜。

这时，李燕娥到宋庆龄身边已有 4 年了，但是她对宋庆龄带着浓重的浦东腔的上海话还是听不懂，学不会，因此，宋庆龄每次与她交谈都是使用官话。官话与粤语比较接近，李燕娥容易听懂。这在家里是没问题的，但在外面诸如买菜时，由于她不能说上海话经常遇上一些尴尬的事情。

这一天，李燕娥早晨去菜场买菜时，结识了一位会讲官话的上海娘姨。

戴　笠

上海的菜贩子欺生，随后，当李燕娥遇到难题时，都是这位古道热肠的上海娘姨挺身而出，帮助燕娥避过了贩夫走卒们的刁难。这样反复几次，李燕娥对这位同样也是女佣的上海娘姨产生了好感，同病相怜，两个女佣渐渐地亲热起来。这位上海娘姨的东家也住在莫里哀路上，距宋庆龄的寓所不远，遇到什么事情，只要李燕娥有求，她必有应。十天半月过去，两个人竟俨然姐妹一般。

其实，这个上海娘姨并不是真正的女佣，而是沈醉奉戴笠之命，蓄意派遣到李燕娥身边来的女特务。

危险正在李燕娥浑然不知的情况下，一步步向宋庆龄逼近。

女特务与李燕娥熟悉之后，几次吞吞吐吐地向李燕娥表示，要跟随李燕娥上她东家去走走。但是，宋庆龄有规定没有她的同意任何人是不能随便带人来到家里的，李燕娥尽管没有怀疑到对方，对于宋庆龄的叮嘱，李燕娥不敢违背的，只是含含糊糊地婉言拒绝对方。

宋庆龄从来不跟着李燕娥外出，也不向她打听其在外出时所遇到的人与事，但是，她始终敏锐地注意着李燕娥在外的活动轨迹，终于，宋庆龄敏锐地捕捉到了女特务的蛛丝马迹。

上海八仙桥的青年会，是民保盟经常租用的开会场所。但是由于被特务们盯上了，于是，作为会议主持人的宋庆龄把新的会址搬到了海凌天主教堂。一天凌晨 2 时，宋庆龄在国民党中央研究院总干事杨杏佛及其保镖的护送下出门，去参加民保盟的会议。临出门时，宋庆龄破例不要李燕娥随行，但是吩咐她在早晨 5 时 30 分左右动身前往地处法租界亚尔培路的海凌天主教堂接她。李燕娥点头应命。

这是民保盟第一次选在海凌天主教堂开会，出席会议的人有鲁迅、蔡元培、林语

堂、邹韬奋等骨干分子。但是，国民党特务们做梦也想不到的是，这次会议时间竟定在了凌晨3时，而且是宋庆龄亲自出席主持。由于没有特务的干扰，这个会议顺顺当当地开了3个小时，在凌晨6点前所有议题都进行完毕了。

在会议刚结束的时候，李燕娥就来到海凌天主教堂的。宋庆龄等一行人从里面步出教堂，李燕娥步履轻松地迎上去。然而，宋庆龄见到李燕娥，马上意识到了什么，问道："是谁陪你来的？"

李燕娥脱口而出："是×娘姨。"

"是她？"宋庆龄顺手一指教堂拐弯处。墙角边，一个女人的身影在那里稍纵即逝，消失在晨曦里。李燕娥点点头，心中惊讶宋庆龄怎么知道自己是上海娘姨陪自己来的。

宋庆龄没有说什么，在众人的簇拥下，坐上了早就停在那边的马车上。鲁迅、蔡元培陪同宋庆龄一起回到了莫里哀路寓所。

送走客人后，宋庆龄把李燕娥叫进了房间。在教堂门前，宋庆龄虽说只问了李燕娥两句话，但已使李燕娥感到夫人所问的话一定有原因，进房后不待宋庆龄问话，她就问道："夫人，您怎么知道今天我是有人陪着来的？"

宋庆龄淡淡一笑："因为你从来没有去过海凌教堂，甚至还不知道教堂是在亚尔培路。"

李燕娥恍然大悟。

"你是什么时候认识她的？"宋庆龄单刀直入，紧接着追问道。

"大约是一个月左右的时候认识她的，她是一个大老板家的娘姨，每天买菜，我都和她见面。"

"她对你有过什么要求吗？"宋庆龄打李燕娥的话头。

"有什么……要求？"李燕娥有些茫然。

"比如说要跟你到家里来坐坐、看看我呀。"

"有，有过。不过，夫人早就嘱咐过不能随便带人到这里，我没有同意。"

"这就好。你发现了没有今天我一看到她，她就急着躲避开了。"宋庆龄意味深长地盯着李燕娥。

宋庆龄的话，使李燕娥也深思起来了。宋庆龄没有再解释，笑着对李燕娥说道："燕娥，要是我没说错的话，明天起，你就再也见不到这位娘姨了。"

结果，宋庆龄果真言中。第二天，李燕娥再上菜场时，再也没见过这个热心的娘姨了，李燕娥心里暗暗佩服宋庆龄的敏感性。

女特务一无所获。国民党特务沈醉一计不成，又了解到李燕娥刚刚与丈夫离婚，马上又想了一个办法，派男特务去勾引李燕娥。当初李燕娥来到莫里哀的时候，介绍人谭老太不是说她丈夫死了吗？怎么突然又离婚呢？李燕娥离婚的事情是这样的：在不久以前的一个早晨，李燕娥从菜场回来。途中，忽然一个五大三粗的汉子迎面拦住她的去路，同时，一个令她魂飞魄散的熟悉的男子的声音在她耳边响起："阿娥，你给我站住！"

"是你，阿桂？！"

李燕娥一见到他浑身一震，如雷击顶，一下子就愣在原地了，挽在臂中的菜篮掉在地上。这个男人就是曾让她求生不成、欲死不能的丈夫。

"没想到吧，阿娥，这几年来，你可把我找得好苦呀！"阿桂狞笑着，麻利地收拾起散落一地的东西，步步向燕娥逼去。

李燕娥揉了揉眼睛，相信自己绝对不是在梦中，情不自禁地发出一声叫喊，转身而逃。但是，随后的阿桂一把用力抓住了她的胳膊："还想跑？这回你可跑不了啦！"

"你、你要干什么？"李燕娥浑身哆嗦。

"我要你跟我回家去！"阿桂两个朝天鼻孔呼呼直喷粗气，橘皮样的面皮上一个个针眼大小的毛孔清晰可辨。

"不！我宁愿死在外边，也不回去！"李燕娥拼命挣扎，但是挣不脱丈夫的手。这时四周看热闹的人已经围上了一大群。

"不识好歹的死婆娘！"阿桂一听李燕娥不跟他走，马上暴跳起来雷霆大发，一把扔掉菜篮，狠狠地揪住李燕娥的头发往地下按。

四下围观的人，纷纷指责这个男子太不像话，仗义的人挺身而出阻止要他住手。众怒难犯，阿桂见状稍稍松了松手，但仍然死死抓住燕娥的胳膊不放大声嚷着："这是我明媒正娶的老婆，几年前，就背着我跑了，今天我好不容易才找到她！"

李燕娥不知如何回答，只是嘤嘤地哭泣着。

围观的众人见阿桂言之有理，不平之声渐渐平息。这时阿桂冲李燕娥咆哮道："说，这几年你都躲哪里去了？"李燕娥流着泪水，闭口不作声。

"妈的，没有野男人，这几年你靠谁吃谁呀？看你穿得光鲜冰滑，养得肉肥皮嫩的！"

"阿桂，我、我们到一边说去，好不好？"李燕娥恐惶地环顾着四下，低声下气地哀求道。她知道自己现在是宋宅女佣，不能再给宋庆龄添什么麻烦。

阿桂同意了，像押送犯人一样随着李燕娥来到了一个无人处。

在僻静无人处，李燕娥泪如雨下，把自己这四五年来的情况一一告诉阿桂，但是她没说出自己所服侍的人家是谁，只推说是一个大户人家。

"你倒好，一个人在这花花世界享清福，把我一个人甩在广东。你知道我这几年过的是什么日子吗？"阿桂相信李燕娥的话没假，气也渐渐地平息了下来，"那好，现在跟我回广东。"

"阿桂哥，你就饶了我吧，我好不容易才……"李燕娥不敢正视阿桂凶神恶熬般的面目，胆怯地求道。

"没那么便宜的事！当年我家在你身上花了多少银子！你一个饶字就这样算了吗?！走，我跟你一起上你东家吃香喝辣去，想享福一起享！"

阿桂欺负李燕娥惯了，见她不吱声，更是得寸进尺。"别，阿桂，我求求你了，求你放我一马。"李燕娥吓得双膝都软了。她并不是怕自己当时因向宋庆龄隐瞒了真情而丢了饭碗，而是担心阿桂一闹，会使本来生活就不安宁的宋庆龄生活又添麻烦。

"那，你说这事怎么个了结？我不可能冻死饿死在这上海滩吧？"

阿桂说到这里，李燕娥才发现他衣衫褴褛，面如菜色，活像一个乞丐，于是，掏出身上所带法币，放到阿桂面前："这是东家给我买菜的，我都给你了。"

阿桂的眼睛里放出光芒，但是他并不罢休："打发要饭的吗？"

"只有这些了。你就行行好，饶了我吧。"

　　阿桂是看着李燕娥长大的，他熟知她的秉性脾气，明白她已倾囊而出，于是见好就收，一把接过法币，冷笑一声，头也不回扬长而去。随即，李燕娥逃也似的回到莫里哀路29号。

　　李燕娥丧魂落魄地进了门。这时，宋庆龄正在伏案工作，对李燕娥神态上的细微变化没有觉察。

　　自从遇上阿桂后，满腹心事的李燕娥魂不守舍，不是饭烧焦了，就是菜里的盐放多了，甚至煮咖啡溢了壶居然也不知道。外出上街办事，更是提心吊胆，如履薄冰，生怕再遇见阿桂。

　　李燕娥从小父母就去世了，没有双亲，无依无靠。6岁那年，被远房叔叔卖给做鱼贩子的阿桂家做童养媳。广东香山有首民谣：童养媳，童养媳，日做佣人夜做妻，丈夫尿尿片，男人做爸咪，童养媳眼泪拌鼻涕……事实上，做童养媳，是一种苦难，既是人家不花钱娶的妻子，又是一家人的女佣。李燕娥熬到了14、15岁时，比她年长近20岁的光棍阿桂，不顾小燕娥的拼命反抗，一次次向她滥施淫威。李燕娥忍受不了阿桂的虐待与摧残，一个月黑风高夜，她趁夫家不防备，逃到了一个远房的姨娘曾当过孙中山家女佣的谭老太家，躲藏起来。

　　为了使谭老太放心带她出逃，她隐瞒了丈夫阿桂的实情，告诉谭老太说年幼的小丈夫病亡了，她受不了公婆的虐待，所以逃出来。谭老太抚摸着李燕娥的遍体鳞伤动了恻隐之心，听信了小燕娥的话，把她带到了上海宋庆龄家中。

　　在以后的岁月里，尽管在宋庆龄家中日子过得很好，但是李燕娥还是暗暗提心吊胆，担心夫家找来，使她编造的假话全部水落石出，惹得夫人生气，从而不得不离开夫人。阿桂出现在上海街使她的担心变成了现实。虽然给了他钱，但是，她预感事情并没了结。

　　果然，李燕娥用钱打发阿桂走后没过两天，当李燕娥上街买菜时，阿桂又出现在她的面前。为了息事宁人，李燕娥不得不又花钱消灾，倾囊而出，打发了阿桂走。

　　宋庆龄从来不过问家里经济情况，没有觉察到李燕娥钱袋中钞票明显减少的现象。但是，阿桂是个无赖，他抓住了李燕娥的软弱处，把她当作了摇钱树。只过一天，他又嬉皮笑脸地出现在李燕娥的面前要钱。李燕娥再也不能容忍阿桂的敲诈，不再理会他。

　　但是，阿桂并不善罢干休。他暗暗尾随着李燕娥，来到了莫里哀路29号，然后，在宋庆龄寓所的铁栅栏前开始对李燕娥破口大骂。他知道只要自己这么一闹，至少会激怒东家，李燕娥就会屈从于他，于是，又蹦又跳，什么污言秽语全都倒饬出来。

　　阿桂的谩骂声终于惊动了里面的宋庆龄，她隔窗望着外面的粗野汉，并且听懂了阿桂的香山话，向里屋正在做事的李燕娥问："燕娥，这是怎么回事呀？"

　　事到如今，李燕娥再也无法隐瞒，含着眼泪向夫人如实地说明实情。说完，她以为宋庆龄会因她的隐瞒实情而生气，并且因为阿桂的吵闹辞退她。但是，宋庆龄却说道："去，把他叫进来，我跟他谈谈。"

　　"夫人，我不能连累你，我走……"李燕娥抹着眼泪，哽咽道。

　　宋庆龄抚摸着李燕娥抽搐的肩膀，像大姐姐似的用手帕擦去她脸颊上的泪水，"现在，我问你一句话，你愿意跟丈夫回广东吗？"

　　"夫人……"李燕娥泪如雨下，把头摇得像拨浪鼓，"打死我我也不回去。"

"那么，你叫他进来，我有办法的。"宋庆龄自信地说道。李燕娥应命而去。阿桂不知道里面住着的是什么人家，不知天高地厚地昂首挺胸，长驱直入来到客厅，见到雍容典雅端坐的宋庆龄，也不打招呼，大模大样地一屁股坐在宋庆龄对面的沙发上，跷起二郎腿，顺手在茶几上的烟筒里拔香烟。

"你……狗胆包天！"李燕娥气愤地喝道，这一声喝吓得阿桂连忙缩回了手。

宋庆龄向李燕娥摆摆手，阻止李燕娥发作，然后，平静地向阿桂开了口："听说你是李燕娥的丈夫？"

"这不是听说的，而是货真价实的。你可以问她嘛。"阿桂吓了一下心里虚，但是嘴上还是很硬。

"有什么凭证？"

"没有金刚钻，不敢来揽这细瓷器。当然有。"

阿桂从胸前掏出一张稀皱发黄的纸片，向宋庆龄扬了扬。

宋庆龄微微一笑："实话告诉我，你想把它换多少块大洋？"

阿桂没想到这位阔太太会直截了当地问出这样的话来，先不由怔了一下，醒过来后马上狮子大开口："至少得一千块大洋！"

"开价太高了，依我看，两百块也就差不多了呢。"宋庆龄竟然也与他讨价还价起来。

"什么？"阿桂装作快跳了起来，他不能白白放掉这块肥肉，"你当我是要饭的吗？！少一块，别想你能留得住她！"

"那，"宋庆龄装作爱莫能助的样子，两手一摊，"那，我只好让她跟你走了。"

说到这里，她转向一边的李燕娥命令道："去，把你的行李准备好了，离开这里吧。"

李燕娥含泪点点头，应命而去。阿桂却一下子两眼睁得大大的，一时不知所措。不一会儿，李燕娥手提着简单的行李来到宋庆龄面前，向宋庆龄深深鞠了一躬："太太，我连累你了。"

"这是十块银元，算是我结给你的工钱。你拿着，走吧。"宋庆龄从壁炉橱上的抽屉里取出十块银洋，放到李燕娥面前。阿桂看到宋庆龄真要放李燕娥走，再也按捺不住，声音低了许多："那就五百块，再也不能少了！"

宋庆龄未动声色，顺手又从抽屉里取出一样东西，沉甸甸地放在手上。

这是一支"勃朗宁"手枪，小巧玲珑，乌黑锃亮。阿桂见了，吓得两眼发直，如坐针毡，浑身不自然地颤抖起来。客厅里鸦雀无声，只有落地座钟"嘀嗒嘀嗒"地发出摆动的声音。宋庆龄看着无赖阿桂，冷笑道："现在放在你面前的只有两种选择，一是留下那张纸头，拿了两百块银洋走人；另一种方法是由我亲自打电话，通知巡捕房来人会一会你。"说完，宋庆龄把目光投向了一边的那架壁挂式电话机。

阿桂顺着宋庆龄的目光扫去，不由浑身打了一个寒颤。这时，他明白了，眼前这个阔太太绝非是一般的人物，更不是随随便便可以让他在这里撒野敲诈的，于是心中打定主意：识时务者为俊杰，拿了钱走为上计。

"怎么样？你如何选择？"宋庆龄冷冷地问。

阿桂声音颤抖地低声答道："我，我就要两百块吧……"

宋庆龄冲他鄙夷一笑，示意李燕娥把两百元银洋送到阿桂面前。阿桂张开双手，抢也似的把那堆银洋揽到怀中，站起身，头也不回转身便欲逃去。

"就这么走了？"宋庆龄轻声喝问。

一声提醒了阿桂，他连忙又回来，不用再提醒从怀中掏出那张和李燕娥的结婚证，放到李燕娥手中后，说了句："我同意离婚。"话音未落，就慌不择路地溜出了宋庆龄寓所。

"夫人……"关上寓所的铁栅栏门，回到客厅，李燕娥便再也忍不住心中激动，一头扑到了宋庆龄怀中泪如雨下。

对此，沈醉派来的特务在监视宋宅时的记录是："今上午8时许，有一相貌猥琐、衣着破烂的男子在宋的女仆的引导下，进入客厅，半小时后才离开宋宅。"

但是，军统特务很快就弄清了阿桂的情况。据此，沈醉开始实施了另一个接近宋庆龄的计划——美男子计划。

在阿桂走后没几天，一天早晨李燕娥上街买菜又发生了一件意外的事情。在李燕娥回来的路上，忽然，一辆急驰而来的出租汽车无声无息地从李燕娥身后擦身而来，李燕娥急忙退到路边，但是还是被汽车掠倒在地。结果，人没伤着，菜篮子却给压扁了。这是一辆美国产的"泼莱冒斯"顺风牌轿车，这种车在当时十里洋场上不多见，只有美国人办的汽车出租公司里才有。

李燕娥猝不及防被身后袭来的"泼莱冒斯"掠翻在地，还没醒悟过来，车门就已经打开，一个20多岁的小伙子跳下车来，面红耳赤地来扶她："对不起，对不起。吓着你了。"

年轻小伙操着一口半生不熟的官话，连连向李燕娥赔不是。这小伙子长得唇红齿白，细皮嫩肉，身材高大，一表人才。但是由于闯了祸，似乎心情很紧张，脸涨得通红。李燕娥被撞得好痛，手按地想自己爬起来，但是努力了几下却爬不起来。小伙子伸出右手，握住了李燕娥的手，左手拉住她的臂膀，然后轻轻地把她拉了起来。

就在这一瞬间，小伙子的手柔软温热，似有一股无形的电流通过李燕娥的手掌，徐徐地涌向她的全身。望着面前这个惊慌失措的年轻人，感受着对方那温文有礼的神态，李燕娥受惊吓发白的脸上也不禁浮上一层红晕。周围围观的人很多，众目睽睽下，李燕娥反而觉得不好意思了，又羞又恨地一甩手，摆脱了小伙子的搀扶。

"小姐，撞痛你哪里了？要不要送你去医院看看？"年轻小伙子关心地问道。一口细白的牙齿漂亮极了。

李燕娥揉揉腰，搓搓背，只是感到臀部疼痛，心想着自己的菜，抬头四看：菜篮子压扁了。

"你赔我！"李燕娥心里的气又来了。

"是，是，我赔你。"年轻伙子弯下腰，手忙脚乱地拾着散落一地的青菜萝卜，然后笨拙地努力着把那只压扁了的竹菜篮恢复原状，但是那笨手笨脚的窘迫样子在李燕娥眼中，却像一个在大人面前闯了祸挨打的孩子那样可爱。李燕娥竟忍俊不禁，"扑哧"一声差点笑了起来。年轻小伙子努力把青菜萝卜装进压得不成样子的菜篮子中，然后小心翼翼地看着李燕娥："小姐，你、你看……"

李燕娥又气又好笑，看了一眼他，把菜蓝子拿过来。

"哎哟!"年轻伙子突然失声叫痛。原来李燕娥拿篮子时动作太快,破篮子的竹片太锋利,把他的手掌心给划破了,随即他嫩白的手掌冒出殷红的鲜血,上面还留下了几根竹刺。

这回轮到李燕娥疚愧了,她直搓双手,走近前两步嘟哝道:"我,我不是故意的……"

但是,对方并没有回答她,李燕娥抬眼看他时,只见他也正目不转睛地看着自己呢!"唰"一下,李燕娥的脸顿时红了。正在这四目相视中,两人一时都愣了……但是年轻伙子比李燕娥机灵,他很快就恢复了常态,随即拉上李燕娥重新上菜场,补买了菜篮子和菜,最后还用车把李燕娥直接送到宋宅的大门口。

到了宋宅门口要分手了,小伙子含情默默地看着李燕娥,似乎不舍离去,随即他又往李燕娥手里塞了几万法币,好像是对李燕娥的补偿。

李燕娥几番推托,但是还是被他塞在手上。李燕娥手捏着票子,望着眼前这位潇洒漂亮、出手大方的小伙子,顿时一种好感涌满了心田,望着对方,欲言又止。

"小姐,我姓李,你就叫我小李好了。如果你身体有什么不适,你就找我好了,我会负责的。"这位小李真诚地对李燕娥说道,然后开车离开了。

李燕娥站在原地,目送小李驾车远去后,才推门进院。

以后几天,李燕娥天天上街买菜,但是再也没有见到这位帅"小李"了。第五天,当她提着菜篮从菜场里出来后正往莫里哀29号走去时,一辆黑色锃亮的"泼莱冒斯"出租车打着铜铃,从她面前缓缓驶过,然后应声停下,车门开处,精神抖擞的"小李"又出来了。他们又见面了,但是这一次两个人像老朋友似的交谈起来了。以后,渐渐地,他们交往多起来了,两人偶尔还在下班后一起外出散步,像情人一样亲亲密密地逛街看电影。

当宋庆龄发现李燕娥沉浸在与"小李"的热恋中时,已经是他们相识一个多月后了。开始看到李燕娥整天笑容满脸,一副欢快的样子,宋庆龄还以为她是因为终于摆脱了阿桂的魔影而兴奋,但时间一长,却发现事情不是那么简单,李燕娥的圆脸庞上洋溢着青春的红晕,有事没事总荡漾着莫名微笑,而且每天早上出门买菜的时间也一天比一天长了,有时晚上也借故出去。宋庆龄与李燕娥朝夕相处了整整5年,李燕娥细微的神态变化使她有所觉察。一天午饭后,忙里偷闲,宋庆龄突然问李燕娥:"燕娥,这一阵来,你好像有什么心事瞒着我吧?"

李燕娥的脸一下子红了,面对宋庆龄突如其来的发问,看着宋庆龄一双意味深长的眼睛,她手足无措,支支吾吾地把自己与"小李"的奇遇奇恋的故事讲给了宋庆龄。

"夫人,本来,我是想过几天再告诉你的。可是,他向我求婚了。现在,我也不知道应该怎么办……"由于羞涩与慌乱,李燕娥有些语无伦次。

但是,没等李燕娥说完,宋庆龄脸上的笑容就慢慢地消失了,她严肃地琢磨着李燕娥说的每一个字,久久没有吱声。好一会儿,她才微笑着对李燕娥说道:"男大当婚,女大当嫁。关于你的终身大事,我本来是没有资格发表意见的。但是……"

"夫人,你就是我的亲人,我不相信你还能相信谁呢?你就为燕娥做主吧!"李燕娥诚恳地说道。

"那好,你把小李带到这里,让我看看。我还有几句话想问问他呢。"说到这里,宋庆龄略有所思地补充道，"这是个非常时期，我们受不得骗，不得不防啊！"

李燕娥听出了夫人的话中之音，神色也肃穆起来，不由连连点头。

这几天，特务们在宋宅周围的活动更频繁了。以前他们只是在大门前的马路上游荡向内监视，现在，他们的身影出现在 29 号后面的一幢居民房大楼顶上，有一次，在夕阳西下的时候，李燕娥发现后面大楼顶上有一闪一闪的奇异的亮光出现，她急忙向宋庆龄作了汇报。宋庆龄说这是望远镜的镜头在阳光下泛射出来的亮光。

第 3 天上午，李燕娥应命把"小李"领到了莫里哀路 29 号。宋庆龄一看，"小李"果然是一个英俊潇洒的小伙，身材高挑，五官端正，一副城里人的样子。"怪不得燕娥要为他神魂颠倒啊！"宋庆龄心里想。

"小阿弟，侬在给哪一个公司开车呀？"宋庆龄用一口纯熟的上海话向对方发问。

"我在×××公司开车。""小李"局促地坐在宋庆龄对面的沙发上，也用沪上方言回答道。

"老板是啥人呀？"宋庆龄又问。

"老板是×××。"

"一个月拿几担米钿呀？"

在三四十年代的上海，计算报酬都是以时行米价为基准的，当时两担米等于一块银元，所以宋庆龄的问话很内行。

"一个月……四担米。"

这时，宋庆龄忽然停止了问话，视线落在"小李"的脚下。

"小李"发现宋庆龄看他的脚，脸忽一下涨得通红，本能地把双脚往沙发下那长长的布沿下躲。

宋庆龄没动声色，又问了他几句话后，便不再理会对方，起身上了楼。上楼时，她暗中向李燕娥使了一个眼色。李燕娥心领神会，与小李子寒暄了几句话，便马上把对方送出了宋宅。但是临分手时，李燕娥发现"小李"脸色苍白，言行举止也没以往那样潇洒自如了，匆匆离去时，甚至连头也没回一下。李燕娥略有所悟，心事重重地回到楼上。宋庆龄已坐在房间里等她了。李燕娥一进门，她就开门见山地说道："燕娥，这是一个特务！"

李燕娥浑身一震，她最担心的事终于发生了。但她还不甘心，急问道："他也是……特务？"

宋庆龄果断地点点头："是的。"

"夫人，为什么？"

"第一，×××汽车出租公司向外发租，实际上，出租车的司机是按每 10 天的收入额分期结账，多就奖，少就扣。租车人要在租车前一次性向公司交上一定的保证金，而他说结账是一个月。第二，一般开出租车的司机，都只能赚一点微薄的工资。而那人脚上穿的是一双价值昂贵的鳄鱼牌意大利的进口皮鞋。这是一般大老板才穿得起的啊。第三，燕娥，就是这小李确实长得很漂亮，与你相比，你就明显地与他不相配。这么一个大上海，美女如云，他为什么谁也看不上，偏偏就看上了你呢？难道这真是你们之间的缘分吗？"

李燕娥又急又窘，眼圈都红了："怪不得刚才分手时，我就看出他的神态不自在，连再见也没说，就逃也似的走了。"

"他这一走，恐怕就再也不会找你了，甚至，你在马路上也见不到他了呢。"宋庆龄猜测道。

闻听此言，李燕娥不知是伤感还是气愤，眼泪终于熬不住，夺眶而出。她忙掀起衣襟擦脸去。

"唉——"宋庆龄长长叹了口气，愤怒地在屋里踱着步，自言自语道："可恨可笑，姓蒋的居然连这种手段也都用了出来。一会儿女特务，一会儿美男计，他实在是用心良苦呀！"

尽管宋庆龄已把事情的真相揭露出来了，但是，李燕娥大概是第一次真正恋爱，思想上还是一时仍转不过弯来，几天夜晚里，心情矛盾而又复杂，难以入睡。她睡在宋庆龄隔壁的房间里，翻来覆去的声音宋庆龄听得清清楚楚。宋庆龄了解此时此刻燕娥的心情，当她耳闻着李燕娥在隔壁承受着情感的煎熬时，她竟触景生情，暗暗流下了眼泪。

这一事件之后，宋庆龄好几次把李燕娥的遭遇吐露给何香凝。何香凝知道了，一次主动做媒，打算把自家一个忠实厚道的男佣介绍给李燕娥。没想到何香凝一走，李燕娥便哭着扑倒在宋庆龄的怀中："夫人，这辈子，燕娥是不再嫁人了，我愿终身陪伴夫人，直到百年之后，除非夫人不要我……"

宋庆龄百感交集，她扶起燕娥，真情地劝道："燕娥，别这样想，我和你不一样，有合适的机会，你还是……""不，夫人，我和你是一样的。燕娥从小就是一个人，没有兄弟姐妹，夫人不嫌弃，你就是我的亲姐，你就把我当做亲妹妹吧。"李燕娥声泪俱下，激动得浑身打颤。宋庆龄也控制不住自己的心情，她用力扶起李燕娥，哭出了声音来："燕娥，让我们相依为命白头到老吧。"

就从那天起，宋庆龄改口把李燕娥称为李姐，并一直这样叫到她终老。后来，曾有人问宋庆龄：为什么把比她小了19岁的李燕娥称为李姐，是不是因为李姐个头长得比她高，比她胖的缘故？宋庆龄摇摇头，严肃地告诉来人说，什么都不是，而是李姐的品行要比她还要高扬坚定。

沈醉他们打入莫里哀路29号的阴谋连连破产后，蒋介石只好命令他们长期监视宋庆龄。

于是，两个特务分上下午轮流守候在宋庆龄寓所附近，日夜监视出入宋宅的车辆，记录来往的人员，每周写出监视报告送往南京。

然而，这终究阻止不了宋庆龄主持正义，反对蒋介石法西斯统治的行动。宋庆龄不除，蒋介石的一块心病也终日难消。在戴笠的催促下沈醉又想出了一个撞车阴谋：把宋庆龄撞成重伤，使她不能再四处活动。他把这一计划报告戴笠。

戴笠认为这个办法好，同意了。他一边叫沈醉反复琢磨细节，做好准备，一边亲往南京请示蒋介石，请他最后裁决方案。

蒋介石听后，顾忌宋庆龄在国民党内部和全世界的崇高威望，又担心把宋庆龄撞成重伤或撞死，宋美龄和宋子文会大吵大闹。国民党内部又矛盾重重，一着不慎，事情晓之于众，自己反有被巨浪吞没的危险。他考虑再三没有同意这个方案。

上海滩的流氓头子杜月笙也多次撺掇蒋介石杀掉宋庆龄，绝掉后患。这件事不知怎的被宋美龄知道了，宋美龄大发母老虎的威风，命人把杜月笙找来大骂了一顿。几天后，宋美龄专程到上海探望二姊，并劝说二姐放弃反蒋活动，但是没有结果。事隔不久，戴笠策划的撞车阴谋又被宋美龄知道了，闻听有人又要害姐姐，她立即找到蒋介石大吵大闹。蒋介石只好向她做出保证，不准手下人伤害宋庆龄。宋美龄这才罢休。

尽管匿名信、恐吓电话一直没有停止过，宋庆龄处在魔影的笼罩下，但是，她并不退缩，而是继续勇往直前，又开始了新战斗。

宋庆龄

第八章 反　战

在白色恐怖中，宋庆龄与共产党合作，思想发生了
巨大的飞跃，与国民党当局斗智斗勇使她充满了传奇的
色彩。

1933年8月18日上午，上海中栈码头上站着一群群手里举着新旗，拿着锣鼓的工人、学生。同时也出现了一些荷枪实弹的军警。路边、角落里、栏杆上，一些头戴鸭舌帽的国民党特务或蹲着，或倚靠着，斜眼盯着附近的工人和学生们。一切波谲云诡……明眼的人一看，就知道这里不寻常的气氛。

远处，一艘巨轮劈波斩浪而来，顿时，工人和学生敲响了震耳的锣鼓，军警们上上了刺刀，戴鸭舌帽的特务站起来，人们拥向码头的入口。

轮船上即将到来的是国际反战代表团代表。学生和工人热烈地喊着欢迎口号，特务对他们怒目面视，正准备大打出手……

宋庆龄到码头迎接与会代表

码头上充满了紧张的气氛，一场格斗似乎不可避免了。正在这紧张的关头，一辆小车在码头戛然而止。车门一开，走下了仪态端庄的国母宋庆龄，她向那群特务鹰犬投去严峻的目光。这些刚刚还张牙舞爪的不逞之徒一个个像泄了气的皮球，一下子变得灰溜溜了。

巨轮靠岸了，宋庆龄登上轮船，迎接马莱爵士和其他国际反战代表团代表。

以英国勋爵、工党议员、世界知名和平人士马莱为首的，包括法国共产党领导人、法共机关报《人道报》主笔伐杨·古久里，比利时社会党人马尔度以及英国汉密尔敦的国际反战代表团一行这次来上海，是参加世界反对帝国主义战争委员会远东会议的。

"九一八"事变后，蒋介石把阻止日本侵略的希望寄托于国际联盟的调解。国联理事会曾派李顿为团长的调查团来中国，调查"九一八"事件。李顿为首的代表团不顾事实，发表所谓"调查报告书"，说"九一八"事变的发生，是因为中国人抵制日货。日本侵华是为了消灭"赤色危险"。他最后提议国际共管东北。李顿的调查报告书遭到了中国人民和世界进步人士的强烈谴责。1932年罗曼·罗兰领导的世界反对帝国主义战争委员会决定派出巴比塞领导的代表团重新调查日本侵略东北的情况。

由于日本军国主义已成为策动世界战争的重要根源之一，在阿姆斯特丹成立大会上，世界反对帝国主义战争委员决定在远东召开一次代表大会远东泛太平洋反战大会，讨论如何遏制日本和其他帝国主义策动战争的阴谋，并调查日本侵略中国东北的罪证。

宋庆龄是世界反战大会发起人之一，又是世界反战委员会的名誉主席，接到召开远东反战大会的通知后，立即复电表示欢迎。中国民权保障同盟从1933年2月就开始筹组这次会议。2月初，总干事杨杏佛曾两次向报界介绍即将到来的调查团和远东反战大会的筹备情况。

这时，中国共产党也接到了召开远东反战大会的通知，于是派人和宋庆龄协商一起进行欢迎调查团和筹备反战大会的工作。宋庆龄欣然同意，双方决定具体事宜由 3 月 8 日成立的国民御侮自救会筹办。

但是，国民御侮自救会成立后很快被国民党政府解散，筹备工作受挫。由于时间紧迫，中共中央指示中共江苏省委与宋庆龄协商，由宋庆龄公开出面筹备，中共江苏省委宣传部长冯雪峰负责具体工作。同时，上海各界成立了欢迎巴比塞代表团及远东反战会议筹备委员会，宋庆龄任主席，公开活动由民权保障同盟进行组织。

这次会议原来是准备在日本召开，中国共产党曾派楼适夷到东京与日本共产党负责人商讨开会事宜。日本代表认为在军国主义日益猖獗的形势下，在日本召开反战大会是绝对不可能的。他们认为上海有广大的久经考验的革命群众，并且公共租界的特殊情况对于召开会议也比较合适。于是，双方决定大会在上海举行。

本来反战代表因是由巴比塞带队的，临近启程时，他的身体健康发生恶化，马莱就受命出发了。

但是，当筹备工作紧张有序地进行时，风浪骤起。6 月 18 日杨杏佛遭到暗杀，同盟的许多重要人物受到威胁，筹备工作一下子又濒于瘫痪。

在生命受到威胁时，宋庆龄置个人生死于度外，以民权保障同盟为基础联合上海文学界 40 多个团体，成立了中国领土保障同盟，继续进行公开的筹备工作。大会的日期在预定中一日一日临近。

8 月 5 日，朱德代表中华苏维埃中央革命军事委员会从瑞金给宋庆龄拍来贺电。中华苏维埃共和国临时中央政府主席毛泽东、副主席张国焘、项英也先后代表苏区政府发来贺电。

国民党当局对这次大会怕得要命，16、17 日逮捕了参加筹备工作的骨干张凌清和刘其明，他们封锁大会的消息，并扬言不准反战代表团在上海登岸。宋庆龄亲自上船迎接国际代表，国民党特务策划多日的阴谋一下子就破产了。鲁迅也参加了欢迎仪式。代表团在群众的护送下住进了华懋饭店。

但是，国民党反动当局并不甘心失败，竭力破坏远东反战大会的召开。他们派出大批警探跟踪国际代表，下令华界和租界都不得租借会场。宋庆龄的住宅也被特务完全包围了。在这种情况下，没有人敢把会场租给大会。许多邀请与会的人被吓走了。

宋庆龄和共产党合作与反动政府斗智斗勇，进行了一场惊心动魄的较量。

为了迷惑敌人，防止敌人对大会的破坏和阻挠，筹备会决定举行秘密会议。参加筹备工作的同志故意散布会议将不在上海举行的烟幕。《字林西报》发布出了这样的消息：

各界反战会放弃在沪开会已接到巴黎总部训令，代表决定本周离沪。

同时，中共江苏省委为大会秘密举行进行紧张的筹备工作。一面积极寻找会场，接待中外代表，一面暗中安排国际代表到有群众基础的复旦大学、上海美专、恒丰纱厂、

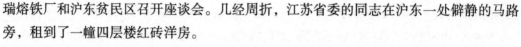

瑞熔铁厂和沪东贫民区召开座谈会。几经周折，江苏省委的同志在沪东一处僻静的马路旁，租到了一幢四层楼红砖洋房。

为了避免国民党特务的注意，中共地下党员郑育之和周文住进了这套住宅。他们以结婚的名义，把一切准备工作做好了。

29日晚上，分散隐蔽在各处的代表扮演成参加婚礼的宾客分批陆续进入了楼内。一切准备就绪，大会马上就要开幕了。

30日早晨，东方刚刚发出鱼肚白的亮光，晨曦正在驱赶黑暗，代表们都到齐了。突然大门一开，宋庆龄身穿黑色旗袍来参加会议了。凌晨，她一出门就被监视她的特务暗探盯上了，经常在特务的监视下，宋庆龄已经练就了一套对付特务的本领。她命令司机按照她的指示七拐八转，一下子就把特务像甩尾巴一样甩掉了。

宋庆龄一到，会议就开始了。代表团在简陋的条件下席地而坐，共产国际的四位代表和宋庆龄坐在木箱上。宋庆龄担任执行主席主持会议。

在简陋的条件下，代表们选举马莱、古久里、马尔度、宋庆龄及东北义勇军代表、苏区代表等9人组成主席团，推举毛泽东、朱德、鲁迅、高尔基、巴比塞、台尔曼和孙中山的日本好友片山潜为大会名誉主席。宋庆龄首先致开幕词。

然后，马莱向大会报告各国目前面临帝国主义战争的形势，痛斥了法西斯和反动派镇压革命、屠杀人民的罪行。

接着，宋庆龄作主题报告《中国的自由与反战斗争》，她在报告中指出：

目前，是资本主义制度垂死的时代，……无产阶级领导着全世界被剥削被压迫的人民，一切资本主义国家、殖民地和半殖民地国家里的工人和农民从事斗争，因此，社会主义和无产阶级便成为我们这一时代，最迫切的社会需要。

接着她说：

革命阶级为反抗压迫而使用武力，是完全有理由的，被压迫人民为争取民族解放而使用武力是完全正确的。在这两种情形下，武装斗争是必需的，因为反动势力不会自动放弃他们的权力……只有从这些斗争中才能发展权力和力量，来解放中国，统一中国。

宋庆龄的见解震撼着代表们的心灵。她向世界宣布：

以日本帝国主义为首的瓜分中国的运动，将加速整个亚洲、中国和整个资本主义世界的革命势力的发展。

在报告中，宋庆龄表明了她拥护中国共产党领导中国革命的立场，她说：

只有实现无产阶级革命、土地革命与反帝革命，才可以建立使中国将来发展到社会主义的基础。

她大声呼吁：

团结起来，用我们最大的力量来保卫苏区，支持红军第五次反"围剿"的战争。

这时候，宋庆龄在长期的血与火的洗礼中已经逐步成为一个马克思主义者，一个党外布尔什维克了。

宋庆龄作了主题报告后，苏区红军代表汇报了苏区工农群众生活斗争的情况，介绍了苏区红色政权和白军情形。之后，席地而坐的代表们声音低沉而热烈地进行着讨论。宋庆龄不时用流利的英语、法语和华语进行翻译。会议紧张而有序地进行着。

在几乎是低声耳语中，代表们讨论通过了《反对帝国主义战争、反对法西斯的决议及宣言》、《反对白色恐怖的决议》和《反对帝国主义国民党对苏区红军第五次"围剿"》等决议。

大会宣告成立远东反战同盟中国分会，选举了宋庆龄为主席。

黄昏时分，大会进行了一整天之后，胜利结束了。然后，代表们有计划地分批撤离了会场。

尽管国民党当局设置重重障碍，使出种种花招去破坏这次会议，但是，却万万没想到大会在他们的眼皮底下已经成功地闭幕了。当大街出现了庆祝会议胜利召开的标语和传单后，他们才如梦方醒，赶紧派人去寻找会场。

直到10月2日上海许多报纸刊登远东反战大会召开的消息，才知道这座作为远东反战大会的会场的红色楼房就紧挨着公共租界巡捕侦探头子的住宅。当他们气急败坏地赶来时，已是人去楼空了。特务一无所获。

在白色恐怖中，宋庆龄与共产党合作，思想发生了巨大的飞跃，与国民党当局斗智斗勇使她充满了传奇的色彩。

秋天很快就过去了，转眼又是冬天。这时的福州也在季节的变化中越来越冷了，天沉闷得犹同头上灰蒙蒙的云层，一派萧杀。

从淞沪抗战中撤离出来的蒋光鼐、蔡廷锴的19路军正在这里"围剿"红军。淞沪抗战唤醒了全国人民反击日本侵略救国救民的热情。他们受到全国人民的赞颂，但是同时却受到了蒋介石的迫害，被赶到了福建打内战。民族危机日益加重，19路军对内战越来越厌恶。

第三党的黄祺翔、谭平山等在邓演达被杀害后继续进行反蒋活动，他们积极推动19路军与蒋介石对抗。在国民党内李济深、陈铭枢等爱国人士的支持下，19路军公开举起反蒋抗日旗帜，发动了福建事变。

旋即，第三党和19路军成立了中华共和国人民革命政府（后通称福建人民政府），进行反蒋抗日的军事行动。

福建事变一发生，国民党当局就说宋庆龄与这一事件有关，散布她已经到了福建的谣言。由于宋庆龄与第三党黄祺翔、陈友仁等的历史渊源，加之她在淞沪抗战大力支持19路军，谣言一出，沸沸扬扬。

受共产国际和中共"左倾"思想的影响，宋庆龄把这个复杂而又进步的事件看做是她一个月前在远东反战大会报告中所说的历史上国民党各派军阀的内部的斗争。11月21日，她发表了书面声明，进行辟谣，阐明自己与福建事变无关，并且在声明中她把福建人民政府也斥之为军阀政客集团。

尽管如此，宋庆龄在全国人民心目中的声望还是与日俱增，12月29日，上海女声社发起选举中国现代伟人民意测验，结果揭晓公布，她被推举为现代女伟人第一名。

牛兰夫妇被无理判刑，引起中外进步人士的强烈抗议。宋庆龄作为牛兰夫妇营救委员会主席，一直没有放松营救牛兰夫妇工作。12 月，她又亲自致电汪精卫、罗文干，指责揭露他们玩弄空言，搪塞正义的人们，严正要求将如何处置二人做出明确答复，再次要求特赦牛兰夫妇。

　　由于宋庆龄等国内外人士的大力营救，嗜杀成性的南京当局对牛兰夫妇都不敢再下毒手了，他们只好把牛兰和夫人继续羁留在狱中，以缓缓平息人们的愤怒。

　　宋庆龄在上海战斗的同时，共产党人在内地穷乡僻壤进行着改变中国历史进程的斗争。但是，由于王明的"左"倾路线，第五次反"围剿"以失败告终，苏区红军开始了著名的长征。在长征路上，中共处处被动，一路挨打，辗转数省，直到到达贵州仍不能打破危局，在遵义城，中国共产党毅然召开政治局扩大会议，把王明"左"倾路线送上末路，确定了实际上以毛泽东为首的党中央，在毛泽东的正确领导下，红军四渡赤水，突破乌江天险，红军走出困境，一路高歌向前。

　　在国民党几十万大军的追赶和袭击下，长征前后持续一年，行程 25000 里，跨越了无数雪山和草地，最后胜利到达陕北延安。

　　而自从 1933 年 1 月日军攻陷山海关，铁蹄深入关内后，日本又把侵略魔爪伸向了冀东和察北地区，以武力到处制造事端，胁迫国民党对他们做出更大的妥协和让步。

　　国民党政府坚持"攘外必先安内"的政策，从 1932 年至 1935 年先后与日本签订了《淞沪停战协定》、《塘沽协定》、《何梅协定》和《秦土协定》等一系列丧权辱国的条约，事实上承认了日本占领东北三省和热河省，承认长城一线为伪满洲国的"国界"，使华北各省门户洞开，东北军、中央军和宪兵第 3 团撤离河北，接着南京政府又取消国民党在冀察两省一切党部，取消全国一切反日团体和活动，成立察东非武装区，从此日本军队大批涌入关内，占领平津一带战略要地，日军的坦克在平津的通衢大道上耀武扬威地辗过，飞机呼啸地掠过人们的头顶……

　　日本的侵略和残暴使中国人民同仇敌忾。中国共产党在长征途中提出了《中国人民对日作战的基本纲领》。

　　《纲领》在前言中沉痛地说：

　　现在全中国的民众不管是汉人或其他民族（蒙古、回族、满族、西藏、苗瑶等等）都处在一个非常危险的生死关头，他们都有受日本帝国主义轰炸、枪毙、砍杀、拷打、强奸、侮辱的危险。他们更是都要受冻挨饿，受穷失业，他们将要受到和高丽人、台湾人同样的悲运，他们将要受到和东三省三千万兄弟姊妹、热河华北千百万兄弟姊妹同样的牛马生活的痛苦！

　　《纲领》的前言指出：中国人民在自己的痛苦的实际经验中已经深刻地觉悟到，"要想依靠国民党和国民政府来抗日救国，已经是完全没有希望的事"，要想通过"国际联盟方面出来帮助反对日本也只是一种幼稚的蠢笨的思想"，因此号召：

　　中国人民只有自己起来救自己！中国人民惟一自救和救国的方法，就是大家起来武装驱逐日本。……就是中华民族武装自卫！

《纲领》的前言强调：要组织和实行这个正义的民族战争，没有一个共同的具体纲领，就会使我国人民反对日本帝国主义的行动，"成为散漫的、无计划的、不能集中的"行动。然后具体地提出"抗日救国六大纲领"：

一是全体海陆空军总动员对日作战。《纲领》说：

我国人民平时要养活三百万人的军队，但人民养活他们花了很大经费，特别是最近几年，海军和空军的开支比以前大得多了，'养兵千日，用兵一时'，因此人民完全有权利要求把一切海陆空军立刻开赴前线对日作战，立刻停止一切内战，立刻停止屠杀中国同胞的战争。

《纲领》并提出："然而大家都晓得和日本作战，仅仅靠我们的军队是不够的"，因此又提出：

二，全体人民总动员；三，全体人民总武装；四，立刻设法解决抗日经费；五，成立工、农、商、学、兵代表选举出来的全中国民族武装自卫委员会；六，联合日本帝国主义的一切敌人作友军。

《宣言》沉痛地说：

罪恶满盈的日本帝国主义现在又企图用同样的残酷方法以待我华北，甚至于整个中国。

《宣言》号召：

现在是我们下决心的时候了……在这个时候，中国人民除了抗日之外再无出路。

《宣言》提议：

设立一个中华人民武装自卫委员会，由工、农、商、学、兵等选出作为反日运动的中央领导机关，赋予解决一切抗日问题的权力。

4月20日，宋庆龄和何香凝、白云梯、李杜、胡汉民等93人作为发起人，签名公布了这一纲领，许多爱国人士纷纷加入，后来这个纲领签名达1779人。

随着日本侵华行动的加快，国土日蹙，国势垂危，中华民族的亡国危险日益加剧，7月12日，宋庆龄以远东反战同盟中国分会名义与中华全国总工会等团体联合，在上海成立中国民族自卫委员会。宋庆龄任主席，她又领衔签名发表了《中国民族武装自卫筹备委员会宣言》。在她的带动下，在《宣言》上签名的人达3000之多。

与日本遥相呼应，在欧洲德国和意大利法西斯也不断发出战争叫嚣，侵略和屠杀像狂人一般丧失理智地甚嚣尘上，世界和平面临严重威胁。战争阴云笼罩全世界，在莫斯科，共产国际1935年7月至8月召开了第七次代表大会。大会发出号召，指示各国人民建立反帝国主义、反法西斯的国际统一战线。中国共产党也参加了这次大会。

会后，中华苏维埃中央政府和中共中央委员会发表了《为抗日救国告全体同胞书》。《告全体同胞书》刊登在巴黎出版的《救国报》第10期上。宣言号召全国同胞停止内战，一致抗日，并向国民党及一切愿意参加抗日救国事业的党派、团体、部队发出呼吁：共同组成统一的国防政府和抗日联军。这个宣言一发表立即得到了宋庆龄和何香凝的响应，孙中山的儿子孙科和其他著名人士也在宣言上签了字，全国团结抗日救国浪潮的势头开始出现……

12月下旬，长征胜利到达陕北的中共中央政治局在瓦窑堡召开了会议，批判了王明"左"倾关门主义，确立了建立最广泛的抗日民族统一战线的方针。这是中共一个伟大的转变，中国共产党开始走向联合国民党政府共同抗日的道路。

在王明时期，宋庆龄与中共的关系也曾有过一些隔阂和疏远。从在莫斯科起宋庆龄对王明就没个好印象，"左"倾路线在共产党党内占据优势时，宋庆龄对那些疯狂的做法和行为并不支持。她警惕地关注着一切。

她的朋友伊罗生因为与一些共产党人意见不合，准备离开上海。他们在宋庆龄寓所举行告别聚会。在门口道别时，宋庆龄最后给伊罗生的一个警告是小心。

伊罗生一怔，以为宋庆龄要他小心那些国民党恶棍特务，但是，宋庆龄说不是，她指的是他的那些共产党朋友。

伊罗生吃惊了，看着她。宋庆龄重复说："是的，要小心，你不完全了解这些人，他们任何事都干得出。"

王明"左"倾路线一结束，抗日救国的共同使命感使宋庆龄尽释前嫌，与共产党的关系进入了一个亲密合作的新时期。

在共产党积极主张联合抗日的同时，汉奸殷汝耕在通县抢先挂起了"冀东防共自治政府"的牌子，上演华北自治丑剧，冀东20多个县沦丧在日本侵略者的控制下。接着，国民党为满足日本"华北自治"的要求，设立冀察政务委员会，王辑唐等汉奸招摇上台，肆无忌惮地配合日本把东北变成第二个"满洲国"。

寇深祸急，河山破碎，华北之大，已经安放不下一张平静的书桌了。中华民族已经到了和平绝望的时候，牺牲已到了最后的关头！

12月9日，北平学生再也抑制不住满腔悲愤，爆发了举世震惊的"一二·九"运动，喊出了"停止内战，一致抗日"的口号，人民期望已久的心声一喊出，立即响彻了全国，各地学生纷纷行动起来，抗日救亡运动一浪接着一浪，怒潮澎湃。……

当北平"一二·九"运动的巨浪涌到黄浦江的时候，上海的抗日救亡运动立即高涨起来了。第二天，上海文化界马相伯、沈钧儒、邹韬奋、章乃器、沈兹九、吕骥、金仲华、蔡楚生、骆耕骥等300余人发表《上海文化界救国运动宣言》，大声疾呼：

国难同丞，东北四省沦亡之后，华北五省又在朝不保夕的危机之下了！以土事敌，土不尽，敌不餍，在这生死存亡间不容发的关头，负着指导社会使命的文化界，再也不能苟且偷安，而应当立刻奋起，站在民众的前面领导救国运动。

12月21日，上海市各妇女文化团体及史良、陈波儿等发起，率先成立了全国第一个救国会上海妇女界救国联合会，会后，举行了示威游行，宋庆龄的英文秘书史沫特莱也参加了游行队伍。6天之后，在上海西藏路宁波同乡会沈钧儒沉痛呼吁：

我国现处在危急存亡之秋，文化界为国民之先导，要应悉力赴难。

于是，以马相伯、沈钧儒为首的上海文化界救国会宣告成立。

随即，上海职业救国会、电影界救国会、大学教授救国会、国难教育社也相继成立了。为了联合各界救国会的力量，1936 年 1 月 28 日，又成立了上海各界救国联合会。沈钧儒为主席，统一领导上海的抗日救亡运动。

宋庆龄身居斗室，密切关注着救国运动的发展，她的好友斯诺夫妇亲自参加了北平两次大游行，然后又写出报道，向世界公布中国人民反抗侵略的惊涛骇浪。宋庆龄通过他了解到"一二·九"的情况，向北平学生捐赠了一笔钱，作抗日宣传经费，学联主席郭明秋签收。

"一二·九"运动后，国民党大肆镇压国内进步力量，在白色恐怖中，中共北方局和党中央失去了联系。

北方局写了一封信给党中央，向中央汇报"一二·九"运动情况，请示中央对开展华北地区抗日救亡运动的意见。但是一直与党中央联系不上，北方局领导人林枫只好把信交给北平学联负责人姚依林，请他想方设法通过鲁迅把信交给中央。

姚依林又把这一任务交给学生邹鲁风，邹鲁风找到老师曹靖华教授，通过他的介绍来到上海，把信交给了鲁迅。

可是，鲁迅自从冯雪峰几年前赴苏区后也与党中央失去了联系。此时，上海地下党与中央的联系也早就中断了。鲁迅知道宋庆龄与中共中央有联系，于是，找到宋庆龄，把北方局的信交给了她。宋庆龄与中共中央一直保持着联系。她除了通过苏联驻沪领事馆和共产国际远东局外，主要是用电台与中共中央保持联络。电台设在她的好友路易·艾黎的养子黎雪做物理实验的工作室里，一个叫威玛特的德国姑娘负责操作。

替宋庆龄保管电台的路易·艾黎是一位新西兰作家，由史沫特莱介绍认识宋庆龄的。路易·艾黎早早就来到了中国。1929 年孙中山遗体迁葬仪式上，他第一次见到宋庆龄，就对宋留下了深刻印象，后来他通过史沫特莱专程来到上海莫里哀路寓所拜访宋庆龄，不久，他们就成为了好朋友。以后路易·艾黎就开始利用自己的职业条件，协助宋庆龄做一些革命工作。

宋庆龄接到鲁迅转来的信马上与中共中央联系，不久，北方局的信转交到了中共中央。

这时，宋庆龄的美国朋友《密勒氏评论报》代理主编埃德加·斯诺专程从北平来到了上海拜会宋庆龄。

宋庆龄与埃德加·斯诺相识于 1931 年。那是斯诺应美国《先驱论坛报》主编威廉·布朗·梅洛尼之约，准备撰写宋庆龄传略。他们在上海公共租界的一家巧克力商店见面相识了。

几天以后，斯诺专程来到莫里哀路，拜访了宋庆龄。之后，斯诺开始撰写宋庆龄传记。

随着斯诺的写作的进行，在采访过程中，他对宋庆龄的了解也进一步加深，他渐渐地了解孙中山的为人，了解了宋氏家族的情况，了解了国民党及其领导层的一些内幕，他知道了宋庆龄不惜牺牲家庭关系和财富置身于革命一边的原因。作为一个渴望了解中国的外国人，通过对宋庆龄的了解和对国民党蒋介石之流的认识，斯诺看到了中国革命的光明前途，也认为解决中国问题需要一场血与火的暴力革命。他支持宋庆龄拒绝与蒋介石之流合作。他从一位人道正义和改良主义者转向了革命，成为了共产党的支持者。

宋庆龄对斯诺的言传身教，为斯诺打开了他通向光辉顶点的第一扇大门。后来，斯诺的妻子海伦对人说："使斯诺向左转的主要影响来自孙夫人自己的榜样。"

1932 年底，当斯诺决定与海伦结婚时，他首先把这一消息告诉了宋庆龄。

宋庆龄高兴地为新郎和新娘举办了豪华的广东式宴会，把一把银质咖啡电滤壶赠送给他们。

岁月流逝，宋庆龄和斯诺的友谊更深了。30 年代以来，中国发生一连串的事件使斯诺作

斯 诺

为一个清醒的旁观者，认识到了中国的真正希望不属于国民党而是在于中国共产党，身为一位关注中国问题的新闻工作者，他渴望亲身到陕北去看看。当斯诺提出请宋庆龄帮助他进入中共中央所在地陕北访问时，宋庆龄满口答应了斯诺的请求。

不久，中共中央来电了，电文反过来是以中共中央的名义邀请一位公道的记者和医生，到陕北实地考察，了解中共的抗日主张。这样，避免了斯诺投共的嫌疑。

于是，宋庆龄以自己的名义推荐斯诺和马海德医生前去陕北。

马海德是一位美国人，在上海开设诊所。在宋庆龄的影响下，他学习马列主义，同情和支持中国革命。宋庆龄常常把他的诊所安排为中共地下党举行秘密联络或开会的场所。当宋庆龄要安排开会时，她就通知他："星期五下午 1 点到 5 点你不要去诊所。"这一段时间，马海德就不去那儿了，开会的人一一来到他的候诊室召开会议，然后又各自散去。马海德作为一名关心支持中国革命的进步人士，早就渴望到中共的陕北去看看。他曾尝试过一次投奔陕北，但是，在西安过不了国民党的封锁线，只好折了回来。这次宋庆龄推荐他，正合了他的心愿，他像个小孩子一样欣喜若狂。

从西安到中共中央所在地延安，是一条既漫长又危险的道路，常有大批土匪出没……这是一次生死攸关的冒险行动。宋庆龄为了保证两人顺利到达陕北，精心作着准备……

这时，宋子文来找宋庆龄。1931 年他出使日本，发表过讨好日本的话，曾受到宋庆龄的公开批评。但是，这一次，他是为抗日救国而来的。

河山破碎，华北危急，日本步步紧逼……，全国人民的抗日怒潮冲击着蒋介石"攘外必先安内"的政策。在巨大的压力下，蒋介石开始改变思想，企图以政治手段解决共产党问题，进行抗日。为此，他派出好几路人马寻找与共产党接触的线索，宋子文就是

其中一路。来到上海，他把蒋介石的心思转告给了二姊，请她设法与中共联系，把国民党愿意谈判的消息传递给陕北。

宋庆龄欣然同意出面斡旋。

1936 年元旦刚过的上海仍然寒意袭人。一个男子踏着沉重的暮色，来到莫里哀路，轻轻叩开了 29 号大门，门一开，他闪身进了。

他就是以牧师身份作掩护的中共地下党员董健吾，这一次就是受宋庆龄的邀请而来的。董健吾曾在上海圣约翰大学神学系学习，与宋子文、顾维钧等同学。在上海，他以传教为掩护担任共产党的地下联络工作，与宋庆龄有着密切的往来，是中共中央与宋庆龄特殊的牵线人。

董健吾来到宋宅，宋庆龄和客人没有太多寒暄，就立即拿出一封用火漆印封的信件交给他，要他立即动身前往陕北瓦窑堡，当面把信交给毛泽东和周恩来。

董健吾从宋庆龄严肃的神情中深深感受到了这封信的重要，兴奋地接受了宋庆龄的委托，立即带着宋庆龄准备的南京政府财政部西北经济特派专员的身份证明和 100 元路费启程了。

他登程直赴西安，在这里，他找到了当时担任国民党西北禁烟督查处处长的大学同窗钟可托，请他设法荐见正在西安的张学良将军。

这时，张学良将军面临国耻家仇，有心联合红军共同抗日，董健吾见到张学良后，开门见山地说明来意：“我是向您借飞机到苏区去。”

“什么，你敢在这里提出这样的要求？”张学良大吃一惊。

董健吾向张学良陈述了自己担负的重任，要求张学良帮助。

随即，张学良去电南京，得到的消息是南京正派人与中共联系，董健吾的话没错。张学良马上用座机送他飞越了漫漫的黄土高原，到达延安。

这时已是 2 月底了，国民党还控制着延安，于是，骑兵又把他护送到了瓦窑堡。他立即受到了林伯渠、秦邦宪的接待，密信立即被转送山西前线的毛泽东、周恩来，此时毛、周正在随红军东征。

宋庆龄托董健吾带给毛泽东、周恩来的密信，就是宋子文代表国民党中央请宋庆龄协助传达的信息，传达了国民党中央与中共谈判的意图。

董健吾在瓦窑堡等待回音，整整过了 10 天，秦邦宪和林伯渠来了，他们把毛泽东、周恩来的复信交给了他，林伯渠还托他带给宋庆龄一包东西：3 枚江西铸造的刻有镰刀斧头的银币和苏区的一套纸币。

董健吾收下这些珍贵的礼物，藏好毛泽东的复函，匆匆返沪。

毛泽东、周恩来在给宋庆龄的复信中转达了中国共产党愿意与国民党开始具体实行谈判的信息。并且，提出了与国民党举行谈判的 5 项条件：

（一）停止一切内战，全国武装不分红白，一致抗日；

（二）组织国防政府与抗日联军；

（三）允许红军开赴前线抗日；

（四）释放一切政治犯；

（五）实行内政经济的改革。

董健吾经过一路奔波，回到了上海的当天，就到了宋庆龄寓所复命。宋庆龄立即与宋子文联系。这样，国共分裂后，经过宋庆龄和宋子文的努力，国共两党恢复了中枢间的联系。

宋庆龄

第九章 疾风劲草

读着毛泽东的亲笔信，宋庆龄深深感到了中共中央
对自己的信任，她心中的爱国情结使她不顾病后虚弱，
又开始了为国共两党合作谈判奔走号呼。

当董健吾回到上海时，斯诺和马海德正要启程去陕北了。于是，宋庆龄又委托董健吾护送斯诺和马海德去苏区。

他们商量好了在西安接头。然后，分成两组出发。两队人马在西安汇合后，董健吾轻车熟路，很快就把斯诺和马海德送到了目的地。

斯诺一行人到陕北，立即受到了中共中央的重视，周恩来首先接见了他们。

一见面，周恩来就对斯诺说："我接到报告，说你是一个可靠的新闻记者，对中国是很友好的，并且说可以信任你会如实报道。我们知道这些就够了。你不是共产主义者，这对我们没有关系。"

周恩来对斯诺的信任完全是出于宋庆龄的举荐。周恩来接着告诉他："你见到什么，都可以报道，我们要给你一切帮助来考察苏区。"

这使开始来时还有些疑虑的斯诺大为感动。苏区对他完全开放，他热切盼望的机会到来了。斯诺在陕北作了3个月的参观访问，然后，以报告文学的形式写出震惊世界的巨著《西行漫记》（即《红星照耀中国》）。

当时，在世界各国中，红色中国对大多数人来说是一个谜，关于她的传说各种各样，众说纷纭。对于共产党人特别是毛泽东，西方世界更是处于一片谣诼和诬蔑之中，斯诺的《西行漫记》在英国一出版，像焰火一样，腾空而起，划破了苍茫的暮色，使所有关于中国革命的无稽之谈统统烟消云散，一个真实的红色政权展现在人们面前，人们争先恐后阅读。《西行漫记》5星期内就销售了10万册，驰誉全球。

这时，被破坏后的上海地下党组织和中央失去联系已将近2年了。为了适应抗战救国的需要，中共中央派冯雪峰到上海恢复地下工作。

4月25日，冯雪峰回到了上海，住在老朋友鲁迅家里。

他安顿下来后，马上就去拜访了宋庆龄，向她介绍了红军长征和党的抗日民族统一战线策略。谈话中，冯雪峰和宋庆龄商定由一位21岁的姑娘李云做地下党和宋庆龄的联络员。

冯雪峰来上海传达中共中央精神后，《中国人民抗日救国基本纲领》通过在巴黎出版的《救国报》也传到了上海，人们秘密传阅，奔走相告。上海各界救国联合会也创办了《救亡情报》等刊物，救亡运动规模日益扩大了。大江南北，四海内外，各地各界爱国人士纷纷组织起各种抗日救亡团体。北平、天津、南京、济南、青岛、武汉、西安，美国的纽约、旧金山、华盛顿以及加拿大、墨西哥、英、法、德等华人先后建立了抗日救国会。炎黄子孙，同仇敌忾，共赴国难。

全国各地救国会一夜之间如雨后春笋蓬勃兴起，但是比较分散，迫切需要一个统一的组织领导。上海各界救国联合会开始筹备全国各界救国联合会。全国各地救国会纷纷响应。

5月31日，全国20多个省市60多个救国团体的代表汇集上海，在淞沪抗战中立下赫赫战功的19路军也派代表出席了大会。宣告了全国各界救国联合会正式成立。

会议紧张而热烈地进行，从下午1点开到午夜子时。历时两天。

会上，宋庆龄被推举为执行委员和常务委员。她一直关心大会的筹备工作，但是成立大会时，她由于患盲肠炎动手术已住了一个多月医院，没有参加。何香凝、马相伯、沈钧儒、章乃器、陶行知、李公朴、王造时、沙千里、史良、孙晓村、曹孟君、何伟、张申府、刘清扬等当选为常务委员，主持日常工作。

经过热烈讨论，大会通过了《抗日救国初步政治纲领》和《全国各界救国联合会章程》。

大会将救国会对于救国之光明磊落之态度，向全中国各党派、各实力分子、全中国人民和全世界和平大众表明。最后，发表了成立《宣言》，《宣言》呼吁：

我们惟一救亡图存的要道，在立刻全国团结一致以全力抗日。

《宣言》指出：

中央以往的错误，是在政治上放弃了民族革命的任务，而只在武力上企图征服全国；中央目前的错误，是对外放弃了民族共同的大敌，而只对内的消灭异己上而把国防力量孤注一掷。

全国各界救国会一成立就对国民党的内外政策勇敢地发出了挑战，旗帜鲜明的宣言一公布，在国统区振聋发聩，立即在国民党内引起一阵惊慌。在大会闭幕的第二天，沈钧儒偕章乃器带着全国各界救国联合会成立的宣言、纲领等文件，来到上海市政府，找到市长吴铁城，希望得到国民党当局的承认，争取合法公开进行活动。

但是，他们的要求遭到吴铁城的蛮横拒绝。之后吴铁城反而逼迫沈钧儒等解散全国各界救国会，强词夺理地威胁他们。

沈钧儒、章乃器针锋相对地对他进行斥责，吴铁城老羞成怒，6月5日在上海市大中学校校长茶话会，他发表讲话，对全国各界救国会进行诬蔑、谩骂。

宋庆龄虽然这时还在医院，但是她仍然十分关注着上海和全国救国运动的进展，经常阅读有关文件和报道。当她听到吴铁城对全国各界救国会的诬蔑和威胁时，立即站出来了，进行回击。

6月14日，全国各界救国会创办的《救亡情报》上发表了她写的《致救国阵线领袖函》。

她说："签名于救国会的纲领和宣言后，我充分支持这个纲领和宣言。"

她警告吴铁城："当局一面鼓吹着秘密抵抗日本帝国主义；但一面又警告、逮捕我们救国会诸同志。……这种办法只是欺骗白痴。"

吴铁城看到这篇文章后气急败坏，但又无可奈何。

沈钧儒、章乃器等都是一个个刚毅的具有强烈爱国心的知识分子，他们没有屈服于国民党当局的压力，他们英勇地领导着救国会在抗日救亡的大潮中走向浪头。他们发电报，写公开信，派人与国民党、共产党及张学良、杨虎城、傅作义等各地实力派进行接触，宣传抗日救国主张，呼吁各方团结御侮……

宋庆龄卧病在床还未出院，这时，又传来了令人忧心的消息：鲁迅得病，病情恶化。

鲁迅是新文化运动的旗手，他以犀利的巨笔揭露黑暗，刺透反动派的心窝。在民权保障同盟工作的日日夜夜之中，宋庆龄对他崇高的品德和英雄气概非常敬重，两人结下了患难与共的战斗情谊。听到鲁迅病重的消息，宋庆龄尽管自己抱病在床，立即握笔写信，催促他去就医。

　　其实早在前一年11月，在苏联驻沪总领事馆举行纪念十月革命的酒会上，她和史沫特莱就劝说患肺结核的鲁迅去苏联疗养，何香凝、茅盾等都在场，鲁迅对于大家的关心，回答说："局势瞬息万变，我怎能独自远行？"

　　一个忧国忧民的心婉拒了宋庆龄和史沫特莱的建议。

　　一个月前，鲁迅的病情加重，宋庆龄那时也在病中，她得知消息后非常关注，马上请美国肺结核病专家邓医生去为鲁迅治疗，并送去了鲁迅喜爱的名茶和点心。现在又听鲁迅的病情恶化的讯息，宋庆龄心急如焚，她在信中写道：

　　方才得到你病得厉害的信息，十二分的担心你的病状！我恨不得立刻来看看你，但我割治盲肠的伤口，至今未复原，仍不能起床行走，只得写这封信给你。……我恳求你立即去医院医治！因为你迟延一天，你的生命便增加一天的危险！你的生命并不是你个人的，而是属于中国和中国革命的。

　　宋庆龄善良爱人的赤诚情怀跃然而显露：

　　为了中国和中国革命的前途，你有保存、珍重你身体的必要，因为中国需要你，革命需要你！

　　宋庆龄一直惦念着鲁迅的病情，她曾经一次一次地询问马海德国内外有无治疗肺结核的新法或新药。劝说鲁迅去苏联不成后，她曾又安排请鲁迅到空气清新的郊区江湾的叶家花园去养病。但是不愿离开战斗岗位的鲁迅仍然没有去。宋庆龄忧心忡忡，信中最后她再一次诚恳地表示：

　　希望你不会蔑视爱你的朋友们的忧虑而拒绝我们的恳求！

宋庆龄写给鲁迅的信

　　病中的鲁迅对宋庆龄的关心十分感动。他像一个铁的硬汉横眉冷对千夫指，与国民党反动当局进行不屈不挠的抗争，他受到许多敌人的攻击、诬蔑、诽谤，许多的同志也对他不理解。宋庆龄却真正的懂得了鲁迅，认识到他在中国和中国革命的地位。这在当时，只有她和远在大西北的毛泽东才意识到这一点。宋庆龄以女人特有的赤诚的爱心关切着作为朋友和战友鲁迅的病情。鲁迅和许广平深为感动。

宋庆龄的《致爱国阵线领袖函》一公开发表，打击了国民党的反动气焰，在社会上产生了很大震动。但是反动当局并没有就此罢休。8月27日，上海各报刊大肆刊登了中华民族武装自卫会的《自首宣言》，借以丑化宋庆龄，瓦解、干扰全国各界救国联合会。

其实中华民族武装自卫会早在4月份根据中共中央的指示就和共青团、左联等共产党的外围组织全部转入"一二·九"运动之后成立的中华民族解放先锋队了。自首归顺之事纯属子虚乌有，根本不存在的。9月3日，宋庆龄和章乃器联名就中华民族武装自卫会向国民党当局归顺一事发表《为中国人民自卫委员会事告大众》，严正指出，自首宣言的炮制者实际上是日本帝国主义的汉奸走狗。

从8月份开始，日军进攻绥东，傅作义的部队迎敌而战。

9月6日，上海各界救国联合会为绥远前线的傅作义部队组织募捐。国民党上海市党部立即发布通令，诬蔑各界救国会是未经党政机关许可的非法团体，他们组织募捐是借救国为名而敛骗钱财。这马上引起了救国会和各界群众的极大愤慨。

宋庆龄立即与马相伯、何香凝、沈钧儒、章乃器、王造时、李公朴、史良联合发表《国民党上海市党部侮蔑救国会之通令启事》。

《启事》质问：

倘为政府抗议军队募捐而成为反动，则岂非媚敌卖国，乃得称为正动乎？……十年来，敛钱肥己者究为何人，亦难逃国人之耳目，市党部果见敛财肥己之事实，尽可按法惩治，何能一纸文书，妄加诬蔑救国阵线下之全国各界救国联合会上海各界救国会及其他救国团体？党政诸公既不能领导人民从事救亡工作，人民自动组织应何欣慰之不遑，讵忍诬为反动，实所不解。

这一次较量又把反动当局驳得体无完肤，反动当局破坏抗战救亡的阴谋昭之天下了。但是，当局并不因失败而偃旗息鼓，反而老羞成怒，暗地准备对爱国行动诉诸刀棒了。

9月18日悄悄来临了，这是中华民族一个屈辱的日子。上海各界救国联合会决定举行"九一八"五周年纪念活动，呼吁大众进一步抗日救亡。

开始，国民党当局被迫默许这一爱国行动。上海各界救国联合会、市商会、地方协会、律师协会、记者公会、市总工会等20多个团体组织了2000多人游行。然后，爱国群众前往漕河泾举行"九一八"纪念碑奠基仪式。

他们遵从了当局的要求不散传单，不张旗帜，只呼纪念"九一八"口号，有秩序地行进。

但是，即使以最和平的方式来纪念我国空前的奇耻大辱，反动当局仍然要凶狠打击。当队伍到达老西门时，国民党军警突然发动袭击，混乱之中，100多人被打伤，10多人失踪，20多人被逮捕。史良也参加了这一纪念活动。反动军警大打出手时，她奋不顾身地阻止军警行凶。这时，疯狂的特务用大棒劈头打中她，史良倒在地上，之后住进了医院。

抗日救亡的烈火在各地熊熊燃烧。这时，丁玲悄然来访。宋庆龄大吃一惊。原来，丁玲在被国民党绑架后，由于宋庆龄和民权保障同盟的大力营救，反动派不敢对她贸然下毒手，她被秘密幽禁在南京。在全国人民抗议国民党压制抗日运动、反迫害的压力下，丁玲设法逃出南京。她潜回上海，准备取道西安去陕北。宋庆龄见到死里逃生的丁玲，非常高兴。丁玲离沪前，宋庆龄亲赠她了300元作为路费。

上海人民以最和平最有序的方式纪念"九一八"遭到屠杀。宋庆龄和何香凝极为愤怒，她们立刻联名发出快邮代电，严正抗议国民党当局镇压抗日爱国运动的暴行，在代电中，俩人愤怒地责问：

民众甚至不能和平纪念"九一八"，国事尚堪问乎？政府准备抗敌之诺言，尚有为人民所信任乎？政府果欲人民忘"九一八"之耻，以便于敌人之亡我灭我乎？

接着，上海各界救国联合会向全国发出通电，发表《告全国同胞书》，响应宋、何快邮代电，异口同声谴责国民党当局的暴行。

国难当头，在全国人民的救亡抗日热潮推动下，蒋介石也不得不开始加快国共两党和谈进程。这时，距董健吾陕北之行已经半年了。除此之外，国民党还另辟途径与中共作了多方面的联系。在国外，国民党政府通过派驻苏联的武官邓文仪与中共驻共产国际代表王明、潘汉年联系，进行会谈。在国内，宋子文还派了曾养甫通过国民党铁道部劳工科科长谌小岑与中共北平市委宣传部长周小舟、自由职业者大同盟吕振羽联系。谌小岑还通过中共地下党员左岑与中共临时中央局组织部秘书张小华多次举行会谈。几条途径同时进行，国共之间交往增多，沟通大大加深了。同时，中国共产党加紧开展对国民党各阶层的统战工作。中共中央发布了《关于逼蒋抗日的指示》，中国共产党对蒋介石的政策由反蒋抗日改为逼蒋抗日，发生了较大转变。

9月1日，周恩来亲自写信给陈立夫、陈果夫，说：

两先生居贵党中枢，与蒋先生又亲切无间，尚望更进一言，立停军事行动，实行联俄联共，一致抗日，则民族壁垒一新，日寇虽狡，汉奸虽毒，终必为统一战线所击破，此可敢断言者。

蒋介石自揭橥反共以来，已经十多年了。他绞尽脑汁清党剿共，一次打击接一次打击，付出诸多代价，而共产党却越来越壮大。日本趁火打劫，登堂入室，攫去大半壁河山，内忧外患，国不将国。他自己也弄得焦头烂额，众叛亲离。因此对共产党的抗日要求，他也马上做出了积极的反应。1936年10月，潘汉年作为中共与国民党谈判的代表抵达了上海。

潘汉年带来了周恩来给陈家兄弟的信函和中共中央拟定的《关于国共抗日救国协定草案》。来到上海后，他肩负了一个更为重大的任务把中共中央主席毛泽东的亲笔信交给宋庆龄。

宋庆龄收到了毛泽东的来信，展开一看：

庆龄先生左右：

武汉一别，忽近十年，从报端及外来同志口中得知先生革命救国的言论行动，引起我们无限的敬爱。

一九二七年后，真能继承孙中山先生革命救国救亡精神的，只有先生与我们的同志们。目前停止内战，联合抗日之呼声虽已普及全国，然而统率大兵之蒋氏及国民党中央迄今尚无彻底悔悟之心。这种违反孙中山先生革命的三民主义与三大政策之行为，实为国民党大多数党员所不容许而应立起纠正才是。因此，我想到要唤醒国民党中枢诸负责人员，觉悟于亡国之可怕与民意之不可侮，迅速改变其错误政策，是尚有赖于先生利用国民党中委之资格作具体实际之活动。

兹派潘汉年同志前来面申具体组织统一战线之意见，并与先生商酌公开活动之办法，到时敬请接洽，予以指导。付上我们致国民党中央的信以作参考。同时，请先生介绍与先生比较接近的国民党中枢人员，如吴稚晖、孔祥熙、宋子文、李石曾、蔡元培、孙科诸先生，与汉年同志一谈，不胜感幸。

顺问

近安

毛泽东

"九一八"五周年纪念日

读着毛泽东的亲笔信，宋庆龄深深感到了中共中央对自己的信任，她心中的爱国情结使她不顾病后虚弱，又开始了为国共两党合作谈判奔走号呼。

她立即把潘汉年引见给宋子文。宋子文对中共谈判代表潘汉年以礼相待，把他的寓所提供给潘汉年居住。

潘汉年不久又被引见给宋美龄，他与宋氏姊弟有较多的接触。与共产党和谈是蒋介石一度准备抗日的政策转向，宋美龄也积极配合，她要求宋子文像对待宋庆龄那样去帮助潘汉年。

正当国共谈判的大门即将悄悄打开的时候，10 月 19 日 5 点 20 分，鲁迅先生逝世了。一位不屈地向国民党反动派投掷战戈的战士倒下了。凌晨，冯雪峰把这一噩耗打电话告诉了宋庆龄，宋庆龄非常悲痛，晶莹的泪珠不禁从她的眼眶滚下来。一放下电话，她就匆匆赶往了鲁迅寓所。

在鲁迅寓所三楼，宋庆龄、冯雪峰、许广平、周建人一起商量治丧事宜。冯雪峰在白色恐怖极端严重的情况下，难以公开出面。于是成立了以宋庆龄为首的治丧委员会。他们要把鲁迅的逝世变成激发人们抗日爱国救亡的一场示威运动。

当天上午，宋庆龄给全国各界救国会总干事胡子婴打电话，说："鲁迅已经逝世了，他的丧事我们救国会全包了，要办成运动式的。"

救国会的几位领导人根据宋庆龄的指示，立即组织了鲁迅治丧的具体计划。

宋庆龄对鲁迅无限敬仰，她坚持要为鲁迅买一口好棺材。为此，她亲自和许广平四处奔波，跑了好些地方，最后她个人出 3000 元重金在万国殡仪馆，买下了一口有玻璃窗口的棺木。然后，覆盖着"民族魂"旗帜的鲁迅遗体安放在万国殡仪馆，供群众吊唁。

鲁迅活着的时候，国民党反动派对他害怕得要命；鲁迅死了，他们更是惶惶不可终日，惧怕得像热锅上的蚂蚁，一转再转，张皇失措。惊恐之余，他们又使出了看家本事，派人暗中破坏葬礼。

为了对付敌人的破坏，宋庆龄与胡子婴一起分析形势，她坚定地说："不管发生什么事，我们都要把葬礼进行到底，把葬礼办得隆重。"

国民党当局不准鲁迅的安葬按照救国会确定的路径行进。胡子婴提出到时国民党会制造麻烦，宋庆龄正气凛然坚定地说："那天，我走前面！"

10月22日2点半葬礼开始了。宋庆龄穿着一身黑色的旗袍，左臂缠着黑纱，怀着悲痛的心情，挽着许广平，紧跟大灵车后，一步一步，坚定地往前走。

蔡元培、沈钧儒、章乃器、王造时、胡愈之、史良、李公朴、邹韬奋都来送葬。工人、学生和作家四人一行成长排，送葬的队伍足足拖了两里长。大家心情沉痛，踏着军乐队的哀声，唱着悲壮的挽歌：

你的笔尖是枪尖，刺透了旧中国的脸，你的声音是晨钟，唤醒了奴隶们的迷梦。

在民族解放的战斗里，你从不曾退却，擎着光明的大旗，走在新中国的前头。

啊，导师！啊，同志！你没有死去！你活在我们的心里。

我们会踏着你的路向前。那一天就要到来，我们站在你的墓前，报告你，我们完成了你的志愿。

愿你安息，安息在地里。

歌声雄壮激越，拨动着每一个送葬的人的心弦，震撼着路旁吊唁的群众。

挽歌之后，人们又唱起《义勇军进行曲》，激越的歌声在送葬的队伍中迸发出来，催人奋进，使人热血沸腾去完成鲁迅未竟的事业，又像投枪，像炸弹，威震敌胆。站在同文书院外面的日本侵略军胆战心惊，悄悄龟缩到大门里去。荷枪实弹云集在中山路一带的国民党军警不得不让开大路，让送葬的钢铁般的队伍缓缓通过。

下午5时，送葬队伍到达万国公墓，葬仪在礼厅前的台阶前举行，蔡元培首先致词：

"我们要使鲁迅先生的精神不死，必须担负起继续发扬他的精神的责任来！"

"我们要踏着先驱的血迹，建造历史的塔尖！"

鲁迅的葬礼成为了动员人民救亡图存的抗日救国运动的一部分。

接着，沈钧儒报告鲁迅生平事略。

章乃器也上了台演讲，他说："鲁迅先生之所以伟大，是在于他的笔肯为全世界被压迫大众讲话，肯为特别被压迫最厉害的中国民众讲话，纪念鲁迅先生，我们必须发起一种鲁迅运动……"

在白色恐怖中沉闷多年的上海，一万多人为鲁迅送葬，群众自发地表达对鲁迅的爱戴，这使悲痛之中的宋庆龄得到了许多欣慰。她也发表演说，激昂地说："鲁迅先生是革命战士，我们要继承他战士的精神，继续他革命的任务。"

她简短的话高度地评价了鲁迅的一生。

"现在鲁迅先生死了，可是鲁迅先生之革命工作尚未完成，我们应当继续努力。追悼鲁迅先生，须效法先生有打倒帝国主义、打倒汉奸的精神，为民族求解放。"

这坚定而悲痛的声音出自一位坚强的女性，使在场的人深受感动。鲁迅去世了，鲁迅身上凝结人们前赴后继，为挽救民族危亡冲锋陷阵的民族精神激励着人们。

邹韬奋、田军和鲁迅的日本好友内山完造等都讲了话。

胡愈之致悼词。

宋庆龄在鲁迅的追悼会上

最后章乃器、王造时等四人把一幅上书"民族魂"的黄绸旗覆盖在灵柩上，哀乐声中，14名作家抬着灵柩，把它缓缓放入墓穴。宋庆龄紧紧地扶握着许广平的手臂，注视着象征民族魂的鲁迅安息土中。悲壮动人的挽歌又在礼厅回荡，葬仪结束了。

救国会在宋庆龄的领导下把鲁迅的葬礼变成了一场呼醒民众抗日救国的战场。12月5日，日军和伪军大举进犯绥远，傅作义部奋勇抵抗，全国各界救国会立即发表宣言，呼吁援绥抗日。1936年11月12日，是孙中山先生诞生80周年。10日，宋庆龄怀着深情发表了《孙中山诞辰纪念词》。

《纪念词》公开号召：

联合国内各党派及社会各阶层人物，建立民族统一战线，打倒日本帝国主义和汉奸卖国贼。

她提出了一个立体型的统一战线：

要联合全世界爱好和平的国家，参加反侵略的国际阵线，尤其要联合英、美、法、苏建立太平洋集体安全制度，共同制裁日本帝国主义，联合日本、朝鲜爱好和平的大众，建立国际统一战线，共同打倒日本法西斯军阀。

《纪念词》提出了一个响亮的口号：

全国同胞纪念孙中山，要纪念孙中山的意志，争取中华民族的解放。

她满怀信心，大声疾呼：

我们只要不屈不挠，勇往直前，铁和血一定可以铸出灿烂辉煌的民族解放功业。

12日，救国会准备在宁波同乡会召开孙中山诞辰纪念会。但是，遭到国民党当局无理的阻挠，会议被迫临时改在静安寺路女青年会召开。

国民党当局的行为激怒了爱国群众，人们满街满巷地涌向静安寺路。

在会上群情激昂。李公朴、章乃器纷纷登台演讲，与国民党反动派针锋相对，纪念孙中山，倡导救国救亡。

救国会的行动激怒了反动当局。22 日深夜，反动军警秘密逮捕了救国会常务委员沈钧儒、章乃器、邹韬奋、李公朴、沙千里、王造时、史良七人。随后押送苏州，关在江苏高等法院看守分所，史良押在司法部前街女看守所。

沈钧儒等"七君子"逮捕的消息传来，宋庆龄立即领导全国各界救国联合会营救。事发当晚，救国会宣传部总干事吴大琨，以宋庆龄、何香凝、马相伯三人的名义起草了《全救会为七领袖无辜被捕告当局及国人书》，并出版发行了《救亡情报》号外，报道"七君子"被捕消息。

第二天，宋庆龄就为沈钧儒聘请了辩护律师。之后，她立即给爱国将军冯玉祥写信，希望他急电蒋介石，营救"七君子"。

24 日，救国会通过萨空了的《立报》把七人被捕的消息公布于世。抗日爱国的领袖被捕，激起了全国民众的愤慨，社会舆论立即作了强烈的反应。同时，救国会发表了《为沈钧儒等领袖无辜被捕紧急宣言》。

冯玉祥收到宋庆龄的来信，立即与孙科商议营救"七君子"办法。26 日，他给在洛阳的蒋介石发出了一求情的电报。

他在电报说：

窃以章等之热心国事，祥亦素有所闻，尚非如报纸宣传之为共产党及捣乱者，且其设立救国会宣传救国，立论容有偏激，其存心可为一般人所谅解。今若羁押，未免引起社会之反感，而为日人挑拨离间之口实。拟请电令释放，以示宽大。

宋庆龄针对 25 日国民党上海当局发出布告公布"七君子""罪状"，也发表《为沈钧儒等人被捕声明》。

宋庆龄的《声明》和全国各界救国联合会的《宣言》一发表，大江南北，反响强烈。

北平救国学生联合会立即召集紧急会议，商讨援助办法。清华、南京等 15 所大学组织了 30 名代表组成请愿队赴南京。

华南、广西学生救国会也发出了《反对逮捕沈钧儒等通电》。

北平文化界李达、许德珩、许寿裳、刘清扬等 107 人，地方实力派李宗仁、白崇禧纷纷发出营救电。

蒋介石制造爱国有罪冤狱，不得人心。国民党统治集团内部也引起轩然大波。国民党中央委员于右任、冯玉祥、孙科、李烈钧、石瑛等 20 多人联名致电蒋介石要求慎重处理这一事件。于右任和冯玉祥在南京还发起了 10 万人签名营救"七君子"的运动。

一个营救"七君子"出狱的爱国运动迅速席卷全国，形成燎原之势。爱国将领张学良亲赴洛阳，面见蒋介石，要求释放沈钧儒等七人。

张学良当面质问蒋介石："这样专制，摧残爱国人士，和袁世凯、张宗昌有什么区别？"

他的质问遭到了蒋介石的呵斥："全国只有你这样看，我是革命政府，我这样做，就是革命。"

张学良只身一人来为沈钧儒等说情，出于一片爱国之心，遭到呵斥，悻悻地离开洛阳，返回了西安。

沈钧儒等人被捕后，不少救亡团体被摧残，救亡刊物被查封。宋庆龄在"七君子"被捕后毅然担负起了救国会的日常领导工作，她把《救亡情报》的公开通讯地址改为了"上海莫里哀路 29 号"，使之继续存在下去。

国民党反动当局原以为逮捕"七君子"后，救国会就会解体，至少可以吓退一些人。但是，由于宋庆龄挺身而出，抗日救亡运动并没有因此消沉下去，反而更加高涨起来，蒋介石不敢对沈钧儒等下毒手了，被迫宣布羁押在狱，依司法程序公开审理。

张学良从洛阳闷闷不乐地回到西安后，蒋介石亲率大批国民党文武大员来到了西安部署"剿共"大计。

在全国抗日浪潮高涨的形势下，蒋介石频频派出代表与共产党接触谈判，其真实目的是借抗日的声势在谈判桌上收编红军。

张学良

在谈判时，蒋介石认为红军经过长征后已经元气大伤，经过整顿补充也不过 3 万人，他只要调集几十万大军不久就能把红军大部分消灭在陕北。于是他们谈判时并无诚意，提出红军可保留 3000 人的部队，师长以上一律解职出洋，半年后招回录用。这些苛刻条件没有为共产党和红军接受。

蒋介石收编和招安红军不成，于是，调兵遣将，把他的嫡系和精锐部队 260 个团摆在平汉线和陇海线上准备入陕。同时，他们狂妄地叫嚣：红军不答应改编，就把他们送到外蒙去吧！数十万大军逼近潼关，大规模的内战一触即发。

蒋介石到达西安后，连日召集张学良、杨虎城和东北军、西北军的高级将领开会，逼迫张、杨进攻陕北边区，"剿杀"红军，点燃国内同胞自相残杀的内战烽火。

东北沦陷，华北落入日寇之手，整个中华民族遍遭侵略军的铁蹄践踏，而蒋介石置民族尊严于不顾，张学良和杨虎城痛心疾首。面对蒋介石的倒行逆施，张、杨毅然决定对蒋介石实行"兵谏"。

一切部署好，张学良抱着最后一线希望，来到蒋介石下榻的住处，声泪俱下地劝说蒋介石停止内战，一致抗日。

张学良哭谏整整三个小时，蒋介石无动于衷，最后他不耐烦了，一拍桌子，厉声地对张说："年轻无知！你就是现在拿枪把我打死，也不能停止剿共！"

12月11日午夜，张学良、杨虎城召集亲信于学忠、王以哲、孙铭久等，宣布了"兵谏"计划。

杨虎城

12日凌晨，兵变发生。张学良和杨虎城逮捕了在临潼的蒋介石和在西安的国民党高级军政大员钱大钧、陈诚、朱绍良、蒋万里等，震惊中外的"西安事变"爆发了。

张、杨发动"兵谏"后，立即通电全国：

东北沦亡，时逾五载，国权凌夷，疆土日蹙，淞沪协定屈辱于前，塘沽、何梅协定继之于后，凡属国人，无不痛心。近来国际形势豹变，相互勾结，以我国家民族为牺牲。绥东战起，群情鼎沸，士气激昂，于此时机，我中枢领袖应如何激励军民发动全国之整个抗战，乃前方之守土将士浴血杀敌，后方之外交当局仍力谋妥协，自上海爱国冤狱爆发，世界震惊，举国痛心，爱国获罪，令人发指，蒋委员长介公受群小包围，弃绝民众，误国咎深，学良等涕泣进谏，屡遭重斥。日昨西安学生举行爱国运动，竟唆使警察枪杀爱国幼童，稍具人心，熟忍出此！学良等多年袍泽，不忍坐视，因此对介公为最后之争谏，保其安全，促其反省。

《通电》中，张、杨提出了八项主张：

（一）改组南京政府，容纳各党各派负责救国；

（二）停止一切内战；

（三）立即释放上海之爱国领袖；

（四）释放全国一切政治犯；

（五）开放民众爱国运动；

（六）保障人民集会结社一之切政治自由；

（七）切实遵守总理遗嘱；

（八）立即召开救国会议。

最后，张、杨在《通电》中表示：

望诸公俯顺舆情，开诚采纳，为国家开将来一线之生机，涤以往误国之愆尤。大义当前，不容反顾，只求救亡主张贯彻，有济于国家，为功为罪，一听国人处置。

《通电》一发，很快，这一特大新闻传到南京，传到上海，传到了全世界，举世震惊。国内外各种政治力量迅速做出了不同的强烈反响，风云突变。

日本图谋火中取栗，何应钦等亲日派立即下令中央军作战战略转移包围西安，准备轰炸西安，置蒋介石于死地。宋子文、宋美龄等欧美派力主营救蒋介石和平解决西安事变，受宋美龄的委托澳大利亚人端纳冒险飞往西安，了解情况。在德国养病的亲日派头子汪精卫获知西安事变后，如获至宝，立即兼程回国……

12月12日上午，中共中央收到了张学良邀请中共代表团火速到西安，共商抗日大计的函电，中共中央马上做出了反应，派由周恩来、秦邦宪、叶剑英组成中共代表团，前往西安。

西安事变爆发的当天，宋庆龄就获知了张、杨兵谏蒋介石的消息。她主张以团结抗战为重，蒋介石答应停止内战，实行抗日就释放蒋介石。

第二天，她约请了胡子婴到她的寓所。她准备亲自飞往西安，以促成事变和平解决。她问胡子婴："你能否陪我去西安？""我要去西安劝说张学良、杨虎城释放蒋先生。"宋庆龄说。

"为什么？"胡子婴很奇怪。多年来她与背叛孙中山事业的蒋介石的分道扬镳，国民党特务对她进行监视、恐吓、威胁，把她的一个个战友暗杀，俩人可是仇恨已深了。

"亲日派唯恐中国不乱，如果蒋介石被杀，内战势必全面爆发，日军就可以长驱直入，火中取栗了。"宋庆龄解释道。

胡子婴不禁佩服她卓越的胆识，豁达的胸怀，高深的政治远见，他欣然同意随宋庆龄去西安。

然后，宋庆龄和胡子婴一起来到辣斐德路何香凝的寓所，约请她一起同行。

这时候，何香凝正患心脏病，国家的安危胜于她个人的生死，她也同意一起去西安。

可是到了晚上，胡子婴和何香凝却接到宋庆龄打来的电话，说不去了。

原来，宋庆龄本叫孙科为她准备飞机。由于何应钦正调兵遣将准备轰炸西安，他对宋庆龄的西安之行进行阻挠。孙科无法解决交通工具，宋庆龄成行不了了。

去西安不成，宋庆龄立即找到潘汉年。从他那里打听西安的情况。当她了解到中共中央对西安事变的和平解决方针时，她为内战高悬着的一颗心才慢慢平静下来。

潘汉年主张宋庆龄劝宋子文前往西安，因为此时张、杨也放出消息，欢迎南京方面派代表面商和平解决西安事变。这时正好宋子文和宋美龄也来与宋庆龄联系，求她出面帮助。在此之前，孔祥熙曾打电话给宋庆龄，要求她在报上发表声明，谴责张、杨。宋庆龄尽管主张和平解决西安事变，但是对张、杨的行动是理解和支持的，拒绝批评张、杨。宋庆龄接到宋子文和妹妹的电话后，立即约请潘汉年从上海乘车去南京。

在南京下关火车站，宋美龄派了专员迎接。

可是，火车进站后，却不见潘汉年的影子。迎候专员急得团团转……

机智的潘汉年为防不测，却在南京市郊的一个小站下了车。然后，雇了一辆马车进城，直接来到了宋美龄那里。

西安事变后，宋美龄被何应钦一伙弄得忧虑恐惧，烦躁不安。宋美龄一见潘汉年，如同见了救星，急切地说："潘先生请你赶快打个电报，叫他们无论如何不要杀蒋介石呀！"

潘汉年也以诚相告："据我所知，张、杨二将军并没有杀蒋先生的意思。"

宋子文赶紧说："只要不杀蒋先生，什么事情都可以谈。"

不久，派往西安的端纳传来消息了，也证实了潘汉年的话。宋美龄紧张不安的心松了一口气。这时她又收到了张、杨致南京政府邀请代行政院长孔祥熙和她到西安访问的电报。由于孔祥熙在蒋介石被扣押之后，暂代负政府之责不能去陕，宋美龄打电话给端纳问可否由宋子文代替，得到了张、杨的同意。

于是，宋子文、宋美龄飞往西安了。

宋子文、宋美龄飞抵西安。张学良亲自到机场迎接。宋美龄终于和已作阶下囚10多天的蒋介石相聚了。

宋子文等到达西安后，张杨、中共方面的周恩来和他立即进行谈判，经过各方的让步和努力，达成协议：

一、孔、宋组行政院，宋负绝对责任，保证组织满人意的政府，肃清亲日派；

二、撤兵及调胡宗南等中央军离西北，两宋负绝对责任，蒋鼎文即携蒋介石手令停战撤兵；

三、蒋允许归后释放爱国领袖七君子，西安方面可先发表，宋负责释放；

四、目前苏维埃、红军依旧。两宋担保蒋确停止剿共，并由张负责接济（宋担保周与张商定多少，即给多少），三个月后抗战发动，红军再改番号，统一指挥，联合行动；

五、宋表示不开国民大会，先开国民党中央全会，开放政权，然后再召集各党各派救国会议，蒋表示三个月后改组国民党；

六、宋答应一切政治犯分批释放，与孙夫人商定办法；

七、抗战发动，共产党公开；

八、外交政策：联俄，并与英、美、法联络；

九、蒋回南京后发表通电自责，辞行政院长；

十、宋要求：蒋下令停战撤兵后即日回南京。张学良表示同意，杨虎城、周恩来答应再考虑一下。

在商议组成过渡政府时，宋子文代表蒋介石推荐孔祥熙为行政院长，周恩来推荐宋庆龄、杜重远、沈钧儒、章乃器进入行政院。

西安事变在世人关注下和平解决了，国共两党打开了僵局。在事情的前后过程中，宋庆龄摒弃前嫌力释蒋介石，宋氏姐妹也冰释前隙了。

12月25日，蒋介石在张学良的陪同下，离开西安，安全返回了南京。

听到这个消息，宋庆龄也长长地舒了一口气。

第十章 抗战伊始

在这民族生死存亡的关头，国民党全会的召开，全国人民都焦灼地注视它。这时，宋庆龄自1927年后中断参加国民党中央的工作近十年了。为了促进国共合作，挽救民族危亡，她决定以中央委员的资格参加大会。

西安事变成为扭转时局的枢纽，国共两党的合作谈判进入了一个新阶段。1937年元旦，中共中央军委命令红军停止对国民党军队的一切军事行动。过了五天，国民政府做出了反响，明令裁撤西安"剿匪"司令部。

2月15日，国民党召开五届三中全会，主要目的是制定国内和平统一的方针。在这民族生死存亡的关头，国民党全会的召开，全国人民都灼焦地注视它。这时，宋庆龄自1927年后中断参加国民党中央的工作几乎近十年了。为了促进国共合作，挽救民族危亡，她决定以中央委员的资格参加大会。

她领衔和何香凝、冯玉祥、张人杰、李石曾、孙科、鹿钟麟、李烈钧、梁寒操、经亨颐等13人联名向国民党三中全会提出了《恢复中山先生联俄、联共、扶助农工三大政策案》，痛陈是否遵行孙中山三大政策关系国家民族兴亡盛衰，沉痛呼吁立即恢复三大政策，以救国家于危亡。

18日，宋庆龄在整整10年后，第一次登上国民党中央全会的讲坛，发表了题为《实行孙中山的遗嘱》的演讲，大声疾呼：

一切内争是可以，并且应当和平友好地解决。内战必须不再发生。和平统一必须实现！

但是，汪精卫之流的亲日派在大会上仍然提出了坚持"剿共"的政治议决案，阴险地以此为国共两党的合作安置绊脚石，使两党敌视，民族分裂，而让日寇渔翁得利。

宋庆龄针对汪精卫的反共叫嚣，义正词严地责斥汪精卫，说："在今天，居然还可以听到抗日必先'剿共'的老调，这是多么荒谬！我们要先打断一只手臂之后再去抗日吗？"

尽管汪精卫在大会上聚集一些乌合之众大肆耍花招以售其媚奸的阴谋，然而，停止内战共同抗日的历史潮流已不可逆转，中共提出的抗日民族统一战线政策被大会原则接受了。

第二天，国民党正式宣布与共产党和苏联重新建立合作关系。

为了国家团结，中共也作了让步，放弃推翻南京政府的目的，解散南北地区苏维埃政府，停止执行土地改革政策。

国共第二次合作的大门悄悄打开了。3月下旬，周恩来到达杭州，与蒋介石直接谈判。

宋庆龄也满腔热忱地准备迎接一个新时代的到来。这期间，她在上海英文杂志《中国呼声》上发表文章，批评国民党一些人的"恐日症"，怒斥汪精卫之流"先剿共，后抗日"的惑众妖言，指出，丧权辱国的对日谈判必须停止！4日，发表《儒教和现代中国》，批判在国难当头的时期，蒋介石夫妇倡导所谓"新生活"运动的荒唐可笑，号召人们投身火热的抗日救亡斗争中去。

西安事变中，宋子文、宋美龄和张杨达成协议中有一条就是释放爱国"七君子"。但是，蒋介石获释后，"七君子"仍然羁押在狱。

4月2日，江苏高等法院灯火通明，一夜之中，他们为沈钧儒等人罗列了有意"阻挠中央根绝赤祸之国策"等10大罪状。然后准备对沈钧儒七人提起公诉，按所谓的司法程序审理"七君子"事件。

国民党政府的这一行动更使全国民情沸腾，蒋介石再次陷入进退维谷的尴尬境地。

若对沈等人轻率定罪判刑，激怒民众，局势必然更难以收拾；如果撤回公诉，无异公开承认"救国无罪"，使全国救国运动更加难以控制。情急之中，蒋介石只好另辟途径了。

于是，国民党中央秘书长叶楚伦粉墨登场了，他找到杜月笙、钱新之，表示只要沈钧儒等今后不从事救国活动或留京或出洋，就可撤回公诉。杜月笙和钱新之心领神会，立即前往苏州监狱进行劝降。

俩人使尽流氓本事，摇唇鼓舌，却遭到沈钧儒等正气凛然的呵斥，结果两人碰了一鼻子灰。

诱降阴谋破产了。11日，法院又只好开庭审判了。

消息一出，苏州高等法院门口挤满了从全国各地赶来旁听的群众。在袁称帝时愤而辞职的袁世凯的秘书张一麟，曾任北洋军阀时期国务院代总理的李根源等社会名流也来了。

天下着蒙蒙细雨，大家怒容满面地站立在雨中等待开庭。

国民党当局见状，立刻停止公开审理。法院的这一做法出尔反尔，舆论界又一片哗然，各地抗议浪潮再起。

蒋介石见势不妙，亲自出马，电邀沈钧儒等上庐山晤谈。"七君子"断然拒绝，他们表示如果到反省院去悔过，他们宁愿在监狱里静待执行期满之取得完全自由。

6月25日，第二次开庭审判开始了。

一场正义与邪恶的较量又开始了。

法官问："所谓联合各党各派是指哪些党派呢？"

沈钧儒回答："并没有指定是哪一党哪一派。希望全国各党各派，都放弃成见，共同联合起来抗敌。当然，凡是中国人，除了汉奸都在内。"

法官："你赞成共产主义吗？"

沈："赞不赞成共产主义，这是很滑稽的。我请审判长注意这一点，就是，我们从不谈所谓主义。如果一定要说被告等宣传什么主义的话，那么，我们的主义就是抗日主义，就是救国主义。"

法官："抗日救国不是共产党的口号吗？"

沈："共产党吃饭，我们也吃饭，难道共产党抗日，我们就不能抗日吗？审判长的话，被告不能明白。"

法官："那么你同意共产党抗日统一的口号了？"

沈："我想抗日统一，当然是人人所同意的。如果因为共产党说要抗日，我们就须说不抗日；共产党说统一，我们就须要说不统一，这一种说法，是被告所不懂得的。"

法官："救国会有共产党么？"

沈："救国会会员很多，无从知道。对于入会的人不能问明白他是不是共产党，只问他抗不抗日，并且共产党哪里会自己说明是共产党呢？所以要问也问不出来。"

法官："你知道你们被共产党利用吗？"

沈："假使共产党利用我们抗日，我甘愿被他们利用，并且不论谁都可以利用我抗日，我都甘愿被他们为抗日利用。"

法官被问得哑口无言，检察官只好又说七君子勾结军人，发动西安事变。但是，他们又拿不出什么证据，只好说救国会曾打过电报给张学良。

邹韬奋立刻批驳说："这个电报内明明说希望张学良请命中央出兵援绥抗日，并非叫他举行兵谏，而且同时打同样性质的电报给国民党政府，为什么不说勾结国民党政府？请检察官说明电报与西安事变究竟有什么因果关系？"

检察官强词夺理地说："因为你们给张学良的电报引起了西安事变，给国民党政府及宋哲元、韩复榘、傅作义的电报未引起事变。"

史良马上反问道："一爿刀店，买了刀的人也许去切菜，也许去杀人，检察官的意思，难道杀了人就要刀店负责么？"

国民党当局在被告前面输了理，审判拿不出罪证，判刑又没有根据。但是，他们仍然坚持要给沈钧儒七人定罪。

爱国有罪，激起全国人民的愤怒。宋庆龄、何香凝、彭文应、张定夫、胡愈之、张天翼、沈兹九、潘大逵、刘良模、胡子婴、陈波儿、诸青来（注）等16人共同向江苏高等法院呈具文状，因为爱国，要求与"七君子"一并受审，救国入狱。

震惊中外的"救国入狱"运动开始了。

宋庆龄、何香凝等16人发表《救国入狱运动宣言》：

我们准备好去进监狱了！我们自愿为救国而入狱，我们相信这是我们的光荣，也是我们的责任！

沈钧儒等七位先生关在牢里已经七个月了，现在第二次开审，听说还要判罪。沈先生等犯了什么罪？就是犯了救国罪。救国如果有罪，不知谁才没罪？

我们都是中国人，我们都要抢救这危亡的中国。我们不能因为畏罪，就不爱国，不救国。所以我们要求我们所拥护信任的政府和法院，立即把沈钧儒等七位先生释放。不然，我们就应该和沈先生等同罪。沈先生等一天不释放，我们受良心驱使，愿意永远陪沈先生等坐牢。

我们准备去入狱，不是专为了营救沈先生等。我们要使全世界知道中国人绝不是贪生怕死的懦夫，爱国的中国人决不仅是沈先生等七个；还有千千万万个。中国人心不死，中国永不会亡！

我们都为救国而入狱罢！中国人都有为救国而入狱的勇气，再不用害怕敌人，再不用害怕日本帝国主义的侵略！

中华民国万岁！

在发表《救国入狱运动宣言》的同时，宋庆龄等为救国入狱运动又向上海新闻界发表了谈话。

马上，救国入狱运动在上海和全国人民中引起强烈反响，"爱国有理"，"救国无罪"的怒吼在大江南北响起。7月2日，上海进步作家何家槐等13人投书江苏高等法院，表示愿为"七君子"负联带责任。7月3日，上海电影界赵丹、白杨等20余人表示愿与"七君子"同享自由或同受处罚。许多大学教授、学生、职员、工商界人士也都纷纷签名要求爱国入狱。

"救国入狱"运动在全国汹涌澎湃地向前发展。国民党反动派对此手忙脚乱而又无可奈何……

宋庆龄等人向江苏高等法院送出具状后，整整等了10天，也不见答复。于是，在

宋庆龄等为发起救国入狱运动向上海报界发表的谈话

宋庆龄的带领下，他们决心实践自己"救国入狱"的诺言。

7月5日，宋庆龄带上生活用品，与胡子婴、胡愈之、彭文应、潘大逵、沈兹九等13人乘火车到了苏州，要求江苏高等法院将他们收押。

法院院长一听说国母宋庆龄亲自率队前来投狱，顿时慌了手脚，束手无策，不敢出来，派两名代表出来敷衍。

宋庆龄见状，立刻说："我见蒋委员长，他都要亲自出来，院长为什么不出来？"

宋庆龄坚持要院长和首席检察长出来，直接面谈。两个代表只好回头去找院长。

宋庆龄、胡愈之、诸青来三人也径直跟着进了法院，来到院长室。

院长躲都来不及了，硬着头皮强装笑脸，接待宋庆龄。宋庆龄未坐定，就责问他："救国有罪无罪？如果他们七位因主张抗日救国有罪入狱，则我们十余人也应共同负责，一同坐牢；如果无罪，就应同享自由，立刻释放他们。"

院长自知理亏，避开宋庆龄射来的严厉的目光，找遁词诡辩说："沈案有许多困难，法院方面未能迅速了结，实感遗憾。"

然后，他又假惺惺地说："至于羁押诸位之事，兄弟没这个资格，也没这个权力。要检察官说羁押才可以，沈钧儒案子现在还正在审理之中，将来结果如何还不知道，诸位还是等待辩论之后，看情形再讲。"

宋庆龄又责问他6月25日递的请求羁押的状子，为什么还没有批？

院长支支吾吾，说："因为你们都是案外人，与本案无关，所以不能批。"

宋庆龄接着说："我们都是救国会主持人，为使法院对本案易于明白起见，希望对我们也加以同样的侦察。"

院长头上急出了汗，面对宋庆龄，他愁眉锁眼，措手无策，只好答非所问："诸位最好等待判决，我个人意思还是请诸位先生回去。再说，苏州天气太热，大家还是早点回上海。"

宋庆龄一听此话，立即严肃地说："我们不是来苏州乘凉的，而是自请入狱。"

宋庆龄、胡愈之代表13人坚持请求羁押。院长没有这个胆量去答应同意，谈来谈去没有结果。情急之中，院长只好说："好，诸位一定坚持，让我来和检察官商量一下。"

宋庆龄等由院长陪同来到会客室。然后，院长转身找检察官去了。

院长和检察官会商后，把在外面等待的胡愈之、彭文应等其他人请了进来。

大家坚持要首席检察官孙鸿霖出来谈话。龟缩在屋的孙鸿霖也只好硬着头皮来到了会客室。

孙鸿霖来了，大家争相发言。胡子婴说："检察官上次开庭说救国会是危害民国的，我们是救国会的负责人或成员，就应当把我们也押起来。"

首席检察官忙接口，说："羁押也不能信你们一句话啊！法院做事总要依据法律，而且以前审理他们也没有发现你们有犯罪的证据，怎么好羁押呢？"

言罢，他又语重心长地说："我劝你们回去，现在天气很热，而且苏州也没什么好玩的，只要问心无愧就行了。"

胡子婴一听孙鸿霖的讥讽，立即反驳说："你弄错了，我们来不仅仅是做个形式，我们的目的不达到是不会罢休的。"

彭文应接着质问："'七君子'参加救国有罪，我们同样参加没有罪，这个区别去哪里？我们的状子不批，是不是说我们没有罪？"

孙鸿霖受到斥问，恼羞成怒，傲慢地说："不批怎么样？你能命令检察官吗？"

这时，宋庆龄在一旁没有说话，锐利的目光看着他。孙慌了，赶忙又转过口气："我看你们还是回去，何必呢？没有这个必要嘛！"

大家立刻反驳他，七嘴八舌像连珠炮一样责问得他哑口无言。

宋庆龄是带病来的，喉病正发作，不便多说话，只是不时把喉片往口里送，面露不悦。

孙鸿霖看见宋庆龄露出愠色，立刻心虚了，看看墙上的挂钟，推说时间不早了，悄悄地溜走了。

孙鸿霖一去不返。宋庆龄和大家商定，没有结果，不离开法院。于是他们静坐在法院里。

到了吃午饭的时间，看守所的所长跑过来，问大家吃什么。宋庆龄亲临苏州，他们还是不敢太怠慢。

宋庆龄就说吃面，结果，送来了13碗面。

吃完了面，大家坚持不走。

墙上的挂钟滴哒嗒哒，下午5点半了。13人坐在会客室里，仍然没有去意。

这时，法院又收到了34人递来的为沈案请求罪押的状子，大家要求服"爱国罪"。欲以不理了之的孙鸿霖感到大事不妙，于是又派了一名叫夏敬履的检察官与大家交涉。

检察官一来，胡愈之兜头问他："假使有证据，法院是否可以侦查？"

13人已经下决心与沈钧儒等"七君子"共生死了。检察官答复说："如有证据，预备开始侦查，各人可以听候传讯。"

接着，胡愈之提出第二个问题："如果沈等有罪，我们要求同等待遇。"

"他们是否有罪还不晓得，不过如有证据，自然要依法办理。"夏敬履装腔作势地回答。

胡愈之连连斥问检察官，夏招架不住被迫承认说："救国会总不是危害民国的。"

有了他的一句话，就可以向全国人民有一个交待了。但是，他们没有罢休，要与反动当局斗争到底。夏答应有证据就开始侦查。胡愈之又问："其他救国会成员，倘照我们办法向法院递状，是否能受同样待遇？"

"只要在本院管辖范围内，当然同样办理。"

随即，13人把夏敬履的答复写成了书面文件，法院院长也表示同意。于是，宋庆龄一行人决定返回上海提出证据，再听候传押。

接着，宋庆龄和大家又到狱中看望了沈钧儒等，对他们表示慰问。晚上9点多，他们才乘火车返回上海。

宋庆龄向苏州高等法院交涉的呈文

返沪后第二天，宋庆龄致电国民政府主席林森、国民党中央政治会议蒋介石、汪精卫及冯玉祥、孙科、居正、于右任、戴季陶对江苏高等法院的无理蛮横态度表示愤慨，要求迅速予以主张公道，勿失全国志士之心。

宋庆龄等13人亲赴苏州要求入狱使在狱中的沈钧儒等七人深受感动和鼓舞。七人联名写信给宋庆龄：

宋庆龄先生钧鉴：

闻昨日扶病率同诸友莅苏投案，正义热情，使钧儒等衷心感动，无可言状。但一念及先生之健康，关系民族解放之前途至深且大，则又为忧惶不已。钧儒等深信先生之号召，必能使全国人心，为之振奋，司法积弊，逐渐澄清，民主权利奠定基础，其在历史上意义重大，实不可思议也。惟顿劳之后，务请善自弥摄，以慰千万人喁喁之望，谨布微忱，专颂钧安。

宋庆龄自携行李扶病亲往苏州法院自请入狱，在全国引起了极大震动和强烈反响。全国各地风起云涌，纷纷响应。国民党当局对"七君子"强行判罪的阴谋破产了。

也就在宋庆龄返沪致电国民党党政要人要求入狱服爱国罪当天，日军炮轰卢沟桥，向北平中国驻军第 29 军发动进攻，全面侵华战争爆发。

卢沟桥的炮声震动了中国，震惊了全世界。

驻守卢沟桥宛平县的国民党第 29 军 219 团团长吉星文当即率部奋起抵抗，给日军迎头痛击……

翌日，中共中央发出《中国共产党为日军进攻卢沟桥通电》大声疾呼：

平津危急！

华北危急！

中华民族危急！

只有全民族实行抗战才是我们的出路！

7 月 15 日，中共中央向国民党中央递送了《中共中央为公布国共合作宣言》，宣布取消现在的苏维埃政府，实行民权政治；取消红军名义及番号，改编为国民革命军，受国民政府军事委员会之统辖并待命出动。

被救出狱的"七君子"与救国会领导人马相伯的合影
右起：李公朴、王造时、马相伯、沈钧儒、邹韬奋、史良、章乃器、沙千里、杜重远

在红军迅速准备奔走抗日战场之际，周恩来再上庐山，直接与蒋介石谈判。林伯渠、秦邦宪等一同前往。国共和谈棋局又开了。

抗日战争一爆发，神州大地上，静谧的天空中，弥漫着硝烟。在日寇铁蹄践踏家园的时刻，宋庆龄满怀愤怒、激情地投入了抗日救国运动。

7 月 22 日，她与老战友已经年过 60 岁的何香凝和大姊宋霭龄联合发起成立了上海市妇女抗敌后援会。郭德洁、于凤至、孙科夫人陈淑英、杜月笙夫人等纷纷参加。足不出户的妇女们轰轰烈烈地与前方将士共同用自己的肩膀担起国家危亡和倾倒的大厦。

一天，莫里哀路突然来了三位不寻常的客人。

他们就是刚刚从庐山与蒋介石进行国共谈判的周恩来、秦邦宪和林伯渠。他们到南京参加国防会议，专程在上海下车拜访宋庆龄，共商抗日救国之大计。

周恩来代表党中央和毛泽东向宋庆龄致以崇高的敬意。

林伯渠早年就跟随孙中山加入同盟会。1936 年底他还写过信向宋庆龄问候。现在一见面，特别亲热，宋庆龄笑着说："没想到时隔半年就见面了。"

几个人相聚一堂，一起回忆大革命时一起战斗的岁月，昔日国共两党团结一心，北伐义军所向披靡，一日千里的情景，兴奋地展望国共第二次合作的前景。

接着，周恩来向宋庆龄介绍了国共合作谈判的经过和分歧点，宋庆龄表示愿意为促成国共合作，一致抗日做出自己的努力。

大家推心置腹，倾心相谈。通过对形势的剖析，个个对国共合作，共同御敌的前途，充满信心。

卢沟桥事变后，日军依仗强大的军事力量，很快占领了北平、天津。8 月 13 日，日军为牵制华北抗战，突然向上海发动进攻。上海江湾、闸北一带风雷急起，上海抗战又拉开了序幕。

上海遭到进攻，直接威胁南京。

翌日，国民党政府发表《自卫抗战声明书》宣布：

中国为日本无止境之侵略所逼迫，兹已不得不实行自卫，抵抗暴力。

抗战开始了。国内形势对国共再度合作的要求迫在眉睫。宋庆龄连连发表文章加以促进。

9 月 22 日，国民党中央通讯社发表了他们扣押了 2 个月的《中国共产党为公布国共合作宣言》。

23 日，蒋介石就中国共产党宣言发表谈话，做出了"与全国国民彻底更始，力谋团结，共保国家之生命与安全"的诺言，实际上承认了中共的合法地位，作了明智的选择。第二次国共合作经历无数曲折之后，终于正式形成了。兄弟阋于墙，外御其侮。宋庆龄闻讯，异常地兴奋，感动得几乎要下泪，当即奋笔疾书。第二天发表《国共统一运动感言》。

她语重心长地说："在这民族危机千钧一发的今日，一切过去的恩怨，往日的牙眼，自然都应该一笔勾销，大家都一心一意，为争取对日抗战的最后胜利而共同努力。"

10 余年同室操戈，令人痛心的内战局面终于停止，孙中山的三民主义和联俄、联共、扶助农工三大政策得以恢复执行，全民族抗日统一战线形成了。长期以来，宋庆龄很少接见记者，现在她也兴奋地接受采访，面对记者侃侃而谈，她为国为民掬其血诚的心情，为世人所感动。

但是，在刚刚形成的抗日统一战线内部，片面抗战、消极抗战积极求和和悲观失望的暗流在潜动。浴血奋战的军民急需医药和御寒物资；被日军枪炮刺刀夺去双亲的孤儿正在流离失所；变成焦炭的城市、乡村需要食物，需要自救……

宋庆龄没有陶醉在一时的兴奋之中，她积极地到处作抗日演讲，撰写救亡文章，奔走号呼，呼吁人民动员起来为抗战出钱出力。

这时，她组织成立的上海妇女抗战后援会改为了"中国妇女慰劳自卫抗战将士总会上海分会。"妇慰总会是由宋美龄主持的，宋庆龄和何香凝领导妇慰总会上海分会。在抗日救亡的大目标下，宋氏三姐妹结束长期政见的对立，也走到一条大道上来了。

后方援战浪潮兴起，前方将士备受鼓舞。上海抗战伊始，日军扬言在两星期内攻陷

关于国共合作的声明

（一九三七年十一月）

一九三七年七月七日日寇进攻卢沟桥之后，国民党和共产党为了团结抗日，奠定了正式合作的基础，以代替西安事变后所获得的停战。

孙中山一生主张共同奋斗救中国。这就是他主张国共合作的原因。共产党是一个代表工农劳动阶级利益的政党。孙中山知道没有这些劳动阶级的热烈支持与合作，就不可能顺利地实现完成国民革命的使命。倘使他所主张的国共合作一直不间断地继续到现在，中国目前已经是一个自由、独立的强国了。前事不忘，后事之师。国难当头，应该尽弃前嫌，必须举国上下团结一致，抵抗日本，争取最后胜利。

《为新中国奋斗》，人民出版社一九五二年出版

宋庆龄发表的《关于国共合作的声明》

上海迫使中国投降，结果敌军伤亡五六万人，鹰森赤等 10 多个将校军官被毙命，仍没有拿下上海。上海妇慰分会在宋庆龄的直接领导下成立了妇女训练班，两个月内训练了 2000 名临时护士，许多女工、家庭妇女、女学生、女童子军都被动员起来了，并肩地奔赴了火线，抬伤兵，做绷带，缝衣服……千千万万的妇女在抗战中奋不顾身。

10 月下旬，上海市文化界救亡协会发起募集 20 万双手套，支援抗日战士。妇慰分会又率先响应。

中国国内正在进行热火朝天的流血奋战，拯救国家于危难之中。而国际上，一些大国对法西斯侵略实行所谓的"中立"和"不干涉"的绥靖政策，助长了侵略者的凶焰。争取国际和平和进步人士的支援也成了抗日战争的重要内容。20 日，宋庆龄对美国人士发表了题为《中国走向民主的途中》的广播演说，她用英文向爱好和平的人们大声疾呼"趁残酷的火焰未燃烧到全世界各国前，将它扑灭。"

28 日，上海妇女界在国际饭店举行在沪外国妇女招待会。廖梦醒作为宋庆龄的秘书代表她作了演讲，要求各国妇女领袖向她们的朋友和本国人民申诉中国被侵略的真相。

1937 年 11 月 12 日，上海沦陷，日军攻占了上海。淞沪抗战历时三个月后结束了，上海成为了"孤岛"。但是，宋庆龄没有随国民党高级官员西撤。此前，中共中央曾致电她离沪去香港。她经过深思熟虑欣然接受了中共中央的建议，决定去香港。

不久，南京沦陷。在日军占领南京的混乱之际，牛兰夫妇越狱逃跑。之后，几经周折，返回了自己的祖国。

宋庆龄

第十一章 创建保盟

随着抗战规模的扩大，又一些外国医疗队和华侨组织的各种抗日团体和志愿人员纷纷来华，各种捐款和物资也一批批陆续到来。但是，由于国民党政府的腐败，这些外援既不能分配到抗战最急需的地方，又未能按照捐赠人的意愿合理发送。宋庆龄发现这个问题，立即着手准备筹建一个机构，争取和进行外援工作。

1937 年 12 月 23 日，一个阴冷的冬日，一艘外国客轮徐徐驶离孤岛上海，前往香港。宋庆龄就在这艘轮船上，离开了生她养她的故土。

她是由新西兰朋友路易·艾黎护送，闯过了满布日伪宪警的江边码头，坐驳艇登上停泊在江心的轮船的。

几天后，宋庆龄离开了烽火连天的内地，到达了香港，居住在宋子文在九龙嘉连边道的寓所。但是，移居香港，她并不是为了避难，而是要在这个特殊的政治环境中，更好地开展救亡抗战工作。

1938 年 3 月 2 日，她发表《告爱国民众书》，阐述日本侵略中国真相，呼吁世界人民支持中国抗战。

3 月 7 日，又发表了《向全世界妇女申诉》一文。

上海、南京沦陷后，国民党政府撤退到了武汉。3 月 29 日至 4 月 1 日，国民党在武昌召开临时全国代表大会，大会通过了《抗战建国纲领》，提出一些推动抗战建国的政策方针。宋庆龄在香港没有参加这次大会。

但是，她密切关注着大会的进行。

当她看到大会的宣言和纲领后，为大会的进步感到由衷高兴。4 月 14 日，她和何香凝联名发表了《拥护抗战建国纲领，实行抗战到底》一文，对主持大会的蒋介石和大会发表的宣传和纲领表示拥护。

宋庆龄 1937 年摄于香港

香港是英国殖民者统治的自由港，日本还不敢对欧美国家发难。何香凝、柳亚子等数百名文化界著名人士和爱国民主人士先后来到了这里，内地一些资本家也一批批来到香港，一时香港成了风云际会，冠盖云集之地。由于中国的东部海岸被日军封锁，许多支援抗战的物资是从这里运入内地，许多抗日人士也是从这里奔赴抗战前线的。香港，成了中国抗战事业与海外联系的惟一通道。

白求恩大夫带领医疗队受加拿大和美国共产党的派遣，来中国支援抗战。他们一路风尘，来到了香港。

他们找到宋庆龄。宋庆龄介绍他们到武汉八路军办事处。白求恩到武汉后，先去了延安，最后在晋察冀抗日根据地工作。

随着抗战规模的扩大，又一些外国医疗队和华侨组织的各种抗日团体和志愿人员纷纷来华，各种捐款和物资也一批批陆续到来。但是，由于国民党政府的腐败，这些外援既不能分配到抗战最急需的地方，又未能按照捐赠人的意愿合理发送。宋庆龄发现这个问题，立即着手准备筹建一个机构，争取和进行外援工作。

她开始为发起组织"保卫中国大同盟"而奔走号呼。

担任国民党政府财政部长的宋子文和担任国民党政府行政院长的孙科也欣然作为了保卫中国大同盟的发起人。

中外著名人士印度的贾·尼赫鲁、美国的保罗·罗伯逊、赛珍珠、德国的托马斯·曼等都被邀为同盟发起人。

在战火纷飞，国难当头的岁月，保卫中国大同盟于 1938 年 6 月 14 日宣告成立了。宋庆龄任主席，宋子文任会长，爱泼斯坦、廖梦醒、克拉克夫人、邹韬奋、陈翰笙、斯诺、史沫特莱等许多中外人士参加了大同盟的工作。

宋庆龄和保卫中国同盟中央委员会委员合影于香港
从右至左：廖承志、法朗斯、克拉克、宋庆龄、廖梦醒，邓文钊、爱泼斯坦

《保卫中国大同盟成立宣言》向全世界宣告：

保盟目标有二：

一、在现阶段抗日战争中，鼓励全世界所有爱好和平民主的人士进一步努力以医药、救济物资供应中国；

二、集中精力，密切配合，以加强此种努力所获得的效果。

《宣言》公布宣称：

保盟的救济只是反法西斯的救济和争取民主的救济。

保卫中国同盟设在香港育贤坊八号一层，只有一房一厅。房间是办公室，厅堂是接见来访客人的地方。在这样简陋的条件下，他们开始发行《保盟通讯》。过了很长一段时间后，保卫中国同盟的办公地点才搬到了西摩道 21 号办公。保盟成立后，在上海、广州等地建立了分会，许多当地的中外著名人士参加分会组织。

广州分会是宋庆龄亲自委托爱泼斯坦建立起来的。

8 月，为了加强统一战线，中共中央派邓颖超为代表前往香港，看望宋庆龄和何香凝，并与她们共商推动抗日民族战线的问题。宋庆龄得讯后，为了保证邓颖超的安全，提前于 20 日乘船前往广州，迎接邓颖超。

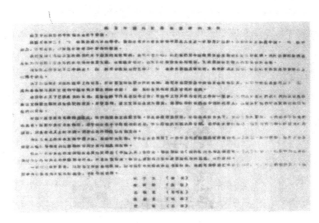

"保卫中国同盟"成立宣言

1938年5月徐州沦陷后，日军转向中原进攻，虎视眈眈瞄向武汉。为了配合武汉的攻势，他们开始对广州狂轰滥炸，10余万炸弹把美丽的广州炸得断墙残壁，沟坑累累，英勇的广州人民同仇敌忾，踊跃地为前线募集款项和物资，进行抗日救国大示威。宋庆龄到达广州后，一边等待邓颖超，一边了解广州的情况，慰问民众，奔走于各医院，慰问受伤的难民。

邓颖超不日到达广州。宋庆龄约见邓颖超，俩人像亲姐妹一样亲热地倾心交谈，宋庆龄认真地倾听了共产党的主张。

会见邓颖超之后，宋庆龄瞻仰了坐落在越秀山南麓的中山堂。但是，这里也迭遭敌机轰炸，钢筋混凝土结构的屋椽、墙壁上弹痕累累。宋庆龄对日军的暴行愤然在心，她满腔的抗日怒火溢于言表。

离开中山堂，她又祭扫了黄花岗72烈士墓。英雄们为人民舍生取义的精神使她备受鼓舞。回到香港，宋庆龄改变了以往深居简出的作法，频频地与各界各阶层人士进行接触，联系，推进保卫中国同盟的工作，促进抗日民族统一战线发展。

她会见了爱国华侨陈嘉庚，又和司徒美堂交换了抗日的主张，亲笔写信给侨美同盟的陈其瑗、赵建生，呼吁他们一起与国内民众为抗击日本侵略做工作。

紧张的工作使宋庆龄没有了上班下班的区别。她有时清晨天色未明，就来了保盟办公室，匆匆开始一天的工作；有时午夜的钟声响过很久，她还没有回去。

冬夜，寒风刺骨，在保盟工作的潘标已经熟睡了，一天紧张的工作使她在梦乡中睡得很甜。

突然，门外的铃声急促地响了。

她被惊醒，连忙按亮灯，开门一看，原来是宋庆龄，她身穿皮大衣站在门外。孙夫人匆匆地走进来，从办公室里取出些文件，又匆匆离去。

临出门，她对潘标笑了笑，说："亚标，谢谢你，吵你休息了。"

此时已是午夜2时了，潘标看到废寝忘食的宋庆龄也一副疲倦的样子，在寒冷的冬夜还没有歇息，感动得说不出话来。

保卫中国大同盟的有效工作得到了中外许多人的响应，世界各地道义和物资的援助源源而来。上海流氓头子杜月笙也慕名来到了香港，拜见了孙夫人。

宋庆龄亲自接待了他的来访，杜月笙捐献了一笔款项给保卫中国同盟，支援战时救助工作。

这时，在美国的林语堂也准备返回国内。他是杨杏佛被暗杀后害怕掉脑袋而躲到美国的。经过香港时，他要求会见宋庆龄。大敌当前，抗战多一个人就多一份力量，宋庆龄不咎既往，欣然同意了。

一见面，林语堂就表白自己："这次回国，是要和我的国家和我的人民同甘共苦。"

宋庆龄听到他的表白，建议他用写作来支持保卫中国同盟的工作。

但是，半天他没有反应。原来，他此行的目的是要宋庆龄帮忙，把他在美国买的一辆昂贵的汽车作为抗战救济物质运到重庆，以逃避关税和办理其他的手续。他支支吾吾地说出自己的想法。

宋庆龄一听他的来意，从内心里鄙视他。但是，在团结抗战的大局下，她力争让每个人为抗战出一份力，于是，她问林语堂，用他的汽车装运医药物资过来，行不行？

林语堂紧张起来，经过一番痛苦的、慎重的考虑，吞吞吐吐回答说，他不愿意，除非宋庆龄能保证汽车的新靠垫不被弄脏、弄坏。

灵魂深处的东西荡然而现，连一个上海滩的流氓都不如，宋庆龄疾言厉色地拒绝了林语堂。他不好意思了，在宋庆龄鄙夷的目光下，悻悻地告辞了。

这时，在国内，共产党的军队正在进行具有惊人效果的抗日游击战，不断收复失地，他们的影响和力量不断扩大。尽管建立了统一战线，国共两党之间的和睦关系也仅仅是表面的。事实上，蒋介石一直试图孤立和控制共产党，他部署50万军队封锁了中国西北部的共产党地区，这是中国最贫困的地区之一。八路军、新四军都在极其艰难困苦的条件下浴血奋战，但是，他们几乎得不到国民党政府发给的军饷和武器。连坚持抗战、救死扶伤所必需的基本药品和医疗器械在八路军和新四军中都水贵如油，抗日敌后根据地连最普通的酒精、碘片、凡士林、消炎药等都成为稀有之物。宋庆龄了解了这些情况，立即召开各种记者招待会通过各种途径把真实情况告诉中外朋友，呼吁全社会来支援共产党领导的抗日队伍。与此同时，她与保卫中国同盟想方设法给予八路军、新四军以较多的援助。

日本发动侵华战争后，陈嘉庚领导成立了"南洋华侨筹赈祖国难民总会"，司徒美堂组织成立了"纽约华侨抗日救国筹饷总会"，各种华侨救亡团体纷纷成立，在许多地方，华侨救亡筹赈运动轰轰烈烈地开展起来。宋庆龄在追随孙中山革命实践中，深深敬佩华侨的爱国精神，因此，一直与他们保持更广泛的联系。在她的推动下，1937年驻粤各华侨团体发起成立了华侨抗敌总会，宋庆龄被推为名誉主席。

9月，第二届华侨抗敌总会代表大会在香港召开。宋庆龄亲自参加大会。

在大会上，她热情洋溢地发表了《华侨总动员》的演说，大声疾呼进一步动员华侨积极投入救国运动。

在演说中，宋庆龄对如何进一步开展华侨救国运动，提出了宝贵的意见，认为："保证华侨能够动员，最重要迫切的是加紧华侨中的团结，充实与扩大华侨救国的组织，统一华侨运动的领导，以及发扬应有的民主精神。"为此，她指出要克服华侨中一部分人的地域帮派的观念，以使侨胞"不分地域，不分畛界，亲诚合作。"

演说中批评了政府在接待华侨工作上的缺点，指出："一年以来，先后回国服务，请缨杀敌者，时有所闻。但惜我政府对回国服务侨胞，未能妥予招待，亲切接洽，予以指导，致使久离祖国之侨胞，深感人地生疏之苦，请缨无由，进退两难，彷徨歧路，有挫华侨之壮志热忱。深望我政府今后对回国服务之侨胞，对国内华侨团体，予以亲切的扶植，给以工作的机会。对海外侨胞、救国团体，应加强联络，经常给以政治上、精神上的帮助，尽量为华侨解除痛苦与困难，更多为华侨谋福利。"

这些意见，同时也为保盟接待华侨的工作指明了方向。

在宋庆龄的号召和推动下，华侨救国运动更加波澜壮阔，新加坡、菲律宾、南洋、越南、印尼及欧美等地华侨抵制日货、筹划捐款，成立战时服务团体，毁家纾难，舍身救国。

冬天来临了，保卫中国同盟发动征募寒衣运动，南洋华侨筹赈祖国难民总会接到电文后，立即响应，一个月募得寒衣30万套，一车一车运往祖国。

这时候，英国援华委员会代表何登夫人赴华，来到香港，宋庆龄立即与她洽谈，一起筹建国际和平医院。

国际和平医院是早两个月前伦敦举行的国际和平大同盟世界代表大会决定的援华措施。

宋庆龄与何登夫人商量，首先在晋察冀边区建立第一个国际和平医院，白求恩担任第一任院长。

马海德1936年与斯诺到达陕北后，就留在那里了。宋庆龄推荐他担任了国际和平医院观察员。

保盟资助建立的延安中央医院

国际和平迅速发展，不久拥有8个中心院和42个分院，医院建立了许多巡回医疗队和制药医疗网。他们踊跃在敌后游击区，救死扶伤，支援抗战。

9月中旬，广州的局势进一步危急，日军开始大举进攻南部中国的门户，保卫广州的战役开始了。

宋庆龄离开香港，来到了千钧一发的广州，参加广州人民反对侵略的火炬示威游行，和浩浩荡荡的群众队伍一道前进。

游行结束，她又像当年支援北伐一样，召开广州市各妇女团体会议，支援前线。会上，宋庆龄发出了"一个广东妇女，捐制一件寒衣"的号召。首先她捐出了1200元钱用于购置寒衣。

具有革命传统的广东人民纷纷响应。妇女的爱国行动给这个英雄的城市带来了坚决抗战的意志，广大军民组成了护国卫家的铜墙铁壁。

广州不断地遭受日军的狂轰滥炸。而这些落在四周的炸弹偏偏又是宣称"中立"的英国制造的，宋庆龄愤而批评英美政府对日的"绥靖"政策。

宋庆龄和广州人民誓死保卫广州。但是，国民党政府以为广州靠近香港，日军投鼠忌器，不敢攻打过来，只是虚张声势，结果不作认真的防守准备。10月21日，悲剧在广州重演，日军轻而易举地占领了广州。接着，25日，武汉也失陷了。

宋庆龄在广州沦陷前夕回到了香港，广州的危情使她心急如火燎，她、何香凝、陈友仁等六人致函林森、蒋介石和孙科，提出四点急救措施：

（一）加强中枢政治机构；

（二）遵守总理（孙中山）所定外交政策；

（三）发动全国民众力量；

（四）迅速起用知兵宿将，保卫广东。

但是，腐败的国民党政府并没有挽救广东的颓势，日本侵占了广州、武汉，之后，对国民党采取守势，重点进攻共产党领导的八路军和新四军，敌后抗日战争进入了极其激烈和艰苦的时期。

史沫特莱在宋庆龄离开上海之前去了武汉。武汉沦陷时，她撤退到了皖南。

她作为一位进步作家，积极活跃在新四军之中，到处采访，不断向世界各地发出共产党抗战的真实报道。

不久，她看到新四军根据地军民医药和器械奇缺，许多伤员缺医少药，活活地流血而死。她了解到国民党政府对此根本不管。热心的她，找到叶挺军长，向他建议争取获得宋庆龄领导的保卫中国同盟的支援。

叶挺军长正为这个问题发愁，立即派新四军卫生部长沈其震前往香港，找宋庆龄。

沈其震带着史沫特莱的信件马上启程了。到达上海后，他找到了保卫中国同盟上海分会的耿丽淑和吴大琨。

来时，他带了一些自己拍摄的反映新四军战斗生活和医务工作情况的照片，以及新四军缴获日军带有弹孔的钢盔，血迹斑斑的战旗，日本士兵的家信等战利品。在上海，他利用耿吴的帮助，举办了一个介绍新四军战绩的展览。

这一次展览向人们展现了新四军浴血奋战抗击日军的真实情况，展示了新四军缺医少药的艰难困境。新四军的状况得到了许多人的了解。之后，他星夜兼程去找宋庆龄。

到了香港，经过廖梦醒的引见，他很快见到了宋庆龄。

宋庆龄看到史沫特莱用打字机打在白手绢上的信件，听取了沈其震的汇报。新四军在缺医少药的情况下艰苦抗战，宋庆龄深为感动，立即通知上海分会的耿丽淑开展援助新四军的工作。

不久，《新闻通讯》开始连续发表文章，介绍新四军发生的情况。各地群众看到新四军艰苦抗战的事迹，交口称誉，纷纷解囊相助。

宋庆龄和保卫中国同盟也马上开始了救援行动，把十多万元的募捐款通过中共江苏省委和新四军办事处转交给了叶挺，一批急需的手术器械、大量药品和食品、被服、文化用品和救援物资，通过香港或上海转送到了皖南。新四军获得这些物资，解了燃眉之急。

宋庆龄在香港时的照片

保卫中国同盟还组织慰问团，前往新四军根据地，直接把医药用品和救济物资送给新四军。

在紧张的援助工作中，保卫中国大同盟迎来了不平凡的 1939 年。元旦刚到，他们收到了加拿大中国爱国者同盟向西北游击队捐助的五个卡车底盘。这批底盘价值 100 多万元。宋庆龄欣喜万分，立即拨款安装车身，准备送往西北。

有了卡车，宋庆龄决定再让车带上救济物资。当时，纽约华人救济协会、大不列颠中国委员和温哥华医疗救济会等团体提供的药品、医疗器械和食品、毛毯等只够装满两卡车。为了募集装满五辆卡车的物资，及时运到西北抗日根据地，宋庆龄和保卫中国同盟名誉书记克拉克夫人亲自奔走号呼，筹捐医药和物资。

宋庆龄

第十二章

工合之火

宋庆龄看到了这份报告，立即与保盟的其他同志商议，大家不约而同地决定发挥工合国际委员会在海外的声望，发起募集2万条毛毯运动，支援新四军。一封封求援的电报从保盟中央发往了世界各地……

"八·一三"淞沪大战爆发后，日本大举轰炸中国东部沿海一带，一座座工厂在爆炸声中化为灰烬，巍峨的大厦变成平地，难民成千上万，无数的工人携儿带女到处流浪……

上海、天津、青岛等沿海地区沦入敌手，工业毁于战火。只靠落后的农业很难应付战时之需战胜日本帝国主义，发展生产，动员人力和物力，重建后方工业，发展生产，成为坚持抗战的一项紧迫任务了。

对于这一工作，腐败的国民党政府束手无策。

在上海，浦东和周围大片地区工厂到处浓烟滚滚，烈焰腾空，人类文明的成果在侵略军的暴残下变成尘土，和平的平民失去生活之托。宋庆龄的朋友埃德加·斯诺和路易·艾黎对侵略者的暴行义愤填膺。这个苦难的民族的灾难使他们心情忧郁。他们和中国人民同呼吸，共命运，目睹上海许多工厂遭到狂轰滥炸，他们开始决心尽自己的力量为这个危难民族做一些实事，最后，他们从工厂滚滚的浓烟中得到启发，找到了重建中国工业这一途径，作为支援中国人民抗战的贡献。

斯诺的夫人海伦提出要广泛发展工业，就必须搞一个工业运动。路易·艾黎认为中国人生来是会合作的。于是，他们酝酿要发起一个工业合作运动，发展生产，解决千百万流离失所、濒于饥饿的难民和伤兵的就业，安定后方秩序。路易·艾黎先起草了方案，斯诺、艾黎和海伦又对方案反复研究，进行修改，最后定稿了。

方案形成后，上海《密勒氏评论报》的鲍威尔看了，又把方案印成册子，在上海各界人士中散发。

这一建议立即得到上海各界人士组织的爱国组织"星一聚餐会"的拥护和支持。

"星一聚餐会"是中共地下党领导的组织。胡愈之、沙千里、章乃器、郑振铎、王任叔、萨空了、徐新天等马上响应。1937年11月，上海成立了中国工业合作和设计委员会。

路易·艾黎邀请农产调整委员会卢广绵、上海电力公司工程师吴去非等人起草中国工业合作社发展计划，提出建立3万个工业合作社的设想，以使千百万人重新得到新工作。

路易·艾黎决定为这个计划竭尽全力，于是他辞去了上海租界工部局工业科科长的职务，全力为实现3万个工业合作社奋斗。

宋庆龄是他和斯诺的启蒙老师。在长期的革命斗争中，他们和孙夫人建立了深厚的情谊。于是，路易·艾黎的第一步就是乘轮船到香港拜见宋庆龄，寻求她的支持和帮助。

宋庆龄早就有发动人民生产自救的思想。在《儒教与现代中国》一文中，她就提出用一种通过生产技术的改进以改善人民生活的伟大运动代替宋美龄的新生活运动。现在路易·艾黎带来的工业合作社计划，与她的思想不谋而合。宋庆龄看后，非常赞同。当即，她把路易·艾黎和他的想法介绍给正在香港的宋子文。

宋子文也同意这一计划，他以个人身份答应为实施这一计划给予财政支持，同时，他还给艾黎出主意，说这项计划最好取得蒋介石的正式同意，实施起来才能迅速取得效果。

为了使路易·艾黎说服南京政府的支持，宋子文安排一架飞机把路易·艾黎送到了当时抗战的中心武汉。斯诺汶时也找到了英国驻华大使馆的年轻秘书约翰·亚历山大，通过他说服了主张反法西斯的英国驻华大使阿奇博尔德·克拉克·克尔爵士支持这项计划。

开始，克尔爵士对这项计划能否实现表示怀疑。当他听到孙夫人百分之百支持时，同意到武汉说服蒋介石和孔祥熙。

孔祥熙

上海银行家徐新六为这件事也到了武汉，他把中国工业合作社发展计划交给行政院副院长兼财政部长孔祥熙，但是孔祥熙对此并不感冒，态度冷淡。

路易·艾黎到达武汉后，拜见了正在武汉的周恩来。周恩来仔细地听取了他重建后方工业的设想，共产党表示支持这项计划。

徐新六没有说服孔祥熙。克尔大使已经亲自来到了汉口，向委员长夫人宋美龄和澳大利亚顾问端纳兜售这一想法。此前，宋庆龄已就工业合作社之事已与妹妹通了气。宋美龄由于受宋庆龄的影响，对工业合作社计划非常赞同。她向大使保证，说服政府支持这一计划。

但是，宋美龄去找孔祥熙时，孔祥熙对此仍然是兴味索然，摇头晃脑不予支持。孔祥熙的态度把宋美龄气坏了，她找到大姐霭龄诉说，旋即激起宋霭龄的同情。

宋霭龄立即跑到孔院长那里，大发雷霆。孔祥熙乖乖地改变了主意，听命于夫人，答应拨给500万法币作为该计划的经费，全力支持工业合作社运动。

8月5日，中国工业合作协会终于在汉口成立了。路易·艾黎出任技术顾问，孔祥熙任理事长，宋庆龄任名誉理事长。

中国工业合作协会成立后，宋庆龄就开始为它进行宣传工作，为重建后方工业鼓与呼。

15日，美国纽约召开世界青年大会。参加大会有52个国家的代表。宋庆龄立即利用这一难得的机会向大会发表广播演说，向世界人民介绍中国的工业合作社运动。工业合作社运动以其在世界反法西斯战争破坏，重建后方工业的创造性思想，很快成为举世瞩目的新鲜事物。

美国罗斯福总统夫人安娜·埃莉诺在《纽约世界电讯报》上，撰文对中国工合运动进行宣传："中国人民刻就工合运动，作极有趣之试验，……对此极应予以赞助。"

工合运动得到各国人民支援。海内外中国工业合作社运动蓬勃兴起，于是，一个个生产合作社在广大非敌占区星罗棋布地发展起来了。

但是，宋霭龄热心支持工合运动的原因是，她可以通过办工业的方式从政府拨款中获得大量的回扣。孔祥熙对工合拨款丧心病狂地进行一次次的敲诈，企图从中发国难财。正直的路易·艾黎抵制了孔的敲诈。

孔祥熙千虑而无一得。在拨一笔数目很少的款后，就违背诺言，一个铜板都不肯给了。

路易·艾黎没有了政府的资助，生活费用都要自己负担了。他把他个人的积蓄全部资助了第一批试办的合作社。孔祥熙扼喉作难，路易·艾黎为了中国的抗战事业已经破产了，现在跟着他的人都要自己负担生活费用，一个个都不高兴，要离他而去。

风雨交加。斯诺只好跑到香港，向宋庆龄求救。宋庆龄得讯，立即找到宋子文。俩人商议后，把宋子文资助的 20 万元十万火急地汇给了路易·艾黎。艾黎得到雪中送炭后，工合运动终于挺过了难关，跨越了夭折的危险，向前发展。

中国工业合作协会没有因此而垮掉，反而更加蓬勃兴起。孔祥熙害怕失去他在工业合作运动中的地位，很快又改变了主意，提供了一些贷款。

在河山破碎，烽火连天的形势下，资金是工业合作协会生死存亡的关键。孔祥熙这件事给路易·艾黎深刻的教训，这位决心与中国人民共赴困难的外国人意识到在民穷财尽的形势下单靠国民党政府拨款是靠不住的，经过宋庆龄、斯诺和普律德女士等人的积极酝酿，发起了组织中国工业合作协会国际委员会，以向国外为工合运动筹款。

1939 年 1 月，以宋庆龄为名誉主席，香港英国主教何明华为主席，陈翰笙为执行秘书，陈乙明任司库的工合国际委员会在香港成立了。埃德加·斯诺、路易·艾黎、钟秉铎、郑铁如、何东等 20 多人为委员。

工合国际委员会一成立，就获得了海外华侨的广泛支持。美、英、加、菲、澳等许多国家纷纷成立了援助中国工合运动推进委员会，各种捐款、物资滚滚而来。

工合运动在国外引起反响，使中国工合协会的实力大大增强，在国内的声望也日日倍增。这时，新四军的沈其震部长向保卫中国同盟中央寄来了一份紧急报告，他说去年冬天由于严重缺乏寒衣和被褥，现已有几千名伤兵无法抵御严寒，在医院里被冻死，前线急需 2 万条毛毯。

宋庆龄看到了这份报告，立即与保盟的其他同志商议，大家不约而同地决定发挥工合国际委员会在海外的声望，发起募集 2 万条毛毯运动，支援新四军。一封封求援的电报从保盟中央发往了世界各地……

这时，宋庆龄发起为五辆卡车满载救济物资的捐献活动有了结果。香港维多利亚大教堂主教、香港天主教战时救济委员会、香港国际医疗救济协会，筹集了 5 万多元资金，送到了保卫中国同盟办公室。

保卫中国同盟立即购置了人民军队急需的战时物资，然后装满了五辆卡车，出发了。

在保盟派人的押送下，车队辗转越南，经过广西、贵州、四川、陕西，历尽艰辛，运抵了延安。

与此同时，英国著名工业家约翰·桑勒克诺弗特通过宋庆龄捐给国际和平医院一辆救护车。车上有九个担架床、六个轻伤员的座位，里面有电灯、冷热水和各种先进的救护设备，可以作为流动医院或流动手术室之用。

这辆救护车的零部件是由轮船从英国运到香港的。保卫中国同盟组织人员进行组装。组装完毕后，这辆救护车外观十分漂亮，宋庆龄亲自去参观了。高兴之余，她兴奋地在车前摄影留念。

这辆设备先进的救护车被运往延安，这是一条漫长的艰难的路程。宋庆龄亲自安排保卫中国同盟的工作人员护送，新西兰作家杰·伯特拉欣然随车前行，几位志愿医务人员也同往延安。

宋庆龄在救护车前留影

日本对国民党的政治诱降没有动摇中国人民日益坚强的抗战决心，但是对那些贪生怕死之辈却起了烂心蚀骨的作用。汪精卫马上做出了投降日寇的反应。5月，他抵达了上海，发出对日艳电，按照日本的如意算盘，开始恬不知耻地策划组织伪政府，群魔乱舞……

全国抗日救亡运动此起彼伏。在轰轰烈烈的救亡运动中，方兴未艾的工合运动成了万众一心抵抗侵略和卖国的援战之途。经过几个月的努力，工合运动成为了与日本对抗的一个经济武器。

在菲律宾，马尼拉建立了菲律宾工合促进委员会，美国驻菲专员夫人塞雅担任名誉主席，博雷为主席，但诺尔为总干事，委员有100多人。当地华侨立即响应，马上筹募了20多万元捐款，寄往国内。

在美国，也成立了以罗斯福总统夫人安娜·埃莉诺为名誉主席的中国工合促进委员会，美国华侨援助工合捐款达500万美元。

英国伦敦也成立了英中合作发展公司，专门援助中国工合运动。

通过宋庆龄和工合国际委员会的艰苦努力，一座座友谊的桥梁跨越千山万水通往世界各地。中国人民的抗战得到了世界人民手足般的大力支持。

汪精卫叛国后，属于汪精卫集团的香港《南华日报》、《天演》、《自由》三家报社的工人立即宣布辞职，脱离三家报社，为一份拳拳爱国心，不惜带领妻儿老母去为生计流浪，颠沛……

重庆的《新华日报》立即向全社会呼吁支持他们的爱国行动。毛泽东、林伯渠、董必武、邓颖超、叶挺等人纷纷解囊捐款，重庆的工人、学生热烈响应。10月24日，《新华日报》致函给香港的宋庆龄，委托她转交给罢工工人捐款3300元。

宋庆龄收到信及捐款后，立即转交给罢工工友。11月7日，她把收据寄回新华日报社。

在汪精卫之流如蚁附膻投靠日本时，孙中山诞辰73周年的日子又来到了。11月11

日，宋庆龄在这个难忘的日子，发表纪念孙中山诞辰文章，她深情地回忆孙中山，更对认贼作父的汪精卫之流怒火中烧。在文中她斥责自诩为孙中山信徒的汪精卫："中山先生离开南京时，曾对党内同志中数人，表示失望。现全国人士，均对汪精卫失望，此国家叛徒，竟敢盗窃中山先生之遗教，其恬不知耻，有如此者！"

12月10日，宋庆龄在香港 BW 无线电台，用英语发表了《中国工业合作社之意义》的广播演讲，热情向世人介绍中国工业合作社运动，争取世界对工合运动的大力支援。

战时陪都重庆尽管远离了战火。但是，战争失利的愁云和那浓浓的雾气融混一起，即使是第一夫人宋美龄，在这里也恍如隔世，生活落落寡合，病了一场，政治上又被免除了航空委员会主席的职务。1940年2月，宋美龄从重庆飞往了香港。

宋美龄到达香港后住进了沙逊路大姊霭龄的寓所。宋霭龄是汉口沦陷后逃到香港的。

宋庆龄与何香凝合影

宋庆龄在西安事变中，不计前嫌毅然准备与何香凝联袂飞往西安，说服张杨释放蒋介石，使宋美龄深受感动，姐妹前隙冰释。但是，由于种种原因，俩人相互来往仍然不多。宋美龄到港后，热情邀请二姐庆龄同住一起。国共两党对峙了近10年都化干戈为玉帛了，何况于姐妹情深呢？宋庆龄欣然从自己的住处搬过来了，宋氏三姐妹在大抗战最艰苦的年代终于走到一起来了。

沙逊路孔宅一时充满了欢声笑语。

3月8日，宋庆龄、宋美龄、宋霭龄共同出席香港纪念"三·八"妇女节茶话会。会后，三姐妹一起步入富丽堂皇的香港饭店用餐。

孙夫人温文尔雅，风采卓著；新近康复的蒋夫人容光焕发；孔夫人头发平滑光亮，双眼露出欢快的神情。

长别离，十年一聚首。宋氏三姐妹在公开场合一起露面，香港，乃至整个新闻界为之轰动，宋氏三姐妹相聚香港成为一股旋风，立即在全世界传为佳话。

28日，三姐妹又一起出席香港各爱国团体举行的一次集会。

宋氏三姐妹分别在会上讲了话。

宋美龄高度赞扬宋庆龄通过保卫中国同盟和中国工业合作社运动对战时救济工作的贡献。

宋庆龄和宋霭龄呼吁各界人士大力支持宋美龄主持的"伤兵之友"运动。

三姊妹的亲密关系昭于世人。

3月31日，宋氏三姊妹在香港启德机场登上了当时第一流的D·C-3型飞机，飞抵战时陪都重庆。

在此之前一天，汪精卫集团冒天下之大不韪公开叛国投敌，在南京举行伪政权就职典礼。中国分裂成为全国世界人民注目、议论的中心，三姊妹联袂赴渝，访问大后方，意在向世人昭示中国人民团结御侮，共同抗敌。宋庆龄作为蒋介石夫人的贵宾第一次踏上国民政府所在地战时陪都，给忧郁中的人们带来了团结抗敌的一丝希望和信心。

重庆《大公报》马上发表短评《欢迎孙夫人》说：

新兴的中国，是孙中山先生所手创，也正在孙中山的精神领导之下而抗战而建国，我们欢迎孙夫人，更希望孙夫人帮助政府，使抗战早胜，建国早成！

4月3日，《新华日报》发表《欢迎孙夫人来渝》，说：

我们除向领导妇运，积劳成疾，病后重行工作的蒋夫人，及初次来访的孔夫人敬慰外，谨向与我们阔别的妇女界领袖孙夫人，表示最热烈诚挚的欢迎和敬意！

抵达山城后，三姊妹顾不上休息，就开始奔波工作。

4月3日，宋氏三姐妹来到了新生活运动妇女指导委员会。视察之后，与全体工作人员合影。接着，又接见了妇女指导委员会高级干部训练班学员，然后与她们共进了午餐。

下午，3人驱车前往歌乐山。战时儿童保育院第一保育院500名儿童载歌载舞欢迎。宋庆龄与一位女童合影，宋霭龄与一个孤儿合影。在回家的路上，她们又兴致勃勃地参观了新生活运动妇女工艺社。

接下来的几天，她们一起去慰问伤兵，巡视市区，参观防空设施。一路风尘仆仆，三姊妹非凡的倩影在抗战救亡的各个部门出现。

4月7日，宋美龄在她的黄山官邸举行"欢迎孙、孔两夫人莅渝"盛大欢迎会。

下午5时，三位夫人进入会场，恭候多时的国民党党政要人一致起立鼓掌欢迎。

宋美龄首先笑容可掬地站了起来，致欢迎词，她用欢快的语调说："我不是演讲，今天开这个会，是为了欢迎孙夫人和孔夫人，同时介绍两位夫人与大家见面，孙夫人和孔夫人不仅是我的姐姐，而且是全国姊妹的同志！"

她亲切的话句使全场的气氛显得十分轻快，接着她又说："抗战以后孙夫人在国外努力做宣传工作；孔夫人在上海为伤兵和难民也做了不少工作。最近她们在香港一起推动伤兵之友运动……"

宋美龄讲完后，宋庆龄风姿绰约地站起来，顿时，会场响起了热烈如潮的掌声，她说："这次回来，和孔夫人看到不少地方遭到敌机轰炸的残迹，看到不少同胞受难，但也看到了许多姊妹们的努力工作；这是值得我们兴奋的。"

她强调说："我们，不要做表面文章，要做实际工作，希望妇女们要能多参加国民大会，都能够起来做坚持抗战的工作。"

抗战期间在重庆
右起：宋庆龄、宋美龄、宋霭龄

之后，宋霭龄也作了即席讲话。

她刚刚说完，蒋介石兴冲冲地回到了官邸，在茶话会上作了简短的讲话："孙夫人和孔夫人到重庆来，不仅是全国的姊妹喜欢，而且是全国的民众都喜欢的事情，因此我代表全国民众表示欢迎！"

这是蒋介石身为国民党总裁第一次向孙夫人在公开场合致欢迎辞，而且他一直是站立着讲完这些话的。

宋庆龄为了抗战大局，在汪伪集团叛国投降之际抛弃政治歧见来重庆，这无疑是对蒋介石的莫大无言支持，蒋介石和与他对立了近十多年的孙夫人站在了一起，摄影记者们拼命地摄下他们谈话的各种镜头。

蒋介石愉快地和三姊妹招待来宾。三姊妹笑声朗朗。

记者们追前随后，采撷下三姐妹团结相亲的每一束花朵。宋霭龄在不停闪烁的荧光灯下，提议四个人合照一张影片。

宋美龄一听，立即做出反应，用英语愉快地说："Cheers！（太好了！）"

蒋介石却难为情地说："我不是笑得很厉害吗？"

很快，四人坐在一起了，历史记下了这难忘的一刻。三姊妹和蒋介石一起的合影把抗战最艰难时代中国人民手足情深和团结御侮的坚强意志铭刻下来了。

第二天，宋庆龄欣然为共产党在重庆发行的《新华日报》题词：**抗 战 到 底**

然后，前往了嘉陵江北岸的相国寺。伤兵之友总医院，也就是国民党第五陆军医院，就在这里。

宋美龄和宋霭龄也一同陪往。她们在院长的引导下视察病房。医院里住的都是从前线撤下来的重伤员。三位夫人向他们送来一束束鲜花，发给他们一件件慰问品。深切的关爱使伤兵们激动万分。

宋美龄细心地嘱咐医院注意伤员们的保暖和卫生，关切地要求医院尽力照顾治疗为

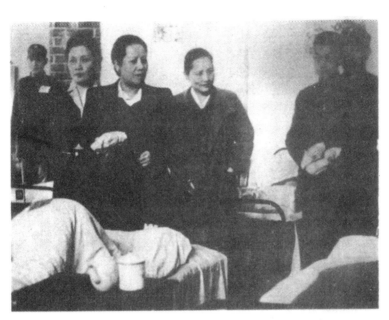

宋庆龄与宋霭龄、宋美龄在重庆第五陆军医院慰问伤病员

国流血的战士。

宋霭龄也摘下手套和伤兵们握手。她向院长承诺，保证每个负伤官兵出院时都可以得到一套新军服、一包食品和零用钱。

看到缺腿断肢的战士们，宋庆龄的心情非常沉痛。就在她关切地询问伤员伤势和治疗情况时，一位重伤员不幸去世了。宋庆龄分开人群，走到床前，默默地把一束鲜花放在床头，然后含着泪，亲自动手把白被单蒙在死者的头部……

之后，她们来到了手术室。这里，正在为一位伤兵进行腿部手术。

"要是这个小伙子还有一双腿，"宋庆龄顿了顿，说："他今后干什么都有希望。"

她吩咐医生，尽量保住伤员的双腿。

"多给他输血，钱，我来付。"宋霭龄也被战士的情况感动。

"要保住他的双腿，"宋美龄全神贯注地看着医生的动作，轻轻地说，"我们将深深感谢你做的工作，医生。"

主刀医生在她们的鼓励下，一心一意地拿出自己最好的技术来保全战士的双腿。

手术的难度很大，医生们聚精会神。一片片弹壳取出来，一个多小时后，几个难度大的刀口都完成了。伤口消毒后缝合，伤兵的双腿保住了。

手术室的三姐妹长长地舒了一口气，她们对手术非常满意。手术之后，三姊妹又走访未走遍的病房，沿着一排排病床，慰问每一位伤兵，表达她们发自内心的敬意。

下午，她们一行人才离开伤兵之友总医院，然后去参观中苏儿童生活照片展览会。

4月11日，宋庆龄与宋霭龄一齐出席了蒋介石、宋美龄宴请苏联驻华大使潘友新的宴会；宋庆龄15日又与蒋介石、宋美龄一起出席了孔祥熙、宋霭龄专为她返渝举行的宴会，国民党政府各院、部长夫妇、英、美、法、苏驻华大使及中外来客300多人济济一堂，宋庆龄到渝使笼罩人们心头的战争阴云一时消散。

但是，宋庆龄并没忘记自己肩上的重任，忧国忧民的情怀使她总不能释下国家和人民遭受外寇铁蹄践踏的屈辱。来重庆的目的，她不是为了夜夜笙歌，而是为了促进全国人民一致精诚团结，逐驱侵略者。4月18日，她和宋美龄、宋霭龄一起来到了重庆中央广播电台、国际广播电台，向美国人民发表广播演说。

这次广播演说由美国 NBC 电台向全美民众转播。

宋庆龄首先用流利的英语，说：

民主国的朋友们：

中国人民艰苦抵抗日本的军事侵略，很快就要满3年了，日本借着它拥有的优越的武器，在开战以前曾向世界夸口说，要使占世界五分之一的中国人民于三个月内，向日本屈服。

可是我们中国，曾经始终不屈地作有效的抗战，在三十三个月以上，而且抱定了继续抗战决心，自信必能获得最后的胜利。太平洋和全世界人民的将来历史，一定和以前不同，且将更见光明灿烂，因为中国不愿做奴隶的四万万五千万的人民，已经拿起了武器，争取自由，同时也是为世界人类，为你们大家争取自由。

凌晨，数十架敌机曾对重庆狂轰滥炸，有的地方大火仍在燃烧，播音室外不时还传来一两声爆炸的轰声。

日军的暴行激起三姊妹的无比愤怒。

接着，电台中传出宋霭龄温和的语调，她说：

南京那幕可怜的丑剧，那所谓政府也者，完全是一个笑话，这是人类智慧史上的一个侮辱。

它不能代表中国，它只是政治污水中的渣滓，这些日本利用的工具，是中国人所咒诅的叛徒，世界上任何具有自尊心的国家，都会加以唾弃的。

中国各将领间，是毫无问题地团结一致，他们充满了异常坚强的继续抗战的决心。

宋霭龄演说之后，宋美龄用纯正的美国南方口音，向美国民众讲述中国抗战对美国乃至全世界人类的重要性。她以略显激动的话语讲演说：

美国的朋友们：

祝你们早安。

我只用几分钟的时间，对孔夫人的话补充几句，我们说着的话是要请一切爱好自由的人们，知道中国应该立即得到正义的援助，这是中国的权利。

中国为了正义已经经过了将近三年的流血和困苦奋斗。我们请你们制定美国法律的国会议员，对下列的两件事必须做到一种，或者是对于侵略不再表示恐惧，或者停止鼓励侵略的行为，也就是对日禁运汽油、煤油以及其他战争原料。

宋美龄与宋庆龄、宋霭龄一起在演讲中同仇敌忾，共讨敌寇暴行和对华侵略的绥靖主义：

我们并没有放弃斗争的可能性，但我们仍旧在这样困难艰苦的情形之下，不怕挫折，为着自由而继续抗战，我不知道贵国议员是否会想到，万一中国为日本的武装征服了，将发生何等的情形。

结果会很明显的，日本将保有它完整的海陆空军实力，并且可以利用中国的领土人力和资源来和民主国家为难……

在广播演讲中，三姊妹为苦难的中国民众呐喊，同申抗战决心。她们正义的声音通

宋氏三姐妹视察孤儿院

过电波，越过浩瀚的太平洋，传到彼岸。

4 月 22 日，宋庆龄三姊妹又同机飞往了成都。

第二天她们视察成都的工业合作社，进行参观访问，努力促进工合运动在蓉城的发展。

在重庆视察防空洞

她们来到了中国工业合作社成都事务所。几百名纺织女工集合在华美女中广场上举行欢迎会。

宋庆龄正患牙痛，看到成都事务所已组成了 52 个合作社，仅纺织女工就达 5000 人，感到十分欣慰，她致词说：

工合社事业，正如总理民生主义之实行，一面求改善人民生活，一面求充实国家经济力量，希望各位对民生主义加以研究，俾总理遗旨能实现。

她讲话后，三姊妹兴致勃勃地由社员引导，参观了工合社产品展览会。

27日，成都励志社举行茶话会欢迎孙夫人和孔夫人畅谈团结抗战，自救图存。

在蓉城，宋氏姊妹辛劳往返，四处奔波，为团结抗战疾声呼喊。蓉城人民为之激昂，抗战局面豁然一新。不久宋庆龄一行成都之行后，又回到了重庆。

在重庆，她住在宋霭龄家中。这是蒋介石、宋美龄和宋霭龄的精心安排。

宋庆龄表面上爱去哪里就去哪里，想见谁就见谁，但是，她的一举一动都被注视着，一双双监视的眼睛盯着她。

一天，冯玉祥将军前来孔宅，拜访宋庆龄。

听到冯玉祥来了，宋霭龄立即出面挡驾。

她对冯玉祥说："对不起，宋先生身体不太好，不能见客……"

冯玉祥听到宋霭龄的话，愤愤不平，转身就走。

他一边走，一边自言自语："我知道是不能见的……"

5月1日下午，国民党中央党部在国府大礼堂举行欢迎孙夫人茶话会。国民党中央执监委员100多人出席。这是国民党元老冲破重重阻力，为国母宋庆龄特地举行的。

国民政府主席林森首先致辞，他在欢迎辞中盛赞宋庆龄对于国家、社会的贡献。

林森致完欢迎辞后，宋庆龄在大家一再请求下，在掌声中开始讲话。

她对国民党元老在抗战中团结奋斗的精神表示无比钦佩，但是会上她对汪精卫等亲日派对孙中山主义的中伤进行抨击：

国父之主义遗教，由抗战之事实加以证明，乃更有颠扑不破之伟力。闻有人对国父遗者怀疑，谓与当前之时代未能吻合，试问国父手创之三民主义及所著之建国方案尤其是亲草第一次全国代表大会宣言，亲授之遗嘱等，有一与当前时代不吻合者否。只有汪逆精卫之徒，不知羞耻，投靠敌人，妄组伪府，察其所为，无非毁弃三民主义，出卖民族利益，破坏国家统一，此种丧心病狂之徒，不久徒然消失。

宋庆龄一席话，激起在场国民党元老对孙中山的无限怀念和对中伤孙中山主义的无比愤怒。吴敬恒、谭振、张默君等纷纷上台，发表讲话，支持宋庆龄。

宋庆龄四川之行一时成为新闻界注目的焦点，在国内外引起轰动，但是，重庆那种迎来送往的官场氛围并不令宋庆龄喜欢。

她对保卫中国同盟驻渝代表王安娜说："我按照姐姐和妹妹的愿望到重庆来了，但这里并不是我生活的地方，香港有更有益的工作等着我。"

5月9日，宋庆龄结束四川之行，返回香港。

临行前，蒋介石和宋美龄、宋霭龄挽留宋庆龄长住重庆，领导妇女工作，辅助国民党政府。但是，宋庆龄认为这会束缚她参与抗战的行动自由，与宋霭龄一起飞返了香港。

回到香港后，宋庆龄领导着工合运动保卫中国同盟继续开展抗战援救工作。

宋庆龄

第十三章 在香港的岁月

共产党领导的抗日部队在前方浴血奋战，却得不到这批急需的珍贵药品，这使远在香港的宋庆龄痛心不已。但是，她容忍了这类事件，没有公开发表评论，克制自己不直接批评国民党。她好像置身于中国政治激流之外了，但是，她并没有静悄悄退却下去。她另辟途径向陕北边区提供援助，她已顾不上再去指责呵斥。宋庆龄整日埋头于筹集和运送救济物资。

这时，沈其震要求的 2 万条毛毯在宋庆龄关注下有了较大的进展。

美国医药援华会送来了 3000 多条毛毯和被褥；

新西兰左派图书俱乐部送来了 1010 条毛毯；

悉尼华侨救济难民基金会等三个团体运来了 2200 条优质毛毯；

加拿大维多利亚医疗援华会赠送了 26 箱毛毯；

……

捐赠毛毯的数量远远超过了 2 万条，募捐的毯子迅速一批批运往了皖南。

宋庆龄回到香港后，日本加紧了对华北解放区的扫荡。八路军战争频繁，加之华北连年自然灾害，华北抗战的斗争进入了最为坚苦的时刻。白求恩主持的国际和平医院也陷入困境，医药和医疗器械奇缺。宋庆龄立即派遣王安娜去了解情况。在那里，王安娜看到国际和平医院没有 X 光透视机，没有输血设备，各种必要的医药用品都少得可怜，许多抗日战士在医院得到不了有效的治疗，活活死去。

白求恩对这种情况很忧虑。由于国民党对八路军的抗日根据地进行封锁，中国红十字会受到了很大压力，停止了为游击区筹集经费。敌后抗日根据地号饥哭寒的情况下，伤病员几乎到了听天由命的困境。白求恩形影相吊，无可奈何。

宋庆龄听到了王安娜对白求恩国际和平医院的情况汇报后，立即把援助国际和平医院的担子全部担起来了。

她决定首先把保盟积聚几个月的捐献物资送往国际和平医院。

这批物资都是些重要药品、贵重的手术器械和仪器，足够一个医院用上一年，重量达 6 吨。全部装载在国际红十字会的卡车里。

宋庆龄为了取得许可证，又与国民党当局进行了斗智斗勇的较量。在万般勉强下，蒋介石同意放行。

车队上路了，英国援华救济会的依法特·巴杰尔，和菲利浦·莱特自告奋勇，负责护送。

经过长途颠簸，终于到达了陕西三原县。这里是国民党军队包围陕甘宁边区的封锁线。车队被阻止前行。

巴杰尔和莱特拿出证件要求过境，蛮横的军队颐指气使，毫不讲理，拒不让汽车通行。巴杰尔只好把这批救济物资存放在当地的英国教堂里，然后与莱特前往西安，与国民党当局交涉。但是，西安当局更是蛮横无理，不仅拒绝发放通行证，而且提出要将这批物资交入国民党中央军医署。巴杰尔和莱特在对方蛮横的态度下，交涉没有结果。

他们只好先到河南和山西，把其中一些物资分发给国民党的前线部队。4 月底，又返回西安进行交涉。

与此同时，宋庆龄闻讯也出面了。于是双方又开始了谈判。在谈判时，西安当局突然以破坏传教活动的罪名强加于巴杰尔和莱特，强迫他们交出了这批重要的医药物资。巴杰尔和莱持绞尽脑汁也不能保住这批重要的物资了，只好眼睁睁看着军队强行地把前方战士救命的药物搬走。

但是，这批医药用品并没有运到重庆的中央军医署。在西安的私人药房里，它们被以黑市价格出售，有的竟被土匪高价买去为非作歹。

共产党领导的抗日部队在前方浴血奋战，却得不到这批急需的珍贵药品，这使远在香港的宋庆龄痛心不已。但是，她容忍了这类事件，没有公开发表评论，克制自己不直接批评国民党。她好像置身于中国政治激流之外了，但是，她并没有静悄悄退却下去。她另辟途径向陕北边区提供援助，整日她已顾不上再去指责呵斥，繁重的救援工作已使她日夜忙碌，埋头于筹集和运送救济物资。

随着抗战进程的推进，国共两党的旧嫌日益加深。蒋介石对美国记者西奥多·怀特说："日本人不过是切肤之痛，而共产党则是心腹大患。"

于是，他千方百计遏制共产党力量的增长；除了在西北部进行封锁之外，他的军队在南方不断制造事端，与共产党领导的新四军发生摩擦……

抗日战争时期的蒋介石

1941 年 1 月 4 日，新四军 9000 人奉国民党军委的命令，经中共中央同意，在久负盛名的叶挺军长率领下，移师北上。

6 月到达皖南茂林地区时，突然遭到国民党军队 7 万多人的包围袭击。

新四军是 1938 年新建在江南开展敌后游击战争的英雄队伍。军长叶挺早年毕业于孙中山创办的黄埔军校，1922 年陈炯明炮轰总统府时，他参加过保卫战，北伐战争中叶挺领导铁军取得汀泗桥的决定性战役的胜利，为北伐胜利进军做出巨大贡献。新四军在敌我力量悬殊的情况下与国民党队浴血奋战，经过七天七夜，新四军弹尽粮绝，大部分壮烈牺牲，叶挺被俘，仅千余人突围。

17 日，蒋介石以国民党军委名义发布命令，掩盖事实真相，反诬新四军叛变，宣布取消新四军番号，将叶挺"交军法审判"。

皖南事变发生后，国民党作贼心虚，严密封锁新闻，不准中外报刊报道任何消息。然而，纸包不住火，中国共产党在重庆的《新华日报》捅破"天窗"，愤而公布事实真相，发表周恩来痛斥国民党制造皖南事变的诗作：

千古奇冤，江南一叶；

同室操戈，相煎何急！

"天窗"一开，国民党破坏抗战，屠杀抗日军队的罪行昭然于世，真相大白于天下，全国哗然。

宋庆龄惊悉皖南事变的消息，深为国民党反动派在困难当头，又挑起事端，进行分裂的卑劣行径感到愤怒。1 月 14 日和何香凝、柳亚子、彭泽民等联合起草了一封致蒋介石和国民党中央公开信。

这封公开信痛陈国共团结或分裂对国家民族的利害，愤怒谴责蒋介石集团背信弃义，袭击新四军的罪行。这封信给蒋介石集团是一个毁灭性的打击，国民党中央立即批示驻港办事处采取一系列紧急措施，扣留公开信，以杀害叶挺相威胁不准公布发表，何香凝、柳亚子以释放叶挺为条件答应不公开这封信。

宋庆龄看透了蒋介石之流，对他们并不抱一丝幻想。17 日，又与何香凝、陈友仁致电蒋介石表示强烈抗议。国民党的血腥屠杀使一直容忍国民党破坏抗战诸事件的宋庆龄再也静坐不下来了，她又重新拿起了战斗的武器抨击蒋政府。他们的通电19日在香港各报纸上公布于众。

她在香港发起了声讨抗议运动。

保卫中国同盟25日在《新闻通讯》以《坚持统一战线》为题发表长篇文章，详细报道新四军遭到袭击的经过。斯诺也突破封锁向全世界报道了皖南事变。于是，世界各地许多人知道了皖南事变。由于国民党的消息封锁，国内大多数人对皖南事变还蒙在鼓里，国外关于皖南事变的普遍传播冲破国民党的封锁，又传到国内，许多人如梦初醒，立即声援新四军，加入了抗议伏击新四军的队伍。

各地华侨纷纷发表通电和文章抗议国民党当局发动内战的阴谋。英美等国政府也从斯诺的报道中知道中国发生的事情，立即要求他们的驻华使节出报告。

英国驻华大使阿奇博尔德立即前往老朋友王安娜处，了解真相。然后，他又亲自找到八路军重庆办事处，把周恩来请到自己家里交谈。

很快，他了解了事情的前后经过，立即把真相向伦敦报告。

英国政府接到阿奇博尔德大使的报告后，表示非常关切，命驻华大使告诉蒋介石：内战只会加强日军的攻击，这是英国全然反对的。

美国政府同时也收到了驻华大使的报告，但是大使的报告是按照国民党诬蔑新军说法写成的。罗斯福总统对这一举世震惊的事件并未表态。

当皖南事变发生时，美国人卡尔逊上尉正在中国皖南。他目睹了事情的真相。他意识到这是一次严重的事件，立即回国，来到白宫向罗斯福总统提供了有关事件的第一手材料。

美国政府终于也了解了真相，也认为中国内战对他们是不利的，立刻做出了反应，中断向蒋介石政府提供一笔新贷款的谈判。

几天后，美国财政部长摩根索公开地向记者表示："如果重开内战，重庆就别指望从美国获得更多的财政援助。"

苏联也明确表示了与英美同样的立场。蒋介石一下子陷入了四面楚歌的被动的窘境。

气不打一处来的蒋介石无处发泄，只好拿发表谴责过他的公开信的柳亚子出气。4月2日，下令开除柳亚子的国民党党籍，罪名是他散布了"反国策言论"。

何香凝闻讯，立即向记者发表谈话，指出他和宋庆龄等致蒋介石的公开信代表人民公意。她驳斥说："但此可称为'违反国策'则何为国策？国策何在？实言之惊心！"

蒋介石一副恶狗咬人的样子，宋庆龄却并不害怕国民党的白色恐怖，领导保卫中国同盟和民主人士，与共产党团结战斗，掀起抗议浪潮……

保卫中国同盟名誉书记克拉克夫人亲自出马了，她发表演讲，赞扬新四军的功绩，痛陈皖南事变的严重后果。

同盟的另一重要成员邹韬奋发表了《中国政治演讲的展望》，驳斥国民党制造皖南事变的种种借口。

同时，保卫中国同盟中央委员金仲华、邹韬奋等九人联名发表《我们对于国事的态度和主张》，他们表示："对于阴谋出卖国家，破坏抗战之恶势力，则一息尚存，誓当与之奋斗到底!"

保盟的《新闻通讯》也连续发表了谴责蒋介石反共行径的文章。

保卫中国同盟通过各种媒体和宣传把皖南事变的真相公之于众,对国民党当局大肆抨击。身在华盛顿的宋子文大为不安,生怕保卫中国同盟的正义行动会影响他自己的政治前途。他惊恐万状地给保卫中国同盟名誉主席克拉克夫人发来函电,提出辞去保卫中国同盟会长职务。他在电文中说:

当我接受保卫中国同盟会长一职务时,是基于这样一种认识即同盟将致力于向国内外朋友募捐物资,以援助中国的抵抗力量和帮助受日本侵略蹂躏的平民。我认为,同盟不应变为国内政党的工具。既然同盟未征得我的同意,就在它的正式的《通讯》上刊登这样性质的文章,我很遗憾我必须退出同盟,并请你们发表这个电报全文。

宋庆龄5月30日也知道了宋子文的电报内容。尽管保卫中国同盟三年来,宋子文对其是作了贡献的,但是她对他的退步并不迁就。第二天,她复电宋子文,阐明了自己和同盟的严正立场,驳斥宋子文的无端指责。

但是,宋子文在当天通过国民党中央通讯社驻华盛顿办事处播发了这份电报的内容,这在国内外对保卫中国同盟的工作造成了恶劣的影响。

6月14日,宋庆龄召集保卫中国同盟领导人开会,讨论宋子文的行为。会议决定以保卫中国同盟中央委员会的名义,在《新闻通讯》上发表《救济工作和政治答宋子文先生》。这是由宋庆龄主持起草的公开信。

针对宋子文的电报,宋庆龄说:"我们完全承认,我们对中国是有政治立场的,我们的立场就是抗日统一战线的立场。"

公开信以两年来保卫中国同盟工作的大量事实,揭露了国民党顽固派干扰阻止国际和平医院物资的通行和发动皖南事变等一系列破坏抗战的行径,宋庆龄告诉世人说:"当'皖南事变'发生后,我们有理由不只痛恨中国人打中国人这件怪诞而野蛮的事件,而且我们也为毁坏了新四军的一支医疗队伍而痛心,它的工作是中国游击队里医疗工作的模范。"

最后,宋庆龄在公开信中表示:"我们将继续在本委员会的报告和印刷品中呼吁:恢复中国的统一战线,加强中国的团结,放弃那些亲者痛仇者快的国内争端。对此,我们否认是替任何一个组织或者任何一个中国的政党在讲话,并不过分地说,我们是在替大多数的人民在讲话,是替那些被日本人的子弹打伤的任何一个中国友人在讲话。"

宋庆龄把宋子文的辞职电报和保卫中国同盟中央的复信全部公之于第33期《新闻通讯》上,让国内外公正舆论判断谁是谁非。这时,中国共产党针对国民党顽固派倒行逆施的行为,发布命令,重建新四军军部,任命陈毅为代理军长,刘少奇为政治委员。陈毅和刘少奇到位后,立即派人去香港向宋庆龄介绍皖南事变的真相。

沈其震再次前往了香港。当他到宋庆龄寓所时,她头一句话就问:"我们这次损失这么大,还有力量吗?"

沈其震详细地向宋庆龄介绍了新四军的情况。当宋庆龄知道新四军正在进行重建,又活跃在抗日前线时,放心了。

沈其震把陈毅和刘少奇的话转告给她,然后说:"请您放心,党中央和毛主席还都在延安嘛!"

宋庆龄也随着他开心地笑了，轻声地说："啊，延安……"

不久，宋庆龄又为新四军筹集一批物资，通过各种渠道，运送给了新四军。

在国内外舆论的强烈谴责下，蒋介石集团很快陷入被动境地，蒋介石意识到如果再一意孤行，势必像汪精卫一样为全国人民所唾弃，因此在反共活动上不得不有所收敛。

但是，这件事中宋庆龄和斯诺使他野火烧身，他怎么也不能不去嫉恨。对宋庆龄，他终究是奈之不何。于是，他把怨气一股脑地发泄到斯诺身上。他命令取消斯诺记者资格，把他逐出了中国。

宋庆龄在一边进行保盟工作的同时，加紧推进工业合作社运动，致力于为工合运动募捐。

7月1日，香港英京酒家宾客如云，各界名流荟萃一堂。宋庆龄发起的"一碗饭运动"，在这里隆重举行开幕式。

一碗饭运动是美国医药援华会1939年首倡的，每年举行一次，主要是在美国友人和华侨中募捐药品和医疗设备支援中国抗战。5月9日，一碗饭运动委员会在香港成立，它主要为支援工业合作社运动和用以工代赈的方法救济华北泛黄区的灾民和战争难民而募集基金。

这个运动的委员会由宋庆龄担任名誉主席，港督罗富国为赞助人，罗文锦大律师和克拉克夫人为正副主席。委员会发售餐券1万张，每张2元，持券者可到指定的餐室吃炒饭一碗，参加赞助的饭店酒家，茶室提供炒饭。全部活动的收入捐赠给中国工业合作社协会国际委员会作为救济基金。

在开幕式上，宋庆龄首先致词，她穿着浅色短袖旗袍，操着浓重的上海口音说：

一碗饭运动，是同情于我们抗战建国，而发扬民主精神的表示。最初由华侨和美国的同情者发起，已经在美国普遍举行了三次，伦敦方面也举行过，如今在这150万人华侨最多的香港首次举行，并承各友邦同情友人都来参加。这是何等的意义！……

保卫中国同盟的名誉主席，运动委员会副主席克拉克夫人也发出了诚挚的呼吁：

国际人士对中国的援助很热烈，中国人对中国的事业应更关心，更积极地赞助一碗饭运动，我们设想一下，能让中国难胞百分之四十死于饥寒交迫之下吗？

伸出诸位仁慈的手腕吧，去援助水深火热的人们！

英军驻华陆军总司令贾乃锡少将，海军司令哥连臣和路易·艾黎、香港华商总会主席郭泉及工商界人士等150人出席了开幕式。

开幕式结束后，香港文艺界进步人士夏衍、于伶及张友渔等积极响应，纷纷撰文大张旗鼓地宣传一碗饭运动。

《华商报》为一碗饭运动开辟专栏，出版一碗饭运动特辑。一时间香港引起强烈反应。丽山饭店老板温梓明首先致函委员会，认捐500碗，并为之取名为"爱国饭"。继丽山饭店之后，乐仙酒家也不甘落后，认捐300碗。接着，英京、龙泉、小祇园餐室也纷纷捐助炒饭，8月1日前，捐助炒饭达到14700碗。

香港工、商、学、妇等各界团体也纷纷出动了，他们上街入巷进行鼓动宣传，推销饭券。

中豪联商会、国华银行、五邑工商会等团体，郑铁如、唐谭美、高福申、罗文锦等名流纷纷为一碗饭运动赠资捐款。

8月1日，一碗饭运动在香港正式启动，为期三天。

各饭店、餐室车水马龙，人如潮涌。香港市民、富豪纷纷解囊，举家前来认购一碗饭，吃爱国餐……

一碗饭运动轰动了香港，它犹如一曲爱国救难的动人之歌在大街小巷上回唱。多买一碗饭，多救一个难民成为了广大爱国港人的心声，原定各餐馆售卖炒饭时间为三天，很多人没有吃上"一碗饭"，为了表达自己绵绵的爱国救难心意，纷纷要求延期。于是，一碗饭运动委员会决定推迟到15日结束。但是，少数餐室到30日还有人上门要求吃爱国饭。

9月1日，一碗饭运动圆满结束了，这一次运动纯收入为22144.95元港币，国币615元。英国赈华会闻讯，当即捐款凑足2.5万元港币。

这次一碗饭运动的全部收入捐给了中国工业合作社协会。

宋庆龄领导的中国工业合作社运动获得了大量的国外的捐款，这引起国民党军统头子陈立夫和陈果夫兄弟的唾涎。他们为了达到敲诈发财的目的，开始行动了。

陈立夫派人放出谣言，说工业合作社协会和各区负责人有共产党嫌疑，声称要改造协会，建立合作社管制局。

一时，陈氏兄弟对工业合作社气势汹汹，开始动手动脚了。

风雨欲来。宋庆龄闻讯，立即找到孔祥熙和宋子文，利用四大家族尔虞我诈的矛盾，对陈立夫、陈果夫形成压力。

这时，远在美国的斯诺也写信给宋子文，指出一旦工合被陈氏兄弟把持，将会失去美国公众和舆论的支持，国际援助也会随之消失。宋子文立即把情况发电报告蒋介石。蒋介石一听，把陈立夫训斥了一顿。

陈氏兄弟企图以合作社管制局控制工业合作运动的诡计如肥皂泡一下破灭了。

中国工业合作社运动在民族危亡中崛起，在国步艰危中创业，一步一步奋进。在它前进的过程中，国际友人，海外华侨作了巨大贡献，斯诺、普律德曾经慷慨地拿出自己的秘密积蓄，捐赠给合作社作为筹建资金。他们远渡重洋，到世界各地奔走号呼，为工合运动募资集款。工合技术总顾问路易·艾黎舍弃工作，倾家荡产为工合运动辛劳奔走，呕心沥血，足迹踏遍了大半个中国。

在英国、在美国、在菲律宾成千上万收入菲薄，生活艰苦的人们节衣缩食为中国工合解囊捐款……他们与陈果夫、陈立夫、孔祥熙之流形成鲜明的对照。看到这些贪婪肮脏的灵魂，宋庆龄除了进行斗争和抵制外也别无他法。在黑暗的中国，宋庆龄又能如何呢？面对这一切，她没有泄气。不久，她又开始利用民众娱乐集会的嘉年华会的形式着手募款活动。

11月11日，嘉年华会在香港南华体育场的海军操场上举行了开幕式。

工合顾问路易·艾黎专程从重庆来到香港参加。宋庆龄还邀请了何香凝、柳亚子、孙科及美国友人福克斯等许多中外名人参加。大会主席是美国人威尔逊，他首先致辞。接着，宋庆龄用英语演说，她说嘉年华会受到了中、英、美各国名流的热烈赞助，充分体现了三大国的合作精神。

她针对国民党制造皖南事变的倒退行为说："抗日战争是中国人民的战争，不是任何一个政党可以包办的。真抗战人民欢迎，假抗战人民唾弃！"

嘉年华会还举办了展览会，展览会上展出了工合的产品。各种织品、刺绣、机电、化学、军用物品百余种琳琅满目。香港中国国货实业服务社也组织了厂商参展，工合产品很受欢迎。整个广场上人如潮涌，大家争相踊跃购买。

这次活动时间三个星期，除了展卖、游艺，还有团体操、大合唱、时装表演节目。多种形式的活动吸引了广大群众，每天大批人筹募捐款。香港总督、社会名流、富商巨贾、贫民、妇女、学生、中外船员纷纷参加。

香港嘉年华会还没有结束，12 月 8 日，日本偷袭美国太平洋海军基地珍珠港，太平洋战争爆发。

同日，美国、英国、法国、加拿大、新西兰、澳大利亚宣布对日宣战。

接着，日本突袭新加坡，炸沉英国 3 万 5 千吨的"威尔斯亲王"旗舰和 3 万 2 千吨的"抗拒号"主力舰。顿时，整个太平洋从东到西，战云滚滚，险浪滔滔。紧接着香港也遭到了轰炸，炸弹的爆炸声凄厉地撕动人们的心弦，各商店纷纷关门，混乱一片。

在日本人的猛烈进攻下，与香港隔海相望的九龙很快沦陷，香港危在旦夕。

正在香港沦陷前的紧急时刻，中共中央给广东地下党发来紧急通知，指示必须全力保护宋庆龄的安全，护送她安全离港。中共广东省委书记张文彬立即前往宋庆龄寓所，毅然将自己的一张飞机票送给宋庆龄。

日本侵略者已经逼近香港，东方之珠马上就要沦陷，宋庆龄在硝烟弥漫中，在九龙启德机场搭乘最后一架飞机离开香港，飞往重庆。

第十四章 雾重庆

宋庆龄代表人民又喊出正义的要民主的强音。在重庆，没有其他人敢于批评和揭露蒋介石的高压政策，即使含蓄地讲，也会遭到残忍的屠杀。宋庆龄是惟一能和蒋介石的逆行挑战的人。

寒冬岁末的重庆，雾海茫茫。一座座房舍依山而立，遭敌机轰炸后的残墙断壁，朦胧地笼罩在清冷的雾纱之中。山城重庆的政治气候也仿佛如那自然环境，雾气重重，令人窒息，阴云般沉闷。

抗日进步力量处在险恶和复杂的环境之中。"一个领袖，一个政党"的法西斯论调正甚嚣尘上。国民党顽固派陈兵陕甘宁边区，正酝酿第三次反共高潮，抗日统一战线面临着分裂的危险。……这样的政治氛围中，宋庆龄到达了重庆。

离开香港，宋庆龄的心情是沉重的。香港，是她为抗日救亡曾经奋斗了四年的地方。在那里，她创建了保卫中国同盟，为世界人民支援中国抗日战争架起了友谊的桥梁。到重庆，她没有忘记自己同国民党顽固派之间存在的，而且近年来日益深化的政治鸿沟。年初，她曾严厉谴责蒋介石发动皖南事变，给蒋介石当头一棒喝；7月，为纪念抗战四周年，《新华日报》发表她的文章，却被重庆当局扣压……种种迹象表明，日寇的炮火迫使她离开香港，但是，她在重庆面临的将是更严峻的处境。

然而，她深信：光明总会战胜黑暗。当抗战大业需要她迈开这样一步时，她义无反顾地做出了决定。临行前，她对保卫中国同盟中央委员会坚定地表示："不管在哪儿，我们也一定要重建我们的保盟，保盟的工作一定要继续下去。"

宋庆龄到达重庆后，住在国民党政府财政部长孔祥熙和夫人宋霭龄家里。

宋庆龄来渝，使蒋介石惴惴不安，与半年前宋氏三姊妹联袂从香港飞渝的热烈隆重欢迎场面相对照，蒋介石十分冷漠。皖南事变为抗日民族统一战线蒙上的阴影使宋庆龄与蒋介石一度缓和的关系重趋紧张。宋庆龄一来，他立即派了一班鹰犬日夜监视，周旋在她身边。

住进孔宅，宋庆龄与外界的联系被隔断了，她没有外出和会见友人的自由。

但是，宋庆龄到达重庆的消息还是不胫而走了。

蒋介石对宋庆龄到重庆的不快和冷淡，引起了国民党内一些正直人士的不满，尤其是一些国民党元老认为这样对待孙夫人不像话。有人找到覃振，覃振又找到国民政府主席林森，要求给予孙夫人公正的待遇。

于是，由林森出面，在国民政府礼堂召开茶话会，欢迎宋庆龄来渝。

于右任、李烈钧、居正、张继、戴传贤这些国民党元老都来了。国民党中央委员近200人也来了。但是，蒋介石没有出席，避不露面。连孙夫人他都怠慢，为所欲为；对于其他人，更可想而知了。元老们触景生情，更加怀念导师和战友孙中山，而爱戴宋庆龄。

国民党元老覃振代表很多与会者的心意，一边流着眼泪，一边说："欢迎孙夫人给我们讲话，孙夫人是最民主，是我们最敬佩的人。"

宋庆龄也为元老们的正义和赤诚所感动。在掌声中站起来，动情地说："抗战军兴已经五年，必须坚持抗战，收复一切失地，方能对得起流血流汗的前方将士和广大人民……"

宋庆龄义正词严，一些良知未泯的元老们也为之动容。她继续说："要争取抗战胜利，必须实行民主，发扬民气；搞专制，搞个人独裁，是一定要打败仗的。"

最后，她指责国民党违反中山先生的遗教，有人名为孙中山的信徒，实则为孙中山的叛徒。说到激动处，素不轻易落泪的宋庆龄也不禁涕泪涟涟。

李烈钧

在场的不少国民党中委对她肃然起敬，同时也不禁黯然神伤。陈果夫、陈立夫躲在会场，作贼心虚，一直不敢哼咳一声。听到宋庆龄的一席话，狼狈失色。

在这个黑暗的年代，重庆是蒋介石任施淫威的大本营。许多进步人士和国际友人都极为关心宋庆龄在重庆的处境。

这时，邓颖超已是中共中央南方局的负责人了。她要求拜访宋庆龄，好不容易得到了安排。

当两位老朋友相见时，宋庆龄就暗示邓谈话谨慎，有人监视。

俩人虽然不能随意地诉说心里话。但是，真情的相聚，许多事情她们还是能够心领神会的，这对在国民党重压的环境中的宋庆龄来说，也算是推心置腹了，其乐融融。

邓颖超通过这次相见了解到宋庆龄的真实处境，她向中共中央南方局作了汇报。不久，周恩来在代表南方局向中共中央列举国民党109条反共措施中就有一条："孙夫人住在孔家，不仅不能会客，连其住屋内部借口房子不够，有人同住监视。每逢群众集会，故意推孙夫人为主席团，但并不通知本人，企图使群众失望。"

在这种情况下，宋庆龄想离开重庆到中国别的地方去换换空气，但是蒋介石蛮横地不准允。宋庆龄像一位囚徒似的困在孔家，坐以待日。

宋子文虽然因为辞去保卫中国同盟会长与宋庆龄闹了一场纠纷。但是，手足情深，他们内心里双方都遵循一个原则：政治分歧不损害手足之情。他闻悉宋庆龄的处境，马上在两路口新村找了一栋一楼一底的小楼房，让宋庆龄离开孔家，搬了过来。

这里又叫"松籁阁"，是本世纪初富商黄云阶修建的花园，又称"黄山"。尽管这里环境还算清幽，但是寓所周周仍都是敌机轰炸过的断墙残壁，战时的痕迹在这里也不可避免。

宋庆龄住进了"松籁阁"。但是，周围仍是国民党特务日夜不停的监视，然而，她终于得到了"一楼之中的自由"。

宋美龄对二姊再次来渝，却与蒋介石的反应不同，她十分高兴。上一次联袂在渝几十日，俩人又恢复了亲密的感情。终究当年她年幼留学国外，给予关心照顾最多的是二姊。

她吩咐侍从室俞济时给宋庆龄安装了一部对外不公开的电话，以供她与宋庆龄联系使用。她常常拨电话与二姊叙家常，俩人用地地道道的上海话亲呢交谈。

但是，蒋介石并不因此而放过宋庆龄，几番欲对宋庆龄下毒手。

宋美龄得知一些倪端时，马上打电话给宋子文，说："你关照他们（戴笠等）一下，不准在阿姊那里胡来，如果我听到有什么的，我是决不答应的。"

她声音很高，语气也很强硬。

宋子文也一直在暗中保护着阿姊，回答说："好的，我马上通知他们。"

戴笠因为经常要向孔祥熙和宋子文伸手要钱，对孔、宋一向很尊敬，也很听话。他尽管想按蒋介石的意旨去办，但是蒋夫人不答应，闹出乱子来，委员长还是拗不过夫人，于是，也不敢妄动。连杀人如麻的戴笠都不敢去碰宋庆龄一根毫毛，他手下的特务更是有所顾忌了。

宋庆龄尽管身处魔巢，但是，生命安全却因宋美龄和宋子文的关系并没有大的威胁了。性命没有危险，宋庆龄毫无畏惧地展开了工作。

珍珠港事件后，保卫中国同盟丧失了在香港的基地。菲律宾、马来西亚等地一些支持保盟的华侨组织也都落人了敌手。宋庆龄以两路口新村3号的"黄山"寓所作为基地，开始了重新恢复组建保卫中国同盟的工作。

周恩来把廖梦醒从澳门调回了重庆，担任她的秘书，帮助宋庆龄。

1942年8月，保盟的部分成员陆续从香港来到了重庆，足够数量的委员汇聚齐后，宋庆龄重组了保卫中国同盟中央委员会。保盟的总部办公室就设在松籁阁楼房底层的客厅里。

宋庆龄、廖梦醒和德籍友人王安娜在极端困难的情况下，开展了工作。

重庆，是蒋介石的魔巢，同时由于国共两党合作还在艰难维系，共产党在重庆可以公开活动。周恩来领导的八路军办事处设在红岩村。到重庆后，宋庆龄与中国共产党的关系更加密切了。保卫中国同盟和八路军办事处建立了正常的联系。廖梦醒成了宋庆龄和周恩来的联系人。虽然同在重庆，宋庆龄和周恩来经常有信件来往。

年底，中共代表董必武返回延安。宋庆龄在寓所设宴款送。

周恩来、邓颖超、冯玉祥、李德全和徐舜英都应邀来了。

冯玉祥

席间，大家围坐在壁炉前。周恩来一会儿分析西北战场的战况，一会儿分析国内外形势。窗外雪花飞舞，室内炉火正红。

壁炉架上，廖梦醒摘来的两株秋收时新割的禾穗，那新穗在炉火的辉映下黄澄澄的，冯玉祥夫人李德全兴奋地说："你们瞧，多好看啊！这两株禾穗简直像金子铸成的一样！"

宋庆龄笑着，接上话说："这比金子还宝贵呢！我们的国家自古以来就是农业立国，农民占全国人口的大多数，年年五谷丰登，人民才有好日子过。在几亿农民的心目中，这饱满的禾穗不就比金子还好吗？"

周恩来红光满面，双手抚弄着禾穗，点点头说："将来打下江山，人民坐了天下，一定要把这两株禾穗画到新中国的国徽上面去！"

宋庆龄和全座齐声称赞，举杯祝愿新中国早日诞生。

宋庆龄不仅与共产党的关系加强了，而且，她与太平洋战争爆发后建立起来的美国联合援华会驻重庆的代表爱德敷，美国红十字会，美国医药援华会等驻渝代表保持良好的个人关系。

新村3号虽然是一幢平凡的普通楼房，但是它前面经常停放着当时令人注目的流线型新式轿车，美国、英国、苏联等国驻华大使和高级外交官常来这里作客。宋庆龄也殷勤地致力于这些交往，为对中国抗日战争争取更多的支持和援助。

当时，银行掌握在国民党手中，重庆当局对保卫中国同盟的海外汇款往往进行各种各样的限制。爱德敷只好把支票直接交给宋庆龄。但是，对其他途径的海外汇款，宋庆龄只好通过外国友人和中共地下党员提出来，然后又通过美国友人福斯特把捐款送到八路军驻渝办事处。

战争寇深祸急，自然灾害也频频袭来，给祸不单行的中国人民带来了深重的灾难。多灾多难的人们处在水深火热之中。

1942年冬，黄河决堤，河南遭到特大水灾，500多万人死亡，哀鸿遍野，灾民成千上万地流离失所，需要救援，需要帮助……国民党当局不顾人民死活，蓄意封锁灾情，使灾难一再扩大，一再蔓延。

宋庆龄闻讯十分气愤，带领保卫中国同盟毅然在重庆担负起赈灾和宣传工作。

广东发生大饥荒。英国记者斯图阿特·格尔德来到了重庆。他刚从广东回来，他说："成百万人就要饿死了。"

湖南也发生大饥荒，那里饥荒也让格尔德心有余悸，他惶恐地告诉人们说："我刚从那儿回来，亲眼看到了这一切，几百万人啊，在他们自己的家里，在田野上，在道路旁，到处都是。他们吃土，啃树皮。这还不够，更加惨不忍睹的是，他们都饿疯了，把孩子杀死吃掉……"

美国人西奥多·怀特在河南也目睹了同样的情况。河南灾民的惨状激起了他深深的同情，于是，他前往重庆求见蒋介石。但是他在重庆苦苦等待了五天，却见不到委员长。

最后，他只好向宋庆龄求援。

不久，宋庆龄派人来了，告之他会见时间，并且她还托人带来一张纸条，纸条上面写道：

有人告诉我，蒋介石在长途旅行视察后，非常疲倦了，需要休息几天。但是，我坚持要求他见你，因为这关系到几百万人性命的问题。

……

我建议你在报告情况时，要像我讲话那样大胆和直率，即使会头落地也没什么了不起，不这样就改变不了现状！

为了救济河南和广东的灾民，保卫中国同盟马上设立了两个国际组织，争取外国救灾援助。

在国内，宋庆龄同时组织救灾义演。马上在重庆募捐集了30万法币，保卫中国同盟立即十万火急送往了灾区。

4月7日，重庆夫子池新运服务所门前人头攒动。

宋庆龄发起的湘灾筹赈会古今书画义卖展览会在这里正式开幕了。

早早地，宋庆龄就来了。

展览会义卖古今字画。岳武穆的《出师表》真迹、王阳明墨迹、左忠敦公遗琴、中外各地的红豆集锦、王石谷山水长卷、中外珍秘书籍等琳琅满目。

宋庆龄向展览会捐出了一个珠宝粉盒。冯玉祥夫人李德全义捐一幅《牧童画》。宋子文、吴铁城也纷纷把自己珍藏的名贵文物捐献，当场义卖。

美、英、法、苏的驻渝外交官和军官也光临了展览会，争相购买义卖物品。群众也踊跃参加。宋庆龄带头购卖了三幅字画。

李德全、宋子文等捐献的珍贵物品一件件被顾客高价买走。第一天义卖突破了40万元。

14日，重庆国泰大戏院人声鼎沸，热闹非凡。

应宋庆龄的邀请，著名舞蹈家戴爱莲，歌唱家斯义桂举办义演会。

义演会上，戴爱莲表演了《森林女神》、《拾穗女》等精彩节目。她优美舞姿撩起人们心中对温馨、和平生活的向往。

斯义桂演唱了《伏尔加船夫曲》、《在铁索中》等名曲，浑厚、激情澎湃的歌声使无数观众为之倾倒，激情荡漾。

义演会非常成功！收入又达40多万元。

5月13日下午，国际足球赈灾义赛在山城重庆拉开了序幕。

参加这次国际足球赈灾义赛的有四个队：上海和全国一些足球名流组成的沪星足球队，重庆曹善齐、陈代云出组的东平队，英国使馆和军舰人员组成的英联队和韩国在华青年组成的韩青足球队。

赈灾义赛，得到了许多人的大力支持。但是，却遭到国民党当局的阻挠。特务四处活动，恐吓威胁球迷不要去观看，更不许为宋庆龄的球队捧场，特务们甚至用逮捕来恐吓他们。然而，寂静的山城并不为邪恶所吓退，反动派的威胁反而使无数球迷更加热情高涨，纷纷前来观赛，捐献自己对灾区同胞的一片爱心。

义赛为期三天，宋庆龄和英国驻华大使薛穆亲临赛场，为球队开球。

16日义赛结束，宋庆龄亲自向参赛的四个足球队赠送了奖旗。每个运动员都获得一枚刻有"孙宋庆龄赠"字样的纪念章。

闭幕式上还举行了一个特殊的仪式：义卖比赛用球。

一位商人被人们爱国救难的热情感动，当场表示承担这次义赛的全部开支。

这项球赛共筹得款项125530元，全部如数拨给了河南灾民，通过工合组织灾民生产自救和重建家园。

在河南灾区，有29个县是游击区。宋庆龄没有遗忘他们，她把纽约美国援华会捐助的5万美元，全部汇给了当地的共产党领导的救济机构。

豫灾赈灾委员会主席卢广锦不久致函宋庆龄：

孙夫人惠鉴：

承惠捐夫人主办之足球义赛全部所得国币十二万五千五百三十元，以为赈济河南灾民之用，该款现已照数收悉，甚深感谢。对于美联、韩青、东平、沪星各队国际友人及热心同胞之同情援助，亦至钦佩，请夫人便中代致谢意。各界热心人士如能继续赐助，以赈救此辈濒于饿死之灾民，实敝会之所深切盼望，亦敝会之所以加紧努力者也，专此中谢!

为了赈济粤灾,宋庆龄在 7 月又举办了国际音乐义演,英国大使薛穆夫人任筹备委员会主席。在重庆的英、美、苏等国音乐界人士参加了演奏。

宋庆龄在重庆极其艰难的条件下,呕心沥血地为灾民募捐募物。蒋介石也趁机利用中国的灾势要求增加了美援,美国政府通过各种渠道提供了数十亿美元。但是,这些救济灾民的救命钱,并没有送往灾区,而是悄悄地流进了蒋氏家族及亲家的腰包。

杜鲁门总统事后直言不讳地说:"我们给他们的钱最后大部分都跑到蒋介石、蒋夫人,还有宋、孔家的腰包里去了。他们偷走了我们给的钱,在圣保罗买房产,还有部分就在我们鼻子下的纽约。"

宋庆龄赠送给参加国际足球赈灾义赛运动员的纪念章

这时,保卫中国同盟在英美等盟国的帮助下,终于恢复了中断了数年之久的对八路军和新四军的物资援助。

6 月,保卫中国同盟决定将一批外科手术器械和医药品,援助国际和平医院。

八路军驻渝谈判代表亲自负责护送这批物资。一路上他们跋山涉水,通过了一个又一个国民党关卡,终于进入了游击区。国际和平医院的实力大大增加了。

为了有效地支援共产党领导的军队,宋庆龄委任了一位年轻的美国人约翰·福斯特任保盟的新司库。宋庆龄经常派他把募捐来的救济款送到八路军办事处。

廖梦醒是保卫中国同盟的财务主任,她经手收到的海外捐款,大部分是送交延安。

为了从国民党严格控制的银行提出现金,宋庆龄的工作还得到了孔祥熙的顾问艾德勒的帮助。

每次保盟的捐款要交给八路军时,八路军驻重庆办事处的汽车在约定的时间,开到中国银行门前等着。廖梦醒再去找孔祥熙的顾问艾德勒。

艾德勒拿着汇款单,将现金提取出来,用麻袋装好,再交给廖梦醒。廖梦醒把麻袋搬出来,放到门口。

这时,八路军的汽车从不远处开过来,将麻袋载走。然后,廖梦醒独自走回家。

1943 年以后,随着国际上反法西斯战争的节节胜利,中国人民也熬过了抗战中最艰苦的岁月。胜利的曙光在前头闪现。这时,蒋介石为抢夺抗战胜利果实,开始了恢复战前独裁统治的行动,采取一系列行动措施压制民主,迫害共产党人和进步人士。9 月 18 日,宋庆龄发表了《给中国海外朋友们的公开信》,呼吁:

中国没有团结,就不能获得胜利。……如果没有民主,就不能有团结。

　　在此之前，蒋介石抛出了陶希圣等以他的名义出版的《中国之命运》小册子，公开宣扬法西斯主义，为国民党一党专政大造舆论，在国内外引起人们警觉。这种倒行逆施的行为遭到了宋庆龄的坚决反对。她在纪念孙中山逝世时发表谈话，针对国民党一党专政的阴谋指出：

　　应该实现总理的三大政策，开国民会议，在绝对民主的原则下，动员全国民众，使他们都有同等的机会参加抗战建国工作，对各党各派，也应该给以同等的机会，使他们的党员得尽个人的能力参加工作，争取最后的胜利。

　　宋庆龄的这一席讲话被《解放日报》5月17日刊载。

抗战期间摄于重庆

　　由于世界反法西斯形势的变化，各国共产党在斗争已经成熟起来了。在莫斯科，共产国际于6月宣布解散。蒋介石等一听如获至宝，立即乘机叫嚣解散共产党，"交出边区"。在7、8月份，向陕甘宁边区发动几十次武装挑衅。

　　宋庆龄代表人民又喊出正义的要民主的强音。在重庆，没有其他人敢于批评和揭露蒋介石的高压政策，即使含蓄地讲，也会遭到残忍的屠杀。宋庆龄是惟一的人，能和蒋介石的逆行挑战。

10 月 4 日，宋庆龄和冯玉祥等 18 人，被国民党中央第 239 次常务会议增选为国民政府委员。蒋介石在民主与独裁的决战前夕，妄图以此来拉拢宋庆龄，赢得一些支持。

但是，宋庆龄并不因如此，而放弃争民主、反独裁的斗争。随着 1944 年的来临，国民党统治区掀起了民主运动的新高潮，宋庆龄致函一些团体，揭露国民党军队对抗日根据地封锁，并要求解除封锁。英国工党的《雷诺周刊》公布了这一消息。这使蒋介石和一些国民党高级官员大动肝火。

一天，三位党国要人来到了松籁阁拜访宋庆龄。谈话间，他们申斥她：“散布毫无根据的谣言，向外国新闻界张扬家丑！”

党国要人气势汹汹，对孙中山遗孀大肆侮辱谩骂之能事。

宋庆龄面对强硬的流氓行径，像风中的巨人，巍然屹立。她对他们的责骂，也不示弱，当面斥之为“幼稚的说教”。

宋庆龄在国内和国际上享有崇高声望，又这样高傲不羁，令蒋介石胆战心惊。在重庆，他几乎把她软禁起来了。

美国几个团体邀请宋庆龄访问美国。

离开美国已经几十年了，在重庆这种窒息的环境下，宋庆龄也希望出国去散散心，看看昔日的好友，轻松一下软禁中困倦的心情，迎接即将到来的革命新浪潮。宋庆龄欣然接受了邀请。

此前，宋庆龄曾希望在美国作了一次成功的访问。宋庆龄希望能够在 3 月上旬启程。

但是，不久，国民党当局直接通知她，不允许她出国。他们害怕宋庆龄把中国国内的情况晓之于世界。

美国官员谢伟思前往宋宅去拜访。一到来，他就明显地感觉到了宋庆龄紧张困难的处境。当他提到她要求解除对共产党的封锁而引起蒋介石的不悦时，宋庆龄说：“他们所能做，无非是阻止我出国。”

出国不成，但是宋庆龄仍然感激美国人民的深切情意和对中国抗战的无私支援，2 月 8 日，她发表了《致美国工人们》。

在《致美国工人们》一文中，她发出了反独裁的呐喊：

凡是民主制度最强大的地方，凡是发挥了人民的积极性的地方，凡是人民战争（人民战争是一个经济落后与缺乏武装的国家能够击退一个优势装备的侵略者的惟一的武器）最不受掣肘的地方，中国的抗战在那里也就最伟大和最有力量。……相反地，当反动势力公开投敌，或者压制人民和人民的积极性，惧怕并且破坏民主运动而给敌人大开方便之门的时候，中国人抗战就摇摇欲坠，节节失利。

3 月 12 日，她又应邀为美国举行孙中山纪念日作广播演说。本来，这是准备访问美国时作的演说稿，去美不成，改成了广播演说。宋庆龄广播演说的题目是《孙中山与中国民主》。在广播演说中，她向世界人民呼吁：

只有当国际民主实现之后，世界上才会有巩固的和平！

正义之声传到大洋彼岸，更多的国际进步力量站到了中国共产党和民主力量的一边。尽管国民党对陕甘宁边区严密封锁，国外仍然从四面八方伸出救援之手，他们纷纷通过保卫中国同盟援助抗日根据地。

这时，国外捐来了一台大型 x 光机。

陆路交通已经完全被国民党封锁了，这台巨型的机器只有动用飞机才能运到延安去。

廖梦醒没有办法，去找周恩来。周恩来告诉她去找宋庆龄商量，宋庆龄会有办法。当廖梦醒找到宋庆龄时，宋庆龄又叫她去找约瑟夫·史迪威将军。史将军是中缅印联合战区的指挥官。

廖梦醒先见到了史将军的副官杨孟东上校。他是一个夏威夷华侨，深得史迪威的信任。廖梦醒把情况说明后，他立即报告给了史迪威将军。

史迪威将军一向敬佩孙夫人，同情八路军。他曾写信给蒋介石建议从速装备中国共产党的军队。他得知这是宋庆龄的要求，立即满口答应了。

但是，这台 X 光机体积庞大，搬不进舱门。史迪威将军马上下令把军用飞机的舱门加以改建，把这台庞然大物装进飞机舱。

抗战期间，宋庆龄在重庆会见中印缅战区美军司令史迪威将军

不几日，飞机起飞了。这台解放区急需的 X 光机运抵了延安。这台机器成为了当时9000 万人的解放区惟一的一台 X 光机。

这一段时间，宋庆龄过着深居简出的生活。但长期的革命斗争已经使她锻炼成为一位伟大的政治家。在深居的日子里，她密切注视着国内外形势的动向，从获得的信息中，分析研究时局，做出自己的判断。

廖梦醒每周从美国新闻处为她取来最新的报刊杂志。在美国新闻处有保盟中央委员、美国《联合劳动新闻》记者爱泼斯坦，约翰福斯特和金仲华也在那里工作。宋庆龄还通过外国朋友王安娜、魏路诗、邱茉莉等经常与英美大使馆的官员联系，和重庆各方面人士接触。重庆外国记者俱乐部有很多记者也是宋庆龄的座上客。宋庆龄通过各种渠道了解国际、国内政治、军事、经济新情况。

但是，这个时候，国民党统治并没有随着世界反法西斯战争的凯歌式推进而有所好转。经济危情频频波澜起伏，政治危机四面楚歌，军事上濒于崩溃。9月，重庆召开五届三次国民参政会，众参政员纷纷提出质问。蒋介石无言以对，陷入窘境。

参政会上，中共代表林伯渠正式提出结束国民党一党专政，成立联合政府的主张。得到各民主党派、各阶层人士的热烈响应。国统区的民主运动之火燎原发展。

在此之前不久，中国民主斗士邹韬奋于7月24日在上海病逝，他为中国民主政治和革命文化事业战斗了一生。作为邹韬奋的好友，宋庆龄与林伯渠、董必武、张澜、郭沫若、沈钧儒、黄炎培、于右任、孙科、冯玉祥商议，决定召开追悼邹韬奋大会。9月29日，宋庆龄领衔，72人署名发表追悼邹韬奋大会公告。

10月1日，重庆道门口的银社哀乐低唱。面容悲戚的人们自发地来到这里参加追悼邹韬奋先生大会。

邹韬奋是中国杰出的民主战士、著名记者、出版家和政论家。1895年生于福建永安，原名恩润。1909年入福州工业学校学习，1921年毕业于上海圣约翰大学。1926年参加中国民权保障同盟，与宋庆龄一道为挽救民族危亡，争取民主权利进行了同生共死的战斗。杨杏佛被暗杀后，由于国民党当局的迫害，被迫流亡异国。1935年回国，先后在上海、香港主编《大众生活》周刊和《生活日报》。1936年与沈钧儒等因积极参加抗日救国运动被当局逮捕，成为名震中外的"七君子"之一。抗战开始后，他在上海、武汉、重庆等地主编《抗战》、《全民抗战》等刊物，为动员全民抗战而号呼，呐喊。皖南事变后，被迫出走香港。参加保卫中国同盟，担任同盟出版委员会负责人，多次为《保盟通讯》（英文版）撰写文章。香港沦陷时，辗转到东江抗日根据地，后来到苏北新四军根据地参加斗争。他患病后，1941年新四军秘密护送他回到上海医治。

他为民主政治奋斗了一生。对于他的逝世，国民党当局封锁消息。追悼大会的新闻报道也被当局破坏，然而，他逝世后仍有二三千各界人士前来悼念。

追悼会场四周布满了特务。会场悲痛的气氛中暗藏着阴森森的杀机。宋庆龄按时到达了会场，黄炎培、沈钧儒、郭沫若、邵力子等人胸佩白花也来到了。大家像当年"七君子"为国号呼奔走一样正气凛然，无所畏惧。

宋庆龄静静地坐下来，敌人却被震慑住了。肃穆的会场上悬挂着宋庆龄亲笔题写的横幅："精诚爱国"。救国会送的长幅挽联挂在两旁。

追悼会由黄炎培主祭，沈钧儒、左舜生陪祭。

郭沫若、林伯渠、邵力子、伊罗生等在会上作了极哀痛的讲演。

大家沉痛地追忆邹韬奋战斗的一生，呼吁民主政治，抨击一党专政，号召人们为实现民主而奋斗。

10月10日，周恩来在重庆发表《如何解决》的讲演，代表中国共产党进一步阐明了召集各方代表召开紧急国事会议，成立联合政府的具体步骤，驳斥国民党一党专政的叫嚣，提出中共主张以民主为基础真正的统一。周恩来的演讲激起了各民主党派的热烈响应。

11月来临了，重庆的寒冬又一片雾气蒙蒙。宋庆龄的朋友史迪威将军因为经常与蒋介石意见相左，抨击重庆政府的腐败，敦促蒋介石改组政府，终于为这位委员长不容，被迫离华调任回国了。

离开重庆前，史迪威来到两路口新村的"松籁阁"，向孙夫人辞行。

宋庆龄与这位正直而且富有正义感的美国将军结下了深厚的友谊。在国民党掀起反共狂潮时，史迪威将军帮助保盟把药品和救济物资运往延安和解放区。他甚至曾经从自己管辖的军用仓库拨出一些物资和药品送给八路军。当边区与外界隔绝时，史迪威又帮助保盟通过滇缅公路运输物资。当这位为中国抗战立过大功的朋友来辞行时，宋庆龄为他被迫离任表示惋惜，眼眶里闪动着晶莹的泪花。

他们依依惜别，互道珍重。

由于中国人民的朋友史迪威将军被迫离华，中美关系在抗战时期出现的短暂友好也被断送了，代之而来的是赫尔利扶蒋反共的寒冬。

宋庆龄

第十五章 天亮前

　　毛泽东到重庆后，宋庆龄与他虽然多次见过面，但是都没有机会深淡。这一次，他们推心置腹，共同剖析战后形势，展望中国前景。在交谈中，宋庆龄对毛泽东敏锐的思想、深远的见识非常钦佩，她感到毛泽东不仅是一党的领袖，而且是全国人民的领袖。她坚信毛泽东领导的事业一定会成功。

1945 年 8 月 15 日，日本宣布无条件投降。中国人民经过八年浴血奋战，无数的优秀儿女赤胆忠心，英勇献身，赢来了这不易的伟大胜利。人民欣喜若狂，热泪盈眶，纷纷走上街头，欢欣鼓舞地敲锣打鼓庆祝将日本侵略者逐出神州大地。

在重庆，当胜利的消息传来时，大街小巷拥满了欢庆的人群，鞭炮声震天动地，商店橱窗到处张灯结彩，一片欢腾景象。

在这八年的抗战历程中，物质上、精神上的重压像阴沉的寒冬窒息得让人喘不过气来。中国人民付出了最大的牺牲，经历了最艰苦的考验。宋庆龄创建保盟，组织救国会，支持工合，巩固统一战线，争取海内外援助……无数次受到蒋介石之流的威胁、恐吓，国民党要人侮辱，她被监视，被软禁，没有人身自由……为了抗战的胜利，她付出了许多，承受了许多，也做出了许多贡献。当胜利的喜讯传来时，兴奋的她按住激动的心房，热泪盈眶……

日本投降，中华民族的解放出现了一个新的转折。

正当全国人民欢庆胜利，希望和平的时候，蒋介石于 8 月 14 日到 23 日，三次电邀在延安的毛泽东到重庆举行和平谈判，共商国家大计。

在此之前，4 月至 6 月，中国共产党在延安召开了第七次全国代表大会。在大会中，中共总结了 24 年曲折发展的历史，制定了一条马克思主义的政治路线，确立了打败日本侵略者，废止国民党一党专政，成立民主联合政府，建立一个新民主主义的中国的奋斗目标。

与此同时，国民党于 5 月 5 日至 21 日，在重庆召开了第 6 次全国代表大会。国民党六大的中心议题有两个：一个就是维护国民党一党专政的独裁统治，拒绝成立民主联合政府，一个就是动员力量，准备发动内战，抢夺人民胜利果实。蒋介石在 5 月 18 日的大会讲话中，露骨地说："今天的中心工作，在于消灭共产党！日本是我们国外的敌人，中共是我们国内的敌人！只有消灭中共，才能达到我们的任务。"

随着抗战胜利的到来，光明与黑暗两个中国命运决战的前哨战开始了。日本无条件投降，中日战争结束，蒋介石一直等待着这一天，他好去对付他真正的敌人。毛泽东在 8 月 13 日也提醒他的党：蒋介石是一个"极端残忍和极端阴险的家伙"，他准备重演 1927 年的历史。毛泽东说，蒋介石双手拿着刀，我们就按照他的办法也拿起刀来。

发动内战已经是蒋介石的既定方针，但是饱尝战乱之苦的人民热切地盼望和平；共产党的力量已壮大到足以与国民党相抗衡，从 1936 年的 4 万增加到了 100 万，并且在从日本人手中夺回的地区建立了根据地，更重要的是他们力争和平，反对内战，赢得了民心。因此，蒋介石又不敢在没有充分准备的时候贸然动手，于是采取武装进逼与和平谈判并用的策略，大搞政治欺骗，邀请毛泽东来渝和平谈判，诱使共产党交出军队和政权。

中共中央为了揭穿蒋介石假和谈、真内战的阴谋，决定毛泽东亲赴重庆，与蒋介石谈判。

8 月 28 日，毛泽东偕周恩来、王若飞，在张治中和美国大使赫尔利的陪同下飞抵重庆。

毛泽东到达重庆后，住进了张治中让出的官邸——桂园。

坐落在中山四路的桂园，一楼一底，两层楼房并不富丽堂皇，但是，环境幽静，交通方便，靠近红岩村的八路军办事处和曾家岩的周公馆。

毛泽东一到重庆，就广泛会见国民党党政要人、各民主党派和爱国进步人士代表。

30 日下午，毛泽东、周恩来等人就往两路口的新村 3 号，拜会宋庆龄。

宋庆龄与毛泽东阔别十余载，在抗战胜利后的山城相逢，他们备感亲切和高兴。由于国共和谈即将开局，他们来不及深谈，短暂相聚，就匆匆辞别了。临别前，毛泽东热情相邀孙夫人为两党合作再出力。宋庆龄欣然答应了。

9 月 2 日，中苏文化协会为庆祝中苏友好同盟条约的签订举行鸡尾酒会。

毛泽东、周恩来和宋庆龄应邀而来。当他们到达协会时，会场热烈鼓掌。

这是毛泽东第一次在公共场合露面。宋庆龄虽然来渝近 10 年，在特务的严密监视下深居简出，多数人很难见到。人群蜂拥而上，一瞻两位本世纪以来最著声望的伟人。

董必武、孙科、王若飞、张治中、陈诚、冯玉祥、邵力子、王世杰、陈立夫、郭沫若、马寅初、谭平山、李德全、王昆仑、史良、茅盾等各方面人士 300 多人出席了盛会。

国共两党、各派政治力量的代表聚首一堂，举杯同庆胜利，共祝团结。这是有史以来头一次。毛泽东、周恩来和宋庆龄精神饱满，为这团结、胜利的场面所感染，与大家握手、碰杯，笑声朗朗，喜气洋洋……

9 月 8 日下午，毛泽东在桂园客厅举行小型茶会。招待在重庆的各国援华救济团体代表。

宋庆龄、英国驻华大使薛穆及夫人、美国联合援华会代表爱德敷等应邀出席。

此外，英国、美国红十字会，世界学生救济委员会，国际救济委员会和公谊救护队的代表也出席茶会。

没有世界人民的援助，中国抗日战争是不可能胜利。毛泽东致词，衷心感谢国际社会八年来对边区及解放区的无私援助。

会上洋溢着友好的气氛。宋庆龄也作了讲话。她说，过去的救济多为战时救济，今后进入和平建设时期，在建设方面保盟仍将继续做出援助贡献。

重庆校园

第二天，宋庆龄专程前往桂园，拜访毛泽东、周恩来。

当宋庆龄乘车到达桂园时，毛泽东亲自到楼前迎候。宋庆龄一步出车门，毛泽东就上前与她握手，然后一起到客厅交谈。

客厅位于楼下左边。室内古朴典雅。墙上挂着孙中山手书"天下为公"的横幅。宋庆龄看到毛泽东这里挂着孙中山的手迹，很是感动。

毛泽东到重庆后，宋庆龄与他虽然多次见过面，但是都没有机会深谈。这一次，他们推心置腹，共同剖析战后形势，展望中国前景。在交谈中，宋庆龄对毛泽东敏锐的思想、深远的见识非常钦佩，她感到毛泽东不仅是一党的领袖，而且是全国人民的领袖。她坚信毛泽东领导的事业一定会成功。

通过交谈，宋庆龄对当时内战危机四伏的严重局势有了更深的了解。她表示坚决支持共产党争民主、争和平，反独裁、反内战政策。

毛泽东、周恩来对宋庆龄不计个人安危，忠诚不渝地信守孙中山先生三大政策表示由衷敬意。

毛泽东在重庆40多天，国共两党针锋相对，经过艰苦的谈判终于于10月10日签订了《国共会谈纪要》，双方停止内战，和平建国。

八年战争，战火遍烧大半个中国，给中国造成严重破坏，沿海工业完全在战火中崩溃，人民生活在赤贫和失望之中。现在终于赢来了宁静的时刻。国共两党和平建国即将开始，宋庆龄决定继续推进保卫中国同盟的工作，致力于治愈战争创伤和战后国家的重建。

她和保盟的同志制定了新的具体计划：

（一）国际和平医院与医学院工作（全在边区与解放区进行）；

（二）10个托儿所和孤儿院工作（也在边区进行）；

（三）援助贫病作家（在上海、重庆、昆明、成都进行）；

（四）实验农场与制药厂工作（在边区进行）。

鉴于日本帝国主义已经投降，抗战已经结束，12月宋庆龄发表《保卫中国同盟声明》，宣告："保卫中国同盟自即日起改名为中国福利基金会。"

不久，中国福利基金会总部由渝迁沪。

宋庆龄也在这时从重庆返回了阔别整整八年的故乡上海。

回到上海，她仍然身处逆境中。尽管国共双方签订了"双十协定"，蒋介石在美国政府的帮助下，蓄意挑起一场反共反人民的内战。祖国的上空笼罩着阴云，时局正在逆转，饱经苦难的人民和国家又被渐渐推向生灵涂炭的黑暗深渊。宋庆龄尽管身居斗室，但是时刻关心着战后的风云变幻，面对着严重的内战危机，深为焦虑……

这时，莫里哀路29号的寓所在日本侵占上海的时候遭到严重破坏，已经无法居住了。日本人把她保险柜中许多珍贵物品都抢走了，连她与孙中山的结婚"誓约书"也丢失了。寓所内已粉壁剥落，千疮百孔。宋庆龄不得不向国民政府申请住房。蒋介石对宋庆龄仍然嫉恨在心。尽管宋庆龄也是国民党中央委员，但是，他只拨给她一个矮小潮湿的小房子。

孙夫人的住房比不上普通的国民党官员。不少人为宋庆龄受到的不公平待遇抱不平，许多报刊发表文章抨击蒋介石的落井下石，没仁没义。街谈巷议纷纷，蒋介石充耳不闻。

宋庆龄没有可以安居的房舍。她身居陋室，但是，仍然像战士一样为祖国，为人民冒着生命危险忘我地工作。

1月13日，初春的上海乍暖还寒。普陀区的玉佛寺，汇聚了来自复旦、大同、光华、震旦、圣约翰、东吴、三江、明德等70多所大中学校的学生和教师。上海各界在这里悼念昆明"一二·一"惨案中死难的南菁中学教师于再烈士。

宋庆龄领衔，与柳亚子、马叙伦、郑振铎、许广平、沙千里、金仲华组成主祭团。

她题送了"为民前驱"的横联。

去年年底，毛泽东到重庆签订的《双十协定》墨迹未干，蒋介石就发动了对解放区的进攻。人们刚刚放完庆祝抗战胜利的鞭炮，开始享受和平的宁静，又闻到了发动内战的火药味，无比愤怒。11月25日为了揭露蒋介石内战阴谋，由北大、清华、南开组成的西南联合大学，云南大学，中法大学等6000多师生召开时事晚会，费孝通、钱端升等四位著名教授作讲演。

国民党当局闻讯，立即派出军警包围会场。许多便衣特务混入会场，进行捣乱，唱吹口哨，喊反动口号。军警在墙外鸣枪放炮，子弹在会场师生头上呼啸。

第二天，素有"民主堡垒"之称的昆明师生3万人举行罢课，抗议军警的挑衅行为。罢课代表提出立即停止内战，撤退驻华美军，保障人民民主权利等要求。12月1日，国民党特务、军人数百人拿着扁担，扛着大木棍、锄头冲进西南联大新校舍，在宁静的校园大打出手。

一个军人扔手榴弹，南菁中学教师于再路过这里，上前阻拦。军警拉开手榴弹，把他炸成重伤，抢救无效，当天身亡。

中午，几十名便衣武装冲进西南联大的师范学院，又扔了三颗手榴弹，炸死三人，重伤几十人。"一二·一"惨案爆发，震惊中外。

国民党武装军人拿着凶器，冲进最高学府行凶，其行为比1926年"三一八"惨案中的北洋军阀政府更野蛮，更惨无人道。在追悼于再烈士的大会上，宋庆龄正气凛然地坐在主席台上，义愤填膺。

柳亚子先生沉痛地致悼词。愤怒的群众高喊"惩办凶手"的口号。会场上回荡着"你们的血照亮了路，我们会继续前进"的悲壮挽歌。

大会致电正在召开的政治协商会议，提出立即成立联合政府，保障人民自由，保障各党派合法地位，实行普选，释放政治犯，惩办凶手。

会后，1万多人举行了声势浩大的游行。队伍经江宁路，进入繁华的南京路，到达黄浦江边的外滩。反内战、争民主的悲壮的歌声与黄浦江滚滚的涛声汇聚一起，发出了声声呐喊。

在全国人民反内战、争民主的群众运动一浪高过一浪的强大压力下，蒋介石被迫根据重庆谈判《双十协定》的规定，1月10日至31日在重庆召开各民主党派参加的政治协商会议。

政治协商会议上，中共代表和各民主党派团结一致，与退步的内战阴谋进行针锋相对的斗争。全国人民也纷纷通过报刊舆论支持和平民主的抗争，对国民党独裁形成了巨大压力，政协会议通过了有利于和平民主的决议。各方代表就取消国民党一党专政和按五比一的比例整编国共双方军队的方案也达成了共同的协议。

内战阴云渐渐消散，神州大地又显现了一丝和平的曙光。宋庆龄兴奋地加倍地推动中国福利基金会的工作。

中国福利基金会没有办公的地方。宋庆龄变卖自己的一些财产，在苏州河南路外商颐中烟草公司大楼租了一间房子，作办公室。基金会刚起步，开始时只有六个人，宋庆龄任主席，美国友人谭宁邦为总干事，秘书王安娜、廖梦醒、凯卜尔和赵天佑。福利基金会仍沿袭与保卫中国同盟向国内外募集资金和捐物的方式进行工作。如同保盟一样，宋庆龄继续运用她在国内外的崇高声誉和影响，千方百计为解放区募集药品和物资，开展福利救济。

她曾在 1 月 14 日在上海发表谈话，呼请国际上人士支援中国福利基金会。她说："中国所受到的创伤，还要一段长的时间才能痊愈，……还需要外国友人的进一步援助。"

侨居在泰国的爱国同胞蚁美厚看到宋庆龄的讲话，立即创建"泰国华侨各界建国救乡总会"，准备为祖国重建大业奉献拳拳赤子之心。

建国救乡总会积极开展募捐活动，为解救挣扎在死亡线上的国内同胞而努力。他们把所募集的捐款，交给居住在香港的何香凝转回了国内。

但是，蚁美厚等人的爱国行动立即受到一些邪恶势力的威胁。一些热心募捐的活动者遭到毒打，踊跃捐赠的爱国华侨被暗害。泰国反动势力与国民党反动派穿通一气，声色俱厉威胁蚁美厚离开泰国境内，否则，就要将他打死。

一时，乌云翻滚，狂风大作。建国救乡总会处境异常困难。正在这时，国内的宋庆龄获悉了他们的情况，立刻以"中国福利基金会"的名义亲笔写信给蚁美厚和建国救乡总会，鼓励他们坚持斗争。

侨胞们聚在一起，含着热泪读完宋庆龄刚劲有力的来信。连日来忧闷的心情一下子消散，大家浑身充满了力量，马上召开中外记者招待会。

会上，蚁美厚当场宣读了宋庆龄的来信。他们把孙夫人的来信当做他们爱国行为最有力的支持。广大侨胞再一次向中外记者阐明了自己爱国的动机。第二天，泰国不少报纸报道了这一消息，并且引用宋庆龄的褒扬，称赞建国救乡总会的行为是"爱国行为"，是"搞福利事业。"

宋庆龄对爱国侨胞正义行动旗帜鲜明的支持，使泰国恶势力闻风丧胆，退步三尺了。蚁美厚立即带领建国救乡总会利用有利的形势募资筹款，活跃在吴哥佛寺各地。

政协会议通过的决议在许多方面反映了人民的愿望，有利于民主和平而不利于蒋介石专制独裁。2 月 10 日，重庆各界 1 万多人在校场口集会，庆祝政治协商会议成功。蒋介石决意撕毁政协会议协议，校场口庆祝政协会议成功，犹如正在蒋介石的伤口上撒盐，他怒不可遏地命令特务镇压。

庆祝大会正在召开。突然，五六百名特务冲进会场，群魔乱舞，大打出手。顿时会场腥风血雨，与会群众吓得魂飞魄散，会场被捣毁了，大会主席郭沫若被暴徒打伤，李公朴等 60 多人遭到毒打，许多人被捕和失踪了。

校场口血案后，他们又乘着兽性，捣毁了重庆的《新华日报》和《民主报》营业部……

种种迹象表明蒋介石破坏停战协定，准备以内战来回报人民热切的和平渴望了。在这种危情下，中共和谈代表王若飞为了及时向中共中央汇报国民党当局破坏政协决议的阴谋，并且商讨如何坚持全国停战协定和和平建国纲领等具体办法，和出席政协会议的秦邦宪、中共中央职工委员会书记邓发、教育家黄齐生和叶挺，4 月 8 日冒着恶劣天气，乘飞机返回延安。原新四军军长叶挺皖南事变后，一直被蒋介石关押。一个月前，在中共中央的严重交涉下，才获得释放。

飞机起飞后，由于暴风雨，上空后不久就失事了。王若飞、秦邦宪、叶挺、邓发和黄齐生壮烈牺牲。

如果没有国民党反动派破坏政协决议的阴谋活动，王若飞等人就没有冒着恶劣天气飞回延安的必要，他们为捍卫民主，反对内战的阴谋而牺牲了。

4月30日，上海玉佛寺继三个月前追悼"一二·一"烈士大会后又一次为民主斗士哀乐低唱。

宋庆龄、左舜生、黄炎培、冷婪、柳亚子、马叙伦、马寅初、陶行知、章乃器、叶圣陶、潘梓年、许广平等24人组成了"王秦叶黄诸先生追悼大会"主席团，隆重追念"四八"死难烈士。

会场正中挂着烈士遗像，柳亚子先生书写"精神不死"挽轴悬挂在上方，宋庆龄的长幅挽联悬挂在遗像两旁，挽联上写着：

和平大业犹赊，贤劳正赖，何竟中道损弃，碧血长天永留恨；

民主曙光初吐，瞻望方殷，难堪霾耗惊传，苍生大地尽念悲。

宋庆龄领衔，祭悼烈士，祭文说：

于乎哀哉，八年抗战，先生等不死，外侮已弭而先生等死。人孰不死？而先生等之死，举国为之尹尹，先生等之死，似天为之而实有人事，先生等之不辞危险，冒云雾之围袭而事空行者，岂不以民主之危，似千钧之系于一发，而思维止之，乃竟以身殉，而不得见，民主之治，于乎哀哉！

陶行知、黄炎培等在会上慷慨陈词，谴责国民党破坏政协决议阴谋，揭露蒋介石发动内战的真面目，群情激昂。

最后，大会变成了一个要民主，反内战的声讨大会，一幅挽联把大家的心声写出：

诺言变谎言，独裁者好背信，十七位英雄一齐丧生惨；

停战变大战，阴谋家多诡计，千百万人民大众一起干。

5月，以周恩来为首的中共代表在上海设立了办事处，开展统战工作。周恩来、邓颖超相继访问了宋庆龄。

重庆离别今又重逢，宋庆龄感到欣慰和高兴。就在这时候，蒋介石关闭了国共和谈的大门，内战的烽火即将点燃了，美国更加露骨地支持蒋介石。为了组织解放区自救互助，共产党成立了以董必武为首的中国解放区救济总会，争取联合国救济总署的救济物资。董必武在北平和上海分设了办事处。

本来，联合国救济总署的救济金和物资很大一部分应分给饱受战火破坏的解放区。但是，救济总署驻华代表与国民党勾结，狼狈为奸，把98%的资金和物资拨给国民党，流窜到黑市上；而解放区只分得2%。

为了解决这个问题，只有找宋庆龄。于是，董必武派已在解放区救济总会工作的马海德和伍云甫到上海找宋庆龄，请求她帮助。

宋庆龄意识到这实际上是争夺抗战胜利果实在救济工作上的反映。她热情接待了马海德和伍云甫，并答应了他们的要求。

她找到联合国救济总署负责医药分配的美国人，揭露国民党政府的贿赂行为，要求主持公道。

同时，中国福利基金会与解放区救济总会进行合作，组织人员与联合国救济总署衔接，和国民党谈判。

宋庆龄亲自抓支援解放区的工作，上海地下党派赵天佑到她身边当助手。她和赵天佑、王安娜经常到地下党借用的仓库里检查药械包装。

上海地下党负责人曹达常常到她寓所，两人一起商量救济物资发运的数量，地点和路线。

这样，中国福利基金会的一批批救济物资从上海、北平等地出发，通过飞机、船只和中共地下交通线，运往了解放区。

宋庆龄利用保盟的关系和影响，积极争取外援。同时，她坚持为维持和创建国际和平医院进行不懈努力。

日本投降不久，为了促进国内和平，新四军苏浙军区的部队主动撤离了鱼米之乡江南地区，回到抗日老根据地苏北平原。蒋介石镇压民主，积极准备内战的战争阴云弥漫全国，新四军根据中共中央的命令，也积极开始了备战。司令员张鼎丞决定在淮安湖心寺一带筹建军区直属医院，以备战争之用。

但是，解放区的医疗条件极其困难，药品和器材奇缺，筹建医院困难重重。

远在上海的宋庆龄知道了这个情况，决定尽力援助。她派遣奥利人严斐德，前去了解情况。

严斐德到达淮安，受到新四军的热烈欢迎。军区卫生部长齐仲恒向他专门作详细汇报，介绍了整个医院包括 7 个医疗队，200 多名医护人员，一次收治 1500 至 2000 名伤病员的计划。

严斐德告诉齐仲恒和一起陪同的李振湘副部长："孙夫人宋庆龄女士，经常赞扬解放区军民抗日的功绩。她对国民党不抗日，专门打内战很气愤。她知道解放区军民在极其艰难困苦的条件下一面作战，一面生产。解放区缺医缺药，她要尽力设法募捐或者想各种办法支援解放区。你们有什么想法和要求尽管提，我一定负责转告孙夫人。"

在座的华中军医第一后方医院院长陈海峰向严斐德提出了要求支援的物资的种类和数目。严斐德一一记录下来。

严斐德回上海不久，即从宋庆龄那里传来了令人喜悦的消息：陈海峰院长提出的要求，宋庆龄全部答应了。

这是一批巨大的物资：250 张钢丝病床、各种手术床、手术器械、显微镜、X 光机、大批药品、敷料、石膏绑带、钢丝夹板、护理用具、病历纸等等，还有化验室、手术室及他病房急需的物资和大批营养食品。

整套设备可以装备一个现代化医院。这些设备装载了 700 多条船，然后分批从上海沿运河，航行到淮安湖心寺。

设备到达后，宋庆龄知道解放区医生很少，又多方物色医生。在她的邀请下，美国外科医生薛尔茨和能够担任内科医生、化验室主任、高级化验师和总护士长的外国朋友多人，前往了苏北解放区。

这时蒋介石凭着军队的数量大大超过共产党的军队，背后有美国的金元撑腰，频繁地挑起了与共产党军队的冲突。内战的爆发在美国政府的支持下迫在眉睫了。上海市民组成了和平请愿团到南京去向蒋介石政府进行和平请愿。

6 月 23 日，上海工人、学生和各界代表近 10 万人到火车站，为请愿团送行。马叙伦、盛丕华、胡子婴、雷洁琼等 11 名代表肩负着上海人民的委托出发了。

宋庆龄在检察运往解放区的医药器材

当他们到达南京下关火车站时，几百名特务一拥而上，揪住他们就打。马叙伦、雷洁琼等受伤。蒋介石已完成了内战准备，打人之后又立即翻脸把和平协议撕毁。

6月26日，国民党军队向中原解放区发起进攻。接着，大举进攻华东、晋冀鲁豫、晋绥、东北以及海南岛等解放区，内战全面爆发，各地烽烟滚滚。

刚刚隐现的和平曙光被内战的烽火驱散了，全国一片反对声讨之声。7月11日，西南联大举行"为胜利团结与民主而歌"诗歌朗诵会，李公朴即席朗诵《不要胜利冲昏头脑》：

不要狂欢，且慢骄傲。

胜利团结与民主并没有真正得到。

它还靠咱们大家努力，抓紧时间共同创造，……

现在胜利总算被等到，八年的日子真难熬。

大家一齐来动手，剥掉假民主的外套……

今天我们为团结胜利与民主而歌。

却不要都教胜利冲昏头脑。

团结的障碍多得很，民主的暗礁更不少。

让我们抓紧打定主意，把民主和平的呼声唱入云霄。

李公朴朗诵完诗歌，在回家的路上就被国民党特务暗杀，他倒在那黑洞洞的反民主的枪口下。

7月15日，闻一多拍案而起，为悼念民主战士李公朴奋起保卫和平民主。他一出门，又被国民党特务暗杀，为和平民主献出了宝贵的生命。

血案接二连三地发生，和平、民主被血流所淹没。宋庆龄再也不再沉默了，她说："现在我觉得有讲话的必要了。"

7月22日，她发表了《关于促成组织联合政府并呼吁美国人民制止他们的政府在军事上援助国民党的声明》。

在《声明》中，她说："今天我们的国土已经没有外来敌人的威胁。但威胁却起自国内，起自内战。……反动分子企图将美国卷入我国的内战，从而将全世界都卷入这场战争，这种内战已经不宣而战地开始了……

"内战不能促成团结和解放，不能解决民主问题，内战带给中国人民的只是混乱，饥饿和破坏。内战将使我们看到城市与农村相脱节。农民将拥护共产党，因为它会给土地给他们，并且减了税。"宋庆龄说，"那时，国民党所占据的城市究竟向哪里获得原料、出口货物甚至于食物呢？刺刀是不能收割。已经吞没了都市的通货膨胀还要成千倍的膨胀。国民党是不能在这种战争中胜利。"

宋庆龄最后说："如果美国能明白表示不再供给军火和军事援助，那么，中国的内战决不会扩大。"

她向美国朋友呼吁："你们应当阻止所有的军事援助，并帮助一个属于中国人民的政府，来推动这样一个运动。"

宋庆龄振臂一呼，四面八方纷起响应。上海许多报纸立刻刊登了宋庆龄的声明。

宋庆龄《声明》发表的第二天，美国共产党立即发表响应宣言，要求撤回一切中国领土上的美国军队，反对国会准备审议的《军事援华法案》。

7月26日，何香凝、李章达、黄药眠、陈此生等人通电全国，吁呼停止内战。

淞沪抗战中英勇抗击日本侵略军而名满天下的蔡廷锴为拥护孙夫人的《声明》，在香港发表《声明》，说：

我完全赞同孙夫人在7月22日的号召，它不但代表着全国主张公正和和平人士的意见，并即表明全国人民的共同愿望，内战烽火正在蔓延中，四万万五千万人民已经面临战争和死亡的威胁，我们主张立即停止内战，重新举行政治协商会议，用和平方法解决国共争端。

8月2日，美国前总统罗斯福的夫人埃莉斯·罗斯福发表谈话，赞扬宋庆龄的《声明》，呼吁美国政府放弃对中国的军事干涉。

8月9日，延安中国解放妇联筹委会致电宋庆龄，代表解放区7000万妇女对《声明》表示衷心拥护。

重庆工商、文化、艺术、学术、戏剧、新闻、律师、教育等各界人士136人响应宋庆龄对时局的《声明》，联名发出给全国同胞的一封信，信中呼吁：

全国的人民，一致的团结起来，拥护孙夫人的主张，誓为其实现而奋斗！

8月25日，《纽约时报》特派员李普曼以《孙夫人，中国的良心》的醒目标题发表文章高度评价宋庆龄的声明；美国一些广播电台的评论家，也要求听众洗耳恭听宋庆龄的声明，并指出，在中国没有其他任何女性像宋庆龄这样获得亿万人民的尊敬；不久美国35个城市的进步团体发起"美军退出中国周"运动。

在上海的《密勒氏评论报》也发表了社论，指出宋庆龄忠心为国，继承了孙中山先生的精神，她在沉默了五年之后发表这一历史文告，是对中国人民的一个号召。

宋庆龄的声明像一声春雷震撼大地，它使国内外人民了解内战的真相，推动了国统区爱国民主运动的发展。

9月，美国前总统罗斯福夫人邀请宋庆龄和邓颖超作为中国妇女的代表，出席即将在纽约召开的国际妇女会议。

宋庆龄由于国民党的阻挠，未能成行。

全面内战爆发后，国民党部队对解放区发动大规模进攻，解放区救死扶伤的任务越来越重了，宋庆龄加紧了对解放区的支援工作。

苏北医院由于激烈的战火受到威胁。国民党的飞机天天轮番来轰炸，伤病员很不安全。齐仲恒部队只得把医院撤离到了鲁南。

苏北医院撤离的消息，马上传到了宋庆龄那里。宋庆龄知道医院搬到了新地方，马上去信给齐仲恒，表示继续支援他们。她信中说："一俟一批急需物质到达后，我们仍将争取把它们送给你们。"

不久，两架军用飞机为他们送来了一百多箱的药品和仪器设备。

宋庆龄领导的中国福利基金会也经常向解放区的延安运送物资。

一次，两架美制军用运输机徐徐降落延安。运来的物资堆成像一座座小山。其中有人转交负责接受物资的黎雪一封信，这是宋庆龄写来的。信中宋庆龄说，这些飞机送来的物资中两箱是奶粉和葡萄糖，请黎雪分给毛主席、朱总司令和中央其他负责同志，在中国光明与黑暗的命运决战的时候，请他们保重身体，他们的健康事关革命的前途。

中共中央非常感谢宋庆龄的关心。12月，英籍华人陈伊范到延安访问，周恩来亲切接见了他，并托他给宋庆龄带去一封信。

周恩来说："我们回到延安已将一个月，延安的朋友们都惦念着您，感谢您为解放区人民所做的工作。"

蒋介石发动大规模内战的同时，抓紧到处搜刮人民的钱财。工商企业大批倒闭，许多工厂纷纷破产，失业人数剧增，很多地方灾民遍野，饿莩载道。在这种情况下，宋庆龄召集中国福利基金会的同志一起，说："儿童代表着我们未来的一代，他们将要在他们父母正在战斗、受苦受难、流血牺牲的大地上建立一个新中国。"她要求大家把为广大贫苦儿童服务作自己的工作方针，于是中国福利基金会把医疗救济和儿童福利作为了它两项最大任务，帮助人们度过五更寒。

年初，宋庆龄写信给联合国国际儿童紧急基金会负责人，请求为中国儿童福利事业提供援助。

儿童福利工作重点在上海。序幕一拉开，首先，一间小小的阅览室在余姚路挂牌开业了。接着，在工人和穷人较集中的胶州路、许昌路和乍浦路，创办起来了三个儿童福利站。儿童福利站每天开放，站内设有儿童保健站、图书室、识字班。儿童剧团不久也成立了，开始排演鲁迅翻译的苏联儿童剧《表》。

4月10日，上海兰心大剧院举行儿童剧团的公演，宋庆龄亲自出席了。

公演非常隆重。它发行没有固定票价的荣誉券，观众买票时又进行募捐。

公演非常成功。公演捐募得来的资金，中国福利基金会又利用它组织进步团体到工人贫民区、保育院，为孩子们举行免费演出。

随着国统区经济状况恶化，人民生活更加痛苦和贫穷。上海街头流浪的儿童越来越多。宋庆龄酷爱儿童，看到这种情况，此刻她心里十分不安。

这种情况也引起了许多人的关注。漫画家张乐平创作了《三毛流浪记》，很快风靡了大上海。

宋庆龄在指导识字班孩子读书

宋庆龄看到张乐平的漫画，突然萌生一个想法。她立即要中国福利基金会与张乐平联系，希望张举办一次"三毛"原作展览会，在展览会上举行义卖，救济流浪的儿童。

中国福利基金会的同志找到张乐平。张乐平得知是宋庆龄的意思，非常感动，当即满口答应。

在短短的一个月内，他挥毫作画，赶画了30多张"三毛"水彩画。

宋庆龄对展览会非常重视，她亲自借汇丰银行的礼堂举行预展，邀请中外朋友参观。

预展这一天，她亲自出席，同大家见面。

宋庆龄坐在张乐平的旁边，她对张乐平感激地说："这次你为流浪儿童做了件大好事，真的太辛苦你了。"说得张乐平心头热乎乎的。

预展之后，宋庆龄、张乐平和中国福利基金会的工作人员又决定成立一个"三毛乐园会"。

三毛乐园会规定，不论任何人，只要愿意每月出3块银元，救济一个"三毛"流浪孩，便是会员；每月出15块银元，救济5个"三毛"，便是荣誉会员；凡是赠送衣服、物品、玩具的，便是会友。

4月4日，展览会如期举行。大新公司四楼画廊人山人海，盛况空前。各阶层人民纷纷前来参观。30张水彩画一抢而空，最高的价格卖到了800美元。会上还义卖了许多张乐平亲笔签名的《三毛流浪记》的"三毛乐园"徽章，40多人当场表示愿意每月出资救助"三毛"，加入三毛乐园。

儿童福利工作不仅限于上海，中国福利基金会还与美国的战灾儿童义养会合作，通过30多个机构和团体的支援，在全国义养了5000个孩子。

湖南四个孤儿院由于国民党当局拒绝再拨款扶持，陷入困境，1200名孤儿即将被抛弃街头，四处流浪。

宋庆龄得知了这个消息，孤儿的命运牵动了她的心。她立即向全国发出救救这些孩子的呼吁。

著名京剧演员梅兰芳、程砚秋、马连良等立刻响应，他们毫不犹豫地伸出援助之手，组织义演，募集捐款。

由于他们的捐款，孤儿院得以继续开办，孤儿们生存下来了。

内战仍在烽火连天，国统区内物价飞涨，货币贬值，经济形势一差再差。人民在饥饿线上挣扎。许多作家、艺术家的生活也陷入了极端困难，饥饿、疾病和死亡纠缠着他们。中国的文艺之花在这困苦和灾难的岁月中快要凋谢。

作家、艺术家是社会的财富，他们的创作或表演，是伟大时代的号角，催人奋进的战鼓，揭露丑恶的匕首，刺破黑暗的投枪。艺术家的生活窘境也牵引了宋庆龄的心。中国福利基金会马不息蹄，又开始了援助贫困作家和艺术家的战斗。

上海作家有个"中外文艺联络社"。1947年4月该社得到了中国福利基金会的375万元捐赠款。

宋庆龄在中国福利基金会儿童福利站看望孩子们

中国木刻协会160多人从2月到5月从中国福利基金会领取了面粉、奶粉和棉衣。

叶圣陶和梅林负责的中华全国文艺协会也得到了中国福利基金救济的面粉、牛奶和棉衣。

……

中国学术工作者协会是由杜国庠、侯外庐领导的。中国学术工作者协会没有办公地点，通讯处就设在侯外庐在狄恩威的家里。一天，正陷入生活困顿的侯外庐突然收到了中国福利基金送来的救济物资。

这是宋庆龄亲自批示拨来的。物资直接送到了侯外庐家里。

中国福利基金会同时还送来了一封信，信中要求协会负责人把这些救济品分发给那些确有困难的学者们。

侯外庐看完信，立即找杜国庠商量分发对象，最后确定了邓初民、周谷成、翦伯赞等十几个生活确实困难的人。

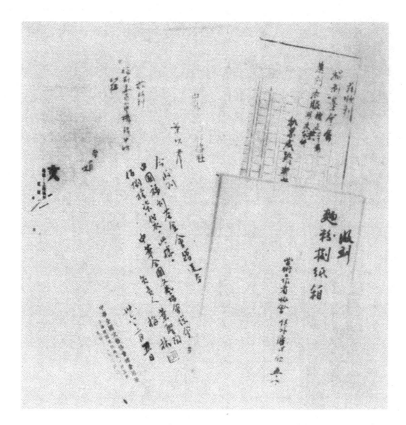

文艺界接受中国福利基金会捐助的部分收据

侯外庐和杜国庠拿着分发名单，又征求郭沫若的意见。然后，把救济品分发下去了。"孙夫人给我们送来救济物资来啦！"学者们奔走相告，捧着救济品激动万分。

为救济文艺家，宋庆龄领导中国福利基金会大力开展募捐活动。中秋之夜悄悄来临了，月光如水。坐落在陆家路的中央银行俱乐部张灯结彩，灯光辉煌。为筹募艺术界医疗救济金举办的中秋游园会正在这里举行。

中秋游园会的主持人是宋庆龄。

郭沫若、茅盾、柳亚子、许广平、叶圣陶等著名作家诗人，梅兰芳、周信芳、俞振飞等著名京剧演员，言慧珠、曹慧麟等评剧演员，白杨、赵丹、胡蝶、周璇等著名电影明星全来了。

整个游园会巨匠云集，盛况空前。

晚会一开始，梅兰芳、周信芳、言慧珠等纷纷登台献技，音乐厅歌舞一场接一场。餐厅中杯盘交错，热闹非凡。

宋庆龄坐在大厅里，被人们里三层，外三层围个水泄不通。她不停地为递过来的小本子，低头签上她光辉的名字。

白杨、赵丹、秦怡等在人群中穿梭，叫卖兜售着纪念章、幸运券。

今晚的一切活动：看戏、听歌、跳舞、进餐、签名、买纪念章……都付钱，进行募捐。

10点正，义卖开始，把游园会推向高潮。

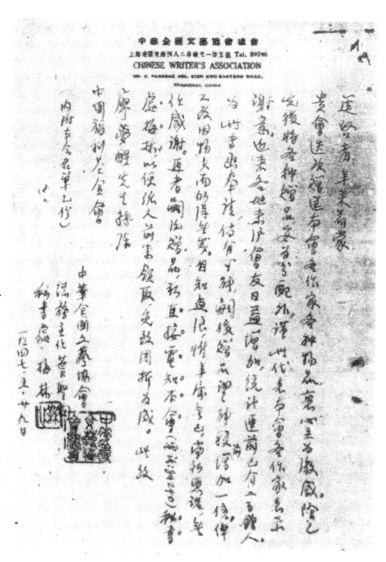

中华全国文艺协会致中国福利基金会的感谢信

大厅里，黄宗英主持唱卖，白杨、秦怡、舒绣文、袁雪芬、尹桂芬等名伶巨星当义务服务员。

第一件拍卖品是国父孙中山使用过的团扇，这是宋庆龄捐赠的。

竞卖价以 200 万元为起点。"500 万！"，"1000 万！"，"2000 万！"，"3000 万元！"……喝叫声把整个大厅的气氛烘托得既紧张又热烈。

最后以 6000 万元成交。

第二件竞卖品也是孙夫人捐赠的，是一只通心玉屏。喊价 300 万元起，最后以 2500 万元卖出。

接下来是宋庆龄签名的三本孙中山著的英文版《建国方略》，成交价为 1200 万元。

许广平也把鲁迅先生的皮面烫金著作捐献出来。成交价达到 1500 万元。

郭沫若、茅盾、柳亚子、叶圣陶、熊佛西捐赠了墨迹字画。

梅兰芳、周信芳的扇面，古元的木刻和石章都被一抢而空。

义卖的物品很多。西装革履的富商巨贾和那些珠光宝气的贵妇人纷纷解囊，慷慨援手。

整个晚会，为贫困的艺术家募集了1亿5千3百万元。

宋庆龄在内战当头为人民万般痛苦救困扶贫的时候，也没有忘记全国滚滚的内战火焰，她用关切的视光注视着战态的发展……

1947年解放战争的形势出现伟大的转折，共产党领导的人民解放军转入战略进攻。10月中国共产党发出了"打倒蒋介石，解放全中国"的伟大口号，革命势力排出倒海般向反动军队摧枯拉朽。

终局摊牌的时候越来越近了。国民党由于宋庆龄这个名字的分量，一次一次地试图拉拢她，得到她的支持，或者至少让她保持中立。宋庆龄的官职一升再升，1945年国民党重新推举她任中央执行委员会委员，第二年又提升为常务委员会委员，第三年又任命她为南京政府顾问。

为了挽救毁灭的命运，蒋介石又准备召开国民大会。声称要选举正副总统，国民党"还政于民"。1946年11月，蒋介石占领解放区张家口后，在美国特使马歇尔和司徒雷登的导演下召开了一手包办的国民大会，通过了伪宪法，使国民党法西斯统治合法化。结果遭到共产党和各民主党派的抵制。这次国民大会更是遇到各界人士的反对和抵制。他们无计可施。于是，利用宋庆龄的威望，企图争得人们的支持，频频散布谣言说："孙夫人在广州参加国大代表竞选。"

蒋介石"行宪国大"的闹剧使宋庆龄非常气愤。她主张的是成立民主联合政府的真民主而不是国民党一党专政的假民主。谣言一出，宋庆龄立即发表辟谣声明：

此种传闻完全不正确，我并无任何从事政治运动以参加政府的意图。此外，我想这种消息是从广州发出来的，而我在广州既不是"代表"，也不是正式居民。

国民党本想借助孙夫人的声望获得人心，结果弄巧成拙，被当头泼了一盆冷水，反而被人们唾弃。

当中国人民解放军转入全国规模的反攻后，蒋介石慌了手足，连续颁发"戡乱动员令"，撤销政治协商会议，宣布民主党派非法，更加疯狂地强化法西斯统治……

这种危情越来越深，人们愁云不展。这时，国民党内的民主派开始了团结自救……

早在蒋介石发动全面内战后不久，在上海的国民党民主派李济深等就打算筹建国民党革命委员会，从内部反对蒋介石的独裁统治。他们与宋庆龄商量。宋庆龄欣然同意，约请李济深在上海新雅酒家会面。

1947年2月，宋庆龄在英文秘书卢季卿及其丈夫祝世康的陪同下来到了新雅酒家赴约。见面时，李济深向宋庆龄讲述了准备将国民党民主派联合起来，筹建国民党革命委员会的设想和计划。宋庆龄听后，当即表示同意，愿作后盾，全力支持，并鼓励他多发挥作用。

见面后，李济深就赴香港，着手筹办组织国民党革命委员会的具体事宜。不久，宋庆龄得知国民党要派特务去香港暗杀李济深。她立刻派专人到香港找到李济深，通知他加以防范。

几乎是同时，在美国旧金山的冯玉祥，也主张建立一个国民党的革命组织，争取国民党内更多的进步同志到人民民主革命这边来。

这时中国劳动协会主席朱学范到欧洲参加了世界工联会议后，绕道到旧金山，看望冯玉祥。

冯玉祥和朱学范一起谈论国内形势，都认识到蒋介石倒行逆施已经失去人心，其灭亡是不可避免的。冯玉祥提出自己深思了很久的思想：必须成立一个国民党的革命组织，来进行自救。

冯玉祥的这个想法得到了朱学范的赞同。连夜，冯玉祥写了一封亲笔信，派朱学范到香港，找李济深、何香凝商讨。

这时，香港的三民主义同志联合会、中国国民党民主促进会和其他反蒋爱国力量也在酝酿重新组合，组成一个新的联合组织。大家看到冯玉祥的亲笔信很是振奋，立即行动起来了。

李济深在香港的活动进行得相当顺利。他串连了何香凝、彭泽民、柳亚子、陈铭枢、陈其瑗等。

但是，对于新组织的名称内部有较大的分歧。最后李济深以"中国和平与民主联盟"的名称，分别征询宋庆龄、冯玉祥的意见。宋庆龄从上海捎口信给何香凝，建议新组织的名称为"中国国民党董事会委员会"。在大家开会商议时，何香凝提出把该组织命名为"中国国民党革命委员会"，在这个组织前冠以"中国国民党"以团结更多的同志。这个提议得到了大家一致的赞同。但是她不知是出于对宋庆龄的安全考虑，还是宋庆龄有过叮嘱，她未说明在新组织前冠以"中国国民党"这是宋庆龄的意见。

当酝酿谁来担任主席时，大家都不约而同地想到了孙夫人宋庆龄。只有她当主席才能发挥中国国民党革命委员会的号召力和战斗力。

于是，何香凝、李济深写了《上孙夫人书》。

信中说：

我们应海内外大多数党内同志的要求，特发起于本年11月12日总理诞辰纪念日在香港开一党内民主派代表会议，讨论本党新生与实现国内民主和平问题。我们以夫人20年来一贯之主张为主张……夫人为总理遗志的继承人，负有完成总理救国救民伟大事业的任务，所以我们深切盼望夫人即命驾南来，主持中央，领导人们，内以慰全国人民暨各民主党派民主人士的渴望，外以争取英美等的同情。

彭泽民、柳亚子、李章达、陈其瑗等人附名于后。

这时，中国福利基金会的俞志英来港，朱学范托她把《上孙夫人书》密信带到上海，面交宋庆龄。

俞志英向宋庆龄详细介绍了李济深等人在香港的活动情况。宋听后，感到很兴奋，表示非常赞同李济深等人的计划。但是，对于请她担任领导人这个问题，她以一个政治家的眼光来看，有自己的想法。

她觉得自己在国民党统治的心脏地带工作，如果公开参加反蒋组织，将对中国福利基金会和其他反蒋斗争会大为不利，不如以"孙夫人"的身份更好些。宋庆龄把自己的这一想法征求中国共产党的意见，共产党也认为宋庆龄此举是完全正确的，表示尊重她个人的意见。

中共香港地下党负责人章汉夫，把宋庆龄的想法转告了俞志英。

何香凝、李济深等人听到这一活动得到了共产党的支持都很兴奋。宋庆龄的思想同中国革命的核心力量中国共产党息息相关，大家对宋庆龄的深谋远虑非常钦佩。

11月12日，中国国民党民主派联合代表大会在香港正式开幕。

李济深、何香凝、蔡廷锴、朱蕴山、朱学范、梅龚彬、彭泽民、柳亚子、陈其瑗、陈此生等68人出席大会。宋庆龄在上海这个特殊的环境中行动不便，没有前来。

大会选举了宋庆龄、李济深、冯玉祥、何香凝等12人为主席团成员，宋庆龄为总主席，李济深为副总主席。国民党各民主派开始了大联合。

12月25日，大会继续进行。

全国各地国民党内民主派40多人与会。大会通过了宣言、行动纲领、告同志书、组织总章等文件。大会发表《宣言》，《宣言》说：

谨于中华民国三十七年一月一日正式成立中国国民党革命委员会，脱离蒋介石劫持下的反动中央，集中党内忠于革命之同志，为实现革命的三民主义而奋斗，并发布行动纲领，愿与全国各民主党派、民主人士携手并进，彻底铲除革命障碍，建立独立、民主、幸福之新中国。

1948年1月11日，中国国民党革命委员会正式宣告成立，推举李济深为主席，宋庆龄为名誉主席。革命的国民党派与蒋介石把持的国民党反动派彻底划清界线，分道扬镳了。

随着解放战争的胜利进军，5月1日，中国共产党在发出"纪念五一劳动节"口号中，提出了各民主党派、各人民团体、各社会贤达迅速召开政治协商会议，成立民主联合政府的号召，得到各民主党派等的热烈响应，他们纷纷从全国各地和国外奔赴解放区。1948年春夏之交，中国福利基金会迁到了霞飞路990弄虹桥肺病疗养院前办公。

迁址以后，中国福利基金会加大了对解放区国际和平医院的援助。8个解放区建立了8个国际和平医院，42个分院，几十支医疗队巡回在各地。同时解放区还成立了几个制药厂，能够生产化学合成药品。

在援助解放区的同时，宋庆龄也抓紧了对儿童福利的救济工作。6月3日，上海华懋公寓热闹非凡。宋庆龄为中国儿童筹集防痨基金而举行义卖会。

大厅里，摆满了名人书画、各式古装、骨刻、古董、瓷器、玩具等等，琳琅满目。

楼层里还开了餐厅，出售各种名贵茶点、法式大菜。

许多国际友人受宋庆龄的邀请而来，为义卖会助威。

晚上9点半，拍卖典礼开始。拍卖的物品有古画、石刻寿翁佛像、玉器古玩等等。这些东西都是各界人士捐献的，共达3000余件，宋庆龄也捐献了孙中山的遗著6册。

购买者非常踊跃。餐厅的会客吃得肚满肠肥，纷纷慷慨解囊。别开生面的义卖会办得非常成功。

在宋庆龄火热地进行救济工作时，解放战争以迅雷不及掩耳之势摧枯拉朽地向前发展，蒋介石的几百万军队一日一日减少。蒋介石的小朝廷面临着灭亡的危险。为了讨好宋庆龄和宋氏家族，蒋介石亲自下了一道手谕，把霞飞路一座花园别墅拨给了宋庆龄。

这原是一位希腊船长建造的。整幢房的造型就像一艘轮船。由天窗辟成的阁楼像桅杆上的烟囱，栏杆就像船弦一般，阳台就好像是甲板，东西两头下坡像船头和船尾，四周的墙壁呈海洋色，白色中带着极淡的蓝色。

整栋建筑，就酷似一艘航行在碧流清波中破浪前进的巨轮。

宋庆龄从从前的那套小矮房中终于搬出来了，结束了狭窄的生活，心情也好像宽松了许多……

和宋庆龄的心情一样，人民解放战争也以轻松的状态前进。岁末年初，中国人民解放军势如破竹，取得了辽沈、淮海、平津三大战役的胜利。南京政府一片混乱，国民党政权风雨飘摇，危危欲坠……中国革命的航船劈波斩浪，正驶向胜利的彼岸。

1949 年元旦蒋介石被迫发表求和声明，说："只望和平果能实现，则个人进退出处，绝不萦怀，而一惟国民的公意是从。"他企图以"引退"求和，挽回劣势。

而在同一日，新华社发表毛泽东的新年献辞。在新年献辞中，毛泽东发出了"将革命进行到底"的伟大号召，人民解放军开始饮马长江，直逼金陵城下。

蒋介石正准备引退，李宗仁还没出任代总统。上海一些小报刊登消息："宋庆龄要出山了。"

在南京政权即将覆灭，人民即当胜利之际，谣传宋庆龄行将出山，逆历史潮流扶撑蒋介石独裁专制政权的危局。宋庆龄非常愤慨。她立即指示廖梦醒起草发表声明辟谣。

1949 年 1 月 11 日，上海《字林西报》发表了《中国福利基金会声明》。《声明》说：

孙中山夫人今天宣布：关于她政府中就职或担任职责的一些传说是毫无根据的。孙夫人进一步声明，她正在以全部时间和精力致力于中国福利会的救济工作。她是这个中国福利机构的创始人和主席。

14 日，毛泽东代表中共中央发表《关于时局的声明》，提出了惩办战犯、废除伪宪法等八项和谈条件，给蒋介石假和谈以致命打击。七天之以后，蒋介石被迫发表"引退"文告，宣告由代总统李宗仁代行总统职权。

当天下午，蒋介石匆匆拜谒中山陵后，于 4 时 30 分在大校机场，登上"美龄号"专机离开了南京，前往老家浙江奉化。

尽管几天前，宋庆龄发表了声明，宣布关于她在政府中任职的传说是毫无根据的。但是，李宗仁仍不死心。他上任的当天，就郑重其事地委派他的私人代表甘介侯持他的亲笔信到上海，访晤宋庆龄。

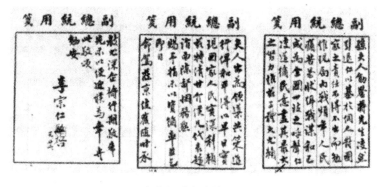

李宗仁致宋庆龄的函

信中说：

蒋先生凌然引退，仁以基于个人对国家之责任，不得不出而勉维现局。

……尤赖夫人出为领导，共策进行，俾和平得以早日实现，国家人民实深利赖。

甘介侯力促宋庆龄命驾莅京，李宗仁的盛邀遭到宋庆龄的断然拒绝。宋庆龄知道，李宗仁上台不过是旧瓶贴新商标，实权仍操在蒋介石之手，救国救民的真正希望不是在于其他人，而是在于共产党的身上。

第十六章 缔造新中国

　　中国人民经过长期艰苦的流血牺牲，实现孙中山的理想，获得了胜利。宋庆龄站在天安门城楼上，看看鲜艳的五星红旗缓缓升起，心潮起伏，眼里闪着晶莹的泪花。从这一天起，中国人民跨过了一个世纪的门槛走向了未来。

李宗仁

李宗仁上台时，中国人民解放军百万雄师已经陈兵江左，准备跨越天堑，横渡长江……

面对中国人民解放军咄咄逼人的攻势，李宗仁又抛出了假和谈的阴谋。蒋介石在奉化溪口，引而不退，命亲信汤恩伯指挥25个军45万人固守京沪杭地区，企图负隅顽抗，垂死挣扎。在上海，反动当局大肆搜捕共产党和爱国进步人士。报上连篇累牍地刊登枪毙共产党要犯的消息，腥风血雨又一时笼罩着阴冷的上海，白色恐怖之中到处风声鹤唳。

在险恶的环境中，宋庆龄的处境也越来越危险，她也不得不经常变换住处。

这时，远在西北的毛泽东、周恩来对宋庆龄的安全非常关注。1月9日，他们联名给宋庆龄发出了一电，电文是：

庆龄先生：

中国革命胜利的形势已使反动派濒临死亡的末日，沪上环境如何，至所系念。新的政治协商会议将在华北举行，中国人民革命历尽艰辛，中山先生遗志迄今始告实现，至祈先生命驾北来，参加此一人民历史伟大事业，并对如何建设新中国予以指导。至于如何由沪北上，已告梦醒与汉年、仲华切商，总期以安全为第一。

谨电致意。期盼回音。

毛泽东　周恩来
子皓

电报先是发给中共中央华南局。华南局负责人方方、潘汉年、刘晓接到批示后，立即认真研究保护宋庆龄和护送她北上的行动方案。

周恩来对这次行动作了批示："第一，必须秘密，而且不能冒失。第二，必须孙夫人完全同意，不能稍涉勉强，如有危险，宁可不动。"

周密考虑之后，华南局决定派智勇双全的中共地下尖兵华克之去上海。先把宋庆龄接到香港，然后同何香凝一起北上。华克之临行前，潘汉年又把周恩来的批示向他强调了一遍，仔细交代了行动的各个细节。

第二天，华克之乔扮成一个大商人，混上一艘香港开往青岛的外国客轮。经三天三夜的颠沛航行，到达了上海。

华克之到达上海，先按照潘汉年的地址找到了宋庆龄的秘书柳无垢，告诉了他自己来的目的和任务。

华克之告别了柳无垢后，开始筹划护送宋庆龄离沪赴港事宜，一边等待宋庆龄的指示。

几天后，他准备就绪了。再去找柳无垢，柳无垢拿出了宋庆龄的亲笔复函：

接获大札，敬悉伟大的主席和全党同志对我的关注，至为感激。经长时间的考虑，确认一动不如一静。我将在上海迎接解放，和诸公见面。根据我的预计，蒋介石是无可奈何我的，请勿念。

就这样，宋庆龄仍留在上海了。

但是，由于战火迫近，上海的风声越来越紧。蒋介石的法西斯白色恐怖也越来越猖獗，杀害革命志士的枪声战此落彼起。

"七君子"之一的史良，这时也坚持留守在上海。不久，她也受到了追捕。像逃避魔鬼一样，她只好东躲西藏了。

一天，上海国民党警备司令部突然出动三辆卡车和吉普车，20多名武装特务将她家团团包围。幸亏她已躲往别处了。特务们扑了空。于是他们把她全家所有的人都抓了起来，连女佣和厨师也被抓去坐牢了。

特务们对她家中的人员轮流用刑，惨叫之声使很远的街邻都听得见。后来特务们得知史良姑父家地址，把她姑父母也逮捕了。

垂死挣扎的国民党像一条疯狗一样已经发狂了。许多不愿离开大陆的国民党党国要人被劫持到台湾，许多人的家属做了人质。整个上海人心惶惶，杀气腾腾。宋庆龄的秘书廖梦醒也被列入了国民党特务的黑名单。宋庆龄得知，立即请外国朋友出面帮助，买了一张船票，把她送往了香港。

宋庆龄也是国民党的劫持对象之一。尽管她被迫经常秘密地转换住处，但是，大厦将倾，蒋介石一时还不敢对她动手。宋庆龄仍然大无畏地领导着中国福利基金会这艘巨舰顶着反革命的逆流，破浪前进。

宋庆龄处境危险但仍然关心着中国福利基金会、儿童福利站和儿童剧团人员的安全，秘密为他们安排稳妥可靠的住处，提出应变的措施。同时她把不少中国福利基金会的工作人员输送到上海地下党组织，参加迎接上海解放的准备工作。

这时，宋庆龄又从联合国救济总署为中国解放区救济总会争取了药械、大米、奶粉等300吨的物资。

物资运到了上海。但是革命形势发展很快，人民解放军与汤恩伯的部队已经零星打响了战斗。国民党军队的防御区纵深几十里，这批物资已经运不出上海了。

宋庆龄马上派赵天佑找到赵朴初，商量抢运工作，以免攻城时毁坏丢失。

在赵朴初的帮助下，中国福利基金会开始了紧张有序的抢运。十几辆卡车日夜不夜地装运，两个星期才运完。

大米、奶粉等堆放在上海的各寺院和庵堂，医药器材存放在中国福利基金会的特租仓库。这批巨大的物资后来成为了上海临时救济会的基础，对上海克服解放初期的混乱和困难起了不少作用。

上海临近了解放。蒋介石指示中国银行把50万盎司的金银秘密偷运到了台湾。同国民党撤退时转移国家资财做斗争，也成了宋庆龄和中国福利基金会的一个首要任务。一天，宋庆龄找到赵天佑，要他保管十几条黄金。

这是中国福利基会多年积蓄起来的财产。为防止国民党败退时发生混乱，宋庆龄决定将黄金转移到安全的地方。她慎重地说："天佑，这是会里的一部分资金，请你负责拿去保存，要绝对保密，千万不可走漏风声。"

然后，宋庆龄亲手把这批黄金交给赵天佑。

　　这批黄金，先是存放在赵天佑家里，然后，他转移到了安全地方，出色地完成了宋庆龄的重托。

　　在宋庆龄等准备迎接黎明时，国共和谈破裂。4 月 21 日，中国人民革命军事委员会主席毛泽东、中国人民解放军总司令朱德向人民解放军发布了进军的命令：

　　奋勇前进，坚决、彻底、干净、全部地歼灭中国境内一切敢于抵抗的国民党反动派，解放全国人民，保卫中国领土主权的独立和完整！

　　中国人民解放军百万雄师强渡长江，突破国民党苦心经管 3 个月的千里江防。23 日，南京解放，蒋介石南京政权土崩瓦解。

　　人民解放军乘胜前进，5 月 28 日攻占上海。百年来"冒险家的乐园"回到了人民的手中，上海人民获得了解放。宋庆龄领导的上海人民走向街头，儿童剧团也加入了欢庆解放的狂潮。

　　负责指挥上海战役的陈毅也进城了。他一到上海，立即派人找到地下党，打听宋庆龄的下落。

　　上海地下党组织派人把宋庆龄接到了安全地方，陈毅派出部队在她的住处警卫。

　　上海解放了。第二天，躲在上海的史良就立刻到宋庆龄的住处看望她。

　　两人别后重逢，分外高兴。宋庆龄拉着史良的手说："解放了就好了。国民党的失败，是我意料之中的，因为它敌视人民，反对人民，压迫人民；共产党取得胜利是必然的，因为它代表人民，爱护人民，为人民谋福利。"

　　宋庆龄和史良热情欢呼上海的解放，话语滔滔不绝。喜悦之情布满了脸上。

　　宋庆龄抑制不住兴奋，对英文秘书卢季卿说："现在全国人民在共产党的领导下翻身了，整个民族有了光明的前途。"

　　史良走后，赵朴初也来到了宋庆龄寓所向她慰问和祝贺。宋庆龄微笑地把一条小红玫瑰插在赵的西装衣领上。她的激动和欢欣溢于言表了。

　　接着，陈毅市长和潘汉年副市长亲自拜访了宋庆龄，向她致意。他们征求了她对接管上海的意见。

　　不久，宋庆龄和史良一起出席了陈毅司令员举行的茶会。

　　南京、上海解放后，国民党大势已去，全国胜利在望。早一年冬天，中共中央代表就与各民主派人士在哈尔滨对成立新政治协商会议等问题进行了讨论，取得了共识。现在共产党和各民主党派积极筹备召开新的政治协商会议。

　　6 月 19 日，毛泽东亲自写了信给宋庆龄，邀请她北上，参加新政治协商会议。

　　毛泽东的信是：

　　庆龄先生：

　　重庆违教，忽近四年。仰望之诚，与日俱积。兹者全国革命胜利在即，建设大计，亟待商筹，特派邓颖超同志趋前致候，专诚欢迎先生北上。敬希命驾莅平，以便就近请教，至祈勿却为盼！

专此，敬颂

　　大安！

毛泽东
一九四九年六月十九日

6 月 21 日，周恩来接着也给宋庆龄写了来信：

庆龄先生：

沪滨告别，瞬近三年，每当蒋贼肆虐之际，辄以先生安全为念。今幸解放迅速，先生从此永脱险境，诚人民之大喜，私心亦为之大慰。现全国胜利在即，新中国建设有待于先生指教者正多，敢藉颖超专诚迎迓之便，谨陈渴望先生北上之情。敬希早日命驾，实为至幸。

颛上，敬颂

大安！

周恩来

一九四九年六月二十一日

中共中央候补委员、全国妇女联合会副主席邓颖超持毛泽东、周恩来的亲笔信，前往上海。

这时，何香凝已由香港到达了北平。邓颖超行前与何香凝、蔡畅、李德全、许广平等联名致电了宋庆龄，表示敬意。

邓颖超到达上海后，陪同来沪的廖梦醒先去看望宋庆龄，廖梦醒说明了来意。

一提起北平，宋庆龄的感情深深地沉浸在对孙中山的思念之中。她说："北平是我最伤心的地方，我怕到那里去。"

往事历历在目，宋庆龄仍怕触景生情。

邓颖超来拜访她，把周恩来的亲笔信交给了她。邓颖超和廖梦醒与她恳谈，宋庆龄终于答应北上。

6 月 30 日晚上，中共中央华东局、中共上海市委在上海逸园饭店隆重举行庆祝中国共产党诞辰 28 周年大会。

宋庆龄和上海各民主党派人士都被邀请了。

当宋庆龄到达逸园饭店时，陈毅将军亲自在门口迎接。今天她穿着黑底白色的短袖旗袍，端庄俊秀。邓颖超和廖梦醒陪同她走进会场。

大会开始，首先由陈毅致词。

他讲完话后，立刻宣布："请孙夫人宋庆龄同志讲话！"

宋庆龄今天是带病而来的，身体不适。邓颖超代她上台宣读她写好的祝词《向中国共产党致敬》：

这是中国人民生活中的一个最伟大的时期，我们的完全胜利已在眼前，向人民力量致敬！

……

这是我们祖国的新光明。自由诞生了。它的光辉照耀到反动势力所笼罩的每一个角落。向人民的自由致敬！

……

这是胜利的高潮，荡漾到每个口岸。各国人民运动风起云涌。把我们的力量和他们合在一起，加强这勇敢的战斗。向全世界民主斗争中的同志致敬！

……

是的，这是一个最伟大的时期是中国人民革命斗争的里程碑。我们解脱了帝国主义

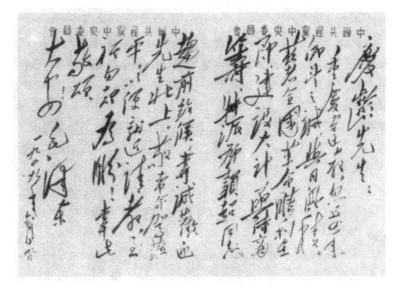

毛泽东的亲笔邀请信

宋庆龄由邓颖超（右一）、廖梦醒（右三）陪同出席庆祝大会

和殖民统治的束缚。我们铲除了封建制度。人民正走向新的，更光辉的高峰。敬礼，中国人民革命斗争胜利万岁！

......

欢迎我们的领导者这诞生在上海，生长在江西的丛山里，在二万五千里长征的艰难困苦的路途上百炼成钢，在农村的泥土里成熟的领导者，向中国共产党致敬！

宋庆龄和与会的同志坐在一起，听着邓颖超朗读她诗一般的祝词，脸上露着微笑。而全场却都为渗透着对共产党对人民深挚感情的美文所倾倒。掌声阵阵响起。

邓颖超读完后，接着工人代表、农民代表上台讲话，盛赞上海的解放。

到会的人们喜气洋洋，满脸春风，每个人的心头都被胜利的喜悦所充溢着。

之后，爱国民主人士黄炎培、陈叔通、盛丕华、吴有训等也在会上发表了拥护共产党领导的热情洋溢的讲话。

在这次盛会上，部队的同志纷纷向宋庆龄致敬，感谢她多年来对人民解放战争的支援。宋庆龄意想不到地见到了陈赓。俩人从1933年上海监牢一别，已经16年了。

故人相逢，宋庆龄和陈赓分外高兴。陈赓从一个孙中山的小卫士，十几年成为身经百战的解放军高级将领，宋庆龄感到无比的欣慰；陈赓回想起过去残酷斗争的岁月里，宋庆龄屡次对他的关怀、爱护和营救，也由衷地感激宋庆龄对自己的恩情。

大会在欢声笑语中结束了，陈毅、黄炎培、陈叔通等纷纷与宋庆龄握手告别。

不久，宋庆龄特意在家设宴招待陈赓，陈赓向宋庆龄详细地介绍了他的部队的作战情况。

7月6日，上海百万人涌上街头，举行联合大示威，纪念"七七"卢沟桥事变12周年，欢庆上海解放。

游行开始时，人民解放军第3野战军的3个步兵师，11个特种兵团，接受陈毅、饶漱石、粟裕三位将军的检阅。民主党派领导人和爱国进步人士陈叔通、黄炎培、许广平、盛丕华等一起登上检阅台，检阅了盛大的游行队伍。

7月7日晚上，南京路光明大戏院举行纪念大会。

大会推举了宋庆龄、颜惠庆、黄炎培、陈叔通、陈毅、饶漱石、粟裕等22人为大会主席团。

宋庆龄由于身体不适，没有参加前一日的游行检阅。今天她抱病前来与会了。在全场热烈的掌声中，宋庆龄率领主席团成员登上主席台就座。首先，全场起立，为12年来为国光荣牺牲的烈士默哀3分钟。

接着，宋庆龄扶病登台，发表演讲。

在演讲中，她高兴地说："在我们悠久的历史上。我们第一次有真正的人民军队，在他们的后面是我们全体人民的力量。"

她的演讲题目是《帝国主义，滚开吧！否则将与反动派同归于尽》，她铿锵有力地警告帝国主义，说：

"我们为了民族独立与自由所进行的英勇斗争和取得的胜利，已经动摇了帝国主义在中国、亚洲统治的基础，他们的势力在崩溃中，因此，我们向企图阻止我们巨大的民主浪潮的帝国主义提出严重的警告，我们向狂妄地制造国际战争烟幕，并且威胁人民民主力量的和平愿望的反动派提出严重警告，滚开吧！否则你们将与反动派同归于尽。"

她的声音传播到了世界各地，企图干涉中国内政的国外反动势力胆战心惊。

8月26日，宋庆龄在邓颖超、廖梦醒以及上海军管会的管易文陪同下，从上海乘火车前往北平，参加即将召开的新的人民政治协商会议，商讨建国大计。

28日，宋庆龄一行人抵达北平。

在火车站，毛泽东、朱德、周恩来、林伯渠、董必武、李济深、何香凝、沈钧儒、郭沫若、柳亚子、廖承志等50多人前来迎接。

宋庆龄下车后，中央儿童保育院的孩子向她敬献了鲜花。

当天晚上，由毛泽东、朱德主持，在中南海为她举行了盛大的欢迎宴会。

9月21日，北平碧空如洗，到处鲜花灿烂。中国人民政治协商会议隆重开幕了。

宋庆龄到达北京

毛泽东、刘少奇等在北京火车站

　　宋庆龄作为特邀代表参加了大会。

　　在新的政治协商会议上，宋庆龄和毛泽东、周恩来、朱德等89人当选为大会主席团。宋庆龄还当选为主席团常务委员，参与了领导这次举世瞩目的大会。

　　在人民政协的讲坛上，她发表了热情洋溢的讲话，她说：

　　"今天，中国是一个巨大的动力，中国人民在前进，在革命的动力中前进。这是一个历史的跃进，一个建设的动力，一个新中国的诞生！我们达到今天的历史地位，是由于中国共产党的领导。这是惟一拥有人民大众力量的政党。孙中山的民族、民权、民生三大主义的胜利实现，因此得到了最可靠的保证。"

　　在讲到中国革命胜利的世界意义时，她进一步发挥了37年前为辛亥革命写的《二十世纪的最伟大的事件》中的思想。她指出：

"在国际阵线上，这人民胜利的进军又是什么意义呢？中国人民的成就，已经把整个世界的形势改变了。

"中国人民大众大革命斗争中已经和世界各人民政府及人民力量完全结合在一起了。这种人民力量的结合已经改变了历史的均衡。这是以工人、农民和知识分子为主体的世界亿万人民的伟大的力量。"

最后，宋庆龄号召：

"让我们现在就着手工作，建立一个独立、民主、和平与富强的新中国，和全世界的人民联合起来，实现世界的持久和平！"

在大会上，宋庆龄和与会代表一起举手通过了起临时宪法作用的《共同纲领》，通过了国旗、国徽和国都所在地等重要决议，为新中国诞生作了必要的准备。在新通过的国徽上，1942 年周恩来、董必武、冯玉祥在重庆宋庆龄寓所炉边谈话时把两株黄灿灿的禾穗画到新中国的国徽上的愿望实现了。

在中南海勤政殿举行的中央人民政府委员会第一会议上
右起：刘少奇、李济深、张澜、毛泽东、宋庆龄、朱德

9 月 30 日，毛泽东当选为中央人民政府主席，宋庆龄、朱德、刘少奇、李济深、张澜、高岗为副主席。

10 月 1 日，中华人民共和国中央人民政府正式成立。

下午 2 时，宋庆龄激动和兴奋地主持了中央人民政府委员会第一次会议，与政府主席、副主席一起宣布就职。

3 时，宋庆龄和其他国家领导人一起登上天安门，参加开国大典。

万炮齐鸣，毛泽东在雄壮的国歌声中，升起了第一面五星红旗。中国历史从此翻开了新篇章。

中国人民经过 100 多年的流血牺牲，实现孙中山的理想，获得了胜利。宋庆龄站在天安门城楼上，看着鲜艳的五星红旗缓缓升起，心潮起伏，眼里闪着晶莹的泪花。从这一天起，中国人民跨过了一个世纪的门槛走向了未来。

新中国成立第二天是国际和平斗争日。4 月 20 日第一届世界保卫和平大会选出世

宋庆龄在中国人民政治协商会议第一届全体会义上发言

界和平大会常设委员会。这是世界和平运动统一领导机构。7月29日，委员会决定每年10月2日为"国际和平斗争日"。中国人民历来爱好和平，反对战争，立即响应了。10月2日，中国保卫世界和平大会在北京召开了。宋庆龄在世界和平运动中有崇高威望，开国大典之后她参加大会主席团，领导了这次和平集会。大会上成立了世界保卫和平大会中国分会。

由于人民共和国的诞生，北京的整个空气都荡漾着喜悦和欢乐的因子。每个人离开这里以后，都带了决心，去献出一份力量来保证中华人民共和国的成功。宋庆龄参加开国大典后，带着这样的心情离开了北京，回到了上海。

第十七章 新的征程

宋庆龄在参与国务活动中，毛泽东、周恩来、刘少奇等领导人也经常就国内、国际上重大问题和她交换意见，或书信来往，政治上推心置腹，亲密无间。

新中国成立后，历史翻开了崭新一页。这一年宋庆龄已经56岁了。但是，人民胜利的喜悦充溢宋庆龄的心灵，她像年轻人一样以极大的热情投入缔造新中国的伟大事业。

　　蒋介石走后，战火曾使国家和民族伤痕累累，留给新中国一个烂摊子，百废待兴。对于一个国家领导人来说，面临着大量的新事物，要去熟悉和认识，有许许多多的新问题需要去解决。宋庆龄深深感受到了人民重托的分量。严峻的国内外形势单靠过去的经验是远远不够的。于是，她开始加紧学习，同时到农村、工厂和部队进行视察，了解情况……

　　在参与国务活动中，毛泽东、周恩来、刘少奇等领导人也经常就国内、国际上重大问题和宋庆龄交换意见，或书信来往，政治上推心置腹，亲密无间。10月5日，中苏友好协会成立了。原来准备由宋庆龄担任会长。毛泽东、周恩来考虑到中苏两党关系复杂，怕她难处，安排她担任第一副会长，刘少奇任会长。宋庆龄继承孙中山主张中苏友好的传统，满腔热情地建造着中苏友谊大厦。

　　11月，美苏友好协会全国委员会主席约翰·金斯贝莱来电宋庆龄，邀请她参加12月5日在纽约举行的保卫和平大会年会，电文说：

　　"我们将动员全国人民，要求禁用原子弹，停止冷战，呼吁为和平与安全所必须的国际合作。你如能以新中国人民的名义莅会演讲，对这个被公认在我们国内和国际都有重大影响的盛举，必将增加无限的力量。请你考虑我们友好而迫切的邀请，美国人民将竭诚欢迎你的来临。我们为你的旅行准备一切。"

　　宋庆龄是世界和平的积极倡导者。但是，国内繁重的国务工作使她难以分身。满腔热情的她不愿放弃新中国恢复与建设的每一步工作。

　　她十分抱歉地复函给约翰·金斯贝莱，繁重的国内工作和她的身体状况使她不能应邀前往纽约。信中她热情地祝愿大会成功。

　　12月11日，她出席了亚洲妇女代表会议，并在会上发表讲话。同月，她被选举为中华全国妇女联合会名誉主席。

　　新中国刚刚成立，宋庆龄除参加国务活动外，还继续领导她一直负责的救济工作。

　　1950年春夏，宋庆龄在北京主持召开了中国救济代表会议。

　　救济福利工作是国家职能中的一个重要部分，它们关系到全体人民的利益。中国救济代表会议总结了中国福利基金会工作，制定了不同于西方社会的新民主主义自救自助工作原则。

　　在会议上中国人民救济总会宣告成立，宋庆龄被推选为总会执行委员会主席。

　　新中国成立伊始，国外反动势力在美国的带动下，对新中国政治上实行包围，经济上实行封锁，军事上进行威胁，企图把新生的人民中国扼杀在摇篮之中，在这种形势下，福利救济工作显得更加重要了。

　　8月，宋庆龄适应时代的需要，宣布把中国福利基金会更名为"中国福利会"。它的任务由支援中国人民的解放事业，改变为发展中国人民的福利事业，主要从事妇女儿童的福利事业。

　　她继续担任中国福利会的主席，为新中国的福利事业奉献心血，在妇幼保健和少年儿童教育方面进行实验性、示范性的工作。

中华人民共和国中内人民政府副主席宋庆龄

1950年10月，美国组织所谓的联合国军，干涉朝鲜内政，准备把战火烧到我国鸭绿江边。宋庆龄和林伯渠前往东北考察。

这时，林伯渠已是中央人民政府秘书长。宋庆龄和他由朱明、廖梦醒、沈粹缜、罗叔章等陪同下，深入工厂、农村、部队。

宋庆龄亲自视察了东北的边防。人民解放军斗志旺盛，边防建设如火如荼。宋庆龄高兴地对随行的人员说："我们开国不久，就能把遭受敌人蹂躏的破烂摊子，很快地恢复和整顿，还能抗美援朝，这样的事应当大力宣传。"

她不辞疲劳地视察了鞍山钢铁厂、长春市郊、黑龙江双城县农村。每到一处她都认真听汇报，细心地作着记录。

这时，寒冬已经来临，大家劝宋庆龄早点回京。但她坚持走遍了东北三省。

回来的时候，天寒地冻，大雪纷飞。宋庆龄又兴致勃勃地坚持去秦皇岛视察。

来到秦皇岛码头，宋庆龄站在船舷上眺望。这座北方大港曾是孙中山《建国大纲》谋划的蓝图。码头上人们热火朝天地工作，港湾中船只航行，一派欣欣向荣的景象。宋

宋庆龄视察长春市郊区时和农民合影

庆龄深深地感受到新中国建设起步的步伐声，激动地畅想祖国社会主义建设的宏图……

离开秦皇岛后，宋庆龄怀着对新中国建设无比的信心，满怀豪情地开始了工作的新征程。

11月23日，在华沙召开第二届世界保卫和平大会，她被选为世界保卫和平理事会理事。世界民主和平一直牵动着宋庆龄的心。

这时，日本吉田内阁与美国勾结策划了"松川事件"。这一事件的爆发，是日本陷害共产党的一大阴谋。民主受到践踏。

福岛地方法院裁判所判处日本国营铁路工会福岛分会委员长铃木信等5人无期徒刑。法西斯的苗头若隐若现。这一行为激起了日本人民的愤怒，发起了要求释放被捕工人的运动。

宋庆龄对于孙中山曾经侨居的日本怀着深情。她闻讯后，立即致函日本劳农救援会表示同情，对日本政府迫害工人的行动表示抗议，她在电函中指出：

你们英勇的反压迫的斗争，并非孤立无援，而是有中国和世界劳动人民作后盾。

接着，她又以中国人民救济总会的名义援助"松川事件"无辜受害者及家属10000元美金。这股反共逆潮起源于美国。在此之前美国当局对国内进步人士进行迫害，6月30日，宋庆龄曾致电美国民权保障大会主席威廉·巴特生。她在电文中说：

中国人民与全世界千百万和平战士，对于美国反动派囚禁美国进步领袖，摧残人权，并推行战争政策，表示抗议。

儿童工作是缔造未来的工作，是人类和平的希望。这项工作一直是宋庆龄工作的重心。1951年国际儿童节来临了，为了扩大对儿童的宣传教育，在宋庆龄的关怀下，《儿童时代》1950年4月创刊了。同年6月1日是新中国成立后第一个儿童节，她欣然为《人民日报》题词：

我们要使他们得到温暖的保育，养成健全的体格，成为革命的主力军，肩负建设新七国的伟大任务。

1951年的儿童节到来时，国际上，美国等帝国主义又发出了战争叫嚣，保卫和平成为全人类又一共同的主题。宋庆龄为儿童节的题词是：

保卫和平！保卫儿童！

这时，朝鲜战场已是烽烟弥漫，宋庆龄坚定地抨击美国干涉朝鲜内政。针对帝国主义侵略集团的嚣张气焰，在世界和平受到严重威胁的时候，宋庆龄提出了一个著名的论断：

战争是可以避免的！

这个论断像一声惊雷在侵略者头上炸开，使战争贩子胆战心惊，刚刚开始组建的世界和平力量备受鼓舞。

6月1日，宋庆龄为世界和平理事会杂志《保卫和平》撰写了《论和平共处》一文，在文章中她向全世界人民大声疾呼：

今天国际的紧张局势沉沉地笼罩了我们，这种紧张的局势使世界上每一个人都感到了威胁。抢救这种局势的办法虽然提出很多，但只有一个值得考虑，那就是和平共处的建议。

认清各种制度之间，确实存在着龃龉，并进一步看到这些龃龉不都是一下子可以解决得了的。但是有一项真诚的建议，即彼此相让。共同解决龃龉，趁战端未启，就先阻止了战争。

因此，和平共处的观念不是一个空洞的口号或策略……和平共处正是各阶层人民一致行动以争取世界安宁的一个号召。我们必须加强联合国初露的光明和希望。我们必须显示战争并非不能避免！

宋庆龄的思想和她的行动使她成为国际左翼和平运动的风云人物。9月，苏联把斯大林国际和平奖授予她。奖金为10万卢布。宋庆龄平生第一次获得如此巨额的资金。但是，她并不想揣入自己的口袋。收到资

宋庆龄1951年国庆节在天安门城楼

金汇款单时，她掏出笔，在上面亲笔批示："此款赠中国福利会作妇女福利事业之用。"

之后，中国福利会按照宋庆龄的意愿，以这笔资金为基础在上海创办了国际和平妇幼保健院。

11月，她又开始了视察活动，宋庆龄把到基层视察作为自己了解情况，倾听群众意见和呼声的重要途径。上次去东北，她这一次前往了华北地区。

在华北，她走村访户，来到了张家口市郊的老鸦庄，了解农民生产情况；参观了张家口市保育院；在大同亲切慰问煤矿工人；在北戴河空军机场与解放军亲切交谈……

视察回来后，她又接着出席了中国人民保卫儿童全国委员会成立大会。26日大会选举了她为主席。

此后，她一直担任这个委员会的主席。

1952年年初，宋庆龄创办了《中国建设》杂志，把新中国的真实情况介绍给全世

宋庆龄视察张家口

宋庆龄在北戴河同中国人民志愿军战斗英雄交谈

界人民，推进世界人民对新中国的了解和友谊。她亲自指导报刊的编辑工作，帮助出版。新中国的建设成就传到国外，世界人民耳目一新，交口称誉。但是，帝国主义闻讯胆战心惊，对新中国的建设恨之入骨，频频地威胁、破坏，甚至不惜发动战争，妄图毁灭奋进中的新中国。

新年一过，美国纠集15个仆从国一再破坏朝鲜停战谈判，对朝鲜城镇进行狂轰滥炸的同时，派飞机掠入我国东北，轰炸妇孺老幼，霸占台湾，强迫许多国家缔结侵略性军事协定，对中国发出战争叫嚣。同时，他们国内实行敌视新中国的"麦卡锡法"，对主张中美友好的人士进行残酷迫害……

宋庆龄知道后，无比愤怒，强烈抗议美国的行为。

曾经任保卫中国同盟上海分会的秘书美国人耿丽淑，因同情中国革命，回国后也受到麦卡锡分子的迫害。她被视为"赤色分子"，美国女青年会解除了她的职务。

耿丽淑尽管失了业，但是，仍然坚持自己的政治立场，在艰难困苦中顽强挣扎。

正在这时，她收到一封电报，上面写着：

立即回中国工作。

宋庆龄

耿丽淑收到电报，决定投向新中国的怀抱，立即启程来华。

此后，她一直居住在中国，担任中国福利会顾问职务。

宋庆龄的美籍日本朋友有吉幸治因为支持新中国的革命和建设，被当局被捕了。宋庆龄闻讯把自己一直珍藏的结婚时母亲赠送的刺绣礼服，送给有吉幸治的亲属，要他们把礼服变卖，营救幸治……

美国帝国主义的排华政策和侵略行径严重威胁世界和平。3月，宋庆龄、郭沫若、彭真、陈叔通、李四光、马寅初等发起召开亚洲及太平洋地区和平会议。

宋庆龄、郭沫若出席亚洲及太平洋区域和平会议

宋庆龄、郭沫若等的倡议，立即得到亚太地区广大爱好和平与正义人士的热烈响应和支持。37个国家的代表，在新中国的召唤和鼓舞下，有的穿越千山万水，长途跋涉来到中国，有的冲破国内反动势力重重阻碍而来，有的冒着失业和被捕危险而来，汇聚北京。

这是新中国第一次召开的规模巨大的国际会议。来自37个国家的正式代表344人，列席代表34人。宋庆龄被推选为大会执行主席。

10月2日，大会在热烈的掌声中开幕了。

宋庆龄作开幕词《动员起来！为亚洲、太平洋区域与全世界和平而斗争》，她说：

这次会议是一个伟大的，具有史诗意义的事件。它再一次充分证明人类是定能创造和平的。

这是在中国举行的第二次保卫和平的国际会议。1933年9月在上海召开的第一次保卫和平的国际会议远东反战大会，是在白色恐怖下进行，现在人们在新中国受到了上宾般的招待，给予了许多的方便，大家自由地表达心中的和平的愿望。美国代表依荷贝尔·密尔顿·塞尔奈夫人发言说：

"我们和大家一起要求：必须停止细菌战和对朝鲜和平乡村的轰炸。我们号召美国人民注意亚洲人民发出的呼声，要求把策动这些行为的人们当做战争罪犯来惩办。"

大会一致通过了《告全世界人民书》、《致联合国书》、朝鲜问题、民族独立问题、争取五大国缔造和平公约等 11 个决议案。亚太地区的和平之军达到了空前的争取和平的大团结。

大会闭幕后，根据决议又成立了亚洲及太平洋区域和平联络委员会，宋庆龄担任主席。世界和平事业在新中国露出了灿烂的曙光。

12 月 11 日，宋庆龄又作为中国代表团团长率领代表团前往维也纳，出席世界人民和平大会。1946 年 9 月，美国前总统罗斯福夫人安娜·埃莉斯曾电邀她和邓颖超参加纽约国际妇女大会，国民党政府拒绝发护照没有成行。现在宋庆龄作为新中国的和平使者出访欧洲。她感到格外的兴奋和自豪。

宋庆龄和代表团到达维也纳，受到了世界和平理事会和各国和平代表的热烈欢迎。第二天大会开幕。鉴于宋庆龄对世界和平事业的重大贡献，她和约里奥·居里一起当选为大会执行主席。

13 日上午，宋庆龄在大会上作《人民能够扭转局势》演讲。

她洪亮的声音一再博得全场热烈掌声。人们犹记得，三个月前美国为了挽救朝鲜战争失败的局面，竟然使用细菌武器而又抵赖时，宋庆龄愤而发表了《谴责美国使用细菌武器的罪行》和《<中国建设>致读者》的文章，号召全世界人民起来制裁这种违反人类道德和国际法律的滔天罪行。大家细心地倾听她的一词一句。

在发言中，她分析了世界形势正处在走向战争与毁灭，或走向和平与进步的三岔路口；她揭露美国政府用欺骗手段把美国人民的金钱和儿子用于战争，她向美国人民发出热烈而诚恳的呼吁：

我们希望美国人民对美国政府执行的战争政策、任意侵略别国人民的民族独立和国家主权的行动，能起来加以制止。……美国人民绝不是孤立的。他们应该经常记着，保卫和平斗争有全人类中绝大多数的人民作后盾。

在发言中，她还对巩固世界和平提出宝贵的建议：要求停止一切现有的战争，特别是朝鲜、越南与马来亚的战争；要求停止一切战争准备，立即切实地裁减军备，把金钱和物质用于人民福利；要求缔结五大国和平公约，要求一国不得干涉他国的内政，不侵犯他国的领土等。

这次大会巨大地推动了世界人民反对侵略保卫和平的斗争。在维也纳，她又参加了国际妇联理事会，在大会上她奔走呼号动员妇女积极投入和平运动。

宋庆龄是中苏友好协会副会长。她在从维也纳回国途中访问了苏联。

在莫斯科，她会见了斯大林。斯大林一见宋庆龄第一句话就是："中国人民是很好的人民。"

不久，斯大林就去世了，宋庆龄是最后同斯大林会面的少数几个外国人之一。回到北京的宋庆龄闻讯斯大林逝世，悲痛地发表了《悼伟大的斯大林同志》。

人民共和国的第一个五年是战争破坏后的经济恢复阶段，经过全国人民的努力奋斗，新中国建设取得了举世瞩目的伟大成就。9 月，秋高气爽。全国人民代表大会在北

宋庆龄在大会上发言

京胜利开幕。宋庆龄被推选为全国人民代表大会常务委员会副委员长。此前，4 月 25
日，在第二次全国妇女代表大会上她又被推选为全国妇联名誉主席。

全国人大之后不久，印度尼赫鲁总理应我国政府的邀请来华访问。

中印是山水相连的邻邦。在两国进行独立斗争时，宋庆龄和尼赫鲁有着密切交往，
两人经常保持通讯联系。宋庆龄在香港主持保卫中国同盟工作时，尼赫鲁曾亲笔签名把
自己的十几本著作送给她。印度朋友也曾经多次邀请宋庆龄访问印度，由于英国当局拒
发签证，宋庆龄没有成行。这一次尼赫鲁来华，宋庆龄作为东道主热情地接待了总理一
行人。在尼赫鲁访华期间，她请尼赫鲁总理和他的女儿英迪拉·甘地夫人共进了午餐。

不久，中国政府与印度政府在北京签订了关于中国西藏地方和印度之间的通商和交
通协定。

1955 年我国开始了社会主义建设，社会主义三大改造快步向前发展。宋庆龄作为
国家的领导人之一，又投入到紧张的工作之中。

5 月下旬，宋庆龄视察了上海国营第一棉纺厂，详细地调查工厂生产、工人生活等
情况。她还到工人住宅区曹杨新村参观，访问了先进生产者杨富珍等人的家庭，同他们
亲切交谈。

6 月 11 日，她又奔赴江苏松江专区，视察全国水稻丰产模范陈永康所在的农业生

产合作社。

在这里，她冒雨在泥泞的田间小路上观看生产情况，看了田地，又看水渠，看了水渠，又看了副业生产，最后还访问了社员家庭。

临行时，她高兴地对社员们说："希望你们努力生产，争取更美好的生活，为广大农民走社会主义道路树立榜样。"

从江苏松江回来后，宋庆龄又视察了上海第六医院、儿童医院，同仁医院和市立第四妇幼保健医院。

7月，她带着这些亲自调查研究来的情况和意见，回到了北京，参加第一届全国人民代表大会第二次会议。

在会议中，宋庆龄作为大会主席团成员，参与了制定发展国民经济第一个五年计划，讨论了1954年国家决算和1955年国家预算报告。

大会上，宋庆龄作了《为了社会主义，为了和平》的发言。

11月中旬，宋庆龄又在北京连续几天参加人大常委会议，一起讨论了《农业合作社示范章程》（草案）及《1956年国家建设公债条例》。

12月16日，宋庆龄率领代表访问印度、缅甸、巴基斯坦。随同出访的还有廖承志、陈翰笙等。

在出访印度前，她见缝插针，在云南视察了六天，参观农村合作社，询问对烈军属、老弱社员和复员军人帮助的情况、社员政治教育的情况、福利事业的情况，征求他们对政府工作的意见和要求。16日，她的专机从云南直飞印度。

下午4点，宋庆龄到达新德里机场。印度总理尼赫鲁亲自在机场迎接。

宋庆龄受到印度总理尼赫鲁的欢迎

当天印度各大报头版刊登了她访问印度的消息，刊发了她的小传和照片。

翌日，尼赫鲁总理和副总统拉德哈克希南专为宋庆龄一行举行了欢迎宴会。

印度总统普拉沙德亲自接见宋庆龄，并出席了宴会。

18日下午，宋庆龄出席了新德里市政委员会为她举行的盛大欢迎大会。

尼赫鲁总理致欢迎辞。他对宋庆龄说：

"在中国革命的整个暴风雨时期中，产生了许多有名人物，但是不论在中国掀起怎样的风暴，在这漫长的年代中你的形象屹立着，自信沉着、意志坚定、从不动摇。

"你不仅坚如磐石，而且成为给予别人以光明的灯塔，不仅给予你本国人民以光明，而且给予我国人民以光明。同时，我确信，还给予许多其他国家的人民以光明。因此，我们不是表面上敬爱你，而是从心灵深处敬爱你。"

宋庆龄以她光辉的过去，赢得了世界人民对她的崇敬，尼赫鲁的讲话道出了世界人民的心声。

尼赫鲁之后，宋庆龄致答词。她说：

"访问印度这个伟大的国家一直是我个人多年的愿望……我访问印度的愿望象征着我国人民对于印度人民的崇高的敬意。

"印度民族是伟大的民族，印度人民是很好的人民！"

宋庆龄的答词，语音一落，几千只手鼓起雷鸣般的掌声。

"中印人民友好万岁！""和平万岁！"的口号震撼着古老的宫殿。

12月21日，宋庆龄乘机前往亚格拉。

宋庆龄游览泰姬陵

在这里，她参观了世界七大奇景之一的泰姬陵。

接着，她又与甘地夫人进行了亲切的会面。甘地夫人事后对人高兴地说："我们曾有幸欢迎她来印度访问，我深情地记得她在我家做客的情景。"

端庄秀丽的宋庆龄给印度人民留下了许多美好的印象。

离开新德里后，她又访问了孟买、加尔各答、马达加斯加，参观了桑吉佛塔、爱楼罗印度古代石窟。

在印度访问期间，她还出席了印度社会工作年会，与印度妇女儿童进行了广泛的接触，友好合作的友谊之种播撒在中印人民的心灵之上。

1956年元旦，她在印度度过。第三天，她离开印度向着中国的友好邻邦缅甸飞去。

在临行前，她在新德里全印广播电台向印度人民发表了告别演说。

宋庆龄一来到缅甸的大地上，就深深地感受到了缅甸人民的友好情意。缅甸总统秘

宋庆龄在缅甸机场受到热烈欢迎

书吴巴盛和昂山将军夫人都来到机场迎接。

当晚，宋庆龄出席了缅甸总统巴宇举行的宴会。翌日访问了总理吴努，并在总理官邸与吴努共进午餐。

之后，她又应邀出席了仰光市长和缅甸反法西斯人民自由同盟举行的欢迎大会，会上她发表了《为和平而奋斗的中国和缅甸》的演说。

来到佛教之国，宋庆龄怀着兴奋、仰慕的心情参观了大金塔，瞻仰了去年从中国迎奉这里的佛牙。

宋庆龄在这个友好邻邦访问了21天。然后，到达巴基斯坦首都卡拉奇。1月30日，她到达东巴基斯坦首府达卡访问。

达卡大学授予了宋庆龄名誉法学博士学位，并且举行了隆重的仪式。

宋庆龄与巴基斯坦欢迎会上的妇女界人士亲切交谈

2月5日，宋庆龄圆满结束了一个多月的友好访问，回到了昆明。友谊的色彩把中国与西亚三国的人民心灵连通起来了。

几个月之后，宋庆龄应印度尼西亚政府的邀请，率领代表团出访这个美丽的国度。

印尼是一个由3000多个岛屿组成的"千岛之国"，是华侨聚居的地方。很多华侨是孙中山革命事业的热情支持者，宋庆龄创建的保卫中国同盟和工合运动国际委员会曾得到印尼华侨的大力支持。当宋庆龄一行人到达雅加达时，从爪哇、棉兰、望加锡等地赶来的1500多名华侨热情地来拜见她。

解放初斯的宋庆龄同志

　　在中国驻印尼大使馆，有白发的老同盟会会员，有七八十岁的国民党老党员，这些老华侨见到孙中山夫人激动得老泪纵横。宋庆龄热情地与他们亲切交谈，把新中国祖国亲人的问候和温暖送到他们的心上。

　　晚上，苏加诺总统为宋庆龄举行了盛大的国宴。在宴会上，苏加诺在介绍宋庆龄时说："这位妇女从小时候就举手喊独立，后来一直为独立而奋斗。现在她的国家已经变成独立的强大的国家了，以她为学习的榜样吧！"

　　苏加诺总统亲自致词，欢迎宋庆龄一行。他在宴会上盛赞孙中山提出的"亚洲是一家"的思想，他对宋庆龄说："孙中山不仅是中国的领袖，而且也是整个亚洲的领袖。"

　　早就向往这个被称为赤道上的翡翠的热带岛国的宋庆龄在宴会上，也满怀激情地感谢华侨和印尼人民对孙中山革命事业和中国人民争取民族独立、人民民主斗争所做出的贡献。热情地祝贺印尼建国 11 年中所取得的伟大成就。

　　17 日，她出席了在雅加达独立宫前举行的庆祝印尼独立 11 周年的盛大庆典。

　　宋庆龄的到来，在广大爱国华侨中引起了巨大的反响，在万隆、巴厘等华侨纷纷举行宋庆龄会见集会。

　　8 月 23 日，宋庆龄结束访问，离开了像一串翡翠一样闪耀着夺目光辉的国度，回到了祖国。

宋庆龄

第十八章 党的女儿

　　她心中早已把共产党视为孙中山革命理想和事业最忠诚的继承者和领导者，她愿意为共产党的最高理想共产主义奋斗。在寓所，宋庆龄正式向刘少奇提出："我要加入共产党！"

白驹过隙。11 月 12 日是孙中山诞辰 90 周年。尽管岁月匆匆，孙中山离开她已经 31 年了。但是，宋庆龄对孙中山的深情并没有消褪，她对他的感情一往情深。这一年，宋庆龄也已经 63 岁了，岁月褪去了她的青春，但是她对战友、伴侣的怀恋之情却与日俱增。人民解放了，国家独立了，民主革命得到了成功，孙中山一生的理想变成了现实的蓝图。他的思想，他的精神仍然激励、鼓舞着宋庆龄努力为中国人民的幸福欢乐而不懈努力，她也不断地从孙中山思想的宝库中汲取力量来充实自己，鼓舞人民。

　　她在纪念孙中山诞辰 90 周年时说："由于他对人民革命事业的忘我的忠诚，他的名字和成就，在我们迈步前进去完成他生前未及完成的事业的时候，成为鼓舞全国人民的力量……"

　　八大后，社会主义建设又不断地向新高峰攀进。宋庆龄在纪念孙中山时，号召人们去学习孙中山对革命事业的不息热诚。她说：

　　"在我们进行未来的事业时，我们需要这样的热诚，因为我们所要完成的任务不是简单的，同时又是不容易的。我要特别告诉我们那些在斗争的新阶段中负有重大任务的青年们，向孙中山学习！吸取他的不息的热诚，学习他的不断进步的要求，效法他反对主观主义的精神，他的谦逊和他的亲近人民的作风，使这些特点成为你们自己品质的一部分。有了这些，你就一定能够前进，去建设一个伟大的社会主义中国。"

　　她的这篇讲话《孙中山——中国人民伟大的革命的儿子》在《人民日报》上公开发表。

　　在这个孙中山诞辰纪念的日子里，宋庆龄心潮澎湃，心中的思念不停地涌现。12 月她又写了《回忆孙中山》一文。在党和人民的关怀下，《孙中山选集》也出版了，宋庆龄为《孙中山选集》题写了书名。

　　人民共和国的第一个五年计划是战争破坏后的经济恢复阶段。整个民族与共产党同心奋斗，进行了土地改革，完成了社会主义改造，1956 年底私营工商业实际上已转为国有，农业正在逐步走向集体化，社会主义制度在全国逐步确立了。社会主义实现了宋庆龄的部分理想，她看到祖国建设的伟大成就，欢欣鼓舞。她说："我坚信，社会主义和共产主义最终将成为全世界的社会制度。"

　　共产党的形象在人们心中日益崇高，许多著名的人士和知识分子都在加入共产党。1957 年初，宋庆龄告诉刘少奇，她要加入共产党。

　　这是 4 月份的事，刘少奇和王光美在上海，拜会宋庆龄。

　　宋庆龄与中国共产党的关系从大革命开始，经历了几十年的考验，在胜利时，在挫折时，她与共产党的合作始终如一。她心中早已把共产党视为孙中山革命理想和事业最忠诚的继承者和领导者，她愿意为共产党的最高理想共产主义奋斗。在寓所，宋庆龄正式向刘少奇提出："我要加入共产党！"

　　刘少奇非常高兴，他对宋庆龄说："这是一件大事情，我将转报党中央和毛主席。"

　　宋庆龄正式提出入党要求后不久，周恩来和刘少奇专程来了上海，看望宋庆龄。

　　刘少奇告诉宋庆龄党中央没有同意她的要求，因为她留在党外，对党的工作和社会主义建设发出热情支持的呼声是更加有力的。刘少奇恳切地说："党中央认真地讨论了你的入党要求，从现在的情况来看，你暂时留在党外对革命起的作用更大些，你虽然没有入党，我们党的一切大事，我们都随时告诉你，你都可以参与。"

宋庆龄上海寓所的客厅

宋庆龄点了点头，表示理解，但是对党的深情和赤诚使她眼中含着泪花。

1956 年以前，由于党的路线正确，各项事业蓬勃发展。巨大的成就使党和国家领导人受到鼓舞，为了把社会主义推向更大的高潮，他们认为有必要征求批评意见，以达到某种程度的民主。于是，中国共产党发动了以反对官僚主义、宗派主义和主观主义为内容的整风运动，广泛征求党内外人士的意见。

广大人民群众和党内外各界人士积极响应，畅诉肺腑之言，提出了大量有益的批评和建议。

由于当时国内和国际上出现一股反共逆流，极少数资产阶级右派分子乘机向党和新生的社会主义制度进行攻击，妄图取代共产党的领导，一时形成紧张气氛。但是党和国家的主要领导人没有预料到这股逆风的到来，犹如担心把妖魔放出了瓶子而不可收拾，匆忙发动了一场"反右运动"，以制止和镇压所有提出批评的人。反"右"斗争严重扩大化。

在这场运动中，宋庆龄出于对中国共产党的衷心拥护，发表了《否定共产党的领导就是使中国人民重陷于奴隶的地位》的文章。不久，她又发表了《团结就是我们的力量》和《妇女们坚决过社会主义一关》，批判少数人企图利用整风运动，使中国复辟资本主义。她说："我们必须克服温情主义，彻底粉碎资产阶级右派。"

但是，当时只是极少数人是真正反党的。对党提出批评的大多数人事实上是坚决拥护党的。他们仅仅是想为党做出贡献。

在运动中，章乃器被划为头号"右派"之一。"七君子"之一的王造时也被划为了阶级敌人。其实当整风运动开始时，他夜不成寐，出于对党的热爱，他冥思苦想提出一些意见以响应运动，取悦于党，但是，他的一片好心把自己送入了右派之列。

对很多人来说，这场运动就像是对他们的革命热情之火泼上了第一盆冷水。但是，这对宋庆龄几乎没有什么影响。9 月在全国妇联第三届执行委员会第一次会议上，她又一次被选为了全国妇联名誉主席。

10月，她为《上海孙中山故居纪念册》写了序言。

11月2日，宋庆龄陪同毛泽东前往苏联，参加庆祝十月革命40周年和出席在莫斯科举行的社会主义国家共产党和工人党代表会议。

邓小平、彭德怀、李先念、乌兰夫、陆定一、杨尚昆等陪同前往。

宋庆龄不是中国共产党，但是作为了中共代表团的正式成员，名字排列在毛泽东之后。这足见宋庆龄在新中国成立后的崇高威望。

代表团到达莫斯科，苏联最高领导人赫鲁晓夫、布尔加宁亲自到机场迎接。

11月6日，莫斯科卢日尼基体育宫召开庆祝十月革命40周年联席会议。毛泽东、宋庆龄在苏共中央第一书记赫鲁晓夫的陪同下首先进入了体育馆会场，然后，苏共中央主席团和其他外国代表相继入会。

宋庆龄和毛泽东坐在赫鲁晓夫和苏联最高苏维埃主席伏罗希洛夫之间。显要的位置格外引人注目。

10月7日，她和毛泽东在红场检阅了庆祝十月革命40周年的盛大阅兵式和群众游行。

第二天，莫斯科举行十月革命庆祝40周年大会，毛泽东代表中国代表团发言。毛泽东在会议上的讲话太哲理化了，他说："目前，还要注意另一种情况，即，战争狂人们可能到处投掷原子弹和氢弹，他们扔，我们也扔，这样天下将大乱，人命将丧失……如果战争爆发，多少人将死去？可能损失全世界27亿人口中的三分之一，或者更多些，一半，……另外一半人将活着，而帝国主义会从地球上消失，全世界变为社会主义。若干年以后，世界上又会有27亿人口，而且还会人更多。"

中国代表团拜会苏联最高苏维埃主席团主席伏罗希洛夫

他对人类的惨重牺牲如此轻描淡写，大厅里每个人都对毛的发言感到震惊和惶恐不安。听众像死一般沉寂，没有人对这番讲话有思想准备。只有坐在旁边的宋庆龄能够理解他是在用中国道家的口气讲哲理。

毛泽东的讲话用语生动辛辣，坐在赫鲁晓夫的身旁的宋庆龄常常忍不住大笑起来，毛也笑了，于是，听不懂的外国人也随着笑起来。

毛泽东讲话后，宋庆龄作题为《全人类将选择社会主义》的讲话。

最后，中国代表团还出席了社会主义国家共产党和工人党代表会议。毛泽东在会议通过的《宣言》上签字。宋庆龄在他的左边右边是邓小平。

在苏联期间，宋庆龄还会见了昔日的老朋友加里宁夫人和鲍罗廷夫人。她们一起回忆难忘的岁月，像一家人一样谈笑风生，叙说别后的心情，如同姐妹一样亲切。

从苏联回来后，毛泽东锲而不舍地要将他重新改造中国的夙愿变成为美好的现实，反右派斗争之后，"左"的干扰深入到各个领域。这一年成为了大跃进和"人民公社"年。

在大跃进和人民公社的疯狂浪潮下，全国的大多数人都相信，中国人只要让全国人用后院的土锅炉大炼钢铁，15 年或 20 就能够工业化，就能超过西方；农民组织人民公社，想生产就生产，需要什么拿什么，农业就能够跃进。

这股幼稚的狂潮席卷全国，宋庆龄也被这种建设社会主义的冲天干劲和狂热的革命劲头所感动，下厂入村，到处视察参观。她前往了上海国棉 17 厂，检查大跃进的成果；来到了"七一"人民公社，参观高产丰收田。

毛泽东在《宣言》上签字

从外地视察回来后，她也建议自己的秘书、花匠、厨师、管理员等人，在住宅的花园里用砖砌了一座炼钢炉，进行土法炼钢。

每天，花园里鼓风炉呼呼响，她也亲自在炉前参加劳动。后来，苏联的赫鲁晓夫说："我怀疑她是否真的炼过铁。"

这些行动，宋庆龄是被许多夸张虚假的事实的假象迷惑了。但是，在她熟悉的领域，她是反对那些虚假的东西的。

《中国建设》准备发表一篇关于中国福利事业的文章。她看后，给编辑部写信提出了意见：

读后给我的印象是，一切问题都解决了，我觉得，我们应该说，在福利方面我们要做的事还很多，因为我们还处在建设一个新社会和一个新经济基础的过程中，这个情况应

宋庆龄在莫斯科
与加里宁夫人（左一）
和鲍罗廷夫人（右一）会见

该讲得更明确些。……虽然我们有了很大进展，但目前还不能满足我们所需要的一切。

6 月 14 日，为庆祝中国福利会成立 20 周年，她在大会上作了题为《救济福利工作的两种概念》的讲话。

宋庆龄视察上海国棉十七厂时，与工人们一起在食堂进餐

1959 年 4 月 6 日，宋庆龄出席了毛泽东主持召开的最高国务会议。十多天前她撰写了《和平、进步、正义中国向全世界发出的呼声》一文，在世界各国引起较大的反响。4 月 18 日，第二届全国人民代表大会召开，刘少奇当选为中华人民共和国主席，宋庆龄当选为国家副主席。

这时候，大跃进带来的弊端在经济生活中开始显现。但是狂热的大跃进和人民公社仍然热浪滚滚向前。国防部长彭德怀和他的一些战友挺身而出对毛提出批评。在庐山会议上他们被定为"反党集团"。宋庆龄没有公开反对过他们，她总是支持党的路线，面对这一严酷的现实，她一声不吭。

作为国家的主要领导人，她在幕后对党的调整政策的形成起着作用。从 1960 年冬天开始，多数"右派分子"都摘掉了帽子，国家采取一系列务实的经济措施，结果，经济开始繁荣，国家出现了乐观、愉快的气氛。

宋庆龄作为国家的重要领导人身居高位，但是她仍然生活朴素。

由于工作需要，宋庆龄在上海和北京两地都有住宅。每年 5 到 10 月，她一般住在上海，其他日子住在北京。工作繁忙时，她常常一个月往返于北京上海之间好几次。

她在北京的住宅，安排在方巾巷。那儿交通不便，周围也比较吵闹。宋庆龄没有一点儿怨言。

政府曾经计划给她建一栋住宅。国家初建后百业待兴，宋庆龄一再谢绝了。

1960 年政府安排她迁入北京西河沿新居。房子刚刚粉刷，又潮又湿，引起她的关节痛。

这时正值三年困难时期，中共规定哪一级都不许盖住房。宋庆龄的特别情况引起其他领导人的注意，破例决定为她建一处住房。

中央派人带着设计方案征求她的意见，刘少奇让王光美写了说明。

来人到达上海，宋庆龄谢绝了，她说："为了我个人的住所，增加国家的开支，这样，将使我感到很不安。"

来人一再劝说她接受中央的意见，她坚决表示不打算再迁新址了。

尽管如此，党和国家仍然把宋庆龄的住处问题放在心上。1962年周恩来亲自主持在后海北沿的清王朝摄政王府的花园辟出一个安静的庭院，作为宋庆龄的新居。由于花园荒芜已久了，宋庆龄同意了。第二年4月，她迁入了新居。

这一年她刚好70岁。

在她坚持还住在上海时的1961年5月11日，毛泽东与她在上海寓所会见。解放以后，宋庆龄与毛的私人会见很少，但是宋庆龄与他在一起是很轻松的。毛泽东的

宋庆龄在上海寓所内

毛主席在上海宋庆龄所看望宋庆龄

宋庆龄北京寓所的小客厅

私人朋友很少，他亲自到宋庆龄的寓所来，在当时已是显得很不寻常了。

回到北京后，宋庆龄虽然年事已高。但是，仍然忘我地为党为国辛勤地工作。

1964 年 2 月，她以国家副主席的身份出访锡兰。应邀出访的还有周恩来总理、陈毅副总理。

2 月 28 日，宋庆龄来到了斯里帕里学院发表演说，她指出：

20 世纪的伟大经验是：只要人民的思想上目标明确，紧密团结自己的队伍和团结同盟军，勇敢地同压迫者进行战斗，他们就能赢得胜利。

宋庆龄像一个和平的使者穿行在世界各国之间，促进了全世界和平运动的发展，为新中国外交打开新局势架起桥梁。

宋庆龄副主席、周恩来总理、陈毅副总理拜会锡兰总理班达拉奈克夫人

宋庆龄

第十九章 浩劫之忧

　　在越来越疯狂的年代，宋庆龄百思不解，心情忧郁，她的工作被迫减少。她过着深居简出的生活，但是树欲静而风不止，外面的干扰仍不断袭进这个世外桃源。

宋庆龄进入晚年后，体弱多病，减轻了工作负担。她大部分时间住在北京后海的庭院里，除了工作之外，她的大部分时间是与秘书和工作人员一起度过的。

宋庆龄在工作

新建的庭院幽静安适，院内湖水环绕，石林屏障，绿草如茵，亭台楼阁参差错落，曲径通幽。宋庆龄在这里处理国家大事，接见国内外宾客。但是1966年，一场政治大风暴倏然而至。

这年5月，毛泽东正式发动了文化大革命。这场运动拔地掀天而起，迅速席卷全国。各地红卫兵运动风起云涌。文攻武斗搞乱了全国，也冲破了北京后海北河沿46号园中的宁静。

整个国家陷于混乱，法律管理机构、权力机关、价值和原则统统不存在了。人性的丑恶被诱发出来，人们盯着他人找过失，同时又被别人盯着。不同派别的红卫兵组织相互斗殴和残杀……所有这一切，都让宋庆龄迷惘、困惑。

不久，运动斗争的锋芒就像洪水猛兽一般向宋庆龄扑来了。

北京的红卫兵男男女女身着军装，人人穿着一样，以示与旧传统和过去的一切彻底决裂，彻底革命。北京，红卫兵发出了大破"四旧"的一道道通牒：

妇女一律剪成三八式齐耳短发！

男人不准留飞机头！

穿尖头皮鞋当场砍破！

着牛仔裤者立刻剪掉！

身居后海的宋庆龄也接到了红卫兵的警告信，要求她改变梳了几十年的发髻。

这是她母亲临终时要求女儿不剪短发的遗训。宋庆龄因为对母亲的深情，梳了几十年。1927年大革命时期，一些革命妇女风行剪短发，宋庆龄坚决拒绝了有人要她也效法的建议。这一次，她同样没有答应。尽管她对这些红卫兵幼稚的举动不理解，但是她并未责怪天真的他们，她只是说："唉，孩子们不懂事呀，傻孩子，这种发髻是我们中华民族的传统啊！"

在这种疯狂的年代，宋庆龄也悄悄地叫秘书摘下了墙上的人体画，贴上毛主席语录。她居住的醇亲王的"府邸花园"、"濠梁乐趣"、"观花室"等匾额也摘掉了。

但是，一切还是在劫难逃。在南京，紫金山寝陵的孙中山的铜像被红卫兵移走，准备毁掉；在上海，宋庆龄父母的坟墓被造反有理的农民捣毁；在广东，孙中山的纪念堂被破坏，孙中山被指控为领导"资产阶级"革命；在北京，红卫兵又企图以"出身于资产阶级"，"妹妹宋美龄是蒋介石的妻子"等理由，准备冲击宋庆龄的住宅……

宋庆龄父母的坟墓遭受破坏的消息传到了北京后海。按照传统习俗，出于对祖先的尊敬，墓地对中国人民是神圣不可侵犯的，毁坏坟墓表示对生者和死者的最大的侮辱。听到这个消息，宋庆龄泪如泉涌，难过得双手发抖。她悲痛之余，马上托廖梦醒通过邓颖超，把这个消息告诉周恩来，请他帮助。

周恩来闻讯，抗拒巨大的压力，立即给上海挂长途电话。张春桥和姚文元操纵的上海市革命委员会和民政局，被迫重新修缮了宋氏墓地，重立了墓碑。

然后，邓颖超又让廖梦醒把墓地修复后拍摄的照片，交给宋庆龄。看着照片，宋庆龄才稍感宽慰地说："祖宗总算有个地方蹲了。"

但是，宋氏墓地新立的墓碑上，只留下了宋庆龄一个人的姓名，宋嘉树其他子女的名字全都被去掉了。在这种压抑的政治气氛下，宋庆龄心里有种说不出的滋味，但是，也只好算了。

红卫兵对宋庆龄的威胁是短暂的。因为她象征着中国共产党的革命与历史上的中国革命一脉相传，这是不能够轻易损害的。毛泽东指示周恩来：保护宋庆龄。军队被派去警卫她的住宅。

8月30日，周恩来亲自拟了一份应予保护的爱国民主人士名单，第一名就是宋庆龄。

9月1日，周恩来亲自向首都红卫兵做工作保护宋庆龄。周恩来说：

宋庆龄是孙中山的夫人。孙中山的功绩，毛主席在北京解放后写的一篇重要文章《论人民民主专政》中肯定了的。他的功绩也记在人民英雄纪念碑上。南京的同学一定要毁掉孙中山的铜像，我们决不赞成。每年"五一"、"十一"在天安门对面放孙中山的像是毛主席决定的。孙中山是资产阶级革命家，他有功绩，也有缺点。他的夫人自从与我们合作以后，从来没有向蒋介石低过头。大革命失败后她到了外国，营救过我党地下工作的同志；抗日战争时期与我们合作；解放战争时期也同情我们。她和共产党的长期合作是始终如一的。我们应当尊重她。她年纪很大了。今年还要纪念孙中山诞辰一百周年，她出面写文章，在国际上影响很大。到她家里贴大字报不合适。她兄弟三人姐妹三人就出了她一个革命的，不能因为她妹妹是蒋介石的妻子就要打倒她。她的房子是国家拨给她住的。有人说："我敢说敢闯，就要去。"这是不对的，我们无论如何要劝阻。

尽管从此以后，宋庆龄不会受到直接迫害了。但是，全国一片乱糟糟，她再也不能像50年代那样外出视察农村、工厂和部队了，她在高度不安中生活着。

炎炎难熬的夏天终于过去了。11月12日，北京人民大会堂万人集会，隆重纪念孙中山诞辰100周年。

周恩来、邓小平、刘少奇、朱德、董必武、陶铸等出席纪念大会。

宋庆龄在大会上，发表了《孙中山坚定不移、百折不挠的革命家》的演讲。

这是她撰写纪念孙中山文章中最长的一篇。她一直认为解放后对孙中山的评价有欠

宋庆龄在纪念大会上发表演讲

公允，宣传孙中山的工作做得也不够，现在又出现诋毁孙中山伟大形象的逆流，她再也不能沉默了。宋庆龄在文章中，详细而深情地叙述孙中山的革命经历和坚强性格，放声讴歌孙中山的革命精神和历史功绩，雄辩地阐释应该如何正确评价孙中山的成功和失败，有力地批驳了诋毁孙中山形象、低估孙中山功绩的种种错误倾向。她说：

我们在估价孙中山及其对中国革命的贡献时，必须从这样一个前提出发，即整个世界和革命实践在孙中山诞生后的一百年、特别是最近的五十年中，已经发生了巨大的变化。为什么必须革命，应该进行什么样的革命，怎样进行革命，在这些问题上，我们今天的认识来自我们的前人成功和失败的经验。他们当时是根据他们所继承下来的对革命规律的认识行事的；只是在运用这些规律碰了壁，不能得到预期的结果时，他们才不得不去找寻新的规律。他们付出了很高的代价，但他们的目标导向我们的目标，所以我们认为，他们是虽败犹荣的。

这是历史唯物主义的观点，是完全正确的。宋庆龄的这篇文章，在当时黑云初聚的日子里，是一篇宣传真理、坚持正义的难得的好文章。

演讲稿经周恩来亲自修改，爱泼斯坦润色该英文稿，11月13日在《人民日报》上全文刊发了。

为纪念孙中山诞辰100周年，不久宋庆龄出版了《宋庆龄选集》。这是在她1952年陈毅建议出版的文集《为新中国奋斗》的基础上完成的。斗转星移，1966年就这样在正义与邪恶反复搏斗，犬牙交错的状态中过去了。

但是，新的1967年的到来，宋庆龄看到的不是我国社会主义革命进行一个更深入，更广阔的新阶段，而是误入更大的歧途。神州大地黑风大起，浊浪排空。宋庆龄很快由希望变为了失望，她对国家和人民的命运深深地担忧。在越来越疯狂的年代，宋庆龄百思不解，心情忧郁，她的工作被迫减少。她过着深居简出的生活，但是树欲静而风不止，外面的干扰仍不断袭进这个世外桃源。

总有人想在北河沿46号门口贴标语，贴大字报。工作人员只好在围墙上写了"伟大的领袖毛主席万岁！"46号围墙上再也没有人敢贴大字报了。宋庆龄的住宅没有受到冲击，她的人身安全得到了保障。

宋庆龄的画

但是，围墙内的院落里也不时浪花溅起……

过去，宋庆龄一直由秘书刘一庸和老朋友黎沛华陪同一起在楼下用餐。运动后不久，有人指控刘一庸出身不好，黎沛华在国民党机关里做过事，不能再让她们跟着过资产阶级生活。70多岁的宋庆龄无儿无女，只好独自一人寂寂地用餐，一改了以往的习惯。

过去，一些服务员、警卫员见到宋庆龄满脸堆笑，毕恭毕敬地称"首长"，现在，对她冷淡了，有的甚至侧身而过，对她视而不见。

一天，宋庆龄生气地用英语对身边的秘书张珏说："你看看这些 Guard（卫士）！"

一次，厨师给她做了一条大鱼。

宋庆龄看到太多了，吃不完，就吩咐把一半送给身边的工作人员吃，一直从来她都是这样对他们关心备至。

谁知，这几个人反而说，我才不吃那些资产阶级的东西！

这些话传到了宋庆龄的耳朵里，她把胃都气疼了。

后来，她指示张珏把这些人全部换掉，并订出几条服务员、警卫员遵守的守则。

后海围墙内的风波只是外面世界的一点点涟漪。围墙外的斗争正如火如荼。

刘少奇是文化大革命的头号目标。文化大革命不久，刘少奇就被挂上了"中国的赫鲁晓夫"的帽子，受到了冲击。1966年底刘少奇、王光美已身处逆境了。

深居简出的宋庆龄闻讯，对刘少奇这样的革命家受到的不公正对待很不理解。尽管她自己的处境也并不好，但是，她没有像有些人一样疏远这身处逆境中的一家人。

1967年新年前夕，她和往年一样，给刘少奇的几个孩子送去了贺年片、日记本、糖果。在贺年片和日记本上，她亲自签上了"宋妈妈"的名字。

刘少奇一家人正被突然而来的飞来横祸弄得愁眉不展。人在困难时受到关怀，就像在荒漠中得到涌出的甘泉。全家看到那熟悉的刚劲字体和那亲切的签名，感到无比的温暖和慰藉。

但是，对刘少奇的迫害并没有停息。1967 年他被打成了"党内头号走资本主义道路的当权派"，惨遭批斗和隔离看管。王光美也进了监牢，一时全家妻离子散。

几个孩子有的被投进了监狱，在校读书的被勒令接受审查。父母天各一方，孩子们孤苦无援。他们千方百计打听父母的下落，但是杳无音讯。

万般无奈之中，孩子们想起了"宋妈妈"，立刻请她帮助寻找亲人。

宋庆龄接到孩子们的来信，立即把他们的信和自己写的亲笔信转交给毛泽东。

同时，她又叫秘书杜述周去看望孩子们，她送去了许多的食品和几本《中国建设》杂志。孩子们收到宋妈妈送来的东西，感动得热泪盈眶。

宋庆龄虽然受到了当局的最高保护，可是，她的亲友们仍在劫难逃。

她二舅倪锡钝的长子倪吉士被专政了。他被诬为国际三 K 党。全家被赶到一小间屋里居住，每月只有 15 元生活费。

在这风雨如晦的日子里，宋庆龄努力地接济他们，寄钱、衣物和药品。尽管如此，她仍帮助不了这个二舅全家。不久，倪锡纯的长女倪吉贞也成了管制分子。

倪吉贞毕业于上海圣约翰大学，精通英文，很有教养。宋庆龄非常喜欢这个表妹，见她一直独身，曾想邀她来做秘书。当这股黑风骤起时，宋庆龄的美好心愿破灭了。像秀枝一样洁身自好的倪吉贞被无情的扫地出门，强制劳动。她不堪受辱，被迫跳楼自杀了。

身为国家副主席的宋庆龄连一个柔弱如斯的表妹都无法搭救，她心中悲愤交集，气得大病了一场。

不久，一连串的悲剧在全国山河一片红的形势下发生，又传到了宋庆龄的世外桃源。

她领导的中国福利会几十年如一日为中国革命和建设做出了巨大的贡献。动乱一开始，它也成了一些别有用心的人们的眼中钉，中国福利会被诬蔑为"修正主义的样板"，许多人受到了迫害。工作处于停顿状态。

宋庆龄接不到他们的工作报告，内心非常焦急。她只好请老战友金仲华帮助。金仲华这时是上海市副市长，他立即像以往一样走访中国福利会的各个工作单位，鼓励他们继续工作。

可是不久，金仲华也受到了迫害，被管制了。宋庆龄闻讯，立即想方设法去与他见上一面，但是没有成功。

她气愤地问有些人："金仲华到底犯了什么罪?"

可是，她没有得到回答。金仲华终于于 1968 年以莫须有的"外国间谍"的罪名被残酷迫害致死了。

金仲华含冤自尽的当天，上海市革委会副主任王少庸立即派常务委员冯国柱去现场调查处理，并做出紧急部署：严密封锁金仲华自杀的消息，遗体作为无主尸体送火葬场火化，家属一律扫地出门，所有财物全部查封；上海市革委会还出版了一份《上海简报》增刊第 8 期，标题为《金仲华畏罪自杀》，该文说："金仲华畏罪自杀，这是他对文化大革命有计划有阴谋的猖狂反扑。"文章把金仲华一生为中国革命做出的贡献都说成是"反革命罪行"，并且说要进一步搜查金仲华的反革命罪证。

金仲华死后，上海市革委会还按照张春桥的意图写了一份《金仲华问题的综合报告》，上报中央，其中历数金仲华十大罪状，与此同时，成立"金仲华专案组"，继续对金仲华进行审查。这样，审查了 5 年，没有查出名堂，最后不得于 1973 年 1 月做出了"关于金仲华的审查结论"，承认金仲华的政治历史基本清楚，但拖着一个尾巴——"未发现有危害我党的活动"。这也就是说金仲华不是没有危害党的行动，而是"未发现"。结论说："他的死是由于对文化大革命和党的政策的不了解。"也就是说他的死，造反派不负责任。

金仲华含冤自尽的消息终于传到他的亲朋好友的耳朵里，人们无不痛哭失声，悲怆万分，然而，最伤心的莫过于宋庆龄。数十年追随自己抗日救亡、反独裁、反法西斯的战友竟成了里通外国的"特务"、"间谍"，怎么让她不悲伤呢？她只好暗自流泪，忍受痛苦。

这位老战友、上海文化救国会的领导人、《中国建设》杂志社的第一位社长的去世，又给宋庆龄受伤的心灵上加了一大把盐。从小喜欢钢琴的宋庆龄的房中，再也没有传出《田园交响曲》、《命运交响曲》和《英雄交响曲》令人神往的悦耳音符了。宋庆龄由于忧国忧民，心情沉重。

但是，一波不平息，一波又起了。孙中山的亲信部下叶恭绰也被扣上了"封建余孽"和"袁世凯和蒋介石的黑干将"的帽子。

叶恭绰原为清朝重臣，认识孙中山后他迷途知返马上信仰了三民主义。1912 年担任交通次长，后协助孙中山辞去临时大总统后筹划建立全国铁路总公司，规划修建全国铁路网。1922 年他被迫辞去北洋政府交通总长。孙中山赏识他的才华。1923 年聘他为大元帅府的财政部长和建设部长。孙中山逝世后，他在中山陵修了一座"仰止亭"，表达他对孙中山"高山仰止，景行行止"的敬仰之情。1949 年他深明大义追求光明，冒险从香港返回北京，参加新中国的建设。现在他受到了冲击，陷入厄境。宋庆龄对这样一位不断进步，可敬可佩的老人的悲惨遭遇义愤填膺。

她立刻派秘书到北京灯草胡同叶家送去 200 元钱，作为对孙中山部属的抚慰。

叶恭绰接到这笔钱，老泪纵横，说："孙夫人的心意我领了，但这钱不能收，因为孙夫人也是靠工资生活，并没有财产。"叶夫人认为宋庆龄一片诚心，却之不恭，商量后还是决定收下来。

叶恭绰用微微发抖的手接过钱，激动地对宋庆龄的秘书说："孙中山先生是一个脚踏实地的行动者，是一个实事求是的人，是一个意志坚强、不屈不挠的人，我追随孙中山先生多年，希望死后能埋在仰止亭，在九泉之下也能看到中山先生，这个意思，请转告夫人。"

宋庆龄听到秘书的报告后，很受感动，欣然同意了他的恳求，并给他写了复信。

8 月 6 日，叶恭绰终于离开了这个"不准"他革命的世界，享年 88 岁。由于宋庆龄的安排，他的骨灰运到了仰止亭埋葬，他先前的夙愿实现了。

金仲华遇难后，上海的一些黑手再次插入福利会，强行要把儿童艺术剧院跟上海人

宋庆龄酷爱音乐，工作之余爱弹奏钢琴

民剧院和青年话剧团合并，成为一个由个别人控制的上海话剧团。

宋庆龄视儿童艺术剧院为掌上明珠。得知这一消息后，不顾年老多病，立即专程回到上海，来到儿童艺术剧院，向他们表示关怀。消息很快传遍上海。

色厉内荏的阴谋家自知自己的勾当见不得阳光，悄悄地撤走了工作组，儿童艺术剧院免去了一场"砸烂"的厄运。

1968 年 10 月，中共中央召开八届十三中全会，刘少奇以"叛徒、内奸、工贼"的莫须有罪名，被永远开除出党，撤销党内外的一切职务。宋庆龄很不理解，她爱莫能助。但是，她一如既往地给刘少奇的几个孩子寄杂志，送糖果，鼓励他们好好学习。

在"文革"艰难的岁月里，宋庆龄买糖果，接济他人都是用自己的钱。

宋庆龄除工资外没有额外收入，她领的是国家一级工资，每月 579．50 元，另外还有 300 元活动费，在艰难的岁月里，宋庆龄将活动费退还国家。她的开销中用于应酬的较多，但是，她却还经常帮助身边有困难的同志。如 1973 年，她住在上海，当听说工作人员小杨家里因遭洪灾房屋倒塌时，立即拿出 150 元支援小杨修补房屋，类似的事例不胜枚举。由于开销比较大，有的时候周转不过来她还向身边工作人员借过钱。她的秘书张珏就说过："我记得有一次我的工资从上海汇到北京后，还替夫人垫付过她的家用，当然，那只是暂时的。"宋庆龄惟一的额外收入是稿费，大都捐给了公益事业。

1975 年 1 月 18 日，中央负责同志批示给宋庆龄 3 万元生活补助，秘书杜述周写信向她报告了此事后，她立刻写了一封信给杜秘书，谢绝这笔额外补助，此信全文如下：

杜同志：

你的信已收到了，请代向中央负责同志谢谢他们的好意，但我绝不接受的，我的工资 579 元已超过别人的工资多倍了，从文化大革命时起我就有些感觉，因此退还这些钱了。

这次有几个人需要帮助付医院的账，因此超过了我的预算，否则是完全够用的，请不要代收补助费了。

谢谢。

宋　1975.1.19

信中提到的"退还些钱"，就是指国家每月给她的 300 元活动费。宋庆龄主动地退还这笔钱，她的生活完全靠工资收入，却经常拿出钱来帮助身边的工作人员，信中提到"有几个人需要帮助付医院的账"，就是对身边工作人员的帮助。

宋庆龄公私分明，她的花费都从自己工资中开支，甚至送给外国贵宾的礼物都是自己掏腰包。即使是一些小事，她自己的事从不轻易向国家伸手，她都能以身作则，严于律己。例如，她每天看的《解放日报》、《文汇报》和《参考消息》，都是由她自己掏钱订阅的。李燕娥和身边保姆钟兴宝每月的工资自始至终都是从她自己的工资中支付的。

宋庆龄一生清贫如洗，没有留下什么遗产，但她一生清正廉洁，只知奉献，不求索取的精神就是宋庆龄留给人们的财富。

1968 年年末，美国传来了她最喜爱的小弟弟宋子安病故的噩耗。

宋子安是宋庆龄三弟，毕业于哈佛大学，曾经任松江盐务稽核所经理、松江运副、中国建设银行公司经理及中国国货公司监察等职。他是宋子文经营金融业的助手，1948 年担任香港广州银行董事会主席，定居于旧金山。宋子安的去世给宋庆龄巨大打击，她怀着悲痛的心情亲拟了唁电，叫张珏到电报局拍发。

这时，正是中美关系处于微妙的时候，宋子安去世的消息是她从外国杂志上看到的。拍唁电前，宋庆龄把这事告诉了周恩来和邓颖超，并向国务院机关事务管理局军管代表作了通报。

与此同时，宋庆龄的许多国际友人在这场空前的浩劫，被打成了"特务"、"间谍"，被批斗，被关进牛棚。路易·艾黎曾为中国革命出生入死奋斗了半世纪，这时也避不开风暴，他也被揪了出来，到处批斗。

宋庆龄获悉了他的情况，立刻为他写了一张证明：

我从 1932 年起就认识路易·艾黎，他为中国革命做了贡献，帮助我们保卫国家，当日本帝国主义侵略中国的时候，是他在内地创办了工作合作社，帮助我们培养年轻的一代，为了这项工作，他甚至牺牲了职业。当白色恐怖笼罩上海的时候，当中外特务追捕共产党的时候，是他把自己的家作为共产党员的避难所，当日本帝国主义占领中国的时候，是他在甘肃内地不怕任何艰苦的生活条件，为中国人民工作着。解放以前，他支持我们的文化革命运动，写了很多的书、诗与文章，当世界和平委员会派他去外国时，他为我们讲演和辩论，解放前和解放时我都了解他。我觉得他是新中国的一位诚实忠诚、不屈不挠的朋友，我极端相信他，他如白求恩大夫一样，是国际主义、马克思、列宁的信徒。

宋庆龄　1969 年 8 月 31 日

宋庆龄写好后，马上叫杜述周和张珏亲自送给艾黎。

这份证明解脱了路易·艾黎的危境，使他成为了当时少数几个没有身陷囹圄的国际友人之一。

不久，宋庆龄的大弟宋子文又在美国旧金山溘然去世。抗战胜利后，蒋介石发动的

宋庆龄所写证明

全面内战爆发，宋子文四处奔走筹款，但是无法填补蒋介石无底的军费窟窿，加之在掠夺与分赃上的争斗，他与蒋、孔、陈之间产生了尖锐的矛盾，几次受到他们的打击，对他个人的抨击也日益增多。1947 年 1 月，他辞去职务，定居了美国。1950 年蒋介石向他发出带威胁性的台湾任职的紧急邀请，他断然拒绝了，并且马上迁居纽约，从事石油股票、农产品期货等生意。宋子文病死时，在美国的宋霭龄和宋美龄都没有参加他的葬礼。远在大洋彼岸的宋庆龄无尽悲伤，身处逆境中的她无法起行赴美，只得把对弟弟的哀思埋在心底。

一天，她在寓所湖边的长廊里散步。突然，她转头问张珏："你有兄弟妹妹吗？"

张珏回答说："有。"

"几男几女？"

张珏回答后，宋庆龄无限怅惘地说："你和我一样，也是三兄弟，三姊妹。可是我无法和他们联系。"

她若有所思，对亲人殷殷的怀念之情溢于言表。

1972 年美国尼克松总统访华，中美两国之间人为的围墙开始拆除。宋庆龄多年来已停笔，在尼克松访华之际，她兴奋地写作了文章《新时候的开端》。朝鲜战争时期尼克松曾支持轰炸中国。她在文中把他的访问解释为他承认了自己的失败。尼克松访华后不久，宋庆龄也逐渐与海外亲友取得了联系。她的儿媳孙科夫人陈淑美和儿女由于长期阻隔，很想了解中国的情况。可是，中美关系还没有正常化，直接通信还不行。宋庆龄知道他们的心情后，主动地每月给他们寄去《中国建设》杂志。

中美外交大门一打开，来访的宾客也增多了，宋庆龄的工作也多起来了。但是，不巧的是，她的皮肤病又发作了，而且这次还特别严重。中西医治疗，都没有好转。最后有人建议她服用晒干的蝎子，以毒攻毒，这样才使红肿斑点从身上消失，而且痒也减轻了。

1973 年 5 月，宋庆龄患了胃病，神经性皮肤炎也再次复发。皮肤炎在两年前发作过一次，曾使她受尽了发痒的折磨。这次，她脸也浮肿起来，从头到脚全身长满了红色脓疮。疾病的折磨使她度日如年，但是，心灵的痛苦更使宋庆龄痛苦万分。这一年，她的三位朋友先后去世了。先是担任过上海市长和国务院副总理的陈毅。1 月 10 日，她参加了他的追悼会。2 月 16 日她的美国朋友埃德加·斯诺与世长辞，她悲痛地电唁斯诺夫人，说："埃德加·斯诺在中国人民的记忆中将永葆长青！"9 月，何香凝溘然而走。她悲伤地参加了老友的追悼会并致悼词。不久，她又作了《何香凝一位坚定的革命者》一文纪念她。这些战友相继去世，宋庆龄的心情很不好。

工作之余

外面的环境仍然很严峻，但是，终于刘少奇的孩子获准去看望妈妈。他们带着《中国建设》杂志前往监狱，王光美见到孩子们精神面貌很好，知道宋庆龄关怀他们时很受感动。这一切，宋庆龄并不知道，病痛仍然与她纠缠不休，于是又搬回上海居住。

但是，在她病痛的时候，毛泽东和周恩来并没有忘记宋庆龄。1972 年周恩来总理曾专门配给宋庆龄一辆中国自己研制生产的红旗车。这辆红旗车采用了 V8 的发动机、自动排档、真空转向器等先进技术。在此之前，她曾有过一辆苏联产的吉斯车。宋庆龄看到我国自己生产的汽车非常高兴。

宋庆龄原来的吉斯车是 50 年代苏联领导人斯大林送的。当时，斯大林一共送给中国领导人 5 辆车。毛泽东当年坐的车子也是 5 辆中的一辆。宋庆龄的车与毛泽东的车的外形很相像，只是她的车子没有防弹装置。在 50 年代，吉斯车是苏联领导人的专用车，不对外出售，属于名贵轿车。宋庆龄的吉斯车虽有 20 多年的历史，但它的车况还保持得很好。这辆吉斯车手动变速，车速可达 90 公里/小时；车体庞大，车内很宽敞，有三排座位，长约 6 米，重 4 吨，豪华又威严。吉斯是早期的车，虽然车内设置比较简单，但坐着很舒服。红旗车比不上吉斯舒服，但是相比第一辆吉斯它要先进得多。从此，宋庆龄不再乘坐吉斯，一直使用红旗到去世。

除了配用新车外，在毛泽东的亲自关照下，中央还决定给宋庆龄另配备一名工作人员。

1973 年三月阳春，位于太湖之滨的苏州市光福公社舟山大队一个普通的农家堂屋里，33 岁的顾金凤在伏案绣花。光福素有苏绣之乡的誉称，这里的农家妇女，上至七八十岁的老太太，下到十二三岁的姑娘，都会在绷子上刺绣。一天，宋庆龄的女佣、时年57岁的钟兴宝突然来到顾金凤家。钟兴宝是顾金凤婆母的表妹，解放初就为生计单身去了上海，后来在宋庆龄家与李燕娥一起做女佣，每月拿几十元工资，享受国家工作人员的待遇。

一来到表姐家，钟兴宝拉着外甥媳妇的手，轻轻问道："金凤，你肯跟我一起到上海去帮大人家？"

帮大人家就意味着也能像钟兴宝一样拿工资，做国家工作人员，顾金凤当然愿意！但是，家中5个儿女都小，还没有桌子高，她黯然神伤地摇了摇头。

顾金凤1936年出生于舟山一个农民家庭，18岁时嫁给当地一位叫高金福的木匠。解放后，丈夫凭一手过硬的木匠技术进入了苏州市南门建筑队，每月有50多元的工资收入！结婚后顾金凤一口气生下了两男三女5个儿女。尽管家里吃口多，但丈夫每月有固定的工资收入，小日子还算过得去。但是1970年初秋时分，晴天里响起一个霹雳，一个灰蒙蒙的早晨，高金福在骑着自行车去苏州城里上班的路上，被一辆迎面而来的军车与一辆逆向而驶的客车夹住，当场活活夹死在两车之中，撒手丢下几个孤儿寡母而西去了。

事后，丈夫的单位和肇事单位共一次性补贴了顾金凤二千多元的抚恤金，都由大队部保管起来，用于以后每年高家孤儿寡母买粮食用。家中没了顶梁柱，顾金凤晚上三更灯火五更鸡，夜以继日伏在绣花绷架上，白天餐风饮雨地耕作在田地里，与公婆一起，全力扶养孩子们。

尽管很努力，但是5个儿女嗷嗷待哺，顾金凤日子过得极其艰难。

钟兴宝知道外甥媳妇的苦衷，所以，当宋庆龄需要一个保姆的时候，首先想到了她，因此，迢迢地来到了舟山。

钟兴宝在宋庆龄家做过较长时间的女工作人员，不久前钟兴宝因患肠粘连与高血压病，在上海宋庆龄的家中摔了一跤，住了一阵医院，出院后，浑身无力已不能继续照顾宋庆龄。与此同时，由于钟兴宝执意不服从警卫秘书的"政治挂帅"，不参加政治学习，于是警卫秘书借机要宋庆龄将钟兴宝"病退"回吴县光福老家。迫于压力，宋庆龄只得暂施缓兵之计含泪同意，将钟兴宝暂时退回吴县木楼镇她在医院工作的儿子身边，准备避过风头，再叫她回来。

在暗中，宋庆龄与钟兴宝始终保持着书信的来往，交流着各自的处境。在由张秘书执笔、宋庆龄签名（化名林泰）的来信中，宋庆龄请钟兴宝在苏州为她物色一个保姆。张钰秘书代表宋庆龄具体地向她提出了女工作人员的有关要求：

（1）年纪在40以下的孤身寡女。

（2）擅长苏州刺绣的心灵手巧者。

（3）虽不识字，但人机灵，尤能吃苦耐劳者。

回到老家后，钟兴宝就根据宋庆龄的指示，把目光瞄上了这个各方面都符合条件的外甥媳妇。

钟兴宝把请顾金凤一起去上海的念头一说，表姐与表姐夫一口同意了她的建议。他们认为顾金凤与其在家无分文，饥寒交迫，倒不如跟着兴宝一起到外面去挣工资养家糊口。公公、公婆都同意，但是顾金凤却举棋不定，因为这时她最小的儿子高志林才6岁！她舍不得离开自己的骨肉。

由于顾金凤举棋未定，大家都不好强求，只好内疚地送走钟兴宝。

但是，钟兴宝回到木椟后，认定顾金凤是宋庆龄家最合适的人选，不愿意放弃她，于是她请识文断字的儿子尤顺孚写信，把顾金凤的情况向宋庆龄作了书面汇报。

随即，上海中国福利基金会与宋庆龄身边的警卫班就随之来到了光福公社，进行一系列悄悄的实地考察与调动准备。

在一个月中，先后有两批（每批二三人）身穿解放军军装的军人，突然出现在舟山大队，他们来到高家，观看顾金凤绣花，对金凤的绣艺赞不绝口；来到大队部，与大队干部秘密商议，然后又一起到公社和县里，进行有关调查与办理调动的手续。等到4月底县革委会和公社领导来到高家，和顾金凤正式摊牌的时候，顾金凤才得知有关调她去上海"大人家"帮佣的手续已基本完备，在调令上，上海市革命委员会主任马天水亲笔签名，并且盖了印章。

面对当地县乡、公社和大队三级革委会领导的请求，顾金凤终于做出了去上海的决定，含着眼泪把5个孩子交给公婆，毅然地离开了家乡，前往上海。

这时在宋庆龄的关照下，钟兴宝已先重返上海。5月1日，顾金凤在表弟尤顺孚的陪同下，坐火车来到了上海淮海中路1385号宋庆龄住宅。

首先接待顾金凤的是李燕娥。"她是李姐，也是帮这个大人家的。"尤顺孚看出了表姐内心的紧张，低声向她作了介绍。

"来了，好，跟我上去吧。"略作寒暄后，时年61岁的李燕娥便一转身，甩开两只宽大的脚板，"啪搭啪搭"打前领去。尤顺孚示意顾金凤一人上楼，顾金凤小心翼翼地紧跟在李姐身后，入堂登楼。

李大姐领着顾金凤，踩着猩红的地毯拾级而上，直到来到二楼一个房间门前时，才转过头，用夹生的上海话轻声关照顾金凤："进去后，侬就说首长好。记住了？"

顾金凤点点头，浑身又紧张起来。房门虚掩着，李燕娥先轻轻叩了两下门。里面传出一个年老女人的上海话："进来。"李姐先一人进了房，随即退到房门口，向门外的顾金凤招了招手，顾金凤走进了房间。

房间里所有的窗帘都拉上了，所以里面黑乎乎的。好一会，顾金凤才看清房间里的景象。但见一年逾八旬、面目慈祥、雍容端庄、身穿一套深蓝色中式对襟罩衫裤的老太太，正仰靠在沙发上，目不转睛地望着自己。

"首长好。"顾金凤轻声地说。

老太太没吱声，只是朝来人微微点了点头，然后，戴上一副眼镜，再目不转睛地上下打量着顾金凤。

四目相视中，顾金凤只觉得面前这位老太太好面熟，似在哪里见过。但是，她还不知道她面前的就是大名鼎鼎的宋庆龄。

"坐下吧。"宋庆龄一指面前的沙发，这才笑眯眯地开口说话。

其实，有关顾金凤的家庭身世简历等，宋庆龄早就了解得一清二楚了，她简单地问了问。然后，一番家常拉过后，宋庆龄才言归正传，郑重地对顾金凤说："小顾同志，我们这里就像是部队，你来到这里，就等于是当兵了。当兵的有规矩，那就是一切行动听指挥，命令下来了，哪怕天塌下来也要跟着部队走。所以，你到这里后，一切要像参军了一样，服从命令听指挥，行吗？"

顾金凤认真地点了点头。

紧接着，宋庆龄话头一转："至于家里的孩子们，有地方政府会关心他们的，你不要过多放在心上。"

顾金凤当即机灵地答道："请首长放心，我既来了，就会安心的。"

就这样，在上海宋宅，顾金凤开始了照顾宋庆龄的工作。但是，起先20天，她一步也没踏进宋庆龄的房间，只是接替了钟兴宝的洗衣擦窗等部分工作。直到20天后，她才在钟兴宝的带领下，开始进入宋庆龄的房间，接替了伺候宋庆龄日常生活起居等事宜。如为宋庆龄穿衣、梳头、洗漱、沏茶，打扫宋庆龄的卧室兼办公室，在宋庆龄外出的时候，稍作整理写字桌，爬上窗台擦洗玻璃窗，用吸尘器吸取地毯上的灰尘等。

李燕娥也是单身，但是年纪大了，前两年在宋庆龄的命令下，认养了一个十来岁的女孩为干女儿以防老。母女俩一天三顿都在楼下食堂里用，惟独换洗的衣服因孩子还小干不了。可是，李燕娥年老之后，发胖了很多，变得腰圆膀壮，洗衣时弯不下腰，几件衣服常常要洗好半天，还累得直喘粗气。顾金凤见了，就主动帮助李姐洗涤衣服，冲洗浴缸，整理房间，这使得李燕娥既高兴又内疚。

李燕娥为人直爽脾气急躁，在整个宋宅里，威信最高，除了宋庆龄、张钰和杜述周等几人外，只要她看不入眼，谁都敢说，敢批评。一次，她让钟兴宝上街去买什么东

西，催了几次，钟兴宝因手头工作忙未能及时办理。她顿时冒火了，直批评得钟兴宝眼泪汪汪。不过，事后李燕娥冷静下来，发现自己过火后，又主动找到被她批评过的人，赔礼道歉。

但是，在上海的将近一个月中，李燕娥没责骂过顾金凤一声。

宋庆龄年纪大了嘴里无味，她爱吃零食。在宋庆龄的房间里，几乎随处可见陈皮、话梅、牛肉干等零食，有的放在茶几上，有的放在写字台上，有的搁在沙发上，而且都是整包整包拆了封的。顾金凤则把这些零食小吃收拾好，留在原处，以便主人随时可取。

宋庆龄对于金钱看得很淡，常常在她的被褥下乃至床底下翻到几张拾元五元的人民币。每次顾金凤翻到这些纸币后，总仍原封不动放归原处，等宋庆龄外出归来后，才提醒首长一声。

1973年5月28日，宋庆龄首次带着顾金凤外出参加活动，她们来到上海市少年宫，看望孩子们，最后还与孩子们一起联欢合影。这是顾金凤自到上海近一个月后，第一次陪护宋庆龄外出活动，是她平生第一次在公开场合露面亮相。

从少年宫回来后，宋庆龄又用相机里剩下的几张胶卷，亲自为李燕娥、张钰、钟兴宝、顾金凤拍了一张合影。这是四位了不起的奇女子生平的第一次合影，也是惟一的一次合影。

1973年5月29日，宋庆龄应中央之令要赴北京工作了。考虑到李燕娥年纪大了，上海家中需要有人照管负责，所以，宋庆龄决定让李燕娥留在上海的家中，自己带上了顾金凤作为贴身女工作人员前往北京。临动身前，宋庆龄把李燕娥、钟兴宝、顾金凤与张钰秘书、杜述周警卫秘书等叫到跟前，开了一个短会，宣布了这个决定。李燕娥尽管当时很不愿意离开宋庆龄，但面对宋庆龄的决定，她还是无可奈何地接受了下来。

这样，顾金凤已完全通过了宋庆龄的考察与考验，被批准正式来到宋庆龄身边工作了。

事后，警卫秘书杜述周曾如释重负地对顾金凤说："小顾呀，你不知道，你没来之前，我们已找了不下七八个人，但首长都不满意。现在你终于能够留下来了，我心里一块石头也可以落下来了。"

1973年5月29日宋庆龄带着顾金凤和秘书们又回到了北京后海北河沿46号。

初夏的后海故居，长廊和南湖、石榴树和七里香交相辉映，芬芳四溢。不管是花园还是住宅楼，都要比上海的故居来得大，就连宋庆龄最喜欢的鸽子，也比上海多。但宋庆龄还是不喜欢北京的居住环境，认为北京的气候要比上海干燥，风尘灰沙多，尤其一年四季难以吃上新鲜的蔬菜。她一直留恋着上海的家，想定居在上海。但因革命工作的需要，她只得在北京长期居住。

遗憾的是，从这时起到1981年5月29日逝世这整整8年中，宋庆龄生前没有满足这个心愿，没再回到她的故乡上海。

北京这个地方，却使平时足不出户的来自江南水乡的顾金凤充满了新鲜与好奇。她跟着宋庆龄来到北京后，一些平时她只能在画报上与电影放映前的《新闻简报》中才能见到的中央高级首长常常出现在宋宅，这些党和国家领导人的来到，常使顾金凤内心激动不已，感到眼界大开。并且，每位首长来访时，几乎都要握一握她的手，向她致以亲切地问候，董必武、康克清、廖承志等领导还拉着她一起合影留念。

中央首长的鼓励，使顾金凤以更饱满的热情工作着。宋庆龄有了可心的顾金凤的照顾，身体状况大有好转。但是这时她却得为"家"里的一些事"操劳"。但是，她对清官难断的家务事却处理得非常巧妙。

原来，来到北京后，钟兴宝自医院查出患有肠粘连与高血压等病症后，身体状况每况愈下，常常服药打针，卧床不起。但她还坚持着工作，尽量不倒下。但平时的大部分工作，都逐步移交给了顾金凤来完成。

长期以来，宋庆龄养成了一种习惯，即不喜欢使用洗衣机甚至用搓衣板洗涤她的内外衣服，而且从不拿到楼下洗涤，她认为用机械洗涤，容易损伤衣服。二楼有专用的洗衣烫衣间，走廊外有宽大的用玻璃罩着的阳台，衣服洗净后，晾在阳台上晒干。每件内外衣乃至一块手绢一双袜子，洗涤晒干后，她都要求保姆用熨斗烫平熨整齐。宋庆龄爱清洁，她每天都要更换内衣裤。顾金凤刚到宋庆龄身边时，熨烫衣服等事宜，都是兴宝阿姨一个包下来的。顾金凤从小在农村长大，从没摸过熨斗，她很想学会使用电熨斗，以减轻兴宝阿姨的劳动。但是，她怎么也想不到，钟兴宝在烫衣间工作时，总似有意无意地回避着她，更从不教她。好几次，顾金凤来到烫衣间，想当面请教。但钟兴宝总是借故把她支开，待等她回到烫衣间时，钟兴宝已把要熨烫的衣服都整平抚贴了。

每当夜深，工作劳累了一天，或有宾客来了，宋庆龄都要让保姆煮上一壶咖啡，解乏提神，敬送宾客。这活也都是钟兴宝一人包下来。有时深更半夜，宋庆龄要喝咖啡，为让钟兴宝好好休息，顾金凤就很想替代阿姨。但由于她根本不懂如何烹煮咖啡，只得把钟兴宝从睡梦中唤醒，但是自己心中很是内疚。

可是，钟兴宝却回避着自己亲自物色挑选来的外甥媳妇，每当在楼上电炉间烹煮咖啡时，她也总是借故支开顾金凤。

终于，顾金凤觉察到了兴宝阿姨是在回避自己，不向自己传授这些技术。她心里很难过，又百思不得其解。然而，不知怎的，宋庆龄竟发现了金凤心中的隐事，好几次，她悄悄地笑着鼓励她："金凤，有些事需要慢慢来的，性急不得。再说，这种事并不难，以后我有机会，也会教你的。"

但顾金凤怎好意思让"大首长"教她呢？为此，平时她明里暗里留了一份心，多了一只眼，偷偷地从钟兴宝那里学本事。至于烹煮咖啡一事，她有空时就向宋庆龄求教：例如什么叫"咖啡伴侣"，应该放多少？白糖应该放几匙才合适等等。

渐渐地，在宋庆龄的指导下，顾金凤就悄悄地掌握了这些工作技巧，并能独当一面了。

但是，顾金凤并没有急着在钟兴宝面前暴露出来，只要钟兴宝在场，她总让阿姨亲自操作。只有在她值夜班时，为不惊动兴宝阿姨，她才自己为宋庆龄煮上一杯香喷喷的浓咖啡。

终于有一天，轮到顾金凤值夜班。夜深了，宋庆龄要喝一杯咖啡提提神。顾金凤悄悄地爬起来。这时，睡在自己房间里的钟兴宝听见了宋庆龄唤女佣的电铃声，在上海故居，宋庆龄是用手摇铜铃传唤保姆的，在北京改用电铃了。钟兴宝躺在床上却迟迟不见顾金凤前来叫醒自己煮咖啡。于是她起床，来到电炉间，一看，原来顾金凤已把一壶浓淡适中、喷香扑鼻的咖啡煮好了，正准备端着送到宋庆龄房间中去呢！

钟兴宝终于知道金凤原来早就掌握了这些技术，她既感动又内疚，只好向金凤推心置腹地吐露了她心中的秘密。原来，钟兴宝向金凤保守技术的原因，只是她担心金凤完全取代自己后，自己从此不能再留在宋庆龄身边工作。因为初春那次她因病被退的往事，她还历历在目。她要信守自己当年立下的诺言：伴随着宋庆龄直到自己再也工作不了为止。

其实，钟兴宝误会了，宋庆龄自从克服阻力重新把她请回自己身边后，她就没准备再让钟兴宝离开自己了。当宋庆龄知道钟兴宝的这一想法后，既为她的忠诚所感动又为她的幼稚忍俊不禁笑了起来，但是，她对她也越来越关爱有加。

在宋庆龄家里，顾金凤的到来，确实使个头矮小、体瘦多病的钟兴宝为此感到轻松多了。

进入晚年后，宋庆龄身胖体重，每次上卫生间都须有人搀扶。一天午饭后，钟兴宝先吃好午饭上楼接班，换下顾金凤。顾金凤刚走到楼下，才扒了几口饭，忽听警铃大作，她急忙奔上楼去一看，天啦！宋庆龄与钟兴宝竟双双仰面朝天跌倒在卫生间！宋庆龄重重的压在钟兴宝身上，底下的钟兴宝哎哟哎哟叫唤着，俩人居然都爬不起来了。

顾金凤见状不敢逗留，也不知哪来的力气，一把将宋庆龄抱了起来。宋庆龄啼笑皆非，指点着身边的钟兴宝不失幽默地笑道："迭个死老太婆，力气也呒没格。"

顾金凤顾不得像以往那样开玩笑，只是急着一个劲地问："首长，摔痛了没有？摔坏了哪里没有？"

宋庆龄摸摸手，拍拍腰，踢踢腿，然后笑着摇摇头："呒没事体，呒没事体。金凤呀金凤，你一下子就把我抱了起来，哪来这么大的力气？好像大力士。"

从此，宋庆龄每逢上卫生间、洗澡乃至要外事接待外出什么的，她再也不敢叫钟兴宝了，只要顾金凤一个人。她常笑着夸奖顾金凤，说："阿金大力士。"

从此以后，宋庆龄亲昵地把顾金凤称为"阿金"。

渐渐地，宋庆龄也再不能离开阿金了。

晚年的宋庆龄，在女工作人员面前，和她们相亲相爱，既像大姐姐，又有时就像个小妹妹。一次，宋庆龄身体欠佳，与顾金凤分乘两辆汽车，去北京医院诊治。一路上，宋庆龄心神不宁，不时向一边的大夫发问："阿金呢？在前面等我？"

岁月匆匆，宋庆龄也终于老了。同时，宋庆龄的亲人们也老了。1973 年，宋庆龄的姐姐宋霭龄病逝于纽约哥伦比亚长老会医院。

1974 年，一年间，宋庆龄滑倒和摔伤背部 3 次。虽然没骨折，但是她的背和腰开始疼痛……

尽管如此，1975 年她还是参加了第四届全国人民代表大会，担任了大会主席团主席，并被选为了全国人大常委会副委员长。大会之后，邓小平被重新启用了。从两年前开始，周恩来总理因患癌症，健康状况严重恶化。邓小平出山主持中央工作。他立即大刀阔斧地进行整改，全国经济形势出现明显好转。

国家的情况开始好转，宋庆龄忧国忧民的心也渐渐放松了些。心情一好，她回首往事十分怀念故友。这时日本的朋友梅屋庄吉和夫人早已去世了。有几次宋庆龄对身边的人说："如果梅屋的女儿还活着，希望能见到她。"不久，她又委托中日友好协会会长廖承志，向梅屋的女儿千势子转交了一封邀请信。千势子接到邀请信，异常高兴，恨不得立即飞往中国，拜会宋庆龄……

国家的情况一旦好转，宋庆龄的心情舒畅得多了，在家中，与保姆们一起，她的话语多了，人也精神，她的活动也多起来了。

顾金凤会做苏州人称之为"一捏底"的布鞋，这种布鞋指鞋底虽薄，但既坚固又绵软，穿起来特别舒服。顾金凤还在乡下时，5 个孩子与双亲的布鞋、夹鞋、棉鞋都是她亲手制作的。顾金凤的这一手艺刚到上海时就被李燕娥发现了。李燕娥的脚大，大约是小时候缠小足时缠僵了，所以脚背上像鲫鱼背心那样弓了起来，无论哪个商店里，都难买到她能穿的鞋子。顾金凤见了，曾忙里偷闲给李燕娥做了一双既合脚、又轻便的布鞋。这让一直为穿鞋犯愁的李燕娥高兴极了。

自来到北京后，顾金凤仍保持着与李燕娥的联系，只要李燕娥来电话，请求顾金凤为她做鞋子，顾金凤总能够满足她。冬天快要来临的时候，一天，宋庆龄来到顾金凤的房间，偶然中看见顾金凤手中正制作的布鞋，宋庆龄又惊又喜："阿金，侬原来还会做布鞋子呀！"

以前，宋庆龄所穿的鞋子，都是钟兴宝做的。现在，钟兴宝年纪大了，手脚慢了，一双鞋不知要做多久才完成。宋庆龄把玩着李燕娥的新鞋子，捏着绵软的鞋底，嗔怪顾金凤偏心眼，只给李姐做，不给她也做一双。

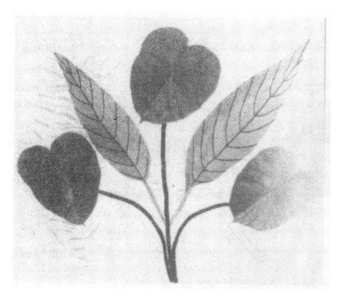

宋庆龄与顾金凤、钟兴宝合绣的刺绣

顾金凤一听知道这是宋庆龄的激将法，二话没说，就要了宋庆龄的鞋样，给宋庆龄一口气做了三双传统的蚌壳棉鞋。

宋庆龄穿着轻巧而又合脚的新棉鞋，高兴得在卧室里来来回回走了好几圈，直赞叹："真舒服，真合脚，我好久没穿过这样的布鞋了。这会儿心情真放亮了！"

宋庆龄的脸上有了笑容，她的秘书张钰和钟兴宝、顾金凤也心情好起来，北海后院宋庆龄住宅时常有女人们的笑声传出，她们的生活也倍添着情趣。

清明来到了，顾金凤采来荆树叶，放在碗中捣烂了，做出一只只碧绿生青、又甜又糯的豆沙馅青团子。北京宋宅里有一面花岗岩石做成的小推磨，她们所吃的糯米粉都是李师傅一把一把自己动手磨出来的。立夏节来临了，按江南人的习俗，要吃酒酿。可是，家里没人会做酒酿。钟兴宝就从街上买来酒药子，蒸上一沙锅糯米饭，亲自动手酿成一锅一锅的酒酿饭；端午节更是江南人不肯忽视的传统节日，张钰就托人从上海买来芦苇叶，钟兴宝和顾金凤裹成一只只形状各异、香香喷喷、有甜有咸的糯米粽子。

宋庆龄吃着这些她从小就喜欢但几十年没能尝到的江南点心，眉开眼笑，赞不绝口。但是每次，宋庆龄都要把这些江南点心分成一份一份，还各在上面附上一张亲笔便条，嘱警卫秘书杜述周驱车分送给周恩来、爱泼斯坦、马海德等夫妇。在便条上，宋庆龄明白无误地写着"这是苏州来的阿金和兴宝做的，送给大家尝尝"等字样。

宋庆龄自小出生在上海，是典型的江南人。她最喜欢吃的菜是：老玉米烧番茄（或茄子）、清炒枸杞头、豆腐干炒香菇、虾米肉丁炒酱，而且要酸中带甜才对口胃。食堂里的李师傅善做江南菜，陈师傅擅长做广东点心，他们要负责整个宋宅里上下几十号人的一天三顿，平时工作都很忙。有时宋庆龄不想惊动他们，自己在楼上烫衣间里的电炉上亲手烹饪这些家常的江南菜。现在这活儿全交给顾金凤了，顾金凤接过宋庆龄手中的菜勺子，当起了临时厨师。渐渐地，她摸透了宋庆龄的口味，做出来的菜，宋庆龄最爱吃，有时连早餐也用来下饭。

宋庆龄的早餐很简单，最常吃的是泡粥，馄饨与咸菜肉丝面。后来，咸菜肉丝她嚼不动了，就把咸菜肉丝捞给顾金凤与钟兴宝吃，自己吃喝些味道鲜美的面汤，吃几筷糊烂的面条。

这些菜都由采购员平时采购，贮藏在冰箱里的。宋庆龄什么时候想调节口味了，就和顾金凤、钟兴宝亲自动手。除了做饭外，她们富有情趣的事情还多着呢。

美国籍日本友人有吉幸治来到宋庆龄的家，送给宋庆龄一束名贵的夏威夷鸡心花，夏威夷鸡心花又叫安得利悦花。宋庆龄十分喜欢这束不同寻常的名花，为防止它凋谢，就把它养在放有一浅层水的浴缸里。但是，夏威夷鸡心花仍挡不住自然规律的无情，花儿一瓣一瓣地脱落在浴缸里。眼看着这一切，情急中宋庆龄灵机一动，把鸡心花按在白纸上，用笔紧贴着花瓣与叶片的四周，把花儿描摹成图案，然后，她嘱咐钟兴宝从商店里采购来红、绿、黄三色丝线与白色的绢绸，然后又与顾金凤三人一起动手，把绢、绸绷在手绷竹架上，把纸片上的图案仔仔细细地临摹上面，然后由顾金凤主针，创作一幅特殊的绣品。

宋庆龄与钟兴宝年老眼花，但是，她们一针一线，慢慢地揣摩，用心地绣。这幅绣品几乎花了她们整整一个月的业余时间才完成。望着这朵永不凋谢的鸡心花，宋庆龄快乐地亲自把它装在镜框里，让钟兴宝把它挂在了卧室的床头。

进入晚年后宋庆龄病魔缠身。她患有讨厌的荨麻症和白血病，怕见阳光，喜安静。所以，不管白天还是夜晚，她卧室里厚厚的窗帘，总是垂挂着。白天，她还可以把精力集中在永远也干不完的工作上，但一到漫漫的长夜，她要是不服安眠药或心中有事，就几乎整夜整夜地不能安睡。因为病魔的纠缠，年事已高的她已无力自己上下床，为此，顾金凤在宋庆龄的床前另搭了一张钢丝折叠床，早收晚搭，整夜整夜陪伴着宋庆龄。

在夜深人静时，她俩俨然一对祖孙，总有着说不完的知心话。

宋庆龄见金凤因思念家乡的孩子而沉默时，她就开导金凤："阿金，孩子们一天大似一天了，你要多放心呀！"

"大首长，我勿牵记。"顾金凤宽慰着宋庆龄说。

"勿牵记是不可能的，我只是要你尽量想开点。到我这里工作，几年呒没回家，是辛苦。但阿金你晓得我也和你一样辛苦呀。你想，孙中山伊在我30岁那年就离开了我，50多年来，我一直是一个人过的日子，要不是有你们陪着我，我说不定也早就支撑不下去了呢！"

每当这时，宋庆龄就像一个慈祥的老奶奶，絮絮叨叨地与阿金诉说着心里话，与阿金引起心灵上的共鸣。但是，在内心中她对国家对人民的关切和热望并没停息，她仍在议论着国家的发展。她的心随着国家情况的好转而好转，随着国家情况的变坏而变坏。这就是宋庆龄永远解不开的情结。

1975年邓小平上台整改，这是近几年来全国经济情况发生变化最可喜的一次。1971年"九一三"林彪叛逃，折戟沉沙后，周恩来主持中央日常工作，曾使各方面的工作有了转机。但是好景不长，中国共产党第十次全国代表大会上，王洪文、张春桥、江青和姚文元"四人帮"的地位反而提高。不久，周恩来病重，刚刚显露的一丝亮光又被阴云遮没。邓小平这一次整改和前一次一样，没多久就结束了。毛泽东不能同意邓小平否定文化大革命，发动了"批邓、反击右倾翻案风"运动，全国再度陷入混乱。宋庆龄刚刚为之一振的心情，又变得愁肠百结了。千势子的中国之行也夭折了。

周恩来的病情日益严重，这深深地牵动着宋庆龄的心。

在周恩来生病之初，宋庆龄和秘书、警卫在南湖围网，捕到了一条23斤重的大胖头鱼。她立即叫杜述周把鱼直接送到周恩来家里，她还把自己喜欢吃的鸽子蛋攒起来送给周总理，补养身体。她内心里殷切地希望人民敬爱的总理周恩来能尽快康复。

但是，1976年1月8日，周恩来在与病魔的搏斗中耗尽了生命的最后一丝精力，离开了人世。

周恩来逝世，万人悲恸，江河默哀。宋庆龄正好在北京。11日，83岁高龄的宋庆龄怀着极为悲痛的心情来到了北京医院，向周恩来遗体告别。几十年来与他相交相往的往事一起涌上心头，宋庆龄的一双秀目中饱含着晶莹的泪花。

当她参加吊唁活动回家后，宋庆龄常常静静地独坐流泪，重重地叹气。

这时，全国人民已经讨厌了文化大革命，而且最终集聚了反抗的力量。4月，群众自发聚集在天安门广场，悼念周恩来，并举行大游行。人民要求一个不再经常搞那些疯狂和压制性的思想检查的社会，一个尊重人的尊严并使人民安居乐业的社会。天安门事件被暴力镇压了，整个社会继续动荡沸腾。

但是，这场发生在春夏交替之际的震惊世界的"四五"运动，似乎使宋庆龄看到了黎明的曙光。她略带浮肿的脸上露出了来自内心的微笑。

这一天，她让钟兴宝通知秘书张钰上楼来到她的卧室。

张钰一进门，宋庆龄正伏案挥笔作画，一见她就直起身子，笑吟吟地把一幅刚画好的水墨画放到张钰面前，道："张钰，你曾向我要过画，今天我画了一幅，送给你，不知你喜欢不喜欢？"张钰低头一看，纸上画了一只正引颈高唱的雄鸡，背景处，一轮旭日喷薄欲出。宋庆龄在画右上角的题款是"报晓的雄鸡"。张钰一看，就明白了宋庆龄这幅画中的含意，不由开心地笑了，连声说："喜欢喜欢。"宋庆龄追问道："你喜欢它的什么呢？"张钰毫不犹豫地脱口而出："我喜欢的是其中天快亮了的意思。"

宋庆龄望着这位心腹挚友，脸上露出了满意的微笑。她赞许地连连点着头。10年了，以江青为首的阴谋集团的倒行逆施也整整持续了10年。这10年中，宋庆龄含辱忍恨，坚强地与她们做着斗争。她与全国人民一样，等待着那帮人的"多行不义必自毙"。但是，中国的命运还是一波三折，随之而来的事情几乎把她击倒。

7月6日，朱德委员长逝世。9月9日，毛泽东主席逝世。9月11日，宋庆龄不顾八十高龄，在顾金凤和张钰的搀扶下亲自来到人民大会堂吊唁毛泽东，瞻仰遗容，并守灵。一个星期后，她又坚持参加毛泽东追悼会，并献花圈。不到一年时间内，中国三颗巨星陨落，阵阵悲痛袭来，宋庆龄欲哭无泪了，心情像铅一样沉重。中国的航船驶向何方啊？

毛泽东逝世后，江青、王洪文、张春桥和姚文元"四人帮"加紧篡党夺权。10月，正义终于战胜邪恶，光明代替了黑暗，江青反革命集团被一举粉碎，历史终于翻过了沉重的一页。

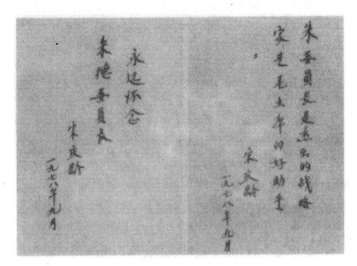

宋庆龄的题词，对朱德同志表示了深切的怀念

宋庆龄写下的《追念毛主席》一文

第二十章 晚霞满天

宋庆龄去世的消息传到北美大陆后，美国、加拿大友好人士来电表示深切地哀悼。斯诺的前妻海伦·福斯特·斯诺在唁电中说："宋庆龄是二十世纪五、六位杰出的妇女之一，她的一生代表了这一历史潮流。"

神州大地春风送暖，万物复苏，耄耋之年的宋庆龄度过了最寂静难熬的岁月后，重新焕发了青春。

北京后海北河沿46号的古老的庭院里又充满了欢声笑语。刚刚解放出来的邓小平和夫人卓琳、彭真和夫人张洁清、乌兰夫及许多中央同志重新出来工作了。他们前来看望宋庆龄。国际友人、海外华侨、港澳台胞也接踵而至。大家庆幸终于熬过了灾难的10年，一起分享这历尽苦难才得到的欢乐。

四人帮倒台时，宋庆龄是提前得到这个振奋人心的好消息的。她欢欣鼓舞，尽管大地刚刚复苏，但是她仿佛就看到了繁花似锦的春天，共和国火热建设的夏天……一向注重节俭的她破例指示上海家里的李燕娥，给她空运来近百斤苏州阳澄湖大闸蟹。

大闸蟹运到北京后，宋庆龄把一半的阳澄湖螃蟹分送给邓颖超等好友，一小半的螃蟹分给了警卫班的战士，自己留下一小面盆，然后叫顾金凤送去厨房蒸熟了。

宋庆龄已为荨麻症所困扰，不轻易碰荤腥，这天，她破例取出镊子等工具，要吃螃蟹了。为避免荨麻症的发作，事先，她服了珍珠粉等药物。然后，她叫张钰把钟兴宝与顾金凤叫到了楼上的小客厅里，四个人团团围坐在了一起。

在这愉快的螃蟹宴上，宋庆龄牙齿不行，只吃蟹砣，掰下来的脚与钳，给钟兴宝与顾金凤吃。几个人一边吃一边笑，整整吃了两个小时。结果，宋庆龄与张钰、钟兴宝、顾金凤四人共吃掉了一面盆的螃蟹。

眼前的蟹壳堆成了小山，宋庆龄高兴地一语双关问蟹壳："这下，你们还横行霸道得了吗？"说得一桌人乐不可支。

这一次吃大闸蟹让工作人员终身难忘。这样用飞机空运吃的食物的奢侈也是宋庆龄一生罕见。

宋庆龄一生勤俭节约，她的节俭风格，凡与她接触过的工作人员都知道。衣服破了，宋庆龄从不弃之不用，总让两个保姆缝缝补补后再穿的，手帕和袜子破了，也要两个保姆用细细的丝线缀缝补合，下次再用，就连外国友人送来的礼品的红色的丝绸包装带，她都要顾金凤用熨斗烫平了收集起来，以备后用。

但是，在这民族新生的时候，深情的宋庆龄更加怀念逝世的战友们。4月，她发表了《怀念周恩来总理》一文。9月9日，她不顾年老体衰参加了纪念毛主席逝世一周年大会和毛泽东纪念堂落成仪式。

历史的巨人先自己而去了，几十年的交往还长留在宋庆龄的心中。9月9日夜晚，宋庆龄尽管白天很辛苦了，但是仍然心潮澎湃，回首难忘的往事久久难以成眠，最后她来到了钢琴边，把一腔难言的哀思与深情都寄托在琴声中。悠扬的琴声，在深夜里听来是那么的清脆缠绵，流淌着难抑的哀思，就连大门口的值班战士，也听得哀思无尽。

顾金凤坐在宋庆龄的身边，根据宋庆龄的示意，一页一页地翻动五线谱。

夜很深，一曲曲琴声在夜风中传扬。最后一曲弹完，宋庆龄意犹未尽，问身边的顾金凤："阿金，好听吗？"

顾金凤没有文化，更不懂得音乐，随口说："好听。"

"这是只什么曲子呢？"

"听不懂……"顾金凤如实地回答。

"这叫摇篮曲，是外国人作的曲子……"宋庆龄认真地、一五一十地向顾金凤介绍

宋庆龄摄于 1980 年

曲名，她想最后用摇篮曲呼唤睡意的到来。

顾金凤似懂似懵："哦，我晓得了，这是一只催眠曲，首长想听了能早点睡着……"

顾金凤的回答惹得忧伤满腹的宋庆龄更加哀思绵绵，心中的思念略无所减……

国家重新前进的道路最初走起来是缓慢的，曲折的。但是，宋庆龄尽管年纪大了，她仍然和战友们继续推动前进的车轮。1978 年 2 月，她参加第五届全国人民代表大会，被当选为全国人民代表大会常务委员会副委员长。6 月 14 日中国福利会成立 40 周年，她亲自参加大会，和大家一起回忆中国福利会走过的艰难曲折的前进历程，一起展望中国福利事业的未来。9 月 17 日她又出席了中国妇女第四次全国代表大会，在大会上她致闭幕词，表示和大家一道进行现代化建设的新长征。大会上她继续被选为全国妇联名誉主席。

这时，宋庆龄已经是一位 85 岁高龄的老人了。

宋庆龄 80 岁时，还能穿着高跟皮鞋一个人在花园里散步，走得快时，别人都跟不上。但是进入 85 岁以后，她的身体状况是每况愈下，每天早晨，四肢浮肿，最后发展到若没人相助竟一人无力爬起来。为此，北京医院专门给她调派了一个女性按摩师。每天早晨一上班，女按摩师就准时来到后海，在楼下的按摩间里，为她按摩一个小时。

但是，宋庆龄却不愿意给党和政府添麻烦，对一边的顾金凤说："阿金，学着点，也是本事啊。以后你还要参加祖国建设的新长征呢！"

宋庆龄就是这样时刻把个人和国家建设事业联系起来。顾金凤一听，全神贯注地跟在按摩师身边认真观摩学习。

很快，顾金凤就掌握了按摩的基本功。从此，每天在搀扶宋庆龄起床前，她就先四肢，后腰背，为宋庆龄按摩上个把钟头，直到把宋庆龄的四肢都按摩得活络了。

江青反革命集团垮台后，中日关系沿着友好的道路飞速前进。千势子访问中国，拜会宋庆龄的愿望终于要实现了。

宋庆龄和爱泼斯坦（左一）等朋友在一起庆祝中国福利会成立四十周年

1978年10月22日，千势子怀着万分激动的心情，偕丈夫国方春男飞越东海的万里碧波，来到新中国首都北京。次日下午，千势子和国方春男由日籍华人鲁朝臣引路，来到宋庆龄宅邸。千势子步入大厅时，宋庆龄出来迎接，她迎上去热烈拥抱千势子。

千势子望着眼前的宋庆龄，虽然她已是86高龄的老人，但是当年风采仍在，楚楚动人的容貌中带有一种"沉思"，让人感觉到她身上一种巨大的精神力量。但是宋庆龄突出的个人魅力，历经漫漫岁月而不衰——年轻时是美人，年老时依然是美人——是一种美的典范，她的身上体现出一种经典的自然美。千势子看着看着，眼前的宋庆龄还仿佛是20余岁的新娘形象，还既娴雅又显得柔弱，她那种内在的平静又显露出一种内在的力量。这使千势子羡慕不已，她禁不住问："您最大的美容秘诀是什么？"

"我已经老了。"宋庆龄笑了笑，然后告诉她说，"不为外面的花花世界迷惑，心平气和地面对一切，这样才会有美好的内心世界，内心的美才会有外在的美丽。"

宋庆龄最大的美容秘诀就是"宁静"，千势子明白了，宋庆龄的这种宁静是一种内在的平静感，无论生活和社会如何变化这种宁静始终保留在宋庆龄的身上，她也因此一直保持着特有的美，内在的平静是宋庆龄保持美丽的源泉，是她内心的一种反映，它的外在表现是一种爱。但是，千势子也知道宋庆龄的这种爱不是狭隘的、自私的，而是博大的、无私的；她这种内在的平静来自热爱自己的民族，来自热爱普通的人们。

"在纷扰的世界里，要保持心平气和，那是件很不容易的事。"千势子说，"是啊，要保持内心的平静，就必须能够寻找支撑你的平衡感，这样才能保持内心的平静，才能在生活中寻到真正而持久的美。"宋庆龄静静地说，"这种平静感胜过一切化妆品，它给容貌增添的不仅仅是色彩，更多的是从内到外的力量。"

这次重逢，宋庆龄和千势子交谈了很久。随后，宋庆龄回忆起60余年前随孙中山在梅屋宅与梅屋庄吉纵论天下大事、策划讨袁的情景及在梅屋夫妇的帮助下，与孙中山举行婚礼的往事，梅屋夫妇诚挚的面容不断在她眼前闪过。最后，宋庆龄设宴款待千势子和国方春男。

夜渐渐深了，她们仍沉浸在往事的回忆中。临睡前，宋庆龄还深情地说，"您的父母亲是我非常缅怀的人，是绝不能忘怀的重要人。"

第二天，千势子要去参观万里长城，宋庆龄说："那里风大，请你拿上我的风衣。"亲自给她拿来自己的风衣。最后，三人合影留念，依依惜别。

千势子回国后，宋庆龄与千势子之间的信件往来不断。千势子回日本后，即收到宋庆龄的一封回信：

国方春男先生、国方千势夫人：

接到十二月一日来信和在我餐厅里的合影两张，感到非常高兴！

您们的访问，引起我对往事的回忆，即对梅屋庄吉先生和夫人与孙中山先生和我之间的友情的回忆。时间和形势永不能抹掉这宝贵的友谊，什么也不能抹掉它的。

我和宋家姐妹以深切的友好愿望，祝你们健康。

宋庆龄

一九七八年十二月九日

同日，宋庆龄在寄给国方夫妇的贺年片上题词：

我们所共有的快乐回忆是一处特殊的纽带，它随着岁月的日驰而使我们在思想上和心底里保持密切接近。

宋庆龄

一九七八年

接着，宋庆龄应国方夫妇的要求，挥毫题字：

中日两国人民世世代代友好下去

国方春男先生

国方千势女士留念

宋庆龄

一九七八年

12月，党的十一届三中全会在北京胜利召开，大会从政治路线上拨乱反正，果断地停止了"以阶级斗争为纲"的口号，确立了以经济建设为中心的政治路线。举国上下欢欣鼓舞，同心协力向着现代化的宏伟目标前进。

在这个月，宋庆龄又怀着深情撰写了《追念毛主席》一文，寄托哀思。在文中，她深情地说：

国共谈判期间，在重庆和毛泽东会见，就感到他不但是一党的领袖，并且是全国人民的导师，他的思想敏锐，识见远大，令人钦佩。

十一届三中全会后，各项事业都加快了前进的步伐。机构改革也提上了议事日程。上海有的人以精简机构为由要取消儿童剧院和儿童剧。2月12日和13日，她连续两次致函中国福利会儿童福利院。在12日的信中，她写道：

我创办儿童剧院是为了演出儿童剧，通过儿童形象，感染儿童，使他们有文娱生活，并寓教育于文娱之中。

解放后，宋庆龄曾设想在全国各地建立上百个儿童剧院，由于10年浩劫，她的这个心愿没有实现。粉碎江青反革命集团后第一个春节，她曾把一条几十斤重的大青鱼和一些年糕送给儿童剧院。她是多么热切地希望儿童剧院能够再放异彩。她鼓励儿童剧院工作人员继续把工作重点放在儿童剧上，创作出更多更好的儿童剧。

对于取消儿童剧院和儿童剧的意见，宋庆龄听后非常生气，13日，她又提笔写道：

中国福利会儿童艺术剧院：

昨天给你们写了一信，今天觉得还有话要说，再写这封信。

儿童艺术剧院是示范性的，试验性的，完全是为儿童服务而创办的。成人有成人的剧院。某些干部把为儿童服务的方针误会了，将是一个大错。我们既定的方针。不可曲解和改变。

我们多年来培养的专业人员，不允许调走。

此致

敬礼

宋庆龄

1979年2月13日

儿童剧院的同志受到宋庆龄的鼓舞，马上创作了一出儿童剧《童心》。3月剧团到北京演出。

宋庆龄一听，高兴地说："我的剧团来了，我要看戏。"

首场公演在北京工人俱乐部进行。剧院院长是任德耀，他知道宋庆龄身体不好，打算过几天找个安静的场所为她专门演出一场。宋庆龄听后，几乎生气了，她坚持说："不！我要看第一场演出。"28日，北京的初春还很寒冷。但是，宋庆龄按时地来到了北京工人俱乐部。演出持续了2个多小时，宋庆龄全神贯注地观看，不时地点点头。

结束时，任德耀考虑到她的健康状态，准备派两名演员下台向她献花。宋庆龄不同意，说："我要上台！"

她上台了，祝贺演出成功，并且把一个特大的花篮献给剧团。

回家后不久，宋庆龄又把《童心》的导演任德耀请到家中，谈了一个下午，反复叮嘱他，一定要创作出更好的儿童剧。

30日，她写了《我看<童心>》一文赞扬《童心》的演出成功，向人们宣传儿童剧团和儿童剧。

6月，美国知名妇女访华团和美国夏威夷各界访华团来到了中国。宋庆龄早年在美求学，亲手播下了中美友谊的种子。几十年如一日，这颗友谊的种子在她亲手培育之下长成参天大树。访华团到达北京后，宋庆龄高兴地和他们见面，并且亲自在家中设宴招待客人。为增进中美两国友谊产生了巨大影响。

不久，建国30周年就要来临了，宋庆龄发表了《人民的意志是不可战胜的》文章，这是在晚年所写的最后一篇政治性文章，《人民的意志是不可战胜的》一文，历数了林彪、江青反革命集团的罪行，论述了粉碎这两个反革命集团的巨大意义：

从60年代中期到70年代中期的十年中，妄想篡权复辟的阴谋家、野心家林彪、"四人帮"之流推行一条极"左"路线，使大批老干部、知识分子和人民群众遭到了残酷的迫害，使我们的国民经济走到了崩溃的边缘，使我们的科学技术本来同世界先进水平缩小了的差距拉大了。总之，我们的国家遭到了一场浩劫，我们建设进程至少被推迟了20年，中国革命处于危难之中，这是多么惨痛的教训。

1976年秋天，一举粉碎"四人帮"的伟大胜利，赋予我们的十月以新的意义，这个胜利标志着中国革命又经历了一次转危为安的历史性转折，有了这个伟大转折，我们

宋庆龄招待美国客人

的社会主义革命和建设才有可能进入一个新的发展时期。

她赞扬粉碎"四人帮"以后，特别是十一届三中全会以后，在拨乱反正，落实党和国家的各项政策，加强社会主义民主和社会主义法制，恢复和发展国民经济和科学教育事业，逐步提高生活水平方面以及外交方面所取得的巨大的成就。提出：

今天我们必须大力建设高度的社会主义物质文明，逐步提高人民的生活水平，同时，也必须建设高度的社会主义精神文明。

她还强调：

一定要为我们的科学技术工作者、教育工作者、文艺工作者、医务工作者，以及其他文化工作者，尽可能提供较好的物质条件，并且一定要尊重他们的劳动，关心他们的生活。

特别值得注意的是，林彪、"四人帮"推行的最黑暗、最愚昧的法西斯文化专制主义，已经在人们的思想上，道德上和纪律上造成了恶果，其中受害最深的是青少年一代，这是十分严重的事实，因为青少年是我们的革命事业的接班人，如果青少年不能健康地成长，那么我们的四个现代化还寄希望于谁呢？

她对台湾回归祖国的统一大业备极关怀：

在举国欢庆祖国伟大节日的时刻，我不能不想念台湾的骨肉同胞。30年了，台湾回归祖国，实现国家统一的大业还没有完成，哪一个中国人不应感到身有责任呢？

今天，不论是国内形势还是国际形势，都有利于我们来完成这项伟大事业，我们热切期望台湾同胞能同我们一起，共同努力，来进一步发展和壮大革命的爱国统一战线，为台湾早日回归祖国，共同发展四个现代化的建国大业而做出应有的贡献。

最后她充满信心地说：

30年，我们在中国共产党领导下，走过了一条伟大的道路，一条闪耀着社会主义光辉的道路，九亿人民坚定不移地选择了这条光明大道，虽然这条道路也是艰难曲折的，但是，一切野心家、阴谋家都没有能够、也不可能战胜九亿人民的坚强意志，而且这些野心家、阴谋家，没有一个不是在人民的钢铁意志面前碰得头破血流，过去是这样，今后仍将是这样，我坚信，人民意志是不可战胜的，……当我看到国际国内形势大好，我们新中国的航船在战胜险遭倾覆的命运之后，又乘风破浪，昂然前进的时候，感到由衷的高兴和无比的幸福。

在祖国建设巨轮开始奋进的时候，宋庆龄虽然年迈体弱了，但是，她仍然用自己的心和力鼓与呼，摇旗呐喊。

10月12日，她在北京寓所宴请柬埔寨国王西哈努克和夫人。同日又和邓小平一起接见美国著名小提琴家艾萨克·斯特恩。

1980年1月1日，宋庆龄出席了政协全国委员会的元旦茶会。3月5日，她又主持召开了与她生死与共奋斗了十年的老战友蔡元培逝世40周年纪念大会，并致了词。5月17日，她参加了刘少奇追悼会。

然而，繁重的工作使年迈的宋庆龄的体质变差了，随后她又不得不住进了医院。

在病榻上，当她得知政协全国委员会决定1981年隆重纪念辛亥革命70周年时，她欣然担任了筹委会副主任委员。是啊，白驹过隙，17岁的她在美国威斯里安学院扯下清朝龙旗挂上五色旗，已经匆匆过了70年了。是这场伟大革命的爆发，把她和另一个伟人孙中山的命运连接在一起，十几年他们相亲相爱，患难和生死与共，又有多少难忘的旧事，多少刻骨铭心的深情啊！10年过去，20年过去，30年过去，……70年即将过去，是该去纪念那场震撼世界的事件，是该去追念一直为之奋斗的丈夫，战友和导师。在重病中，宋庆龄热切地关注着纪念活动的各项准备工作。

正在这时，有关部门考虑到宋庆龄躺在病榻上的时间多，特别给她配了一台这时市面上罕见的9寸彩色电视机。晚上可以不再寂寞了，顾金凤与钟兴宝乐坏了，可是，宋庆龄每晚看完《新闻联播》后就不看了。任其他节目怎么好看，她都不看。

除了手上有急需办理的公事外，一般情况下，她看完《新闻联播》节目就上床。上床前，顾金凤用温水给她泡洗双脚。宋庆龄的双脚浮肿，一按一个印，一摸一手水。这是宋庆龄整天到晚坐着办公累下的，顾金凤搓洗格外细心。每当这时，宋庆龄就像个慈母似的一边摩挲着顾金凤的头顶，一边说："阿金，真舒服，谢谢侬啊！"

但是，上床后，宋庆龄并不是立即休息睡觉，而是一个人拥被而坐，用手指在被面上写写画画，嘴中念念有词。开始时，顾金凤不明白宋庆龄这是做什么，疑惑地问她这是干什么？宋庆龄回答说："有几个字或一个句子忘了，我练习练习。"

宋庆龄对待工作一丝不苟，对待学习也是这样勤奋努力与刻苦，一丝不减当年。

10月，住在上海寓所的李燕娥忽然来到北京后海。宋庆龄见到久别的李燕娥非常兴奋；然而，久别重逢的姐妹还没顾得及亲热，便被一层阴云笼罩住了心头。

李燕娥一生没有生育，可是据北京医院确诊竟患了子宫癌，需要动手术摘除。但是，李燕娥面对病魔，说什么也不肯接受手术，宁愿病死也不去医院。宋庆龄急在心里，几番对她晓之以理、动之以情，经过苦苦劝说，她才勉强住进了北京医院。

不久，宋庆龄又请经常来后海为她自己检查身体的林巧稚大夫亲自主持李燕娥的手术，结果手术进行的很成功。半月后，李燕娥出院了。在北京小住半月后，她惦记上海家里的情况再也住不下去，不顾大家的一再挽留，在元旦到来之前，要回到上海去。

宋庆龄只有同意她走，在院里上汽车时，李燕娥还一身轻松、两手一摊地对宋庆龄

1980 年夏，宋庆龄与李燕娥合影

说："看看，两手空空来，两手空空去。"惹得宋庆龄和顾金凤笑出了声。然而，谁也没有料到，李燕娥刚去上海没几天，又回到了北京。

原来，埋伏在她体内的癌细胞已向全身扩散，浑身疼痛，尤其是下腹的刀伤处更是疼痛难忍。

李燕娥回到北京后，宋庆龄马上为她请了两个小保姆，并把李燕娥和保姆安排在楼下宽敞的按摩间住下。

恶毒的病魔无情地折磨着李燕娥，她的病情日益严重，痛得一向以坚强著称的李燕娥忍不住彻夜哀嚎。凄惨的喊叫声，传遍了后海，在深夜中扩散，让人听了毛骨悚然。但是，李燕娥还是拒绝服药打针，拒绝接受一切治疗，只求早日结束自己的生命。

一天，痛苦中的李燕娥忽然想吃棒冰。宋庆龄一听马上吩咐秘书马上让警卫战士上街买。棒冰买回来了，但是，病痛折磨得李燕娥连把棒冰举到嘴边的力气也没有了，顾金凤含着泪喂她吃。可是，她也只吃了几口，就头一歪，再也不想吃了。

在死亡阴影的笼罩下，李燕娥的情绪坏透了，几乎看谁都不入眼。就连宋庆龄拄着拐杖亲自下楼来劝慰她，她也不吭声。

最后，宋庆龄听取了北京医院大夫专家们的意见，决定还是把这位跟随了她整整53 年的忠诚的卫士再次送进医院治疗。宋庆龄又拄着拐杖，在顾金凤的搀扶下颤抖着下了楼，苦口婆心亲自劝说李燕娥去北京医院治疗，然而，她不但不听，反而高喉大嗓地冲宋庆龄发脾气："我不去，死了拉倒，去医院有什么用场呀！"。

在僵持中，宋庆龄请来的医院的人已经来了，可是李燕娥还是说什么也不同意去医院，犟着不肯下床。最后，还是在宋庆龄苦苦劝告下，警卫班的战士们才半拉半抱地把她弄上了担架，抬上了吉普车。

李燕娥在临上吉普车时，老泪纵横，她怔怔地望着宋庆龄，从喉头里憋出最后一句话："我先走一步了。"

一句话使宋庆龄流了一天的泪。

果然，李燕娥这一去，就再也没有回来！

1980年除夕那天凌晨，一身倦容的秘书杜述周和钟兴宝从北京医院回来，把李燕娥病逝的噩耗悄悄告诉了大家。杜述周神色严峻地吩咐大家："暂时不要把这事告诉首长，让她好好过一个年。"

但是，身边工作人员窃窃私语的异样神情，还是使宋庆龄产生了疑问，当钟兴宝蹑手蹑脚经过宋庆龄的房间门口时，宋庆龄把她叫了进去，第一句就是"兴宝，你刚从医院回来，李姐的情况怎样了？"

钟兴宝还想遮遮掩掩，但是在宋庆龄的声声追问下，她只好含着泪轻声告诉宋庆龄："太太，李姐已离开了我们，刚才，我和杜秘书已把她送进了太平间。"

钟兴宝话音未落，宋庆龄便已是泪流满面，无奈地用手击着床沿呜咽道："恶病致命，恶病致命哪！"

她大口大口地喘息着，过了好一会儿，才稍稍平息下来，然后对身边的顾金凤说："阿金，我以前关照侬的侬还记得吗？"

顾金凤一时没有醒悟过来："首长，什么事？"

"唉，就是李姐我生前答应过她的，把她的骨灰盒安葬在上海万国公墓，和我以后葬在一起。这件事，我已和沈大姐说过的。到时，你要提醒她一下，千万别再忘了。我记得，万国公墓我父母的坟地上有八个墓穴……"

第二天，上海宋庆龄福利基金会负责人沈粹缜大姐从上海来到北京，带来了上海政府请人根据回忆复制出来的宋氏墓碑的尺寸、样式及碑文书法格式，还带来了李燕娥的墓碑式样设计草图，一并交给病床上的宋庆龄过目审批。宋庆龄看后，连声说："完全一样，一点不错。"当即在图纸上签下"同意"二字。

李燕娥火化后，装入了骨灰盒子，被带回了后海。宋庆龄吩咐把它放在楼梯上的圆桌上。宋庆龄与沈粹缜双眼相望，两手相执，望着李燕娥的骨灰盒，潸然泪下。

沈粹缜在北京住了几天，就要带着李燕娥的骨灰盒回上海。她将根据宋庆龄的一再嘱咐，把李燕娥安葬在万国公墓宋庆龄的寿穴的旁边。

临别时，宋庆龄紧紧抱住李燕娥的骨灰盒不放，深情地用双手抚摸着骨灰盒，并把脸贴在上面亲了又亲，泪水点点滴滴地落在了骨灰盒上。

在漫长的人生中，宋庆龄没有亲人，她的日常生活是与工作人员一起度过的。她家中的工作人员把她当作亲人，她也把她们当作自己的亲人，始终无微不至地关怀着她身边的工作人员。她与工作人员的深情并不仅仅是一个李燕娥，对其他人也是如此。

大约是1976年，顾金凤忽然患了重感冒，发烧达40度，卧床不起。宋庆龄竟违反警卫秘书的命令，不顾自己会传染上感冒的可能，一个人悄悄拄了拐杖，来到顾金凤的床边，把一包包牛肉干、葡萄干、陈皮等零食偷偷塞到顾金凤的枕边，命令道："阿金，勿要怕（指秘书会生气），你吃。"

后来，她看到顾金凤的高烧迟迟不退，又叫警卫班把她送到北京医院住院治疗。在顾金凤住院的四天里，宋庆龄天天指派杜述周代表她到医院探望顾金凤，要杜述周转告大夫，给顾金凤改善伙食，加强营养。

宋庆龄慈母般的关怀体贴，感动得顾金凤热泪盈眶，她只在医院住了四天，就提前出了医院。回到家里，她又急着要工作。这时，宋庆龄就下了命令：阿金每天午饭后，无论如何要休息一个小时。顾金凤躺不下，宋庆龄就生气，指着自己的床前那张搭起来的临时床铺命令道："阿金，你给我在这里睡上一个钟头，否则，我要不开心的！"恭敬不如从命，顾金凤这才乖乖躺了下来。

宋庆龄对李燕娥、顾金凤如此，对其他工作人员也一视同仁：不管是吃的还是穿的，她都要一分为几份。哪怕一只苹果，她也要亲自一切为三，钟兴宝一份，张钰一份，顾金凤一份。她把身边的人全当成她自己的女儿！有一年，有外宾来，宋庆龄根据那个国家的生活习俗，在楼下宴会厅里摆了几桌羊肉宴。外宾走了，还留下不少鲜美的羊肉。宋

宋庆龄为李燕娥立的石碑

庆龄舍不得扔掉，就征求顾金凤的意见："阿金，这些羊肉，你看怎么个分法？"

顾金凤没有多思索，便脱口而出："除了张钰和杜述周两位秘书外，其他不管是烧火的还是洗衣服的，一律平均分配。"

顾金凤的想法与宋庆龄不谋而合，宋庆龄满意地笑了："好，就按你的意见去办。"

平时宋庆龄就是这样善待下属的，家人从后海里捕到了胖头鱼，有关部门发来水果，冬夏两季分发一些劳保用品，她都是一律一视同仁，不分高低，分给所有工作人员。

送走了李燕娥，过了几天，大约是大年初五，宋庆龄挣扎着从床上爬将起来，在顾金凤与钟兴宝的搀扶下，走向写字台。同时，她嘱顾金凤从立柜顶上取下那只精致的上着锁的小铁盒。两个女佣一看就知，宋庆龄又要修改她的遗嘱了。

这只不一般的小铁盒里，珍藏着宋庆龄那份写了30年也改了30年的遗嘱。宋庆龄的这份遗嘱动笔于1953年，那年，她刚好是60岁。钟兴宝自1952年3月来到宋庆龄身边工作起，知道宋庆龄每逢每年元旦或春节过后修改遗嘱的习惯。宋庆龄每次修改完毕，她把那份遗嘱放进小铁盒里时，总要把钟兴宝或顾金凤召到面前，用手拍着小铁盒，关照她们：

"兴宝，我老千年（苏沪一带对逝世之说的方言）以后，我要讲的话都在这里了。"

"阿金，你要记住，在我没咽气之前，这个铁盒子里的东西决不能让任何人拿去的。"

每年年底前后修改遗嘱已成了宋庆龄一项必做的工作，似乎已是约定俗成的了，但惟有一次，宋庆龄破例是在中途进行修改的。

那是1966年9月21日，上海的红卫兵与工人革命造反派冲击了宋庆龄在上海万国公墓的宋氏祖坟，严重毁损了宋庆龄父母的墓穴。事发后没几天，当沈粹缜大姐带着偷

偷拍下的宋氏墓地被毁的现场照片专程来到北京，把照片交给宋庆龄过目时，宋庆龄的身心受到了沉重的打击，当天就病倒了。当宋庆龄的身体稍稍康复后，她就挣扎着起了床，一反常规地修改了她的那份遗嘱。

当时，钟兴宝一直在旁边伺候着，宋庆龄修改了什么，她一无所知，但她看见了宋庆龄当时的神情十分悲痛，泪水不断地流着，好几次不得不停下手中的笔，用手帕擦洗着满面的泪水。事后，她才得知宋庆龄这次对自己的遗嘱作了重大的修改，并首次提出了她逝世后一定要与万国公墓的父母葬在一起的要求。宋庆龄这么做，无疑是为了保护她的父母的坟墓从此不再遭受飞来横祸。

这次，宋庆龄又把小铁盒提前取了出来，钟兴宝就猜想宋庆龄又要修改她的遗嘱了。果不出所料，宋庆龄当晚就挣扎着伏案工作了，再一次，也是最后一次地修改了她的这份不同寻常的遗嘱。

大约整整修改了两个小时后，宋庆龄才长长地吁了口气，把遗嘱毕恭毕敬地放进小铁盒，亲自用锁锁上；然后，她紧紧拉着钟兴宝的手，低声叮嘱道："兴宝，我还是那句话，这份遗嘱，在我没咽气之前，你是谁也不能给的，我去了以后，你才可以把它交给粹缜与康大姐她们，千万记住了……"说着，宋庆龄把钥匙紧紧捏在手中，又补充道："兴宝，这件事我就完全拜托你了。你记着，这把钥匙就放在我的枕头底下。"

这是一种多么巨大的信任呀，钟兴宝抽泣了起来，用力点着头，向宋庆龄表示了她一定做到，同时，她紧紧握住宋庆龄的手，哽咽道："太太，你别这么想，你不会的……"

话虽这么说，但生老病死是人类的规律，谁有这回天之力呢?! 宋庆龄对此更是明白如烛。

果然1981年春节过后，宋庆龄的病情越来越严重了。不久严重到了必须整夜守护，以备不测，于是钟兴宝与顾金凤一起实行轮换值班，每人一夜轮着守护在宋庆龄身边。

3月16日，专家会诊，确认宋庆龄患了白血病。

几天后，邓颖超代表中共中央去探视宋庆龄。

在谈话中，宋庆龄不让邓大姐再称呼她副委员长，邓颖超说："称你庆龄同志好吗?"

宋庆龄含笑频频点点，深情地吻了吻邓大姐的手。

宋庆龄把自己的一生献给了中国，祖国的未来一直是她关怀备至的焦点。尽管她生命的时间不长了，但是，在她生命最后的时候，儿童事业仍然是她主要精力所在。5月2日，她在《人民日报》上发表了《更好地为下一代想》。在文中，她充满深情地说：

"我的一生是同少年、儿童工作联系在一起的……只要我们不断关心这年轻的一代，不断地用中华民族的优秀传统，用中国革命的优秀传统去培养和教育他们，他们就一定能够把我们祖国和民族的希望的火炬接过来，传下去。"

也正在这时，加拿大维多利亚大学决定授予宋庆龄荣誉法学博士学位。

鉴于宋庆龄的病情，对外友好协会决定让会长王炳南代表她接受学位证书。

宋庆龄尽管发着高烧，但是仍然坚持自己亲自接受荣誉证书。她致函陈翰笙商量授证仪式上的答辞，又请医生采取特殊措施，稳定她的病情。

5月8日下午，授证仪式在人民大会堂举行，发着高烧的宋庆龄坐着轮椅到达了庄严的会场。

加拿大维多利亚大学校长霍华德·佩奇首先致辞，然后，把荣誉法学博士学位证书亲手交给宋庆龄，会场响起热烈的掌声。

全国妇联主席康克清向宋庆龄赠送了一束鲜花，热烈地向她祝贺。

宋庆龄身披荣誉博士礼服，手持一份中文答辞稿，即席用英语作了20分钟的发言。

这一活动结束后，宋庆龄的病势一天比一天沉重。5月12日，宋庆龄已经病危。清晨5时，她突然挣扎着从床上坐起来，对守候在身边的工作人员说："扶我起来，我有事要做。"

两个工作人员扶着她下床，她喘着大口气，说："我要到书房去。"

两个工作人员一左一右搀扶她进了书房，宋庆龄在写字台旁坐下，用颤抖的手，艰难地握起笔来蘸满了墨，在纸上写了"韬奋手迹"四个大字。写好了一张，但是她还不满意，又写了两张，说："让粹缜选着用吧。"

宋庆龄与康克清合影

沈粹缜是宋庆龄的战友邹韬奋的夫人。原来，年初韬奋纪念馆编选《韬奋手迹》，要求沈粹缜恳请宋庆龄题写书名。沈粹缜在2月份找到宋庆龄。宋庆龄高兴地答应了。但是那时她的手有些发抖，只好等一段时间再写，不料她病情日益严重，沈粹缜不忍心再催她。可是宋庆龄却一直惦记这件事。

宋庆龄现在终于写完了，她被工作人员搀扶回到了床上。

一躺下，她轻松地舒了一口气，轻轻地说："我现在放心了。"

5月13日，宋庆龄经过整整一夜的思考，决定第二天回上海去。上海是她梦萦魂绕的故乡，她已来到北京整整8年了，她思念生她养她的地方。她对顾金凤说："明天我们回上海，我要退休了。回到上海，你和兴宝也好离苏州近些呢。"

顾金凤听了，以为宋庆龄病好多了，满心高兴。当夜，她抽空整理了一下自己简单的行李，准备明天出发。但是，谁也没有想到，就在当天夜晚，宋庆龄忽然发烧，热度高达40度，陷入了昏迷状态。深夜，北京医院的医护人员急忙赶来后海，在宋庆龄的卧室里摆下了半房间的医疗仪器。

5月14日上午，宋庆龄从昏迷中醒过来。再过十几天就是"六一"国际儿童节了。这一天要举行报告会，病危的宋庆龄再也不能出席大会了。她重重地叹着气。她挣扎着下床去办公室写信，可是她已力不从心了。身边的服务人员立即找来纸和笔。宋庆龄靠在病床上给儿童节报告会写道：

我不能参加这次大会，但我关怀热爱儿童和少年的心和你们一起跳动。

当晚，她的病情突然恶化，体温达到40.2摄氏度，伴有严重心力衰竭，经过挽救，第二天早晨体温下降，她神志清醒。此时邓颖超、王光美和彭真都来看望她了，宋庆龄提出要求加入中国共产党，她重复了三遍，邓颖超等人当即表示欢迎并马上报告党中央。

上午10点30分，宋庆龄的入党要求直接报告了中共中央总书记胡耀邦。下午，邓小平召开政治局紧急会议，一致通过接受宋庆龄为中国共产党正式党员。中国共产党中央委员会政治局通过宋庆龄为中国共产党党员的决定，全文如下：

宋庆龄同志年轻时追随伟大的革命先行者孙中山先生，致力于中国革命事业，从1923年第一次国共两党合作以来，忠贞不渝地坚持孙中山先生革命的新三民主义，在中国长期革命的艰难困苦的斗争中，坚定地和中国共产党站在一起。她一贯是共产党的最亲密战友，是中国各族人民包括台湾同胞和海外侨胞衷心敬爱的领袖之一，是爱国主义、民主主义、国际主义和共产主义的伟大战士，是保卫世界和平事业的久经考验的前驱，是全体中国少年儿童慈爱的祖母。她过去多次要求加入中国共产党，最近病重时又一次提出这个要求。中央政治局一致决定，接收宋庆龄同志为中国共产党正式党员。

从这一天起，中共中央、全国人大常委、国务院开始发布宋庆龄病情公告。

5月15日，中央派来一位秘书，找到钟兴宝，向她索要宋庆龄的遗嘱。但是，钟兴宝没有给他，回答说："太太有关照，在她没咽气之前，这份东西是不能给任何人的，包括沈大姐也不能给。"

来人有些急了："钟阿姨，这份遗嘱十分重要，领导们正要参考着它，为宋主席办后事呢！"

但是，钟兴宝说什么也不肯交出那把钥匙，固执地答道："请领导放心，这份遗嘱丢不了，到时候我自会把它交给沈大姐的。"

这位秘书吃了闭门羹，更急了："兴宝阿姨，是康大姐叫我来向你要的呀！"

然而钟兴宝却像吃了秤砣铁了心，摇了摇头："那你叫康大姐来问我拿吧。"

这时钥匙就在宋庆龄的枕头底下藏着，但这是宋庆龄一世人生中对她的最后的惟一的要求，忠诚的钟兴宝不愿意违背宋庆龄的重托与遗愿，来人只好回去向康大姐汇报。

没多久，康大姐来了，同来的还有廖承志。康大姐与廖承志一见到钟兴宝，就开宗明义说明了来意：来取遗嘱是要根据宋庆龄的遗嘱，准备操办后事。可是，钟兴宝向康大姐和廖承志流着泪说："太太有言在先的，我说什么也不能违背太太的临终遗言的。"说到最后，钟兴宝请康大姐与廖承志原谅她。

康大姐和廖承志知道钟兴宝的为人，在明白了事情的原委后，她们没有再向钟兴宝要遗嘱，并且为钟兴宝这个忠诚于主人、不可多得的好保姆而感动。

这份遗嘱，直到宋庆龄与世长辞后，钟兴宝才在沈大姐的同意下，把它交给了治丧

新华社发布关于接收宋庆龄为中国共产党正式党员的决定

委员会。

16 日上午，邓小平看望宋庆龄，祝贺她加入中国共产党，实现了多年来的夙愿。

病弱的宋庆龄望着邓小平，微笑着，点点头。

下午，第五届全国人民代表大会常务委员会举行第 18 次会议，根据中共中央的建议，决定授予宋庆龄中华人民共和国名誉主席称号。

人大常委会会议一结束，彭真、廖承志立即驱车前往宋庆龄住处，把这一消息告诉了她。

第二天，《人民日报》发布了《授予宋庆龄中华人民共和国名誉主席的决定》。上午 7 时，中央人民广播电台播发了关于全国人大常委会授予宋庆龄国家名誉主席的光荣称号的消息。正在病榻旁的顾金凤操着浓重的苏州口音问宋庆龄："刚才广播你已经成为国家名誉主席了，你听清楚了吗？"

宋庆龄高兴地用浓重的上海话连声说："听清爽了，听清爽了，谢谢同志们！"

5 月 20 日，宋庆龄突然从昏迷中醒来，她一眼看见坐在她床边的顾金凤，既感动又不安地用微弱的声音说道："阿金，侬一直在此地方？"

顾金凤点了点头，宋庆龄用命令式的口气说道："侬到外头去透透空气，房子里闷。"

就在宋庆龄回光返照的这十分钟左右里，刚好赶到后海的廖承志与宋庆龄进行了她平生最后一次的谈话。

"叔婆，叔婆，你觉得怎样？"廖承志凑在宋庆龄耳边大声用英语问话。

"……你们为我所做的一切，我很感谢。"

宋庆龄喘了几口气后，尽管声音微弱，但她居然也用英语进行了回答。

"如果我发生什么问题……"可是，在急促的喘息中，她只是重复了一遍，就舌头僵硬，再也说不下去了。

人民日报公布授予宋庆龄为中华人民共和国名誉主席荣誉称号的决定

廖承志眼中噙着泪水，不让她痛苦地勉强说话，便说："叔婆请放心，我们将按照你的吩咐去做，一切照你的意思去做。"

宋庆龄因高烧而通红的面颊上浮上了满意的微笑，并且一再点头。

廖承志握了握她的手，宽慰她说："叔婆请你不要再说话了，请你好好休养，我明天再来看你……"

"明天，明天……"宋庆龄也回握了廖承志的手，微笑地说道。

之后，宋庆龄就再也没有醒来，处于了深度昏迷的状态。

5月21日，报纸上发表了宋庆龄生前最后的一篇文章《愿小树苗健康成长》，把宋庆龄对祖国未来一代的希望表达出来了。

这时，宋庆龄病重的消息已通过病情公告传到了大洋彼岸。她的弟弟宋子良从美国纽约发来了慰问电：

孙逸仙夫人：

获悉你患病在身，不胜难过，为你的康复而祈祷。

宋子良

1981年5月22日

于纽约州哈里森

她的孙女陈淑英的女儿孙穗美、孙穗华和她的丈夫张家恭专程从旧金山赶到了北京。她的外孙女戴成功也从澳门赶来。亲友陈恕、林达光、黄寿珍、陈燕、邓广殷等也赶来了。

病重的宋庆龄在生命垂危的时刻见到这么多的亲友，脸上露出由衷的笑容。

宋庆龄的病情也牵动了国内外无数人的心。

除了党和国家领导人外，全国各地的机关、团体和人们纷纷自发地来到北京，探视宋庆龄名誉主席。印度总理英迪拉·甘地夫人从新德里发来了慰问电。5月26日，日本著名友好人士西园寺公一和宫崎世民先后到达北京，探视宋庆龄，并向她表示慰问。

但是，人们对宋庆龄病情的关心和希望她尽快康复的祝愿并没有使宋庆龄的身体有所好转；5月28日晚上11点多钟，宋庆龄已经恶化的病情开始急转直下，卫生部的领导同医务人员进行紧急抢救。抢救工作持续了二十多个小时，终于无效。1981年5月29日20时18分，宋庆龄的心脏停止了跳动。一颗灿烂的巨星在天际陨落了。

宋庆龄的孙女孙穗英、孙穗华，外孙女戴成功和其他亲属张家恭、林达光、陈恕、陈志昆、黄寿珍、陈燕，在抢救期间都守候在她的病床前，一直到她停止呼吸。

5月29日，中国共产党中央委员会、中华人民共和国全国人民代表大会常务委员会、中华人民共和国国务院以极其沉痛的心情宣告：我国爱国主义、民主主义、国际主义和共产主义的伟大战士，杰出的国际政治家，卓越的国家领导人，中华人民共和国名誉主席，中华人民共和国全国人民代表大会副委员长宋庆龄同志因患慢性淋巴细胞性白血病，于1981年5月29日20时18分在北京逝世，终年88岁。

同时，中国共产党中央委员会、中华人民共和国全国人民代表大会和国务院决定在5月30日至6月3日，为宋庆龄举行了隆重的国葬仪式。

同日，宋庆龄同志治丧委员会分别打电报给宋庆龄在美国、中国台湾和中国香港的亲属，告知他们宋庆龄逝世的消息。这些亲属是宋美龄，孙科的夫人陈淑英，宋子良和夫人，宋子文夫人，宋子安夫人，侄孙满、孙乾，蒋经国，蒋纬国等，电文如下：

党和国家领导人轮流为宋庆龄守灵

沉痛奉告：中华人民共和国名誉主席宋庆龄于一九八一年五月二十九日二十时十八分在北京逝世。这是中华人民和世界人民的莫大损失，也是亲属们的莫大损失。为此，我们向她的亲属们发出沉痛的哀悼。

第二日，宋子安夫人从美国旧金山发来唁电，对宋庆龄的逝世表示诚挚的哀悼。

宋庆龄逝世的消息传出后，国际社会反映强烈。美国总统里根、英国女王伊丽莎白二世、联邦德国总统卡斯滕斯、朝鲜民主主义共和国主席金日成，还有日本、加拿大、墨西哥……等许多国家和地区领导人打来电报，深切哀悼宋庆龄名誉主席逝世。

宋庆龄去世的消息传到北美大陆后，美国、加拿大友好人士来电表示深切地哀悼。斯诺的前妻海伦·福斯特·斯诺在唁电中说："宋庆龄是二十世纪五、六位杰出的妇女之一，她的一生代表了这一历史潮流。"斯诺夫人洛伊斯·斯诺也发来了唁电。最近才授予宋庆龄荣誉法学博士的加拿大维多利亚大学校长霍华德·佩奇来电对宋庆龄逝世表示深切哀悼，他说："我们同你们一样为失去了一位伟大而慈爱的妇女和人道主义者感到悲哀。"

美国《纽约时报》副主编哈里森·奈尔兹伯里撰文说："宋庆龄夫人逝世标志一个时代的结束"，"宋庆龄夫人的去世，不仅对中华人民共和国是一个损失，而且对于由她建立过多方面的牢固友谊的美国也是一个损失。在美国，她的形象将会长远地留在我们心目中"。

荷兰著名电影导演尤里斯·伊文思和玛斯林·罗丽丹联名发来唁电，她们说："惊悉我们的老朋友宋庆龄女士逝世的噩耗，不胜悲伤之至。"

宋庆龄与世长辞的噩耗牵动了全国人民的心弦，他们在大江南北以各种方式表达对宋庆龄的敬仰和哀思。从5月31日起，首都各界群众开始在人民大会堂进行吊唁活动。

第一天，中央党政军机关、各民主党派、人民团体和北京市各方面负责人、各方面群众代表以及外国驻华使节和在京的国际友人，三万多人参加吊唁，瞻仰遗容。

到6月2日止仅三天时间，各界群众十二多万人来到人民大会堂吊唁宋庆龄遗容，缅怀她的丰功伟绩。哀乐声中，一支支吊唁队伍缓缓走进人民大会堂，在宋庆龄遗体前鞠躬默哀，寄托他们的怀念之情。

这些日子江河恸哭，大地默哀。一位曾经给孙中山写过挽联的94岁老人，控制不住心中的悲伤又写了一幅挽联：

> 昔年挽孙公，此日挽孙媪。
>
> 中外八方同，记录荣哀好。
>
> 媪名泰岱高，媪志同星洁。
>
> 不失赤子心，永宝儿童节。

在三天隆重的吊唁仪式之后，6月2日，宋庆龄同志的遗体由廖承志、宋任穷、杨尚昆、杨静江、康克清等同志和宋庆龄的亲属孙穗英、孙穗华、戴成功等护送，从人民大会堂移往八宝山火化。

下午6时30分，夕阳西下，人民大会堂传出哀乐声，在长安街上回荡。行驶中的公共汽车、自行车就地停了下来，行人默默地聚集在大道的两旁。刚下班的职工，刚放学的少年儿童们，抱着幼儿的母亲们，由儿孙搀扶着的老人们，满怀哀痛，凝视着缓缓驶过的灵车，送别衷心敬爱的宋庆龄同志。不少人的泪水从脸颊上淌了下来。

由近百万人自行组成的人墙，从人民大会堂一直延伸到二十多里外的八宝山。由于沿途群众太多，护送灵车的车队不得不以很慢的速度行驶。悲伤的人们流着眼泪，呼喊着"宋妈妈""宋奶奶"，把手挥了一遍又一遍，把灵车送了一程又一程，谁都舍不得敬爱的宋庆龄就永远地走了。

当灵车到达八宝山时，已是傍晚7时40分。在八宝山公墓停灵堂里，廖承志、宋任穷、杨尚昆等和宋庆龄的亲属以及工作人员，再次在遗体前默哀，向这位爱国主义、民主主义、国际主义和共产主义战士告别。

6月3日下午，宋庆龄追悼大会在人民大会堂隆重举行。

追悼大会会场庄严肃穆，宋庆龄的巨幅遗像挂在主席台正中，遗像下面安放着她的骨灰盒，骨灰盒上覆盖着中国共产党党旗，周围摆放着鲜花和长青松柏。人民解放军持枪肃立，守护在遗像两旁。黑底白字的"宋庆龄同志追悼大会"的巨大横幅，高悬在主席台上方。中共中央委员会、全国人大常委会、国务院、中共中央军事委员会、中国人民政协全国委员会及党和国家领导人献的花圈摆放在宋庆龄遗像的两侧和大礼堂周围。

人民大会堂一楼大厅里，摆着一些国家元首、政府首脑和各驻华使节，一些国家的社会团体、友好人士与在京访问的外宾送的花圈，还摆着中央党政机关，各大军区、各省、自治区、直辖市，各民族党派，各群众团体，香港爱国同胞，广东文昌县领导机关献的花圈。

宋庆龄的亲属陈淑英敬献的花圈摆放在她的遗像前。她的亲属肃立在她的遗像旁。

追悼大会由胡耀邦主持。下午4时，胡耀邦宣布追悼大会开始，中国人民解放军军乐团奏响哀乐，全场肃立，默哀三分钟。接着，军乐团奏国歌。邓小平致悼词。

邓小平在悼词中高度评价宋庆龄的一生，指出：宋庆龄同志是"举世闻名的爱国主义、民主主义、国际主义、共产主义的伟大战士"，是"中华人民共和国的缔造者之一"。"宋庆龄同志鞠躬尽瘁，七十年如一日，把毕生精力献给中国人民民主和社会主义事业，献给世界和平和人类进步事业。她在任何情况下都保持着坚定的政治原则性，威武不屈，富贵不淫，高风亮节，永垂千古。尤其难能可贵的是，她跟随历史的脚步不断前进，从伟大的革命民主主义者成为伟大的共产主义者。中国共产党和党的领袖毛泽东、周恩来、刘少奇等同志，很早以前就把她当做自己的亲密的战友、同志和可敬的无产阶级先锋战士。宋庆龄同志逝世以前不久，被接收为中国共产党正式党员，实现了她长时期来的夙愿。这是宋庆龄同志的光荣，也是中国共产党的光荣。宋庆龄同志永远活在中国各族人民心中，永远活在中国共产党人心中。"

陈淑英送的花圈

邓小平致词后，全场向宋庆龄同志的遗像三鞠躬，接着军乐团奏《国际歌》。

参加宋庆龄追悼大会的还有华国锋、李先念、陈云、徐向前、聂荣臻、彭真、邓颖超、王震、韦国清、廖承志、许德珩、康克清、胡子昂、胡愈之、王昆仑等。

6月4日，按照宋庆龄生前的遗愿，她的骨灰由邓颖超、乌兰夫、廖承志、陈慕华等人护送由专机从北京移往上海安葬。到机场送灵的有邓小平、李先念、彭真、胡耀邦、王震、韦国清、谷牧、谭震林等人。

宋庆龄的亲属孙穗英、孙穗华、戴成功、张家恭、林达光、陈恕等随机去上海。护送骨灰去上海的还有路易·艾黎、马海德、西园寺公一、宫崎世民、爱泼斯坦、耿丽淑等国际友人。

万国公墓庄严肃穆，整修一新的宋氏墓地，龙柏苍翠挺拔，冬青树环绕四周。上海几十万群众戴着白花在万国公墓举行了骨灰安葬仪式。宋庆龄墓穴置于其父母墓地下

国际友人为宋庆龄守灵

左起：路易·艾黎、马海德、西园寺公一、耿丽淑、宫崎世民、邱茉莉、爱泼斯坦、爱德乐

方，墓盖上镌刻着：

中华人民共和国名誉主席宋庆龄同志之墓

宋庆龄走了，一颗光辉的星辰就这样坠落了。

在20世纪可歌可泣的中国历史中，宋庆龄始终是一位风云人物。她以独特的身份，以及她的品格、信念和精神，铸成了强大的感召力，推动了中国历史的前进。

她从一位普通的向往革命的热血女孩成长为一位雄韬大略的政治家，以女性特有的力量在中国历史的进程中放射出夺目的异彩。

她是一位温文秀美的女性，既伟大又平常，既深刻又朴素，既富有战斗性，又充满人之常情。对爱情的执着，对革命的忠贞，对祖国的热爱，对亲人的眷恋，对友情的真挚把她88年的人生岁月装扮得五彩缤纷。

在那风雨如晦的岁月，她把个人的爱情、幸福和快乐与苦难深重的国家和民族共风雨，共命运；在那温馨和平如斯的年代，她满腔热情地把心和力奉献国家的建造和民族的繁兴；世界上许多的国家和人民犹记得她和平使者娟秀的倩影；她把自己写成了国家、民族和全世界的历史。

上海万国公墓中的宋氏墓地。右侧是宋庆龄名誉主席墓

宋庆龄是20世纪最伟大的东方女性。她不仅仅是一朵香满全球的鲜艳花朵，而且是一头名副其实，力图冲破一切罗网的雄狮，是国之瑰宝。因为她深刻的革命思想，高尚的道德情操和为新中国奋斗的伟大精神，铸造了和孙中山一样的伟大丰碑，成为全民族的自豪和骄傲。

她赢得了人民的仰敬。在她去世后，人们自发地在北美、加拿大、日本等地，成立了宋庆龄基金会。

1982 年中国也成立了纪念宋庆龄国家名誉主席儿童科学公园基金会，邓小平为名誉主席。同时，她在北京、上海的两处寓所被开辟为"宋庆龄故居"，供人民参观。

1984 年一位荷兰人提供专项资金设立"宋庆龄基金会奖学金"。

1992 年元月 3 月，中国共产党中央总书记、国家主席江泽民为她题词：

人民的光荣，妇女的楷模。

1993 年 1 月 20 日北京各界 4000 余人及海外来宾在人民大会堂隆重集会，纪念宋庆龄诞辰 100 周年。全国人大常委会委员长万里主持纪念大会，中共中央总书记江泽民在纪念大会上发表长篇讲话，盛赞"宋庆龄同志是爱国主义、民主主义、国际主义和共产主义的伟大战士，是杰出的国际社会活动家，是保卫世界和平事业久经考验的前驱，是中国共产党的优秀党员。她的名字不仅为海内外的华夏子孙所铭记，而且为众多的国际友人所景仰。她是我们中华民族的骄傲，是国之瑰宝"。指出"宋庆龄同志一生最令人钦佩的伟大之处，是她始终对中国革命事业无限忠诚和对人民群众诚挚热爱"。江泽民代表中国共产党、中国政府和全国各族人民，向宋庆龄同志表示深切的怀念。

国之瑰宝宋庆龄

后 记

　　宋庆龄是20世纪最伟大的女性之一，她在现代史上可与克鲁普斯卡娅、埃莉斯·罗斯福、撒切尔夫人等伟大女性媲美。

　　在20世纪即将过去前夕，本人能够完成这本《宋庆龄大传》，首先得深深感谢我的老师唐得阳，是他把我引向了文学创作之路，并且给予了无私的指导。

　　在写作过程中，含辛茹苦的母亲给予我巨大的鼓励和支持，给了我莫大的动力。

　　在本书编辑出版过程中，编辑郭强和严雷做了大量工作，并给予了诚挚的指导和帮助，刘玉芳也做了一些工作。本人也深为感激！

　　写作过程中，参阅了大量中外文史资料和其他资料，由于篇幅和时间限制未一一标明，值本书出版之际谨向刘家泉、吕明灼、汤雄等先生致谢！

　　宋庆龄光辉的一生是为国家、民族无私奋斗的一生，她的精神、品质和意志，永远激励着我前进！

著　者

1999 年 3 月 28 日

修改于 2002 年 4 月 18 日

宋
庆
龄
大
传